배우 시절 대여섯 살 무렵, 큰형님이 계시던 평양에서 처음 영화를 보고난 후 배우는 나의 꿈이자 희망이었다. 중학교를 퇴학당한 후에는 더욱 절실하게 연극배우의 꿈을 키워갔다. 그 꿈이 실현된 건 한국전쟁이 터진 후 인공 치하의 일이다. 하지만 극단을 조직하고 공연을 하러다니는 일은 결코 쉽지 않았다. 학도호국단 연예대를 조직하여 전방 군부대 위문공연을 다니던 시절의 분장한 모습이다.

해군 복무 전쟁 중에 극단을 운영하다 빚만 지고 끼니를 걱정하게 되자 결국 입대를 결심했다. 19살 때인 1951년 11월, 해군 신병 25기 모집에 응시하여 합격을 하곤 진해 훈련소로 입소했다. 그러나 가입대 1주일 만에 극단에 대한 미련 때문에 귀향을 하고 말았다. 이후 해군은 나와 질긴 인연을 맺게 된다. 소사로 돌아와 다시 극단을 운영했으나 적자를 면치 못하고, 1954년 해군 신병 모집에 또 다시 응시하여 39기로 입대를 했다. 진해 해군보건병원대에 근무하던 시절이다.(앞줄 왼쪽에서 첫 번째가 필자)

51함 작전 분대원들과 함께 1958년 송년회를 하면서 찍었다. 이듬해 4월, 지겹기만 했던 해군 복무를 마치고 나는 만기제대했다. 사실 해군 복무 시절 탈영을 했다가 내 운명이 바뀐 것인지도 모른다. 군의학교 교육 중 외박을 받아 나왔다가 제 시간에 귀대하지 못하게 되면서 자포자기 심정으로 택한 탈영이었다. 탈영 상태에서 서울 국립맹아학교에 입학한 결과로 먼 훗날 교직에 설 수 있었다.(뒷줄 오른쪽에서 두 번째)

초임교사 시절 무슨 일이든 안 끼는 데가 없는 동네 유지처럼 주먹깨나 쓰며 여기저기 끼어든다고 해서 얻은 별명이 '유지 건달'이었다. 그렇듯 젊은 날은 방황과 객기의 연속이었다. 군 제대 후 국립맹아학교에 재등록하여 적을 두고는 있었으나 형편상 학교도 다니는 둥 마는 둥 할 수밖에 없었다. 성적이 엉망이라 졸업하는 게 다행이다 싶었다. 그 때문인지 교사 자격증을 갖고 있는데도 발령이 나질 않았다. 그러다 우여곡절 끝에 1964년 용인 장평국민학교로 발령을 받았다. 그 곳에서 찍은 사진이다. 장평국민학교는 12학급밖에 안 되는 산골학교였다. 그래도 초임교사로서 열정을 갖고 아이들을 가르쳤다. 시골학교라서 더 그랬겠지만 아이들도 학부모들도 순수하고 열정이 통했다. 내 순수한 열정을 알아주는 제자가 있어 늘 고맙게 생각한다. 사진 찍기를 즐기지 않는 편이라 제자들과 찍은 사진조차 거의 없는데, 용케 남은 사진이다. 오른쪽 사진은 장평국민학교 20회 허재욱군이다.

아이들과 교정에서 1971년 나는 7년 동안의 교사 생활을 접고 말았다. 점점 더 교육계에 염증을 느껴 꿈과 희망이 사라져가고 있는 가운데, 곤궁한 살림에 도움이 될까 해서 시작한 양계사업이 실패를 본 무렵이었다. 게다가 절친한 친구에게 돈을 꿔줬다가 도박판에 얽히게 된 게 결정적이었다. 사기도 박을 당해 파산하고 나자 교사 박봉에 살 길이 아득해 사직을 했다. 이후 이것저것 사업에 손을 대보기도 하다가, 1974년 42살의 나이에 거의 장난삼아 응시한 공무원 시험에 합격해 수원에서 공무원 생활을 했다. 그러다 교원이 달리게 되면서 주변의 권유로 교직으로 돌아갔다. 두창국민학교 4학년 아이들과 찍었다. 이 학교는 1980년 내가 다시 교직에 복직하면서 부임한 학교였다.

졸업식 교직에 있으면서 내가 강조한 것은 '된 사람'이었다. 올바른 사람이 어떤 것인지 가르치려고 했다. 앞으로 훌륭한 동량으로 키워야 할 어린이들을 인성이고 뭐고 다 제쳐놓고 오로지 성적순으로 줄 세우기를 하는 세태가 낯 뜨겁기 짝이 없었다. 아이들이 졸업할 때마다 이들이 커서 올바른 삶을 살아가길 바랄 뿐이었다. 1981년 두창국민학교 제9회 졸업식 사진이다.

어머니 내가 철없이 생활할 때에도 늘 '용승이만은 잘못되지 않을 것'이라는 믿음으로 지켜주시던 어머니셨다. 열네 살 어린 나이에 시집와 8남매를 낳으시고 없는 살림을 꾸리느라 무진 고생을 하셨다. 게다가 아버지께서 일찍 타계하시는 바람에 남편하고 사신 기간의 갑절이 넘는 55년 동안이나 시아버지를 모셔야 했다. 그렇지만 어려운 살림에서도 한 치의 소홀함 없이 시아버지를 극진히 모셔 종친회에서 효부상을 내릴 정도였다. 또한 책을 가까이 하셔서 내 동료교사에게 자극을 줄 정도로 역사에 해박하셨다. 칠순 때 사진이다.

어머니를 모시고 어머니는 1988년 파란 많은 삶을 접고 영면하셨다. 장례를 마치고 아내와 함께 묘소에서 찍은 사진이다. 그런데 민정당과 평민당에서 화환을 보내와 교사 신분에 상당히 민망했다.

회갑 80까지 살지 못할 것 같다는 자식들의 권유로 회갑잔치를 했다. 아직도 당뇨를 앓고 있지만, 이렇게 오래 살 줄 알았으면 회갑잔치를 안 하는 건데…….

민족문제연구소 지부장 취임 2004년 10월 26일, 내가 민족문제연구소 경기남부지부 제3대 지부장으로 취임하면서 출범식이 열렸다. 임헌영 소장의 초청강연회도 함께 진행되었고, 고맙게도 정말 수원의 '양심'들은 다 모인 날이었다. 일부러 날짜를 10월 26일로 잡았다. 안중근 의사가 이토 히로부미를 저격한 날이 1909년 10월 26일이었고, 우연인지 필연인지 그 후 꼭 70년만인 1979년 10월 26일은 김재규 장군이 박정희 전 대통령을 저격한 날이다.

장기수 선생님들과 교직에서 명예퇴직한 후 나는 비전향 장기수분들을 찾아가 교우하며 그 분들의 삶에 대한 얘기를 많이 들었다. 그들의 열정과 신념, 순수하고 맑은 정신에 놀랄 수밖에 없었다. 앞줄 왼쪽부터 나, 안영기 선생, 권중희 선생, 그리고 장병락 선생이다.

총회 인사 민족문제연구소 경기북부지부 총회에 초청되어 축하 인사를 하고 있다. 건강이 허락하는 한 나는 민족문제연구소 행사에 빠지지 않고 참석한다.

수요시위 수요시위가 벌어진 일본대사관 앞에서 연대 발언을 하고 성명서를 읽고 있는 장면이다. 수요시위는 일본군 위안부 문제해결을 요구하며 일본군 위안부 출신 및 여성단체, 사회단체가 연대해 행하는 집회다. 1992년 1월 미야자와 기이치 일본 총리의 방한을 계기로 시작되었으며, 이후 매주 수요일 정기적으로 열리고 있다. 해마다 한 번씩은 민족문제연구소 경기남부지부 회원들과 이 수요시위에 참가한다.

홍난파 기념 반대 시위 2003년 경기도문화예술회관 앞이다. 당시 경기남부지부 회원들과 함께 홍난파 기념사업 저지운동을 벌였다. 조문기 선생을 비롯하여 정말로 수원 양심세력의 중추라 할 지부 활동가들이 보인다.

조문기 선생 팔순잔치 조문기 선생님은 1945년 7월 부민관에 폭탄을 장치해 폭발시킨 독립운동가셨다. 사실 나는 선생님을 만난 이후 '역사 바로 세우기 운동'에 더욱 매진할 수 있었다. 광복회 경기지부장 자리를 내놓으신 선생님이 친일파인명사전을 만드는 데 힘을 보태시겠다면서 민족문제연구소 이사장으로 자리를 옮기셨다. 그때 나도 민족문제연구소 후원회원으로 가입을 하면서 새롭게 활동을 시작할 수 있었다. 그러나 선생님은 팔순잔치를 치른 지 불과 2년 후인 2008년 2월 5일 운명하셨다. 그리도 소원하시던 『친일인명사전』의 발간조차 보시지 못하고 말이다.

조문기 선생 자서전 출판기념회 때 모두 '친일파 청산'을 외치고 있다. 조문기 선생님 주위에 선 분들은 '제2의 독립운동가'라 할 수 있는 민족문제연구소 회원들이다.

임종국 선생 16주기 문학도이자 시인이었던 임종국 선생은 친일문학을 연구하다가 굴욕적인 한·일회담이 체결된 1965년에 '친일문제연구가'로 거듭난다. 1966년에 발간된 선생의 『친일문학론』이 『친일인명사전』의 초석이 된 저술이었다고 해도 과언이 아닐 것이다. 이후 선생은 1만명이 넘는 친일파 명단을 작성하고 『일제침략과 친일파』 『친일논설 선집』 등 14권의 저서와 수백편의 논문을 썼다. 『친일파총사』 발간을 계획하고 피를 말리는 각고의 작업을 하던 중 원통하게도 1989년 타계하셨다. 장례식장에 모인 사람들이 친일청산과 역사 바로 세우기를 향한 그의 유지를 받들어 친일파 문제를 전문적으로 연구하기로 하고 출범시킨 게 민족문제연구소다. 천안공원묘역 임종국 선생 묘 앞에서 추도식을 마치고 박한용 민족문제연구소 연구실장, 대구지부장 정연하 선생과 함께 찍었다.

조봉암 선생 46주기 조봉암 선생 추도식에서는 훌륭하신 많은 분들을 만날 수 있었다. 좋은 분들과 함께하면 점점 젊어지고 힘도 난다는 것을 뒷줄에 서있는 내 표정에서도 알 수 있다.

강희남 목사 초청강연을 마치고 내가 처음 목사님을 뵌 것은 민자통(민족자주평화통일중앙회) 사무실에서였다. 목사라기보다는 선비를 보는 듯이 카랑카랑한 인상이었다. 국가보안법으로 몇 차례 옥고도 치르며 범민련 초대의장을 지낸 분이다. 련방통추(우리민족련방제통일추진회의), 양키추방공대위를 이끌며 맥아더 동상 철거 시위를 하던 목사님이 2009년 6월 6일, 89세라는 고령의 나이로 자택에서 '팔천만 동포에게'라는 마지막 고별사를 남기고 자결하셨다는 소식을 듣고는 망연자실할 수밖에 없었다. 말 그대로 민족의 자주와 평화통일을 위해 한평생을 바치신 분이었으니 그를 결코 마음에서 떠나보낼 수가 없다.

표명렬 대표 초청강연 2006년 3월, 평화재향군인회 표명렬 대표의 "작전통수권을 찾아와야 한다"는 초청강연을 마치고 찍었다.

표명렬 대표와 왕산 허위 선생의 충혼탑 앞에서 함께했다. 전 육군정훈감 준장인 표명렬 대표는 우연찮게 나를 사로잡은 사람이다. TV 토론 프로그램에 나와 토론을 하는 것을 보고 새로운 충격을 받았으니 말이다. 재향군인회가 하는 일에 늘 불만이 많던 차에 평화재향군인회가 출범하는 것을 보고, 군 개혁을 위한 참신한 재향군인회란 생각이 들어 나도 선뜻 그 길에 동참을 했다. 전국에 72개 지부를 설립하고 향군법 폐지운동, 반전평화 활동, 병영비리척결 활동, 한미군사동맹문제 해결을 위한 활동 등을 같이하고 있다.

광우병 쇠고기 시위 2008년 미국산 쇠고기 광우병 파동 촛불시위가 한창일 때 서울광장에서 함께한 사진이다. 왼쪽 첫 번째가 박현서 한양대 명예교수, 나, 김수남 련방통추 위원장, 민주노동당 강기갑 의원 순이다.

기자회견 조영남이 《산케이신문》과의 기자회견에서 친일을 미화하는 발언을 하면서 사회적으로 물의를 일으킨 적이 있다. 그런데 조영남, 패티김, 이미자의 빅3 공연이 수원에서 열린다고 했다. 그의 망언에 항의하기 위해 저지운동에 나서자, 조영남이 자신의 발언을 사과하기로 약속하고 함께 기자회견을 열었다.

독서 나는 독서 하는 즐거움이 가장 크다. 지하철이든 사무실이든 좋은 분들과 토론하는 것과 독서하는 것을 항상 즐긴다. 지금도 1년이면 수십 권의 책을 인터넷으로 구입해서 읽는다.

친일파 전시회 광교산 등산로 입구에서 산행을 하는 사람들에게 친일파들의 잘못을 알리는 패널을 만들어 전시회를 하고 기념촬영을 했다. 이런 전시회는 수원시민공원과 수원역전에서도 지속적으로 열렸다.

민족문제연구소 지부장을 마치면서 2006년 10월 26일, 민족문제연구소 경기남부지부 지부장 이·취임식 후 이호헌 신임 지부장님으로부터 감사패를 받았다. 내가 제일 민망해 하는 게 감사패인데, 많은 분들의 뜻이어서 뿌리치지 못하고 패를 받았다.

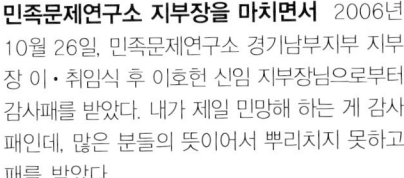

2005년 조국의 반쪽 땅 북한에서 왼쪽은 평양 순안 비행장이다. 곁에 선 이는 민주노동당 수원시당 강신숙 부위원장. 오른쪽 사진은 동명성왕릉 앞에서 찍었다. 내가 평양에 발을 디딜 수 있었던 것은 한 민족으로써 우리끼리 자주통일을 이루자는 6·15 공동성명이 발표되면서 남북관계에 새로운 물꼬가 트이고 서로 왕래까지 할 수 있게 된 덕택이었다. 이렇게 가까운 거리를 오도 가도 못했다니……. 굴곡진 우리 현대사가 야속하기만 했다.

친일인명사전 발간 2009년 11월 『친일인명사전』을 발간하고 효창원에서 국민보고대회를 한 날이다. 행사를 마치고 김구 선생 묘역에서 찍었다. 김구 선생의 무덤에 『친일인명사전』을 올리면서 목 놓아 울고 싶은 날이었다.

고발은 아직 끝나지 않았다 2007년 8월 23일, 경기일보에 실린 나에 관한 기사다. 1시간 정도 인터뷰한 게 전부인데 기자 양반이 글을 참 잘 써줘서 무척 고마웠다.

역사의 작두 위에 선무당같이 춤춘 80년 ❶

신용승 자서전

역사의 작두 위에 선무당같이 춤춘 80년

잉걸미디어
Ingle Media

신용승 자서전
역사의 작두 위에 선무당같이 춤춘 80년 ❶

펴낸날 2010년 5월 15일 초판 1쇄

지은이 신용승

펴낸이 김진수
펴낸곳 잉걸미디어
　　　　등록 : 2007년 4월 18일 제320-2007-28호
　　　　주소 : (우 151-827) 서울시 관악구 봉천본동 949-5 201호
　　　　전화 : 02) 884-3701
　　　　전자우편 : ingle21@naver.com

ⓒ 신용승, 2010

ISBN 978-89-959525-2-8　04810
ISBN 978-89-959525-1-1 (전2권)
값 12,000원

■ 잘못 만들어진 책은 바꿔 드립니다.

■ 이 도서의 국립중앙도서관 출판시도서목록(CIP)은
　e-CIP 홈페이지(http://www.nl.go.kr/ecip)에서 이용하실 수 있습니다.
　(CIP제어번호 : CIP2010001562)

참 '늦잖은' 이야기꾼 신용승

'젊지 않다'가 변해서 됐다는 '점잖다'는 말은 있는데, 반대로 '늙지 않다'가 변한 '늦잖다'는 말은 사전에도, 입말에도 없습니다. 그런데 세상에 없는 이 말이 떠오르는 분이 있습니다. 신용승! 참 늦잖은 분입니다.

'신용승!' 하면 또 떠오르는 말이 있습니다. '술술!' 어쩌면 말씀도 그리 재밌게 술술 잘하시고, 술도 그리 술술 잘 드시는지요. 인간 무형문화재에 '이야기꾼', '술꾼'이 있다면 꼭 지정될 분입니다.

그래서 신용승 주변에는 늘 자식뻘, 손주뻘 되는 사람들이 많습니다. 그런 신용승 선생이 탁탁, 타닥타닥 컴퓨터 자판을 2년 가까이 두드려 900쪽 넘는 글을 쓰셨습니다. 미리 읽어본 이들의 첫 반응이 '자신의 치부까지 이렇게 다 드러낸 이런 글은 처음 봤다. 너무 재밌다. 출판해 보자'였습니다.

그래서 신 선생이 상근하고 계신 민족문제연구소 경기남부지부와 용인 장평초등학교 20회 제자들이 뜻을 모으고, 민노당 노년위원회도 참여해 '신용승 선생 자서전 발간위원회'를 꾸렸습니다. 그리고 김용한, 김찬수, 박무영 세 사람이 그 아까운 원고를 뚝뚝 잘라내고 다듬는 악역을 맡았습니다.

이렇게 해서 마침내 2010년 스승의 날! 이 책이 빛을 보게 되었습니다. 모든 분께 감사드리며, 신용승 선생님과 사모님께 이 책을 바칩니다.

신용승 선생님! 앞으로 한 50년은 더 사셔야 하니까, 건강관리 잘하시고, 선생께서 진짜 사모하시는 "마지막 사모님"과 함께 만수무강하시길 빕니다.

2010년 스승의 날
신용승 선생 자서전 발간위원회

신용승 선생 자서전 발간위원회(가나다순)
고미영 김삼석 김영택 김용한 김장권 김준혁 김진효 김찬수 김해영 박무영 박영양 백정선 신정화 안치순 용환신 우왕기 이달호 이순임 이종대 이해원 이호헌 정명재 정연하 지영철 차광윤 최신현 민족문제연구소 경기남부지부, 민노당 노년위원회, 용인 장평초등학교 20회 제자 일동

옹이 박힌 '민중자서전'

유시민
전 보건복지부 장관

　삶에 굴곡이 없는 사람은 없을 것입니다. 누구든 그 삶의 굴곡을 글로 엮으면 책 한 권은 쓸 수 있을 것입니다. 그러나 실제로 인생을 책으로 정리하는 사람은 흔하지 않습니다. 신용승 선생은 옹이가 많이 박히고 이리저리 굽었지만 단단하고 기가 센 소나무처럼 보입니다. 그 삶의 곡절을 책으로 쓰셨다니 반가운 마음이 앞섭니다.

　"역사의 작두 위에 선무당같이 춤춘 80년" 자서전의 제목이 심상치 않습니다. 순탄하게 살고 싶지만 불의를 참지 못해서 대들고 싸우는 사람의 인생에는 옹이가 생기게 마련입니다. 아무리 곧게 뻗어 오르고 싶어도 시련과 억압을 견디다보면 구부러지지 않을 도리가 없습니다. 이 책은 그렇게 살아온 인생에 대한 이야기입니다.

　자서전에서 흔히 볼 수 있는 자랑이나 꾸밈이 없습니다. 정의를 위해 싸우고 비뚤어진 일을 바로잡으려고 노력하면서 얻은 성취와 그 과정에서 저지른 실수에 대해서도 미화하거나 변명하지 않습니다. 그래서 투박하고 거칠지만 거짓이 없고 담담하게 써내려간 자서전이 되었습니다.

자서전은 위대한 업적을 남긴 인물의 전유물이 아닙니다. 최선을 다해 살아온 인생을 회고하고 정리하는 것은 만인에게 주어진 특권입니다. 바람이 불 때 만물이 다 다른 소리를 내는 것처럼, 역사의 물결이 지나갈 때 만인은 다 다른 색깔의 삶을 펼쳐냅니다. 이 책은 그 무수한 색깔의 삶 가운데 하나를 기록한 '민중자서전'입니다. 이런 삶들이 무지개처럼 어우러져 우리의 현대사를 빚어냈습니다.

이 책이 많은 분들에게 나름의 '민중자서전'을 집필할 용기를 제공하기를 기대합니다. 이 책 덕분에 신용승 선생을 아는 모든 분들이 오래 그를 기억하면서 더 큰 삶의 용기를 얻게 될 것입니다.

민족사의 오락반장

임헌영
민족문제연구소 소장

고희를 넘어선 한국인은 누구나 다 대하소설의 주인공이라는 게 내 평소의 생각이다. 그만큼 우리 민족사의 심한 굴곡은 모든 국민들에게 각고의 삶을 강요한 비극의 현장이란 뜻이다. 존경하는 신용승 선생의 자전도 여기서 예외가 아니다.

일제 식민통치 아래서 평양 병기제조창에 근무했던 큰형을 따라 영등포에서 평양행 야간열차에 몸을 실었던 첫 장부터 민족애 넘치는 투사로서의 모습이 그려진 마지막 장까지, 그의 인생 역정이 가감 없이 드러난 이 자서전에서는 가히 성장교양소설의 드라마를 넘어서는 진솔성이 묻어난다. 온갖 수모와 학대와 궁핍 속에서도 연극인의 기질을 타고난 선생은 항상 낙천적으로 주변 사람들을 즐겁게 해주는 '만년 오락반장'인 한편, 바람직스럽지 않은 모든 사건에 대해서는 어떤 불이익이 와도 그냥 넘기지 못하는 '한 성격 하는 분'으로 극명하게 대립된다. 이 두 가지 성격을 그네처럼 이리저리 흔들어대면서 험한 세상 살아온 모습은 희비쌍곡선에 다름 아니다. 이 불량기 가득한 삶이 우리의 가슴을 뜨겁게 달군다.

평양의 큰형님 집에 머물면서 영화를 처음 보았던 유년시절의 추억은 1940년 나름대로 정이 든 그곳을 떠나 서울 영등포 당산동 228번지로 이사하면서 새로운 전기를 맞는다. "이산가족 생활을 청산하고 온 가족이 모여 사는 가난하나마 행복한 생활"이 시작된 이 무렵이 그에게는 "당당히 시험에 합격해 우신공립보통학교 1학년에 입학"한 때이기도 하다.

"솜 한 근과 쇠 한 근은 어떤 것이 더 무거우냐?", "오리발과 닭발 그림을 놓고 '어느 것이 오리발이냐?'는 등"이 시험문제였다는 그 당시는 "공립보통학교 시험에 떨어져 변두리 소위 '똥통학교'라고 하는 진흥학교에 다니는 아이들이 꽤나 많았다"고 일제 말 초등교육을 증언한다.

2학년인 1941년 선생은 "12월 7일, 일본군 비행단이 선전포고도 없이 미국의 하와이(진주만)를 기습공격하면서 제2차 세계대전 태평양전쟁의 막"이 오르는 걸 체험한다. 선생이 8·15를 맞은 건 13살 때였는데, 그 어수선한 "해방정국에서 나는 만담가 신불출(申不出)을 보았다. 그 밖에 당시 최고의 연극배우였던 황철(黃澈)과 전일(全一)도 보았다. 해방 다음 해였던 것 같다. 신불출은 영보극장에서 만담을 하는데 사람이 얼마나 많이 모여들었는지 모른다"면서 그때 들었던 만담을 회상한다.

"어머니 뱃속에서 세상으로 나와 보니, '아차, 이거 내가 잘못 나왔구나!' 나오지 말았어야했는데, 멋도 모르고 나와 보니 나라는 일본 놈들에게 빼앗기고, 친일파 놈들이 사방에서 활개치고, 이런 꼴을 보고 어머니 뱃속으로 다시 들어갈 수도 없고, 그래서 이름이나마 안 나올 세상에 나왔다고 안불출 했으면 좋겠지만, 성은 고칠 수 없어 신가로 하고, 이름은 '불출'이라고 지었다"고 했다.

이렇게 만담과 연극에 빠졌던 소년 신용승은 13살 때 첫 가출을 했다가 결국은 영등포국민학교 5학년 편입으로 떠돌이 생활을 마감했는데, 그렇다고 모범적인 학생은 아니었다. 6학년이 되어 "더욱 불량소년의 길을 걸었"던 것이다. 이때 담임이 신직수로, 담임은 신용승 소년에게 '삼한사온(三寒四溫)'이란 별명을 지어주었다. 사연인즉 "3일 학교에 오면 4일은 학교에 나오지 않는다"는 뜻이었는데, 그러면서도 글짓기 실력은 탁월했음이 밝혀진다. 김석원 장군의 성남중학에 합격한 그는 소금 장사와 영등포역에서 공책 장사를 해서 입학금을 보탰다.

그렇게 "어렵게 성남중학교에 입학"한 이 장난꾸러기는 '빛나는 졸업장'은 받아보지도 못하고, 2학년 1학기 때 "담배 피우고 싸움질 즐기며 못된 짓만 골라 하다 퇴학을 당했다." 학교에서 퇴학을 맞고도 계속 불량기만 떨고 다니던 그는 "그릇 바닥이 보일 것처럼 멀건 죽물"로 끼니를 때우기 일쑤이면서도 연극배우의 꿈을 키워갔다. 유명하던 극단이나 악극단들이 부천 소사극장에서 공연을 한다는 소식을 접하면 소사의 악동들과 어울려 "혹시나 공짜구경이라도 할 수 없을까?' 하는 요행을 바라고 극장 앞에서 서성거리"거나 극장의 "재래식 변소 인분 푸는 구멍으로 기어들어가"는 모험을 감행하기도 한다.

자서전에서 이 무렵까지가 청소년기에 해당될 것이다. 그런데 정작 이 자서전의 재미는 그 이후 성년으로서의 활약상에서 시작된다 하겠다. 한국전쟁, 경기인민위원회에서 받았던 토지개혁 요원 교육, 인공치하에서 부천군 노동당 연극동맹 가입, 인천상륙작전 뒤 받았던 부역자 심사, 미 군용열차에서 군수물자 빼돌리기, 국민방위군 지원, 양공주에게 동정 잃고 성병 앓기, 친구 누이의 금반지를 팔아 만든 극단과 흥행 실패, 그리고는 서울 낙양고교 1학년 입학, 이어 동양공고 전학, 소사 가설극장에서의 무성영화 변사 등 그의 행적은 소제목 하나하나가 다 단편감이다.

이 자전의 절정은 두 차례의 해군 신병 입대, 교육 중 탈영, 탈영병 처지로 공군상사로 변장하고 논산훈련소 친구 면회하기, 결국 피체당해 군 영창살이를 마치기까지의 대목이다. 이 가운데에 한국사회의 축소판이 그려지는데, 신 선생은 이 고난의 시절에 자신의 연극인으로서의 기량을 한껏 발휘했던 것 같다. 가장 문학적인 취향이 강한 고난의 시절인 셈이다.

수감생활을 끝낸 뒤 다시 해군에 복무, 제대 후 서울 국립맹아학교 보통사범과를 졸업, 교직생활을 하는데, 이 '한 성격'의 사나이가 교단에 섰다는 게 왠지 아슬아슬하다. 결국 교직을 떠나 수원시 행정공무원이 되는데, 아슬아슬하기는 마찬가지다. 그래서일까, 공무원보다는 교직이 어울리는 듯 그는 다시 교단에 섰다가 적당한 시기에 퇴직, 만년에 새로운 교우관계로 민족운동에 투신, 건전한 노후를 즐기고 있다.

자전이 역사적인 큼직한 사건에 대한 증언적 성격도 곁들이면서도 정작 아기자기하게 흥미를 끄는 대목은 역시 보통사람들이 험한 세상을 어떻게 살았을까에 대한 호기심을 일깨워주는 장면이다. 마치 성직자가 참회록을 쓰듯이 너무나 진솔하게 자신의 삶 그 자체를 속속들이 드러내 보이기에 읽기에 민망스러운 곳도 한둘 있을 지경인데, 이게 인간 신용승 선생의 매력이기도 할 것이다. 이만큼 자신을 남에게 드러내기가 그리 쉽지 않음은 누구나 알 터인지라 이 자서전이 지닌 가치가 더더욱 고귀하게 느껴진다. 누구나 이 자서전 앞에서 진솔해지기 연습을 해보자. 그냥 민족에 대한 설교나 인생론의 훈육이 아닌, 자신이 살아온 그대로를 알몸으로 드러낸 이 글은 유명인들의 거대한 담론보다 더 감동적이다. 진실은 그만큼 누구에게나 통하기 때문이리라.

신 선생님, 큰 일 마치셨으니 이제 만년을 민족운동의 투사로, 낙천적인 민족운동사의 오락반장으로 한층 건강하고 행복하게 지내시기를 빕니다.

의에 굶주려온 삶의 숨결

표명렬
평화재향군인회 상임대표

　신용승 선배님은 민족문제연구소 모임에서 처음 뵈었다. 영락없이 구한말의 의병대장 같다는 느낌이 들었다. 불의한 자들과 사리에 맞지 않는 처사에 대해서 거침없이 쏟으시는 질책의 욕설에도 늘 유머가 묻어있어서 우리가 얼굴을 찌푸리지 않게 했다.

　민족·민중에 대해 각별한 애정을 가지신 선배님께서 친일매국노들이 판치는 세상을 살아오시면서 얼마나 한탄스럽고 역겨웠으면, 그토록 젊은이들도 대작하기 어려운 주량을 갖게 되었을까?

　선배님은 군대생활하실 때 그리고 교직에 몸담고 있을 때, 소위 지도적 위치에 있다는 사람들 거의가 수단과 방법을 가리지 않고 오직 입신영달만을 쫓고 있음을 보며 비분강개했는데, 지금까지도 변함없이 그대로인 세태에 대해 비판의 화살을 멈추지 않는 딸깍발이시다. 선배님과 한창 말씀을 나누다보면, "선배님 같은 괴짜 분을 지금까지 왜 국가보안법으로 잡아가지 않았는지 이상한 일입니다"라고 할 때가 많다. 우리 현대사에서는 민족을 누구보다 사랑하고 민족적 자존심으로 옳은 주장을 굽히지 않는 분들이 거의가 그렇게 올가미 씌워져 죽어갔기 때문이다.

 누차에 걸쳐, 평화재향군인회 공동대표를 맡아주시라고 간청 드렸지만 백의종군하신다며 극구 사양했다. 그러나 늘 주위 사람들에게 "군대에 갔다 왔지요? 지금 재향군인회 잘하고 있어요? 마음에 들어요?" 물으신 다음, "민족, 민주, 평화통일을 지향하는 제대로 된 재향군인회가 탄생했습니다. 자~여기 회원 가입하시오!" 이런 식으로 진성회원을 가장 많이 끌어들이신 열성 회원님이시다.

 옳다고 여기시면 물불 앞뒤 가리지 않고 나이 생각지 않으며 뛰시는 열혈남아! 그야말로 행동하는 양심이시다. 이 자서전 속에는 선배님의 의에 굶주려온 이런 삶의 숨결이 꾸밈없이 그대로 녹아있다.

 선배님! 통일의 그날까지 부디 건강하시기를 빕니다.

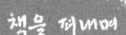

이런 졸작을 겁 없이 뻔뻔하게 세상에 내면서

나의 80 평생을 뒤돌아보면 자랑스러운 일보다는 부끄러워해야 할 일들이 더 많습니다. 그리고 이 책 제목처럼 내가 살아온 삶이 시퍼런 작두 날 위에서 선무당이 미친 듯이 춤추고 용케도 발을 베이지 않고 아슬아슬하게 살았다는 생각이 듭니다.

어떻게 보면 큰 사건에 연루되어 평생 옥살이를 했을 수도 있었습니다. 결코 남들처럼 평탄한 삶을 살지 못했습니다. 거칠게도 살았고, 우여곡절도 많았고, 변화무쌍한 생활도 했습니다. 책 속에는 나의 모든 것이 담겨있다 보니, 정말 숨기고 싶은 낯부끄러운 이야기도 많습니다. 물론 회한도 많습니다.

요즘 시국도 내가 살아온 지난날과 크게 다르지 않습니다. 또다시 이성과 양심이 사라져가는 세상이 되는 듯합니다. 염치도 모르고, 부끄러움이 없는 세상이 되어가는 듯합니다. 권력의 힘과 돈만이 세상을 움직이는 중심 역할을 할 때, 세상은 결코 좋은 세상이 아닙니다.

도덕과 양심이 살아있는 세상이 좋은 세상입니다. 책 속에는 현실을 가늠해볼 수 있는 과거의 일들이 많습니다. 곳곳에 내가 하고 싶은 말들이 숨어 있습니다. 읽으시면서 알아채시리라 믿습니다.

나는 글쓰기보다 이야기하는 것을 좋아합니다. 수원지역뿐만 아니라 여기저기서 만나는 많은 분들과 이야기를 할 때, 한 번 흥이 나면 신들린 무당처럼 그칠 줄 모르고 밤이 새는 줄도 모릅니다. 아마도 나와 이야기를 나눠본 분들은 한 번씩은 들어본 이야기들이 책 속에 담겨 있을 겁니다.

이야기를 즐기고 제 딴에는 말을 흥미롭게 해서 그런가 봅니다. 한 번 글로 써보라는 말을 많이 들었습니다. 그래서 나의 늙은 두뇌도 회전시킬 겸 글을 쓰기 시작했습니다. 처음 한 줄을 쓰고 나니 누에가 실을 뽑아내듯 지난날의 기억이 새록새록 되살아나 많은 생각도 해보고, 감상에도 젖어보고, 남모를 슬픔에도 잠겨보고, 무엇인지도 모르는 분노도 해보면서 글을 쓰게 되었습니다.

제 나름대로는 옛 일을 기억하는 능력이 있나봅니다. 평양에 대한 유년의 기억, 배고프고 외롭던 부천 소사에서의 생각하기 싫은 수많은 추억, 참으로 견디기 힘들었던 전쟁 통의 고달팠던 삶, 파란만장했던 해군생활, 교직에서의 실망과 방황, 그리고 늦은 나이에 경험한 동사무소 공무원 생활, 그리고 다시 시작한 교사생활, 정년 후의 보람찬(?) 사회활동, 그리고 지금의 나……. 참 많은 사람들에 대한 기억이 이 책 속에 담겼습니다. 마음이 따뜻한 사람들의 기억도 많지만, 이상하게도 불의를 참지 못하고 사소한 것으로 부딪친 사람들도 참 많습니다. 왜 남들이 보지 못하는 작은 불의가 내 눈에는 그리도 잘 띄는지 80의 나이가 다 된 지금에 와서 돌아보면 아무것도 아닌데 말입니다.

수원에서 교사생활을 하면서, 유시민 전 보건복지부 장관님이 젊은 날에 쓴 책 『아침으로 가는 길』에서 읽은 항소이유서의 감동은 25년이 지난 지금까지 늙은 뇌리를 떠나지 않습니다. "슬픔도 노여움도 없이 살아가는 사람은 조국을 사랑하고 있지 않다"는 감동이 식지 않아 행동하지 않은 양심을 경멸하기 때문에 작은 모순도 눈감지 못하고 살아왔다는 생각을 해봅니다.

이 책 내용 속에는 내가 이 책을 읽은 분들께 하고 싶은 박정희에 대한 이야기, 성남중학교 교장 김석원 장군 이야기, 그리고 얼마 전 90의 나이로 조국에 대한 애정을 가슴에 품고 자결하신 강희남 목사님의 유서도 있었습니다. 그런데 책의 분량이 900쪽을 훨씬 넘어 아쉽지만 출판과정에서 많은 부분을 뺐습니다.

그리고 처음에는 옆 사람에게 이야기하듯이 경어체로 "이랬습니다", "저랬습니다"라고 썼는데 교정을 봐주신 김용한 박사, 박무영 선생, 김찬수 선생이 평어체로 바꾸고, 과격한 것들을 빼자고 해서 정말로 많은 내용이 잘려나갔습니다. 그래도 이 세 분이 앞뒤 내용 중에 얽힌 것도 많이 잡아주시고 격려도 해주셨습니다. 고마운 마음 깊이 간직하겠습니다.

민망하게도 많은 분들이 책 제작하는 데 많은 후원금을 보내주셨습니다. 특히, 내가 교단에 첫발을 들여놓은 용인 장평국민학교, 백암국민학교 제자-지금은 제자라기보다는 망년우(忘年友)들이지만-들은 40년이 지난 지금도 나를 잊지 않고 기억해주고 이번에도 많은 후원을 아끼지 않아 정말로 너무 고맙고 미안하다는 생각뿐입니다.

이외에도 잊을 수 없는 기억 속의 고마운 분들이 너무도 많았습니다. 그 중에도 철부지 친구들, 교직을 함께했던 선생님들, 많지 않은 제자들, 그리고 지금의 고마운 분들도 너무 많습니다. 민족문제연구소 회원님들, 당원 동지들, 시민단체 활동가들, 통일문제 운동가들, 민언련(민주언론시민연합) 활동가 선생님들, 노무현 전 대통령의 당선을 위해 함께 활동했던 노사모 동지들, 그리고 평화재향군인회 동지들, 감옥을 마다않고 평생 조국통일을 위해 올곧게 살아오신 통일운동가님들, 특히 역사학자이신 수원역사박물관장 이달호 박사와 수원화성박물관의 학예사 김준혁 박사는 내가 정신적으로도 의지하는 분들입니다.

그리고 이 책이 햇빛을 볼 수 있게 큰 힘을 실어주신 김용한 박사께 다시 한 번 고마움을 전합니다. 마지막으로 책을 만드느라 수고를 해주신 잉걸의 김진수 사장께도 고마움을 전하며, 아비의 역할을 제대로 못해주어 항상 미안한 아들 내외와 딸과 사위, 손자들에게도 고맙다는 말을 이 자리를 빌려 전하고 싶습니다.

또한 평생 어려움 속에서도 시대의 태풍에 휘말려 방황하는 나를 끝까지 믿고 격려하며 바르게 살라고 이끌어주시고 저세상으로 떠나가신, 항상 나에게는 그믐밤 등대 같으시던 어머니 이열래(李烈來) 님의 초라한 영전에, 그리고 가난한 나를 만나 30년 넘게 아무런 불평도 없이 묵묵히 나를 믿어주고 내 그늘인 양 내 곁을 따라 이 험한 길을 늘 함께 해온 아내 진경자(陳京子)에게 이 책을 바칩니다.

2010년 5월
만각(晩覺) 신용승

차 례

발간의 글 __ 참 '늑잖은' 이야기꾼 신용승 ·· 5
추천의 글 1__ 옹이 박힌 '민중자서전'　　(유시민 • 전 보건복지부 장관) ·········· 7
추천의 글 2__ 민족사의 오락반장　　(임헌영 • 민족문제연구소 소장) ········ 9
추천의 글 3__ 의에 굶주려온 삶의 숨결　(표명렬 • 평화재향군인회 상임대표) ··· 13
책을 펴내며 __ 이런 졸작을 겁 없이 뻔뻔하게 세상에 내면서 ··················· 15

나의 유년시절 ·· 23
1. 짧은 기억 속의 평양 ·· 25
2. 영등포에서 보낸 전시 공립보통학교 ··················· 36
3. 우리 집은 아마 새끼 친일파였나 보다 ················ 50
4. 조부모님과 부모님, 그리고 마지막 본 노비제도 ····· 61

갑자기 찾아온 해방 ·· 75
5. 해방 같지 않은 해방 ·· 77
6. 착한 누님과 무능한 큰형님의 기억 ····················· 94

우여곡절 끝에 중학생이 되다 111
7. 서울 성남중학교 학생이 되다 113
8. 중학교 퇴학 후 연극배우의 꿈을 키우다 133

한국전쟁이 터지다 139
9. 인민군 치하에서 연극배우가 되다 141

서울이 수복되고 155
10. 서울이 수복되고 다시 1·4 후퇴를 겪다 157
11. 국군들의 만행과 참전용사들의 참상 169
12. 전쟁 통에 길을 잃고 방황하다 해군에 입대 190
13. 뒤 늦게 공부하고 싶어 고등학교에 입학하다 200
14. 젊은 날의 가출과 방황 208

지겹기만 했던 군대생활 227
15. 해군 39기로 군대생활을 시작하다 229
16. 군의학교 탈영 후, 서울 국립맹아학교에 입학하다 248

탈영병으로 체포되어 수감생활을 하다 ·········· 261
17. 수감생활 ·········· 263
18. 해군에 복귀, 월북기도사건에 연루되다 ·········· 292
19. 불고지죄로 징역살고 복귀하다 ·········· 303

해군을 제대하고 ·········· 329
20. 해군을 제대하고 허허벌판에 서다 ·········· 331

❷권 차례

드디어 교단에 서다 ··· 23
21. 대망의 국민학교 교사가 되어 ·· 25

교직을 떠나 방황하다 ·· 63
22. 교직을 버리고 방황하기 시작하다 ·· 65

수원시 공무원 생활 ·· 75
23. 수원시 행정공무원 생활이 시작되다 ·· 77

네 번의 결혼과 자식들 성장 이야기 ··· 109
24. 나의 자식들과 결혼 이야기 ·· 111

다시 교직에 복직하다 ·· 153
25. 시골학교로 부임하여 ·· 155
26. 처음으로 도시학교에서 겪은 교사생활 ·································· 174
27. 각양각색의, 내가 본 교사들의 백태 ······································ 203
28. 말년의 교사생활은 부끄러움이 너무도 많다 ························· 231
29. 정년퇴임 후를 생각하며 살다 ·· 265

교직을 퇴직하고 역사를 생각하며 살다 ································· 303
30. 역사의 현장에서 ·· 305
31. 평양방문기 ·· 341
32. 지금의 나의 삶 ·· 350

나의 유년시절

1. 짧은 기억 속의 평양

어머님 손에 이끌려 탄 평양행 야간열차

큰형님은 직장(평양 병기제조창) 관계로 먼저 평양에 가 있었다. 어머니와 나는 영등포에서 평양행 야간열차에 몸을 실었다. 기차에서 몇몇 어른들이 아주 귀엽다며 나한테 과자 같은 것을 쥐어주셨던 기억이 난다. 내가 무척 귀엽게 생겼었나 보다, 하고 지금도 가끔 실없는 생각을 하면서 혼자 웃음을 짓기도 한다. 새벽에 평양역에 내리니 큰형님이 역에서 우리를 기다리고 있었다. 짧지 않은 세월 속에 먼 기억으로 남아있는 대여섯 살 무렵이었다.

큰형님이 어머니의 허름한 보퉁이를 빼앗다시피 둘러메고 앞장을 섰다. 형님 혼자 살던 집으로 따라가는데, 길가 주재소(지금의 경찰지구대)에서 보초를 서던 일본 순사 놈이 큰형님을 불렀다. 허름한 보퉁이를 짊어지고 가는 꼴이 꽤나 수상해 보였던 모양이다. 형님이 주재소에 끌려들어가더니, 왜 그런지 순사들과 막 언성을 높이며 싸웠다. 어머니와 나는 쫓아가 말리지도 못한 채 건너편 길가에서 망연히 쳐다보기만 했다.

그때 어린 나는 굉장히 무서워서 막 떨었던 기억이 난다. 하지만 참 침착하고 의연했던 어머니는 그 광경도 굉장히 침착하게 보고 계셨던 것 같다. 큰일이 있을 때마다 더욱 침착하고 의연한 모습을 많이 보여주셨다. 어머니의 그런 모습이 내가 험한 인생을 살아가는 데 큰 교훈이 되었다고 지금도 생각한다.

그렇게 얼마동안 실랑이를 하던 형님이 주재소에서 나왔고, 우리는 다시 형님을 따라 묵묵히 걸어갔다. '순사' 하면 울던 아이들도 울음을 뚝 그친다는 왜놈 세상이었는데, 큰형님이 왜 왜놈 순사한테 굽실거리지 않고 맞붙어 싸웠는지 그때는 잘 몰랐다. 나중에 안 일이지만, 그때는 중일전쟁이 한창일 때라 큰형님이 다니던 평양 병기창 직원들은 군대의 문관 대우를 받고 있었다. 그러니 순사도 함부로 하지 못하던 시절이었다는 것이다.

큰형님 집에 다다랐는데, 기거한다는 집은 집이라 하기에도 민망할 지경이었다. 2층 다락방 한 칸이 전부였다. 이 다락방에서 우리 세 식구의 가난하고 고단한 평양생활이 시작되었다.

이 평양에서 처음으로 영화라는 걸 보게 되었다. 극장이 무엇인지도 몰랐던 그때, 큰형님이 내 손을 잡고 평양시내 어느 어두컴컴한 곳으로 데려간 일이 있었다. 영화관이었다. 제목도 모르며 처음 본 그 활동사진이 얼마나 신기했는지 모른다. 그 놀라움과 감격은 여든이 다 된 지금까지도 뇌리에서 떠나지 않는다. 나중에 내가 연극배우의 꿈을 갖게 된 것도 그 경험 덕분이었던 같다

아버지의 독선에 끝내 희생된 형수님

당시 아버지는 13살밖에 안 된 큰형님을 나이가 5살이나 더 많은 여자와 결혼을 시키셨다. 생활에 좀 여유가 있는 집안일수록 연상의 여인을 아내로 맞는 풍습이 있었던 때였던 것으로 미뤄볼 때, 그때는 우리

집이 아주 가난하지는 않았나보다. 게다가 큰형수님은 아주 대단한 미인이었던 모양이다. 어머니가 입버릇처럼 그렇게 말씀하셨다.

큰형수님이 우리 집에 시집오게 된 과정은 이랬다. 어머니 고향이 충북 노은면이었는데, 하루는 아버지가 처가에 갈 일이 생겼다. 노은면으로 가던 길에 아버지는 어느 한적한 시골 길 한편에서 과년한 처녀를 보았단다. 아주 작고 허름한, 그야말로 다 쓰러져 가는 초가집으로 물을 길어 가는 것을 보시고 그 처녀의 예쁜 자태에 한눈에 반하셨단다. 그래서 아버지는 그 집 주인을 찾아 신분을 밝히고 단도직입적으로 혼사 이야기를 꺼내셨고, 바로 며느리로 삼았단다. 아버지의 추진력이 대단했던 모양이다.

그런데 추진력도 강하고 독선적인 면도 있었던 아버지는 한편으로 봉건적인 생각이 뼛속 깊이 배어 있었던 것 같다. 큰형님이 열아홉 나이로 평양 병기창에 취직이 되어 떠날 때, 아버지는 젊은 사람들만 객지에 보내면 위험하다며 형수님 대신 어머니를 딸려 보냈다. 너무나 미인인 젊은 며느리를 객지로 떠나보내기가 염려스러웠던 모양이다. 아버지는 그 당시 어른들이 거의 모두 그렇듯이 유교적인 생각이 온통 머릿속을 지배하던 분이라 온갖 모산지배(謀算之輩)(꾀를 내어 이해타산을 일삼는 무리)들이 다 모이는 객지에, 그것도 친척 하나 없는 산 설고 물 선 타향으로 젊은 여자를 보내면 안 된다고 생각하는 분이셨다.

비단 내 고향 마을만 그랬는지 모르겠으나, 그 당시 여자들은 아무리 늙었어도 함부로 나다니지 못해 장보는 것조차 남자들이 대신하던 시절이었다. 남녀가 그리도 내외를 심하게 하니 젊고 예쁜 며느리를 타관으로 내보내는 것은 상것들이나 하는 짓이라고 생각해 도저히 용납할 수 없으셨던 모양이다. 어머니는 오히려 형수님을 제 남편 따라 보내서 저희들끼리 젊어서 재미있게 살게 두자고 했으나, 아버지의 완고한 고집을 어찌 막을 수 있었겠는가. 그래서 도리 없이 젊은 며느리는 서울 집에 떼어놓고 어머니와 어린 나를 평양으로 보낸 것이었다.

어머니는 아버지보다 훨씬 정신적으로 개명하셨던 모양이다. 그 시대를 사신 분치고는 참 진보적이고, 불의를 보면 분노하시고 잘못한 것을 그냥 놔두지 않는 반면, 불우한 사람을 보면 그냥 지나치는 법이 없는 분이셨다. 게다가 여성 90%가 문맹이던 그 시절에 어머니는 항상 책을 가까이 하던 분이셨다. 역사책이나 소설을 읽고는 아주 재미있게 이야기를 해주셨기 때문에 우리 집에는 항상 동네 분들이 모여들곤 했다.

하지만 형수님은 그 당시 얼마나 외롭고 섭섭했을까? 새파랗게 젊은 나이에, 신혼살림으로 한창 깨가 쏟아져야 할 시기에, 남편과 떨어져 홀로 말조차 붙이기 힘든 시조부모님과 시아버지, 그리고 시동생과 시누이들을 모시고 살아야 했을 형수님의 마음을 충분히 미루어 짐작할 수 있을 것 같다.

형수님은 그 뒤 그 엄한 시아버지의 뜻을 거역하고 친정으로 돌아가 버렸다. 완고한 시아버지가 그 시절 그런 일을 너그럽게 용서했을 리 없다. 아마 버릇없는 항명으로 받아들이셨을 것이다.

큰형수님은 그 뒤 끝내 우리 집으로 돌아오지 않고, 자식도 가져보지 못하고 방황하다 마음의 병이 몸의 병으로 변해 돌아가셨다. 병고로 고생하며 돌아가시기 전에 시아버지에게 무서운 악담을 하면서 젊은 생을 마치셨다니 아버님의 완고함이 죄스럽다는 생각마저 든다. 지금이라도 한 많게 살다 영영 돌아올 수 없는 길로, 외로이 떠나가신 형수님의 명복을 빌고 싶은 생각이다.

다리를 절며 나를 사랑해준, 집 주인 아들 응선이 형

우리가 세든 집 안채에는 나보다 나이가 대여섯 살쯤 더 먹은 응선이 형이 살고 있었다. 한쪽 다리를 좀 심히 절던 응선이 형은 홀어머니와 둘이서 외롭게 살고 있었는데, 그 어머니는 시도 때도 없이 술을 먹고, 술이 취하면 응선이 형에게 주사를 부리는 분이어서, 나는 친어머니가 아닌가 하는 생각까지 했다. 낮에도 술이 취하면 응선이 형을 껴안고 소리 내어 엉엉 울다가 알아들을 수 없는 욕을 하기도 하고, 또 껄껄거리며 웃기도 하고 변덕스럽기가 여름 장마 날씨 같았다. 그러다 응선이 형이 불쌍한 생각이 드는지 주머니에서 집히는 대로 돈을 주기도 했다. 그러면 응선이 형은 나를 데리고 시내로 나가 맛있는 것을 사서 같이 주전부리를 하기도 했다.

그때는 부잣집이라도 장애인은 학교에 보내지 않던 시절이었다. 그래서인지 응선이 형은 학교도 다니지 않고, 친구도 별로 없이 늘 홀로 외롭게 지내던 처지라 자기보다 어린 나에게 많은 정을 주고 무척 귀여워해주었다. 날만 새면 나를 데리고 평양시내며, 모란봉, 을밀대, 대동강, 평양동물원 같은 곳으로 전차를 타고 같이 돌아다녔다. 그래서 하루가 어찌 가는 줄 모르게 응선이 형을 따라다니곤 했다.

그 후 내가 서울로 이사를 할 때, 평양역까지 따라 나와 헤어지는 것을 못내 섭섭해 하며 보이지 않을 때까지 손을 흔들던 응선이 형의 모습이 지금도 눈에 선하다. 그것이 응선이 형과의 마지막 이별이었다. 원한의 38선만 없었더라면, 응선이 형을 한번쯤이라도 더 보았을 텐데……. 조국 분단이 야속하고 서럽다.

평양에서 서울 집 꼬마 화가로 소문나다

웬일인지 응선이 형이 나를 불러내지 않아 밖으로 나갈 일이 없을 때면 나는 집에서 그림을 그렸다. 동네 어른들이 "야, 이 그림 좀 보라요. 이것이 경성 집 훈이(어릴 적 일본식 아명)가 그린 그림이래요!" 하고 돌려보며, 내 머리를 쓰다듬고 칭찬을 아끼지 않던 기억이 지금도 생생하다.

이렇게 동네 어른들의 귀여움을 받고 있던 어느 날, 을밀대에서 놀다 집으로 돌아오는 길에 술이 거나하게 취한 어른 두 분과 마주쳤다. 그때 한 어른이 내 머리를 쓸어주시며, "얘, 너 몇 살이냐? 고놈 참 귀엽게 생겼구나!" 하며 당시 돈으로 다섯 돈(5전)짜리를 내 손에 쥐어주시며, "사탕 사먹어라!" 하시던 기억도 생생하다.

그때 한 돈(1전)에 '아이스케키'(얼음과자)가 2개씩이었으니까, 5전이면 아이스케키 10개 값이었다. 요새 막대 아이스크림 1개 값이 500원 정도니, 약 5천원 가치가 아닐까 싶다. 그런 큰돈을 아직 어린 나에게 주셨으니 술김에 기분 내신 걸까? 아니면 그렇게 큰돈을 주어도 아깝지 않을 만큼 내가 그리도 귀엽게 잘 생겼었나? 우스갯소리 같지만 내심 나 자신도 무척 궁금하다. 나는 아주 가난한 집안에 태어나 어린 시절 사진 한 장 찍어본 적이 없어서 어릴 적 내 모습은 알 길이 없다.

나의 첫 '죄와 벌'

착하고, 귀엽고, 인사성 바르고, 그림 잘 그린다고 동네 어른들의 귀여움을 독차지하던 내가 얌전한 고양이 부뚜막에 먼저 오른다는 얘기에 걸맞은 사건을 저지른 일이 있었다. 아마 내가 세상에 태어나 처음 저지른 범죄였으리라. 귀여움만 받던 내가 어머니에게 처음으로 실망을 안겨드린 사건, 처음으로 어머니한테 모질게 혼이 난 사건이었다.

내가 처음 저지른 범죄는 도둑질이었다. 큰형이 이발소에서 돈 주고 머리 깎는 게 아깝다고 이발 기계를 사겠다며 모은 거금 5원을 훔친 대사건이었다. 그때 형은 5원짜리 지폐 한 장을 웃옷 안주머니 속에 깊이 넣어 두고 있었다. 그런데 형이 야근을 하고 돌아와 잠든 사이, 내가 그 큰돈을 겁도 없이 훔쳐 평양시내로 달려 나갔다.

나는 자전거를 끌며 아이스케이크를 팔러 다니는 나이든 장사꾼을 만나 아이스케이크를 달라며 그 5원짜리 지폐를 내밀었다. 그 장사꾼은 거스름돈이 없다고 했다. 아이스케이크를 팔아서 거스름돈을 주겠다며, 몇 시간을 평양시내로 끌고 다녔다. 나는 아이스케이크 2개를 받아먹고 그 말을 믿고는 열심히 자전거 뒤를 따라다녔다.

그런데 그 장사꾼이 아이스케이크 도매상에 들어가 돈을 바꿔 주겠다며 "이 가게 앞에서 기다려라!" 하고는 그 가게로 들어갔다. 나는 그 말을 믿고 가게 앞에서 기다리고 있었다. 어린 나이에 얼음과자 2개 얼어먹고 점심도 굶은 채 몇 시간이나 자전거를 쫓아다니다보니 피곤이 쌓여 그만 깜박 잠이 들고 말았다. 깨어보니 그 장사꾼은 내 앞에서 말 그대로 연기처럼, 바람처럼 사라져 버리고, 없었다.

그때 먼지를 흠뻑 뒤집어쓰고 코를 훌쩍이며 남의 가게 앞에서 졸고 있는 꼴을 상상해보면, 아마 가관이었을 것이다.

그 일로 큰형한테 얼마나 호되게 벌을 받았던지! 저지른 죄는 있어도 어머니는 은근히 말려주실 줄 알았는데, 오히려 더욱 가혹하게 나무라셨다. 무릎 꿇고 두 손 들고 아침부터 저녁까지 벌을 섰다. 태어나서 처음 받아본 벌이었다. 벌이 끝나고 난 뒤 어머니는 내가 한 짓은 아주 나쁜 일이라고 자상히 가르쳐주셨다. 나는 어머니 말씀을 들으며 마음 깊이 잘못을 뉘우쳤다. 그래서 매를 맞을 때보다도 도둑질이 더 나쁘다며 자세히 일러주실 때 더욱 슬피 흐느껴 울었다. 그 반성의 눈물은 나를 한 단계 철들게 만들었다.

형님만 먹을 수 있는 고기찌개

어머니는 큰형님이 공장에서 돈을 벌기 위하여 야근도 마다 않고 일하는 게 힘든 일이라며 고기찌개를 자주 해 먹였다. 하지만 어려운 살림에 돈을 아끼시느라 쇠고기든 돼지고기든 한 근을 못 사고, 늘 200g 정도를 사 오신다.

어머니는 그 고기를 작은 뚝배기에 넣고 끓이셨다. 어머니는 전혀 잡숫지 않고, 나한테는 "형은 힘들게 야근 일을 하니까 고기찌개는 형이 먹게 하고, 너는 다음에 커서 많이 먹을 수 있으니까 김치나 맨 간장 같은 다른 반찬만 먹어라!" 하시며 고기찌개에는 얼씬도 못하게 하셨다. 그때 나는 어머니 말씀이 옳다고 믿었다. 그렇게 먹고 싶던 고기찌개였건만 감히 먹을 생각조차 하지 않았다.

하지만 늘 배가 고프던 시절이었다. 어머니가 나한테 그렇게 말씀하시고, 내가 먹을 생각도 안 한다고 해도, 겨우 대여섯 살밖에 안 되는 어린 동생이 먹고 싶어 침을 흘리는 줄 뻔히 알면서, "너도 먹어라" 하며 고기찌개를 조금은 나눠줄 수도 있으련만 형님은 그냥 혼자서 그 고기찌개를 다 먹었다. 어머니한테도 마찬가지였다. 내 어린 생각으로도 "어머니도 드세요", "괜찮다. 너나 먹어라" 하는 모습이 그려지는 게 상식일 텐데, 형님은 그런 말도 없이 혼자만 다 먹었다. 형님의 그때 그 태도는 지금도 좀처럼 이해되지 않는다.

형님의 그런 행동이 내겐 인생의 반면교사가 되었다. 그래서 나는 남보다 철이 일찍 들었고 남보다 일찍 눈치꾼으로 변해갔다. 그렇게 보면 큰형님이 나를 일찍 철들게 만들어주었구나 하는 생각이 들어 한편 고맙다는 생각도 든다. 그렇다고 그 당시 형님이 나를 사랑하지 않은 것은 아니다. 일요일이면 대동강가로, 을밀대로, 모란봉으로 나를 데리고 산책도 자주 가곤 했다. 내가 그림을 잘 그리기 때문인지 일본 출장을 다녀오면서 그림책과 크레파스도 사다주었다. 형이 "오늘은 일찍 자고 그림책은 내일 봐라" 이렇게 말하는 바람에 그림책이 보고 싶어 잠을 설친 적도 있었다.

겨울이면 어김없이 찾아오던 지겨운 동상

지금도 '평양' 하면 생각나는 게 매서운 추위였다. 좀 덜 추운 날이라 해도 영하 20도였고, 겨울에는 보통 영하 30도를 오르내렸다. 옷이라고는 내복은커녕 팬티도 없고, 바지는 무릎 위까지 올라가는 반바지에, 양말도 신지 못한 채 그 추운 겨울을 2층 다락방에서 나야 했다.

그러니 겨울이면 손가락마다 동상에 걸려 얼마나 가려웠는지 모른다. 틈만 나면 손가락 사이를 박박 긁어대야 했고, 그러면 그럴수록 손가락은 더욱 뻘겋게 되기 마련이었다. 저녁이면 어머니가 대야에 더운 물을 떠다 담배꽁초를 풀어놓고 손을 담그게 하는 것이 치료의 전부였다.

그런데 그리도 춥고 지겹던 겨울이 지나고 꽃피고 새들이 노래하는 봄이 오면 언제 동상으로 고생했느냐는 듯 손가락에서 얼음이 깨끗이 빠졌다. 서울로 이사 오고 나서는 그 지긋지긋하던 동상에 시달린 적이 없다. 아마도 서울과 평양의 기온 차이 때문이라고 생각한다.

천성적으로 타고난 도박 기질

겨울이 지나고 무더운 여름이 찾아오면 어김없이 학질이 기승을 부렸다. 평양에서 학질(말라리아)에 걸려 심하게 앓고 일어난 적이 있다. 그때는 여름이면 사람들이 흔히 앓던 병인데, 이 병에 걸리면 삼복더위에도 얼마나 추운지 이불을 있는 대로 뒤집어쓰고도 추워서 벌벌 떠는, 그런 병이었다.

이 병은 하루 앓고 하루 쉬고를 반복하기 때문에 흔히 '하루거리'라고 부르기도 했다. 대체로 잘 못 먹고 허약한 어린이들이 더 잘 걸렸다. 나도 예외 없이 어려서 매년, 이 학질을 무던히 힘들게 앓았다. 힘들게 앓고 일어난 어린 자식이 어머니 마음에 가엽고 불쌍했는지, 지지미(빈대떡) 사먹으라고 그 귀한 돈을 10전씩이나 주시곤 했다. 그 돈을 받고 좋아라 뛰어나간 나는 지지미는 한 장만 사먹고 나머지는 구슬을 사서 구슬치기를 했다. 그러다 어머니에게 호된 벌도 받았다. 어머니는 매는 고사하고 욕도 거의 안 하시는 분인데 한 번 매를 드시면 아주 호되게 때리는 분이셨다.

어린 소갈머리라고 하지만 내가 생각해도 참으로 싹수없는 짓이었다. 구슬치기뿐 아니라 딱지치기에도 열심이었으니 어려서부터 어머니의 속을 참 많이 썩혀드린 셈이다. 조금 더 자라 영등포로 이사 온 뒤에도 구슬치기, 딱지치기는 내 일과 중 하나였다. 딱지를 따다 책상 서랍에 가득 모아놓으면 어머니는 보시는 족족 모두 불살라 버리기 일쑤였다. 구슬을 감춰버리곤 "내다 버렸다"고 하기도 하셨다.

그렇게 어머니 속을 썩이고도 나는 그놈의 사행심을 버리지 못하고 어른이 되어서도 도박을 즐겼다. 돈을 안 걸고 하는 화투치기는 흥미가 없어서 하고 싶지가 않았다. 자기 아내나 애인과 팔뚝 때리고 맞기 화투놀이를 하면서 시간을 죽이는 친구들도 더러 있던데, 나는 그런 짓을 이해하지 못한다. 일단 화투판에는 돈을 걸어야 한다. 나는 그래야 흥미를 느끼면서 즐기는 성미다. 도박에 빠져 가산까지 탕진한 바 있으니 어머님 속이 오죽했으랴. 어머님께 죄스러운 마음 금할 길이 없다.

저녁이면 끼니로 먹던 냉면

냉면에 얽힌, 평양의 아름답던 어린 시절 추억 한 토막이 아련히 떠오른다. 누구나 가난하게 살던 시절이지만, 그나마 저녁은 냉면으로 허기를 달래기도 했다. 해가 지면 가난한 사람들이 대소쿠리를 들고 냉면을 만들어 파는 국수집에 줄을 서서 기다렸다. 그렇게 냉면 사리를 사가지고 돌아와 식구들과 저녁 한 끼를 때우곤 했다. 색깔이 희고 좀 고급스런 냉면은 생활 여유가 있는 집에서 사가고, 색깔이 좀 검은 편인 지금의 막국수 색깔이 나는 것은 우리같이 가난한 사람들이 사갔던 것 같다.

저녁이면 으레 냉면 국수로 때우는 날이 많았다. 그런데 지금도 그때 그 냉면이 참 맛있었다고 생각된다. 춥고 배고프던 시절이라 그랬는지 몰라도 그 맛을 잊을 수가 없다. 그래서 요즘에도 그 맛을 생각하며 여름이면 점심으로 냉면을 먹을 때가 많다. 하지만 매번 그런 생각이 무리였다는 결론에 도달하고 만다. 지금 먹는 냉면은 어쩐지 정성이 들어

가지 않은 것 같으니 맛을 기대하기 어려운지도 모를 일이다. 갈빗집에서 후식으로 나오는 냉면은 더더욱 정성이 없는 것 같아 잘 안 먹는 편이다.

어머님이 과일 노점상을 하시던 평양 향수

원래 알뜰하고 부지런하시던 어머니는 평양에서 큰형님과 나의 조석과 빨래를 하시고는 틈틈이 종이봉투를 붙여서 어려운 생활에 보태곤 하셨다. 그런데 이웃에 고향이 우리와 같은 경기도 안성인 아주머니가 남편을 따라 와 살고 있었다. 남편이 평양형무소 간수(교도관)로 근무하는 분이었다. 타향으로 시집온 새댁은 친정 쪽 까마귀만 봐도 반갑다고 한다더니, 천리 먼 길 물설고 산 선 타향에서 고향 사람을 만났다고 엄청 반가워했고, 그 뒤 어머니를 형님이라고 부르며 형제처럼 의지하고 살게 되었다.

그 아주머니는 과일 도매상에서 과일을 받아다가 사람들이 많이 다니는 시내 길목에서 난전을 펴고 장사를 하셨다. 그 아주머니가 어머니에게 "장사가 수월찮이 재미있으니 형님도 집에서 무릎 아프게 그까짓 봉투나 붙이지 말고, 나를 따라 같이 과일 장사를 하자"며 장사하는 요령을 가르쳐주셨다. 쑥스러워 하는 어머니를 강요하다시피 과일 도매상으로 모시고 가는 등, 열성이었다. 그래서 어머니는 사람들이 많이 다니는 길목에서 그 안성 아주머니와 같이 광주리 노점 장사를 시작하셨다.

처음만 해도 어머니는 남부끄러운데다 남자들과 내외를 하던 시절이니만큼 부녀자로서 감히 장사할 엄두도 못 냈지만, 나중에는 어머니가 장사를 더 잘한다고 안성 아주머니가 시샘을 하곤 했다.

원래 어머니는 성품이 호탕하시고 활동적이며 사교적이고, 여장부 기질이 있던 분이라 사람들과 빨리 사귀고 잠시도 가만히 손을 놓고 계시지 못해 정 할 일이 없으면 책이라도 읽어야 하는 분이셨다. 그래서 그런지 막상 노점장사를 시작하니 참 잘하셨던 모양이다.

그 후 서울로 이사해 살면서 어머니는 평양에서 살던 때를 생각하며 많은 이야기를 하시곤 했다. 특히 기억에 남는 건 이런 얘기다. 남쪽에서는 행세하고 산다는 집일수록 남녀는 내외를 해야 한다며, 여자들은 집안일이나 하며 애들이나 기르면 된다고 구속했다, 그릇이나 여자는 밖으로 내돌리면 깨진다고 하며 여자들이 장에 가는 것조차 흉을 보기 때문에 여자들이 할 수 없이 남편들에게 가정에 필요한 물품을 사다 달라고 부탁하면, 5일장에 모여 그 돈으로 술을 실컷 먹고 술에 취해 물건도 아주 싼 것으로 사갖고 와 여자들의 마음을 애타게 했다, 같은 시대인데도 평양에서는 시아버지와 며느리, 시아주버니와 동생 댁, 그리고 온 가족이 내복바람으로 모여앉아 소리 내어 웃으며 식사하는 것을 보고 놀랍고도 한편으로 무척이나 부럽게 생각했다. 지금 생각해봐도 당시의 남쪽 정서와는 많이 다른 말씀이었으니 상당히 진취적인 사고를 하셨던 게 틀림없다.

우리가 서울로 이사 올 때, 안성댁 아주머니는 어머니의 손을 잡고 눈물까지 흘리셨다. 정 많고 인심 좋던 아주머니 생각이 내 뇌리에도 생생한데…… 이런 인간의 정은 왜 자꾸 사라지는 것일까.

2. 영등포에서 보낸 전시 공립보통학교

기계충과 싸우던 코흘리개

1940년 우리 세 식구는 나름대로 정이 든 평양에서 서울 영등포 당산동 228번지로 이사를 했다. 드디어 이산가족 생활을 청산하고 온 가족이 모여 사는 가난하나마 행복한 생활이 시작되었다.

지금은 코 흘리는 아이들을 눈 씻고 찾아봐도 못 찾겠는데, 그때는 그런 아이들이 왜 그리도 많았는지 모르겠다. 나도 물론 코를 잘 흘렸다. 아무리 코를 풀어도 흐르고 또 흘렸다. 금방이라도 누런 코가 떨어져 발등이 깨질 것 같이 아슬아슬하게 코를 흘렸다. 밥상 앞에 코가 떨어질 것 같으면 홀짝 들이마신다. 그러면 콧속으로 쏙 콧물이 따라 들어갔다.

그런데 이 코 흘리는 버릇이 언제 없어졌는지는 잘 생각이 나지 않는다. 언젠가 친구들과 멱을 감으러 개울가로 가서 발가벗고 물속으로 뛰어들다가 사타구니에 수염 같은 털이 생긴 것을 보고 깜짝 놀라 물에서 뛰어 나와 바지를 급히 주워 입고 집으로 돌아온 적이 있는데, 지금 생각하면 그때부터 코 흘리는 버릇이 없어지지 않았겠나 하는 생각이 든다.

평양에서는 겨울에 동상으로 시달렸지만, 서울에서는 도장부스럼이라고도 하고 기계충이라고도 하는 피부병이 아이들을 괴롭혔다. 서울로 이사 와서 우신공립보통학교에 입학하고 2학년 때쯤이었던 것 같다. 기계충이라는 이 도장부스럼에 걸려 혼쭐이 났다. 이 피부병이 얼마나 악질인지 한번 걸리면 잘 낫지를 않는다. 그때는 지금처럼 약이 좋은 것도 아니어서 참 고생을 많이 했다.

병원에서 약을 바르고 돌아와도 전혀 낫지를 않았다. 부스럼 부위에 마늘을 짓이겨 바르면 따가워서 펄펄뛰고 난리가 난다. 오만가지 민간요법으로 약도 만들어 붙여봤는데, 그때마다 펄펄뛰어야 했다. '도장부스럼'이라는 이름 때문이었는지, 심지어 인주도 발라봤다.

한번은 외사촌 큰형이 우리 집을 방문하셨다. 그 분은 아버지와 동갑이셨고, 전에도 우리 집에 자주 오시곤 했다. 따가운 게 두려워 기계충 약을 안 바르겠다고 어머니와 실랑이를 벌이던 참이었다. 그런데 그런 광경을 보신 외사촌 형이 10전짜리 돈을 보이면서 "약을 바르면 이 돈을 주마" 하시는 게 아닌가. 속으로는 울면서도 그놈의 돈 욕심 때문에 꾹 참고 약을 바른 기억이 난다.

그 후로도 기계충과는 상당 기간 싸웠는데 언제 나았는지는 생각이 잘 나지 않는다. 하여간 어려서 꽤나 주접을 떨어 어머니 속을 많이 썩여드린 건 확실하다.

서울 우신공립보통학교에 합격하다

1940년, 나는 당당히 시험에 합격해 우신공립보통학교 1학년에 입학했다. 우신학교는 당산동에서 약 6km쯤 떨어진 대방동에 있었는데, 당시는 보통학교도 시험을 치고 입학을 했다.

당시 시험문제는 지금도 기억이 난다. "솜 한 근과 쇠 한 근은 어떤 것이 더 무거우냐?", 오리발과 닭발 그림을 놓고 "어느 것이 오리발이냐?" 이런 문제였다. 당시는 공립보통학교 시험에 떨어져 변두리 소위 '똥통학교'라고 하는 진흥학교에 다니는 아이들이 꽤나 많았다. 그 후 해방되어 일본 아이들이 일본으로 쫓겨 가고 난 뒤, 공립보통학교나 똥통학교나 모두 국민학교로 합쳤지만, 그때는 공립보통학교에 다니는 것도 대단한 자랑거리였다. 80년 가까이 산 지금도 그때 일을 기억하니 어려서 내가 퍽 총명했었나 보다, 하고 자만에 빠지는 때도 있고 보니 퍽이나 건방진 놈이라고 피식 웃어보기도 한다.

당시 우신공립보통학교 1학년은 남자 네 반, 여자 세 반, 모두 7학급으로 당시로는 대단히 큰 학교였다. 어머니 손을 잡고 간 입학식 날, 가슴에 3반이라는 표시가 된 빨간 명찰과 커다란 손수건을 달고 운동장에 줄을 서서 교장선생님 훈시를 지루하게 들었던 기억이 있다. 물론 교장선생님 훈시는 일본말이었고, 어려워서 무슨 소린지 전혀 알아듣지도 못했다.

담임선생님도 일본인이었다. 나이가 좀 드시고 대단히 인자하신 분이었는데, 성씨가 히도미였던 선생님으로 기억하고 있다. 1학년에 입학하니 교실 수업보다 운동장에서 하는 무용 같은 수업이 더 많았다.

그리고 그 수업이 더 재미있었다고 생각된다. 지금도 생각나는 무용은 '모모타로(桃太郞)상'이라는 무용이다.

어느 마을에 외롭지만 금슬 좋고 행복하게 사는 착한 노부부가 있었다. 걱정이 하나 있다면 슬하에 자식이 없는 것이었다. 어느 날 할머니가 개울에서 빨래를 하는데, 아주 커다란 복숭아가 물에 떠내려 오는 것이었다. 할머니는 그 복숭아를 집으로 가지고 와서 아랫목에 잘 간직하고 아까워서 먹지도 않았는데, 어느 날 복숭아에서 요란하게 천둥치는 소리가 나면서 아주 씩씩하고 잘생긴 사내아이가 태어났다. 노인 부부는 "우리를 위해 하늘에서 내려 보내주신 것"이라고 믿으며, 이름을 모모타로라고 짓고 친자식처럼 아주 정성껏 길렀다. 그러던 중 깊은 산속에 나쁜 도깨비가 나타나 사람들을 못살게 굴었다. 모두 걱정을 하고 있었는데 어린 모모타로가 "그 못된 도깨비는 내가 혼을 내주겠다"고 할머니에게 인사드리고 도깨비를 찾아 산속으로 떠난다. 이때 할머니는 먼 길을 떠나는 모모타로에게 가다가 배가 고프면 먹으라고 기비당고(팥떡)를 많이 싸주었다. 떡을 감사히 받아들고 도깨비와 싸우러 가는데 얼마쯤 가니 함께 가겠다고 개가 따라 나섰다. 그래서 같이 가는데 또 얼마를 가니 장끼가 자기도 데리고 가라고 쫓아왔다. 그래서 이들이 함께 힘을 모아 도깨비를 물리쳤다는 이야기였다.

전쟁 초 승승장구하던 일본군

하여간 학교생활은 재미있게 흘러갔다. 어느덧 2학년이 되고 그 해 겨울이었다. 정확히 1941년 12월 7일, 일본군 비행단이 선전포고도 없이 미국의 하와이(진주만)를 기습공격하면서 제2차 세계대전 태평양전쟁의 막이 올랐다.

전쟁 초에는 일본군이 승승장구하며 그 넓은 태평양을 석권했다. 1942년도 봄에는 필리핀을 점령하고, 뒤이어 말레이시아를 점령한 후

곧바로 싱가포르를 함락시켰다. 그래서 일본군 남방군사령관 야마시다 도모유키(山下奉文) 육군 대장이 영국군 말레이 사령관 퍼시벌(Arthur E. Percival) 중장에게 항복조인을 받는 사진을 크게 만들어 서울시내 상점과 관공서 등에 덕지덕지 붙이고, 학교에서는 야마시다 대장이 퍼시벌 중장에게 예스까? 노까? 빨리 대답하라고 엄포 놓는 모습을 교사들이 그대로 흉내 내며 학생들에게 전쟁을 가르쳤다. 게다가 승전을 기념한답시고 아이들에게 선물까지 나눠주었다. 일본학생들은 물론, 내선일체라며 조선학생들에게까지 모두 승전기념 선전용으로 고무공을 한 개씩 선물했던 것이다. 그 고무공은 말레이시아에서 일본군이 빼앗은 찰고무로 만들었다고 했으며, 크기는 지금의 야구공만 했다. 그래서 쉬는 시간이면 운동장 전체가 어느 공이 누구 공인지 모를 정도로 고무공 천지였고, 마치 눈 오는 것처럼 보이기도 했다.

나의 아버지보다 더 자상했던 일본인 선생님

당시는 전시라 학교생활이 마치 병영생활 같았다. 생활필수품도 모두 배급제로 변하고 식량도 턱없이 부족하여 모든 사람들의 생활이 암울해가던 시절이었다. 학교생활은 전체적으로 무서웠다. 다만 담임선생님만은 예외라서 마치 좋은 아버지같이 자상하셨다. 1학년 겨울방학 때는 담임선생님 댁에 초대를 받은 적도 있다.

선생님은 일본사람이면서도 조선아이를 차별하지 않으셨다. 댁에 초대를 했는데도 내가 쑥스러워서 썩 나서지 않자, 다른 아이와 함께 오라는 말씀까지 하셨다. 어느 날 그 친구와 함께 선생님 댁을 찾아갔다. 선생님은 사모님과 함께 반갑게 맞이하면서 맛있는 점심을 차려주고 후식으로 밀감도 다섯 알씩이나 주셔서 집으로 가져올 수 있었다. 그 맛이 얼마나 좋던지 아까워서 바로 먹지 못하고 몇 날을 서랍 속에 넣어두고 즐기던 생각이 난다.

우리 조선 사람들은 밀감이 무엇인지 모르는 사람이 더 많았을 때다. "세상에 이렇게 맛있는 것도 있구나!" 그때를 생각하면 히도미 선생님이 그리워진다.

일본인보다 더 일본인 같았던 조선인 여선생

3학년 때는 조선 사람이 담임을 맡았다. 마쓰오카(松岡)라는 이름의 그 여선생님은 일본인보다 더 일본인이 되고 싶어 애쓰는 사람 같았다. 같은 조선 사람인데, 왜 그리도 일본을 맹신하고 앞장서서 날뛰고 사셨는지.

당시는 제2차 세계대전을 치르면서 물자가 극히 귀해서 잘 먹고 사는 사람들이 별로 없었다. 그래서인지 사람들이 지금의 북쪽 동포들처럼 대체로 날씬한 몸매였는데, 마쓰오카라는 여선생님은 당시로는 보기 드문 뚱뚱이였고, 우리 반 아이들이 전부 마음속으로 '어떻게 저렇게 뚱뚱할 수가 있을까? 아마 선생님은 집이 대단한 부자인가 보다'라는 생각을 하며 많이 놀랐던 생각이 난다.

그러나 그 놀라움은 지금처럼 동정의 놀라움이 아니라 식량이 부족하여 남들은 잘 먹지도 못하는데 혼자만 얼마나 잘 먹고 살면 저토록 돼지처럼 살이 쪘을까 하는, 비아냥거림이 섞인 놀라움이었다. 지금 생각해 보면 그 여선생 집안이 혹시 친일파 집안이 아니었을까 하는 의구심이 든다.

게다가 매질은 얼마나 잘하고 벌은 또 얼마나 잘 세우던지, 우리말을 쓰다가 들키면 일본말을 하지 않았다고 호되게 매를 맞아야 했다. 그때 맞은 그 매섭고 앙칼진 매는 평생 잊지 못할 것이다.

훗날 내가 국민학교 교사가 되었을 때도 남선생님들보다 더 매섭게 어린이를 때리는 여선생님들을 보았다. 여자들은 마음이 여리고 나약한 줄 알았는데, 그런 생각이 물거품처럼 사라지는 광경이었다.

조선말을 전혀 못 쓰게 했던 학교

일본은 당시 내선일체(內鮮一體)를 내세우며, 학교에서 반드시 일본말만 쓰게 했다. 그래서 친일파 가정이 아니면 집에서는 우리말을 하고, 학교에서는 일본말을 하는 이중 언어생활을 해야 했다.

단속이 굉장히 엄했던 것은 물론이고, 아이들의 동심마저 멍들게 했다. 많은 아이들이 선생님들 몰래 조선말을 쓰니까, 급기야 아이들에게 10장씩 표찰을 나누어주고는 조선말을 쓰면 먼저 본 아이가 그 표찰을 1장씩 빼앗게 했던 것이다. 교사들이 토요일 종례 때 표찰 수를 검사한다. 친구의 표찰을 많이 빼앗은 아이는 상을 받고, 표찰을 많이 빼앗긴 아이는 벌을 서는 게 당연했고 친구들 앞에서 '비국민'이라는 창피까지 당해야 했다. 참으로 야비한 교육이었다.

표찰을 많이 빼앗긴 녀석은 표찰을 많이 가진 녀석에게 일종의 뇌물을 주고 표찰을 구해 벌을 피하는 사례도 생기기 시작했다. 어떤 녀석은 표찰을 사고판다고 선생님께 고자질을 해서 대소동이 벌어진 적도 있다.

내 몸 속에는 어려서부터 반골의 피가 흘렀던 것 같다. 토요일 검사날만 되면 표를 많이 빼앗겨 벌을 받는 단골이었다. 그래서 선생님께 미움을 받고 꾸중을 듣고 벌을 서는 것이 나에게는 주례 행사였다.

이성에 눈 뜨게 해준 '경자'와 아내가 된 또 다른 '경자'

나만 조숙했는지 아니면 그 나이면 다 그런지 지금도 잘 모르겠는데, 1학년 때 여자반 아이 중 하나가 내 가슴을 설레게 했다. 성씨는 기억할 수 없으나 이름은 경자(京子)(일본식으로는 게이꼬)였다.

반이 다르니 공부시간에는 보지도 못하고, 쉬는 시간이면 운동장에서 그 아이를 찾아보는 게 중요한 일처럼 되었다. 그 아이가 안 보이면

'혹시 아파서 학교에 오지 못 했나?', '아프면 어쩌지?' 하며 마음을 잡지 못하고 사방을 두리번거려야 했고 가슴이 막 뛰었다. 그래서 자꾸 서성거리게 되고 좌불안석인지라 수업이 시작돼 교실에 들어가도 공부는 안 되고 온통 경자라는 아이만 눈앞에 어른거렸다. 그러다가 다음 쉬는 시간에 경자가 다른 아이들과 고무줄놀이라도 하는 것을 발견하면 얼마나 반가웠는지 모른다. 그러나 경자 옆에는 가까이 가지도 못하고 멀리서 그저 바라보고만 있을 뿐이었다. 지금 생각하면 이성에 대한 첫 짝사랑이었던 것 같다.

그런데 사람의 운명이 참 묘하다는 생각을 한다. 지금 내 아내 이름이 진경자(陳京子)이기 때문이다. 경자와 이루지 못했던 사랑을 또 다른 경자와 이루었으니 운명이 있기는 있는 모양이다.

군영 같았던 전시 우신공립보통학교의 지루한 생활

우신공립보통학교 4학년이 되던 해는 제2차 세계대전에서 일본의 패색이 짙어가던 때였다. 학교에 가도 패전 상황을 만회하려고 아주 극성스러웠다. 공부는 별로 안 시키고 하루 종일 송진 따기, 솔방울 따기, 마초 해오기 등 부족한 전쟁 물자를 조달하느라 최후의 발악을 했다.

전쟁헌납금이다 군 위문금 모음이다, 하면서 한 달에도 몇 번씩 돈을 가져오라고 했다. 나는 그 틈을 이용해 돈을 벌었다. 국방헌금이다 장병위문금이다, 학교에서 돈을 가져 오란다고 거짓말을 하고는 어머니한테 돈을 받아 몰래 영보극장으로 달려가 일본 사무라이 영화를 봤다. 그때는 몰래 영화 보는 게 제일 큰 재미였다.

그래서 어머니께 거짓말하는 것이 버릇이 되었다. 친구들한테 영화 본 이야기를 들려주는 것도 일상이 됐다. 그런데 일본말이 잘 안 돼서 조선말을 섞어 쓰는 경우가 더러 있었다. 그러면 얄미운 친구 놈들은 내 이야기를 재미있게 들으면서도 조선말 섞어 썼다며 조선말 표찰을 자주 빼앗아갔다. 그래도 아이들 모아 놓고 영화배우 흉내 내는 것은 얼마나 신나고 즐거운 일이었는지 모른다.

월요일이면 아침조회를 하면서, 동쪽을 향해 모든 사람들이 사이게이(큰절)를 해야 했다. 동쪽은 일본천황의 궁성이 있는 곳이라고 했다. 학생들을 줄 세워 신사참배(神社參拜)도 시켰다. 신궁(神宮) 문 옆에는 성금을 넣고 가는 통이 있었다. 우리 악동들은 선생님 몰래 그곳에서 성금을 훔치기도 했고, 그 돈으로 극장 구경을 하기도 했다. 들켰더라면 퇴학 당할 수도 있는 행동이었는데, 시쳇말로 간덩이가 퉁퉁 부었었나 보다.

전두환 정권 때, 일제 때보다 더한 일이 있었다. 북한이 댐을 만드는데 이것이 완성되면 "북쪽에서 수문을 열면 서울 63빌딩이 반은 물에 잠긴다"고 호들갑을 떨면서 평화의 댐을 만든다고 온 국민에게 헌금을 강요하고, 심지어 국민학교 어린이 코 묻은 돈까지 헌금이라며 걷어드린 것이다. 소위 먹물들이라는 무슨 대학 교수다 무슨 박사다 하는 자들이, 우리도 댐을 만들어 대비해야 한다며,《조선일보》같은 수구 언론과 함께 국민에게 사기 쳐서 현혹시킨 적이 있었다.

이 치사한 수법이 아마 일제 말 패전 막바지에 일본 놈들이 쓰던 수법과 뭐가 달랐을까 하는 생각이 든다. 그때 그 많이 배웠다는 먹물들은 지금 어디서 무엇을 하며 지내는지. 애국심이라고는 잠자리 눈곱만큼도 없고, 오로지 자기 지위나 지키려고 뻔한 진실을 왜곡하며 궤변을 늘어놓고, 독재자에게 아부만 일삼던 거시기 같은 새끼들…….

영화가 아닌 연극을 구경하고 배우의 꿈을 키우다

나는 어머니를 속이고 타낸 돈으로 영화관을 가거나, 딱지나 구슬을 사서 딱지치기와 구슬치기 같은 놀이를 즐겼다. 공부는 뒷전이었다.

한번은 천장절인지 뭔지, 하여간 국경일이었는데, 학교에서는 기념식만 끝내고 일찍 귀가시켰다. 집으로 돌아오는 길에 어른들이 영등포

극장(영보극장) 앞에서 길게 줄을 서서 입장표 사는 것을 보았다. 돈은 없고 극장엔 들어가고 싶고, 참 부럽게 바라보고 있는데, 이게 웬 떡이냐! 그 줄 속에 누님이 친구 분과 함께 서있지 않은가. 그때 얼마나 반가운지, 물에 빠졌다 살아난 기분이라고나 할까? '그래, 누님을 협박하면 극장구경을 할 수 있겠구나' 하는 생각이 순식간에 머리를 스쳤다. 그래서 누님에게 "나 구경 안 시켜주면 아버지한테 이른다"고 협박조로 매달렸다. 그러자 누님이 이르지 말라면서 구경을 시켜주었다.

그런데 안에 들어갔더니 영화도 아니고 배우들이 직접 사람들 앞에서 하는 연극이었다. 얼마나 놀랍고 신기했던지, 그때 나는 이다음에 자라서 꼭 배우가 되겠다는 꿈을 갖게 됐다. 그날 밤 나는 잠도 설쳐가며 낮에 본 연극을 떠올리고 꿈도 연극 꿈을 꾸었다.

그때부터 집에서 학교 사이 6km의 거리가 나의 연극 연습 장소가 되었다. 영등포 당산동에서 신길동까지는 비교적 한적한 거리였는데, 어깨에 책보를 매고 걸으면서 그때 본 조선악극단 배우들을 흉내 내는 게 일이었다. 지나가는 사람들을 의식하지도 않고 12살짜리 소년이 어른 음성으로 변성시켜 껄껄 웃기도 하고, 명대사를 나름대로 소리 내어 웅얼거리기도 했다. 그러다가 전봇대와 마주쳐 문득 서기도 하고, 다시 길을 가며 대사를 반복하곤 했다.

이렇게 연극 연습에 미쳐서 가다 보면 언제 집에 도착했는지도 모르게 빨리 오곤 했다. 지나가던 어른들이 '혹시 살짝 맛이 간 놈이 아닌가? 하는 이상한 눈빛으로, 아니면 신기하다는 눈초리로 바라보는 경우도 적지 않았다. 그러면 멋쩍어서 그 자리에 가만히 서서 사람들이 지나가길 기다렸다가 다시 감정을 넣어가며 연습을 하곤 했다. 그렇게 우두커니 서있을라치면, 그냥 해봐, 괜찮아 하면서 응원까지 해주는 분도 더러 있었다. 지금 생각하면 누가 시킨다고 할까, 의심스럽기만 하다. 신기가, 아마 나는 그때 신기가 들었었나보다.

극장 대장이란 별명을 지어준 여선생님 마쓰오카

'호사다마(好事多魔)'가 이런 것인가? 연극을 본 다음날 학교에서 날벼락을 맞았다. 내가 누님과 극장에 들어가는 것을 보고, 자기는 구경시켜 주지 않았다고 약이 오른 친구 녀석이 마쓰오카 선생님께 고자질을 한 것이다. 나는 선생님 앞에 끌려 나와 호되게 매를 맞고 그 선생님한테 '게키죠 다이쇼', 우리말로 '극장 대장'이란 별명을 얻었다.

그날 수업은 한 시간도 못했다. 교실 밖 복도에서 집에 갈 때까지 손들고 벌도 섰고, 벌 청소까지 해야 했다. 하지만 선생님한테 극장대장이란 별명을 듣는 게 조금도 부끄럽지 않고 오히려 마음속으로는 자랑스럽기까지 했다. 그래서 더 열심히 혼자서 연극 연습을 하며 학교를 오가는 것이 일과가 되었다. 그때 조선악극단의 명배우 이종철(李鍾哲)과 송달협(宋達協) 콤비는 나의 어린 마음에 우상이었다.

그 당시는 학교에 가서 매 한 번 안 맞으면, 그날은 꿈을 잘 꾼 날이었다. 지금 생각해도 도저히 이해가 안 되는 것은 복도 구타사건이었다. 복도에서 다른 반 선생님과 마주쳤는데, 그 선생님은 나의 두 뺨을 사정없이 때리고 업어치기로 마치 개구리 팽개치듯 꼬나 박았다. 앞에 가던 다른 아이가 복도에서 뛰어갔는데, 자초지종을 조사해보지도 않고 다음에 지나가는 나를 내동댕이치고 뺨을 때린 것이었다. 그래도 항의는커녕 그 정도 맞은 게 다행이라고 생각하던 시절이었다.

제국주의 식민지교육, 지금 생각하면 참으로 야만의 교육이었다. 식민지에 태어난 죄로 다른 반 선생한테 그렇게 이유 없이 구타를 당해도 감히 부모조차 항변하지 못하던 그런 시절이었으니 말이다.

하루는 운동장에서 친구들과 놀고 있는데, 마쓰오카 선생님이 화장실로 들어가셨다. 극장에 갔다고 하루 종일 호되게 벌 받은 생각이 나서 이때다 싶어 말없이 일어나 변소 뒤로 돌아가 주먹보다 더 큰 돌을 집어 들고 변소 뒤편 똥 푸는 구멍으로 힘껏 던졌다. 그러고는 슬그머니 딴 곳으로 피해버렸다. 멀리 도망가서야 두근거리는 가슴을 진정시킬 수 있었다.

가장 즐거웠던 미술시간과 소개령

공부에는 별 흥미가 없는 학교생활이지만, 미술시간이면 신이 났다. 그림을 다 그리면 언제나 선생님 칭찬을 받은 내 그림이 교실 뒤 게시판에 제일 먼저 걸렸기 때문이다. 그래서 미술시간이 되면 늘 자랑스럽고, 자부심을 느끼곤 했다.

지금은 다양성과 개성을 존중한다며 잘 못 그린 그림도 골고루 게시판에 걸어주지만, 당시는 못 그렸다 싶은 그림은 아예 걸리는 법이 없이 쓰레기통으로 직행했다.

그러니 내 그림만 항상 게시판에 걸리게 되어 있었다. 극장대장이라는 별명을 붙여준 마쓰오카 선생님도 이 시간만큼은 칭찬을 아끼지 않으셨다. 그림은 대부분 일본 전투 비행기들이 미국과 영국 군함을 폭격해 군함들이 연기를 내뿜으며 격침되는 그림, 일본 육군들이 총돌격하며 적군을 무찌르고 일장기를 산 위에 세우는 그림이었다. 그런 전쟁 그림을 그리면서 어린 마음에 나도 '빨리 커서 비행사가 되어 대일본제국 천황폐하를 위하여 기꺼이 미국 놈 군함을 격침시키고 산화해 가리라' 마음먹곤 했다.

1944년부터 패색이 짙어지자 일본 군부는 최후의 발악을 시작했다. 보통학교에서도 고학년 여학생들까지 수업은 줄이고, 매일 죽창을 들고 운동장에서 기합소리를 내며 적을 무찌르는 훈련을 했다.

미, 영의 양귀(洋鬼) 놈들이 우리나라에 상륙해 올지도 모르는데, 그러면 최후의 한 사람까지 싸워야 한다며 고학년 여학생들에게 죽창훈련을 시키는 일이 점점 더 많아지고, 남학생들은 수업 대신 비행장 건설 현장 등으로 동원하는 것이 예사였다.

그러던 중 고향이 시골인 사람들은 시골로 흩어져 내려가라는 이른바 '소개령(疏改令)'이 떨어졌다. 이 소개령으로 학교는 전쟁이 끝날 때까지 임시 폐교되었다.

소개령이 떨어지자 서울생활을 싫어하시던 할머니는 할아버지를 매일 졸랐고, 마침내 두 내외분은 고향으로 떠나셨다. 그 두 분은 고향에서 친척들의 도움으로 땅을 조금 빌려 방 하나에 부엌 하나 딸린, 그야말로 단칸방을 꾸미고 시골생활을 시작하셨다.

부끄럼 많고 여자 아이들에게도 매를 맞던 씨름꾼

나는 경자라는 여학생을 마음에 품고도 말 한 마디 걸어보지도 못하고 끙끙거리며 속병만 앓는 숙맥이었다. 부끄러움 많고, 겁도 많고, 용기라고는 없어서 3학년이 될 때까지도 여자아이들에게 매를 맞고 대항조차 못했다. 바보스러우리만치 지나치게 순진했던 셈이다. 그러던 내가 차차 악동으로 변해갔는데, 그것은 체육시간 덕분이었다.

체육시간이면 전시 영향인지 적군과 백군으로 편을 갈라 기마전과 씨름을 많이 시켰다. 씨름은 상대편이 한 사람씩 맞붙어 이긴 아이가 질 때까지 계속하는 식이었다. 씨름을 처음 할 때만 해도 나는 씨름이 무척 싫었다. 아이들이 아주 얕보는 분위기여서 더욱 내키지 않았다.

하지만 내 차례가 서서히 다가오고 있었다. 누구나 씨름을 해야 했으니 하기 싫다고 꽁지를 뺄 수도 없는 노릇이었다. 그런데 이변이 일어났다. 첫 씨름부터 내가 이기기 시작했는데, 한두 명이 아니라 10여 명을 그냥 넘겨버렸다. 그걸 보면서 우리 편 아이들은 자리를 박차고 일어나 박수를 치고 환호를 하며, "이사오!(動, 나의 일본식 이름) 이사오! 이겨라! 이겨라!"를 외쳐댔다.

이후에는 체육시간이면 우리 편 아이들이 으레 나에게 기대를 걸고 큰 소리로 응원하는 분위기로 바뀌었고, 그러자 나를 무시하고 괴롭히던 아이들도 자연히 괴롭히지도 않고 오히려 내 주위로 몰려들어 놀곤 했다.

또 4개 반 대항 씨름대회가 있으면 우리 반 아이들이 "고시다!"(越田, 나의 일본 성)를 부르며 환호했고, 나는 자연히 학년 전체에서 씨름꾼으로 이름을 날리게 되었다. 이렇게 붙은 나의 두 번째 별명은 '씨름꾼'이었다.

천성적으로 급하게 타고난 성질

하루는 학교에서 돌아와 보니 어머니가 어느 낯선 중년 아저씨와 마루 끝에서 이야기를 나누고 계셨다. 그 아저씨가 "쟤가 누구입니까?" 하자, 어머니는 "쟤가 훈이 아닙니까" 하셨다. 그때 그 아저씨가 놀라며 "훈이가 아직 죽지 않고 이렇게 살아있습니까?" 하셨다.

어린 마음에도 그 일이 하도 궁금해서 다음날 어머니께 어제 그 아저씨가 한 말이 무슨 말이냐고 여쭈어보았다. 어머니 말씀은 내가 돌도 되기 전, 어른들이 귀엽게 생겼다며 안아보자고 어머니 품에서 떼어 가면, 나는 '까르르' 하고 숨이 넘어갈 정도로 울고, 얼굴색이 백지장처럼 하얗게 변하며 한참 동안이나 숨이 끊어졌단다. 그러면 그 어른들이 놀라서 나를 어머니에게 다시 돌려주고 도망치듯 달아나곤 했다는 것이다.

그런 걸 보더라도 내 성질이 참 급하고 못됐나 보다. 하기야 젊은 날 술친구들과 흔히 '방석집'이라 부르던 색싯집에서 여자들과 어울려 술을 먹다가 소변이 마려우면, 술 먹는 사람들 앞에서 거시기를 꺼내 가지고 화장실로 달려가는 바람에 같이 술 먹던 친구들이나 여자들이 질색을 하곤 했다.

그렇게 성질이 불같이 급했던 내가 책과 벗하지 않고 살았다면……, 나를 이 만큼이라도 사람답게 만들어준 것은 다름 아닌 책의 덕이라고 나는 자신 있게 말한다. 그리고 매일 반성해보며 살지 않고, 타고난 성질대로 살아왔다면 지금쯤 얼마나 가관이었을까 싶다. 일일삼성(一日

三省)이라고, 하루 세 번씩 그날 일을 되돌아보고 살아가라는 성현들의 가르침같이 뒤늦게나마 반성하면서 사는 버릇을 가지고 살아가니 이만큼이나 살고 있는 게 아닌가 싶다.

풍랑 속에서 방향을 잃은 것같이 인생의 지침도, 목표도 없이 세상을 그저 어영부영 살아가는 '용승'이란 놈에게 목표를 제시해주는 명언 같아 '마음속 깊이 명심하고 살아야지!' 하고 다짐해보지만 잘 되지 않았던 게 사실이다.

천성을 고치는 것이 얼마나 어려운 일인지! 하지만 이 세상을 하직하는 그날까지 열심히 고치려고 노력하며 살아가련다. 공자님 말씀이던가? '아침에 도리를 깨우치고 저녁에 죽어도 이 아니 기쁜 일이냐!' 나도 남은 인생이 얼마인지 몰라도 내 생명 다하는 순간까지 그런 자세로 살고 싶다.

3. 우리 집은 아마 새끼 친일파였나 보다

일본 놈 냄새나게 창씨개명한 우리 집

그 당시는 '내선일체'란 구호 아래 우리민족을 모두 강제로 창씨개명시키던 때였다. 창씨개명을 하지 않으면 생활필수품 배급도 주지 않고, 어린이들도 학교에 갈 수 없게 하던 시절이었다.

그때 창씨개명을 끝까지 안한 집도 있고 배급이라도 타 먹고 살자고 할 수 없이 강제적으로 한 집, 그리고 자진해서 이 기회에 친일하고 일본에 충성하려고 신바람이 나서 개명을 한 집도 있다. 물론 거물 친일파들은 자진해서 더욱 일본인답게 창씨개명을 했다.

우리 집도 창씨개명을 했다. 그런데 일본 당국의 지시에 따라서가 아니라, 자진해서 한 것 같다. 그 당시 큰형이 군수품공장 공장장으로 젊은 나이에 좀 출세한 편인 걸 보면, '새끼 친일파'가 아니었나 하는 생각도 든다.

우리 식구들 성과 이름을 보면 이를 미루어 짐작할 수 있다. 우리는 성을 '고시다(越田)'로 창씨개명을 했는데, '월'은 우리 신가의 본관인 영월(寧越)에서 따왔지만, '전'은 일본인이 성으로 많이 쓰는 밭 전(田)자에서 따온 것이다. 그렇게 해서 '월전', 즉 고시다가 되었다. 그리고 우리 3형제의 이름은 조선식의 두 글자가 아니라, 아예 일본식으로 한 글자로 바꿨다. 큰형님 신갑승은 고시다 아키라(越田晃), 작은형은 고시다 이사무(越田勇), 그리고 나는 고시다 이사오(越田勳)가 되었다. 우리 집은 이름만 창씨개명한 것이 아니라 정신적으로 자진해서 일본인으로 귀화했다는 생각을 지울 수 없다.

그나마 영월 신씨에서 '월'자를 따온 것에 조금은 위안을 삼기도 하지만, 지금 생각하면 젊은 날의 큰형님은 소영웅주의자로 '새끼 친일파'답게 독일의 히틀러와 이탈리아의 무솔리니 같은 독재자를 남 앞에서 극구 찬양하던 사람이었다.

내가 이렇게 생각하는 데는 다음과 같은 까닭이 있다. 내가 출생한 곳은 경기도 안성군 일죽면 고은리 고목동이다. 거기에는 몇 백 년은 묵었을 고목나무(느티나무) 한 그루가 서있었는데 무척 아름다웠다. 그런 마을에 영월 신가(寧越 辛哥) 50여호가 일제 말기까지 한 3백여년 동안 집성촌을 이룬 채 향반(鄕班)으로 살아왔다. '타성바지'는 세 집 정도고 나머지는 모두 우리 일가였다.

그런데 그 일가는 '위 집안'과 '아래 집안'으로 분열되어 살았고, 창씨개명 때는 그 두 집안이 아예 성을 다르게 했다. '위 집안'은 고목동의 목자를 따서 기무라(木村)라고 개명하고, '아래 집안'은 후루시로(古城)라고 개명을 했다. 어쨌든 두 집안 모두 우리 고향마을 이름인 '고목동'에서 한 글자씩 따다가 지은 것이다. 그런데 유독 우리 집만은 '고시다'로 지었다.

이것은 친일파 이광수가 더욱 일본인답게 가야마 미쓰로(香山光郎)로 개명하고 홍난파가 모리가와 준(森川潤)이라고 개명한 것, 박정희가 다카키 마사오(高木正雄)라고 창씨개명을 했다가 그 이름에서 일본 냄새가 나지 않는다고 생각했는지 일가붙이와 다르게 자기만 '오카모토 미노루(岡本實)'라고 다시 개명하여 정신적으로까지 자진 귀화를 한 것과 같다고 생각한다.

박정희는 왜 하필 '오카모토 미노루'라고 창씨개명을 했을까? 우연인지 몰라도 박정희가 개명한 성 '오카모토'는 구한말 우리의 국모인 여걸 명성황후를 살해할 때 일본 낭인(浪人)들을 궁궐로 몰고 들어가 진두지휘한 인물의 성과 같다. 그리고 '미노루'는 제3대 조선총독으로 부임하기 위해 서울역에서 마차에 올라타다가 65세의 강우규(姜宇奎) 의사에게 폭탄세례를 받고도 살아난 '사이토 마코토(齊藤實)'의 이름과 같다.

갑자기 독립투사 강우규 의사가 생각난다. 1919년 3월 1일 전국적으로 기미 만세운동이 일어나자 우리민족을 탄압하던 일제는 무단통치를 접고 문화정치를 하겠다면서 3대 조선총독으로 '사이토 마코토'를 서울로 보냈다.

그는 2대 조선총독 '하세가와 요시미치(長谷川好道)'보다 아주 교묘한 놈이었다. 그놈이 1919년 9월 2일 서울역 광장에서 마차로 옮겨 타려는 순간 폭탄이 터졌다. 그 폭탄은 불행히도 그놈을 빗나가 일경과 경호원들, 그리고 신문기자 등 30여명만 부상을 당했다. 강우규 의사는 현장을 빠져나와 서울 가회동에 은신하여 다시 거사를 계획하다 애석하게도 일본 놈도 아닌 우리 조선인 고등경찰 김태석(金泰錫)한테 체포되었다.

강우규 의사는 일본 재판장한테 의연히 이렇게 말했다. "내가 하고

자 하는 말은, 이 늙은이가 구구하게 생명을 연장하자는 것이 아니다. 재판장이여, 나는 죽기를 이미 맹세한 사람이니 아무쪼록 당신네 일본은 널리 동양 전체를 위해 평화를 그르치지 말기를 바랄 뿐이다."

그리고는 이듬해 11월 19일 서울 서대문형무소에서 66세의 노구로 교수형을 당하셨다. 강 의사는 순국하시기 전에 이런 한시를 남겼다.

단두대에 서니	斷頭臺上
봄바람이 감도는구나	猶在春風
몸은 있으되 나라가 없으니	有身無國
어찌 감상이 없으리오	豈無感想

이렇듯 죽음 앞에서도 의연히 행동하시고 저세상으로 가셨다.

그리고 박정희의 창씨개명에 대해 한 마디 더해야겠다. 《조선일보》 워싱턴 특파원이던 문명자(文明子)씨의 취재파일 『내가 본 박정희와 김대중』이라는 책을 본 뒤에는 박정희가 창씨개명을 정말 일본인답게 했구나 하는 생각이 더욱 굳어졌다. 그 책 66쪽에는 일본 육사 교장이 방일한 박정희에게 "너 성공했구나!"라고 말한 대목이 나온다. 그 내용을 인용해본다.

나 문명자는 72년 도쿄에서 박정희의 만주 신경군관학교 동창생 두 명이 도쿄에 살고 있다는 얘기를 듣고 수소문 끝에 그들을 만난 일이 있었다. 만주군관학교 시절 박정희의 창씨명은 다까키 마사오(高木正雄), 그 곳을 졸업하고 일본육군사관학교에 편입했을 때 박정희는 창씨명을 완전히 일본 사람 이름같이 보이는 오카모토 미노루(岡本實)로 바꾼다. 어렵사리 만난 박정희의 두 동창은 만군시절의 박정희를 다음과 같이 회상한다.

박정희는 하루 종일 같이 있어도 말 한 마디 없는 음침한 성격이었다. 그런데 "내일 조센진(조선 사람) 토벌 나간다!" 하는 명령만 떨어지면 그렇게 말이 없던 자가 갑자기 "요오시!(좋다) 토벌이다!" 하고 벽력같이 고함을 치곤했다. 그래서 우리 일본생도들은 "저거 좀 돈 놈 아닌가?" 하고 쑥덕거렸던 생각이 난다.

그들은 박정희가 '벚꽃처럼 활짝 피었다가 한순간에 떨어지겠다는 혈서를 썼다'는 증언도 했다. 나는 그들로부터 박정희와 함께 찍은 사진을 어렵사리 입수했다.

그리고 5·16 쿠데타 후 최고회의 의장 박정희는 61년 11월 최초로 미국을 방문하는 길에 일본에 들러 이케다(池田) 수상과 회담했다. 일본 측 수상관저에서 박 의장을 위한 칵테일파티를 열어주면서 박정희의 일본 육사시절 교장을 불러다 놓았다. 이 일본 교장은 반말 비슷한 어조로 "너 성공했구나!"라고 해, 박정희가 숙소로 돌아와 몹시 투덜댔다고 한다.

이 얼마나 교활한 일본인들인가. 미래의 한국 대통령 박정희에게 "어차피 너는 우리가 키워 낸 용병에 불과하다"는 사실을 다시 한 번 확인시켜 준 것이다.

자주성도 없는 부끄러운 우리나라 여자들 이름

내 아내의 이름은 진경자(陳京子)다. 그런데 주위를 둘러보면, 40세 이상 되는 여자들의 이름엔 뭔 자(子) 자가 그리 많은지! 여자들 이름에 아들 자 자를 붙이는 것은 일본식인데, 해방이 된 지도 어언 60년이 넘은 지금도 자 자투성이다. 이것은 일제에 나라를 강탈당하면서 자주성마저 잃고만 부끄러운 자산인데, '도대체 저 여자 부모들은 어떤 생각을 가지고 사는 걸까?', '왜 우리는 자주성 잃고 사는 것을 부끄러워하지도 않는 걸까?' 하는 생각이 든다.

북쪽에서는 정권 차원에서 해방 후 얼마간 이름 바꾸기 기간을 설정해서 여성 이름에서 자 자를 없애고, 모두 우리식으로 바꾸게 했다고 들었다. 그래서 평양에 갔을 때 마음먹고 북쪽 여성들의 이름에 자 자가 있는지 살펴보았는데 한 사람도 없었다.

　나는 여자들의 일본식 이름이 정말 싫다. 그래서 내 아내의 일본식 이름을 우리식 이름으로 바꾸려고 해봤다. 그런데 1970년대까지는 법원에서 이름을 바꾸는 것이 얼마나 힘든 일인지 겪어본 사람은 다 알 것이다.

　당시 법원 직원들의 권위주의는 대단했다. 자기가 자기 이름을 바꾸겠다는데, 웬 절차가 그리도 까다롭고 힘겹고 귀찮은지! 어깨에 힘이 들어가 펑 터질 듯한, 권위주의가 몸에 밴 법원 직원 앞에서는 자기 이름 바꾸는 게 무슨 큰 죄라도 저지른 것 같았다. 그 불친절하고 어색한 분위기가 싫어서 그 뒤로는 바쁘고 귀찮다는 핑계로 미적미적 미루었고, 결국 내 아내 이름은 오늘까지도 경자다. 아마 경자라는 이름을 무덤까지 가지고 가겠지. 어찌 보면 일본 여인과 살고 있는 게 아닌가 하는 기분이 들어 별로 좋지 않다. 그래서 어떤 때는 자연으로 돌아가신 장인어른의 무식함이 야속하다는 생각도 하게 되고, 또 어떤 때는 자기 아내 이름 하나 못 고쳐주는 나 자신이 참 못났다는 생각도 든다. 지금도 이름에 자 자가 붙은 여자 분들이 많은 것은 자주성이 없어서일까? 나처럼 권위주의에 짓눌리고 귀찮아서일까? 창씨개명을 거부하고자 목숨을 걸고 저항한 분들도 많았다던데…….

　악랄한 식민지시대, 우리 성을 일본식으로 바꾸라고 창씨개명을 강요할 때도 조상이 물려주신 성을 끝끝내 지키신 분들이 많았다. 수원에 사는 설(薛)씨 성을 가진 어느 부호되시는 분은 총독부에 재물을 바쳐가면서까지 성씨를 지키려다 끝내 지킬 수 없게 되자 '조상 뵈올 면목이 없다'며 집안 우물에 투신자살했다고 한다.

　또 일제강점기에 동덕고녀 선생을 하다가 독립운동을 하려고 공산당에 입당한 이관술(李觀述)이라는 사람의 이야기도 유명하다. 그 분은 수십 년 항일투쟁을 하였고, 형무소생활을 8년이나 하면서도 끝내 변절하지 않고 좌파운동을 했다. 해방 후 조선 정판사 위조지폐사건으로 또 4년간 옥살이를 하다 한국전쟁 전에 총살형을 당했다.

이관술이 서대문형무소에 갇혀 있을 때, 동네 순사가 그의 아버지를 찾아와 "창씨개명을 하면 아들이 보석될 수 있으니 어서 창씨개명을 하라"고 하니까 아버지가 이렇게 버럭 소리를 지르셨단다. "네 마음대로 학견(鶴犬)이라고 지어라! 조상이 주신 제 성도 못 지키는 놈이 개가 아니고 무엇이냐? 나는 개와 다를 바 없으니 학견이 좋다!" 그러자 순사가 "그렇게는 지을 수 없으니 다시 지으라"고 계속 조르니, 할 수 없이 학산 이씨의 본관인 학산을 따서 학산(鶴山)으로 개명하고, 폐결핵에 걸려있던 자식을 병보석 시켰다. 생각 있는 사람들은 나름대로 이렇게 자존심을 지켰는데, 요즘 우리는 왜 이리 자존심도 없이 비열해지고 있을까, 서글픈 생각이 든다.

그런데 일제가 패망하여 물러간 지 60년이 넘었더니 모든 걸 까맣게 잊었는지 우리사회에 또 이상한 이름들이 나오기 시작하는 것이 아닌가. 이름깨나 날리는 가수니 예술인이니 하며 외국으로 자주 나다니는 사람일수록 버젓이 남의 이름들을 붙이고 다닌다. 하기야 거리 간판만 봐도 우리말 간판은 거의 찾아볼 수 없는 세상이 돼버렸다. 작은 구멍가게도 모두 '슈퍼'라 하며 동리 아파트 이름도 온통 영어로 바뀌었다. 오죽하면 시골의 늙은 시어머니들이 자주 찾아오지 못하게 아파트 이름을 그렇게 짓는다는 우스갯소리까지 나올까마는 아무리 생각해도 이해하기 어렵다. KBS 5시 뉴스를 전후해서 '우리 말 고운 말' 하면서 방송을 하는 경우도 있다. 그러면 나는 '아름다운 우리말을 모조리 외래어로 오염시키는 주범이 바로 방송국이면서 앞뒤 안 맞게 이 무슨 뚱딴지같은 방송이냐?'고 욕을 하곤 한다.

정부가 행정편의주의로 가지 말고 지금이라도 이름 바꾸는 기간을 설정하여 누구나 왜색이 짙은 이름을 버리고 정말로 아름다운 우리 이름으로 쉽게 고칠 수 있게 했으면 참으로 좋겠다. 정부에 정식으로 건의하고 싶지만, 용기도 없고 남들이 돈키호테 같은 놈이라고 할 것 같아서 피식 웃고 말게 되니 이 또한 한숨거리다.

큰형님 앞에서 차렷 자세를 취한 일본 헌병들

전시체제하에서 남자는 누구나 스님처럼 삭발을 해야 했다. 그런데 작은형님은 머리를 깎지 않고 다녔다. 박정희 군사독재 시절, 장발이면 경찰들이 강제로 잡아서 머리를 깎으니까 젊은이들이 골목길로 피해 다니면서도 일부러 더 길게 장발로 다니던 것처럼, 하지 말라면 더 하고 싶은 반항심 때문이었을까? 아니면 우리 집안에 반골의 피가 섞여 있기 때문이었을까? 큰형님의 '빽'을 믿어서였을까?

그런데 하루는 작은형이 무슨 잘못을 저질렀는지, 우리 식구들이 모여 앉아 막 저녁을 먹고 있는데, 일본 헌병 둘이서 작은형님 이름을 부르며 들이닥쳤다.

그때는 순사만 봐도 사람들이 벌벌 떨고, 울던 어린아이들도 울음을 뚝 그친다던 시절인데, 하물며 헌병이야 말해 무엇하랴!

그런데 큰형님이 수저를 놓고 일어나 헌병들에게 신분을 밝히고 일본말로 무어라 얘기를 하니, 헌병들이 큰형님에게 차렷 자세로 경례를 붙이고 오토바이를 타고 돌아가 버렸다. 나는 그때 큰형님을 얼마나 우러러봤는지 모른다.

징용을 피해 우리 집으로 몰려온 고향 일가들

아버지는 영등포 당산동에 있는 피혁공장 노동자로 계시고 어머니는 애국반 반장 일을 하셨다. 큰형님이 공장장으로 계시던 공장은 일본 군대 대포알을 생산하던 군수품공장이었다. 그 당시 그 공장에만 취직

해도 탄광이나 징용은 가지 않아도 될 정도였다. 그래서 고향에서 농사 짓는 친족 아저씨들이 징용을 피해 우리 집으로 큰형님을 찾아오곤 했다. 학교에서 돌아왔을 때, 우리 집 마당과 마루 귀퉁이에, 그 당시로는 대단히 귀한 씨암탉이나 쌀자루 같은 것들이 놓여있는 것을 가끔 보기도 했다.

도시에서는 쌀이라고는 한 톨도 먹기 어려웠던 시절이었다. 식량이라고는 만주에서 기름을 짜고 난 콩깻묵이나 호밀, 수수쌀 같은 게 전부였다. 이것도 배급을 타야 했다. 그때는 일본의 마지막 발악으로 놋숟가락, 놋대접 가리지 않고 쇠붙이라는 쇠붙이는 모조리 빼앗아가고, 심지어 지방선 철도의 레일까지 뜯어가던 시절이었다. 그런 시절이라 햅쌀이나 암탉은 그야말로 보물 취급을 받던 때였다.

나이 많은 집안 아저씨들이 징용을 피해 큰형님이 공장장으로 있는 군수품공장에 취직하여 공장생활을 했다. 낮에는 회사에서 "공장장님!" 하고 깍듯이 존칭을 쓰고, 집에 와서는 "자네!" 하며 하대를 하는 생활을 하면서 해방 때까지 우리 집에서 살았다.

가정 집 생활필수품까지 통제한 일본 제국주의

제2차 세계대전이 막바지로 줄달음치면서 모든 물자는 통제체제로 들어갔다. 심지어 담배도 한 사람한테 한 갑씩만 팔았다. 그것도 정해진 양만 팔고 문을 닫았다. 그러니 아침 9시에 문을 여는 담뱃가게 앞에는 동리 사람들이 새벽 3시경부터 온통 가마니를 깔고 홑이불 쓰고 줄을 서기도 했다. 한 갑이라도 더 사려고 식구들이 있는 대로 잠을 설치며 동원되기도 했고, 그렇게 밤을 새운 뒤 겨우 담배 한 갑을 사다 아버지께 드리곤 했다.

그런데 그 시절 아버지는 왜 담배를 못 끊으셨을까? 온 가족이 잠도 제대로 못 자며 줄을 서서 사오는 그놈의 담배를 말이다. 전쟁은 점점 일본의 패색이 짙어지기 시작했고 물자는 더더욱 부족해지는 상황이었다. 그나마 담뱃가게를 통해 배급되던 담배도 얼마 후에는 동리의 반 단위로 반장 집에서 배급하기 시작했다. 담배 갑도 아끼느라 '까치 담배'를 가족 수에 따라 배급하기 시작했다. 담배뿐만 아니라 설탕, 비누, 고무신, 성냥 등 온갖 생활필수품이 모두 반장 집을 통해 배급되었다. 어머니가 동리 애국반장이 되면서 우리 가족은 그 지겨운 새벽 줄서기를 하지 않아도 되었고 다른 집보다는 생활필수품을 비교적 좀 여유 있게 쓸 수 있었다.

한번은 설탕이 먹고 싶어서 어머니 몰래 도시락에 설탕을 쏟아 붓고 학교에 간 적이 있다. 점심 때 도시락을 열어보니 밥이 온통 삭아서 먹지 못하고 버렸다.

모든 생활필수품이 우리 집을 통해 배급되면서 동리의 형들(두세 살씩 더 먹은 악동들)도 나를 대하는 태도가 달라졌다. 그들이 친절하게 대해주니 우쭐한 마음도 들고, 금방 친하게 지내는 사이가 돼버리고 말았다. 같이 어울리자 그 형들은 협박조로 어르기도 하고 구슬리기도 하면서 담배를 피워보라고 했고, 한 모금 빨고 기침을 수 없이 하면서도 담배에 대한 호기심에다 마치 어른이 된 기분도 들어 차츰 형들이 시키는 대로 맛도 모르는 담배를 피우기 시작했다.

사실 그들이 나한테 담배를 가르친 것은 우리 집에서 그 귀한 담배를 훔쳐오게 하려던 것이었다. 마약사범들이 마약을 소비하기 위해서 마약을 맞게 하여 중독자를 만들어 꼼짝없이 하수인으로 이용하는 것과 같은 이치였다. 그때 내 나이 12살 무렵이었다.

일본은 전쟁에서 패색이 짙어지자 서울의 모든 학교를 임시 폐교하여 시골학교로 전학할 것을 권유했다. 하지만 시골로 가지 못한 나는 악동 형들과 당산동 개울둑에서 담배나 피우고 참게 잡이를 하며 하루를 보내곤 했다. 그때 술도 배웠다. 술집에서 배급표를 받고 한 주전자씩 배급을 했는데, 아버지가 술심부름을 시키면 집으로 오면서 주전자 꼭지에 입을 대고 빨아먹으면서 왔다. 아버지가 고개를 갸우뚱하며 "너 술 엎지르지 않았냐?"고 하면 가슴이 덜컹 하면서도 아니라고 거짓말을 했다. 그 후로는 내가 마신 만큼 물로 채워다드리기도 했다.

제사공장 소년공으로 취업

어른들은 징병이다 근로보국단이다 하며 전쟁터로 내몰고, 여자들까지 일본 군대의 성노예가 되어 정신대로 끌려가는 판이었으니 자연 일손이 모자랄 수밖에 없었다. 전쟁 막바지에 도시의 학교도 모두 임시 휴교를 하여 나는 하는 수 없이 제사공장에 다니게 되었다.

제사공장에서 소년공으로 일하던 어느 맑게 갠 날, 높은 하늘로 손바닥보다 작은 흰 물체 3개가 길고 큰 포물선을 그리며 북쪽으로 나란히 날아갔다. 비행기였다.

그때 공장의 일본인 감독들은 "B29!"라고 소리치며 마구 욕을 해댔다. 이리 뛰고 저리 뛰면서 공습경보를 외치더니 우리더러 빨리 방공호로 대피하라고 했다. 그런데 나는 그 비행기가 하나도 무섭지 않고 신기하기만 했다. 그래서 일본인 감독들 눈에 잘 안 띄는 공장 담벼락 한쪽 모퉁이에서 비행기가 사라질 때까지 신기한 듯 한없이 바라보았다.

내가 제사공장에 다닐 그 무렵, 사실 우리 가족은 또 이산가족처럼 서울과 시골집으로 갈라져 두 집 생활을 했다. 부모님과 큰형님 내외, 그리고 작은형님, 바로 손위 누님(화승. 인천 참사랑병원 병상에서 식물인간에 가깝게 누워 계시다 돌아가심), 그리고 돌도 지나지 않은 장조카 종덕이, 또 나, 이렇게 여덟 식구는 서울에서 살았고, 시골에는 조부모님 두 분이 사셨다.

4. 조부모님과 부모님, 그리고 마지막 본 노비제도

자식들을 차별하고 역사의식도 없이 사신 아버지

해방되기 3년 전인 1942년 4월 16일, 큰형님이 재취장가를 들었다. 큰형님은 영등포 군수품공장 공장장으로 근무하면서 홀아비로 지냈는데, 한집에 살던 상진이 할머니라는 분이 홀아비인 줄 알면서도 큰형님의 직업과 훤한 인물에 마음이 동해 당신 친정 쪽인 김포군 검단면 군하리라는 곳의 최씨 집안 둘째 딸을 중매하셨다. 아버지는 며느리 될 사람의 환한 인물만 보고, 그 집 가풍이나 혈통 따위는 문제 삼지 않으시고 서둘러 재취장가를 들였다.

옛말에 '집이 번성하려면 남의 식구가 잘 들어와야 한다'고 했는데, 아버지가 왜 앞뒤 가리지 않고 그리 고집을 부리셨는지 모두 다 우리 집안 운명이라고 봐야 할 것 같다.

당시 큰형님은 영등포 양평동에 2백채(당시 영등포 양평동 쪽에 집 2백채가 나란히 있어서 그렇게 불림)라는 곳에 사는 어느 처녀와 열애 중이었다. 그런데 완고하신 아버지는 연애질하는 처녀는 며느리로 맞을 수 없다고 완강히 반대하시면서 부랴부랴 서둘러 지금의 형수님을 며느리로 맞았다. 그 덕에 형수님은 희망찬 꿈을 안고 영등포 나의 큰형님에게 시집을 왔다. 어머니는 "저희들이 좋으면 됐지, 부모가 왜 반대하느냐?"고 하셨지만 아버지의 완고하신 뜻을 꺾지 못해 기어이 아버지 뜻대로 혼사가 이루어진 것이다.

그렇게 젊어서는 잘 나가던 큰형님이 해방 후부터 평생을 무위도식하면서 가족들한테 폐만 끼치며 살았다. 영웅은 때를 잘 만나야 영웅도 된다는 말로 고인이 된 큰형님을 위안해본다. 큰아들은 그렇게 위하는 아버지가 작은형님은 왜 그렇게 차별했는지, 작은형님은 학교도 진흥학교라는 4년제 비정규 학교에 입학시켰다. 당시 사람들은 그 학교를 '똥통학교'라고 불렀다. 그런데 아버지는 그곳조차 중도 자퇴시키고 누님처럼 어려서부터 공장생활을 하게 했다. 아버지는 어째서 작은형님과 누님을 그리 차별하셨는지 지금 생각해도 도저히 이해가 되지 않는다.

내가 평양생활을 끝내고 다시 서울로 돌아왔을 때 작은형님은 똥통학교도 그만두고 철공장에 다니고 있었다. 어릴 때부터 그렇게 괄시를 당했는데도 작은형님은 큰형님과는 반대로 대단히 인정이 많고 어머니께 효성을 다했다. 어쩌다 용돈이라도 좀 생겨 돼지고기라도 사가지고 오면, 어머니는 "밖에서 너나 먹고 오지, 무슨 돈이 있어서 이런 것을 사오느냐?"고 하셨는데, 그때마다 작은형님은 "나 혼자 밖에서 먹을 돈이면 우리 식구들이 다 함께 맛있게 먹을 수 있지 않느냐?"고 했다.

아버지는 해방된 다음해, 그러니까 내 나이 13살 때, 술과 담배를 즐기시다 간경화로 40세를 간신히 넘기고 세상을 떠나셨다. 그래서 나는 아버지 얼굴조차 기억이 희미하다. 하지만 아버지는 민족의 운명이나 조국에 대한 아무 고민도 역사의식도 없이 그저 내 가족만 잘 살면 되고, 나만 즐거우면 만족하시는 그런 평범한 소시민이었다고 생각한다.

아버지는 당시 공장지대인 영등포의 피혁공장에 다니시면서 일요일이면 술을 얼마나 즐기셨는지 모른다. 영등포에서 줄을 서서 배급 타먹는 막걸리 한 되를 왕소금을 안주 삼아 잡수시고, 다시 영등포에서 인천까지 배급 술을 잡수러 친구 분들과 다녀오시는 것이 아버지의 유일한 즐거움이고 행복이었다.

그 당시는 모든 물자가 배급제이던 시절이라 남들은 검정고무신도 없어 짚신을 삼아서 신고 나막신도 손수 만들어 신고 다녔다. 역시 작은형님은 다 떨어진 운동화를 손수 빨고 기워서 신었다. 반면, 그렇게 물자가 귀한데도 큰형님은 군수품공장 공장장이라고 검은 구두, 흰 구두가 몇 켤레씩 되었다. 그런데 큰형님이 벗어놓은 구두를 깨끗이 닦아놓는 분은 아버지셨다. 아버지 주머니 사정이라고 해봐야 겨우 막걸리 밖에 못 드실 형편이었지만, 큰형님이 일본인들이나 즐겨 먹던 정종을 아버지께 자주 갖다드렸으니, 아버지의 큰자식에 대한 마음을 이해할 수 있을 것도 같다.

고향, 안성 죽산에 가다

아버지는 제사공장에 다니던 어린 내가 안쓰러웠는지 제사공장을 그만두라고 하시더니 어느 날 새벽, 할아버지를 뵈러 가자며 할아버지 내외가 사시는 시골로 나를 데려가셨다.

영등포에서 새벽기차에 몸을 싣고 천안에서 다른 기차로 갈아타고 죽산에 내리니 벌써 날이 저물어 온 천지가 어두웠다. 전시라 기차가 얼마나 느리게 가던지 지금 같으면 3시간 거리도 못되는 거리가 그렇게 오래 걸렸다.

그때는 천안에서 장호원까지 기차가 다니던 때다. 그 후 전쟁 막바지에 전쟁물자가 부족하니까 그런 지선 철도는 레일까지 모두 뜯어갔다. 그래서 천안에서 장호원을 다니던 낭만의 작은 기차는 영영 우리 곁에서 사라졌다.

시골여행에 들떠 새벽에 아침밥도 설치고 나온 터라 어둑해진 죽산에 내리니 무척 배가 고팠다. 아버지도 하루 종일 아무것도 못 잡수셨으니 시장하시기는 마찬가지였을 텐데, 주막에 들어가서는 나한테만 국밥을 시켜주고 막걸리만 드셨다. 돈을 아끼느라 그러셨는지, 밥보다 술을 더 즐기셨기 때문이었는지는 모르겠다.

나는 아버지한테 밥을 잡수라고 권하지도 않고 철없이 꾸역꾸역 혼자만 먹었다. 밥을 다 먹고 나서 시오리나 되는 캄캄한 길을 아버지 뒤를 따라 할아버지가 계시는 고목동까지 갔다. 우리 목소리를 들으신 할머니는 맨발로 뛰어나오면서 울음 섞인 목소리로 어린 손자를 맞아주셨다. 나는 조부모님께 차례로 인사를 드리고 그 비좁은 단칸방에서 참으로 고단한 잠에 빠져들었다.

아침에 할머니는 나에게 물어보지도 않고 밥 많이 먹으라며 내 밥에다 물을 부으셨다. 하지만 나는 왜 밥에 물을 붓느냐며 투정을 부리고 밥도 먹지 않았다. 그런데도 할머니는 매번 밥에 물을 부으셨다. 그러면 나는 또 울고불고 할머님께 대들며 난리굿을 피웠다. 식량이 부족하여 배불리 먹을 수 없던 시절이었으니까, 당신 눈에 넣어도 아프지 않을 귀여운 막내 손자가 배불리 먹는 것을 당신이 배부른 것보다 더 대견해하신 할머니의 사랑이었던 것이다.

할머니는 나를 부르실 때 내 이름은 부르지 않고 꼭 "아가야!, 아가야!" 하셨다. 그때 나이 10살이 넘었기 때문에 그 소리가 참 듣기 싫었다. 그래서 할머니한테 덤벼들며 할머니 가슴을 막 때리기도 했다.

고목동에서 첫 밤을 지낸 다음날 아침, 내 또래의 시골동네 아이들이 서울서 내려온 나를 신기한 듯 구경하려고 몰려들었다. 나는 그때 처음 보는 시골아이들에게 부끄러운 줄도 모르고 내가 본 연극을 흉내 내면서 서울 놈 티를 내곤 했다.

시골아이들은 연극이란 말도 들어보지 못한 처지였다. 내가 조선악극단 송달협이 하는 미국말이라고 "빠뻬, 뿌뻬, 뽀" 하면서 이종철과 송달협의 단막극 흉내를 내면, 아이들은 집에 밥 먹으러 가는 것도 잊고 내 이야기를 들었다. 그러다 나중에 가족들이 부르러 와야 할 수 없이 자리를 떴다.

서로 성격이 판이했던 할머니와 할아버지

할머니는 반상의 계급과 유교사상이 머릿속에 철저히 박히신 분이었다. 길을 가다 원두막에서 참외를 사고 상것인 외간 남자에게 참외값을 치르실 때는 돈을 땅에다 놓고 지팡이로 돈을 가리킬 정도였다.

그리고 말씀을 청산유수로 잘하셨다. 반면 할아버지는 소심하고 알뜰하고 얌전한 분이셨다.

할아버지는 천석꾼 소리를 듣던 소지주의 5형제 가운데 셋째로 태어나셨다. 증조할아버지가 일찍 돌아가셔서 맏형인 큰할아버지가 집안 어른이 되셨는데, 유독 할아버지만 귀여워하시고 모든 살림을 믿고 맡기셨다고 한다. 소심하고 알뜰한 성품을 높이 사셨던 모양이다.

우리나라가 국운이 기울던 구한말에 할아버지의 장질(큰조카) 되는 분이 당시 이완용(매국노 이완용과 동명이인)이라는 사람네 문객으로 살았다고 한다. 매관매직(賣官賣職)이 심하던 구한말에 벼슬이나 한 자리 얻을 마음으로 고관대작 집 문객으로 있었다는 것이다.

그런데 당신은 아직 젊으니 나중에 벼슬을 얻기로 하고, 우선 삼촌 되시는 우리 할아버지를 구한말 군대의 소대장으로 부탁했단다. 그래서 큰당숙의 부탁을 받은 이완용이 할아버지를 보고는 군대 소대장 하기에는 너무 얌전해서 안 되겠다, 다음 기회에 다른 자리를 봐주마 했단다. 그래서 벼슬도 못하고 귀향하니 할머니는 할아버지께 "남자가 얼마나 주변머리가 없으면 대대장도 아닌 소대장도 못하고 내려와 궁상맞게 짚신골이나 치느냐?"고 기회 있을 때마다 종주먹을 대셨단다.

할아버지는 주막에서 술을 잡수셔도 술값을 치를 때면 술값이 아까워 주머니를 확 열지 않고 검지와 인지 두 손가락만으로 열고 돈을 꺼낸다며, 할머니가 "남자가 왜 그리 쩨쩨하냐?"고 뒤에서 흉을 보시며 "저러니 무슨 소대장을 하느냐?"고 하셨단다.

그래서 할아버지는 6살이나 연상인 마나님의 기에 눌려서 더욱 소심하게 살다 돌아가셨는지도 모르겠다. 매관매직하던 그 시절에 할아버지가 이완용 눈에 들어 소대장을 했다면 완전 친일파 집안이 됐을 텐데, 할아버지가 그런 벼슬을 못하신 게 오히려 우리 가문의 욕을 면하게 했다고 생각하니 참으로 다행이다 싶다.

어려서 고향에서 알게 된 노비제도의 모순

나는 어려서는 평양과 서울 같은 대도시에서 자라 시골 정서는 전혀 모르고 있었다. 할머니 손에 이끌려 친척 어른들을 찾아뵙고 일일이 절을 하며 인사를 드리는데 어린 나이에 '일가가 꽤나 많구나' 생각하면서도 한편으로는 처음 겪는 시골 정서에 취해 대단히 즐겁기도 했다.

서울 티가 나는 내가 시골에 와서 할머니를 따라 동리를 돌아다니니 고향동네 아이들이 대단히 신기하다는 듯 뒤를 졸졸 따라다니기도 했다. 그러면 나는 그 아이들보다 잘 난 줄 알고 어린 마음에 으쓱한 생각이 들기도 했다.

그렇게 어른들께 인사를 다니는데 길 한편에서 백발에 등이 좀 구부러진 한 70여세 되어 보이는 할머니가 "아이고, 도련님! 서울에서 오셨나보군요. 충주 마님댁 손자님 되시나 보네요. 참 예쁘기도 하셔라!" 하며 나를 반기셨다. 시골 정서를 몰라 그 할머니의 그런 친절과 존대가 얼마나 죄스럽고 민망하던지, 온몸에 닭살이 돋는 느낌이었다. 그래서 나는 "아니, 할머니! 왜 이러세요?" 하며 어쩔 줄 몰라 했다.

우리나라의 노비제도(奴婢制度)에 대해 아무것도 몰랐기 때문에 그 할머니가 우리 집안에 대대로 내려오는 노비인 줄을 몰랐다. 그래서 나는 그 할머니한테 존댓말을 쓸 수밖에 없었다. 그런데 할머니는 당신과 비슷하게 늙은 분인데도 "노비에게는 존댓말을 하면 안 된다"고 나무라셨다. 또 동리 아이들은 그 노비 할머니께 아주 당당히 이래라 저래라, 함부로 '해라'를 하며 서슴없이 이름도 불러댔다. 나는 이런 광경을 처음 보았고, 어린 마음에 도저히 받아들여지지 않았다.

그때가 일제 말년인 1944년경이다. 그런데 언제부터인가 그 비인간적인 노비제도가 완전히 사라졌다. 나중에 들은 바로는 1950년 한국전쟁의 영향이었다고 했다. 그 말을 듣고보니 '한국전쟁은 동족상잔(同族相殘)의 전쟁이라고 부정적인 평가만 할 것이 아니로구나, 이 지구상에서 우리보다 선진국이라고 하는 나라에서도 아직 노비제가 완전히 없어지지 않고 일부 남아있기도 하고, 인도 같은 나라는 아직도 카스트제도가 남아있는 줄 아는데, 여하튼 우리나라에서 노비제도가 완전히 없어진 것은 얼마나 다행이고 자랑인가' 하는 생각이 든다.

좀 더 어릴 때는 '젊은 사람이 나이 많은 분에게 예의를 지키고 존중하며 존대를 해야 된다'고 생각하다가, 고향에서 어린 나이에 보고 겪은 노비제도의 충격은 가히 세상에 나서 처음 받은 충격이었다. 10살짜리 보고 늙은이가 존댓말을 쓰고, 백발 늙은이를 보고 10살짜리가 '해라'를 하는 것은 아무리 생각해도 있을 수 없는 비인간적이고 불합리한 처사였다고 생각한다.

나는 어려서부터 좀 싱거운 구석이 있는 놈이었다. 그 후 장성해서 하루는 심심한 생각이 들어 할아버지께 노비가 있던 시절 이야기를 은근히 여쭤보았다. "할아버지는 참 잘생기셨는데, 왜 젊어서부터 작은할머님도 없으세요?" 했더니, 할아버지는 "싱거운 녀석, 왜 없어? 나도 있었지. 그러나 나는 많지 않았지" 하며 이런 이야기를 들려주셨다.

"오방마을(큰 한길과 넓은 들을 끼고 많은 가구가 섞여 살던, 그 당시 주로 상사람들이 모여 살던 마을)에 드문드문 주막이 있었는데 어느 주막의 어느 주모는 큰형님 노리개였고, 어느 주모는 작은형님 것이었다" 하면서 말문을 여셨다. "그럼 그 분들은 남편이 없어요?" 하고 여쭤보았더니, "왜 서방이 없어" 하시는 것이었다. "그런데 양반(실은 우리 집안은 양반이 아니고 향반이었음)이라고 그럴 수가 있어요?" 하고 분노 섞인 목소리로 다시 말씀드렸더니, "그때 상놈들은 다 그렇게 살았어" 하시면서 전혀 아무런 가책도 없는 표정으로 아주 당당하게 말씀하셨다.

나는 할아버지가 인물이 잘생기시고 조용하고 얌전한 성품을 지니셨기에, 호기심이 생겨서 할아버지 젊은 날 엽색 행각이 알고 싶어 말씀드렸던 것인데, 반상제도(班常制度)에 대한 할아버지의 생각이 어떤

지 확인하고 나니 그 비인간적 모순과 비애에 분노가 치밀었다. 변변한 양반도 못되고 향반인 사람들이 이랬으니 정말 양반이라는 사람들이야 일러 무엇하겠는가.

나는 시골 할아버지 댁에서 인간세상의 아주 더럽고 비인간적인 계급모순에 일찍 눈을 떴다. 그리곤 얼마 지나지 않아 다시 아버지를 따라 서울 집으로 돌아와 다시 제사공장 소년공으로 지루하고 따분한 나날을 보냈다.

종친회에서 효부상을 받으신 어머니

나의 어머님 이열래(李烈來) 님은 1899년 음력 4월 5일 충청북도 충주군 노은면(老隱面) 안락리(安樂里) 샘골이라는 아주 평화스러운 마을에서 노은면장을 지내신 나의 외조부 이병옥(李炳玉) 님의 2남 2녀 중 막내딸로 태어나셨다. 소꿉장난이나 즐겨야 할 철부지 14살 어린 나이에, 한 살 어린 13살 철부지 나의 아버님 신길선(辛吉善) 님과 결혼을 하셨다. 슬하에 4남 4녀를 낳으시고 89년의 파란 많은 생을 접으셨다. 남편과는 이상이 맞지 않아 부부의 애정이 무엇인지도 모르겠고, 그저 부부라고 만나 어떻게 자식들을 여덟씩이나 낳고 살았는지 당신 스스로 생각해도 도무지 이해가 안 간다고 하셨던 양반이다. 늘 "그저 자식 낳고 사니 부부인가 보다" 하셨다. 아마 지금 같은 세상이라면 두 분은 성격차로 이혼을 하셨을 수도 있었을 거란 생각이 든다.

남편하고 사신 기간의 갑절이 넘는 55년을 시아버지 신재규(辛在奎) 님을 모시고 사셨는데, 나는 어머님이 시아버지 뜻에 거역하시는 것을 단 한 번도 본 기억이 없다. 뿐만 아니라 아무리 어렵게 사셔도 식사 때마다 시아버지가 그리도 좋아하시는 반주를 거르신 적이 없다. 게다가 할아버지 머리맡에 눈깔사탕이 떨어진 적이 한 번도 없을 정도였다. 다행히 93세까지 사시면서도 당뇨병은 없으셨던 것 같다. 그런데 나는 당뇨를 30년도 넘게 앓고 있어 할아버지의 그 좋은 유전자를 못 받았나 하는 어쭙잖은 생각도 든다.

할아버지는 성품이 여성적이라 아주 착하시면서 남에게 평생 싫은 말씀 한 번 못하시고 사신 분이다. 하지만 한 번 역정이 나면 방에서 안으로 문을 잠그고 며칠씩 밥을 굶으실 정도로 고집이 세시기도 했다. 그러면 애꿎게도 어머니가 끼니마다 할아버지 방문 앞에 밥상을 차려놓고 다른 가족을 대신해 할아버지께 비셨다.

할아버지는 스스로 화가 풀리셔야 문을 열지 그렇지 않고는 절대로 방문을 안 열어 어머니 속을 많이도 썩이셨다. 그렇게 아주 옹졸하게 짜증을 잘 내시지만, 어머니는 시아버지 앞에서 한 번도 화나 짜증내는 법 없이 마치 어린아이 달래듯 시아버지를 잘 모셨다.

고향 동리에서는 "샘골댁은 샘골 아저씨에게 시집온 것이 아니라, 충주 할아버지(할머니도 충주 분이셨다)에게 시집온 사람"이라고 말하곤 했다. 뿐만 아니라 농사철이면 일을 하는 집마다 동리에서 제일 연장자이신 할아버지께 드리라고 따뜻한 새참 밥과 농주를 새참 나가기 전에 제일 먼저 어머니께 보내주시곤 했다. 그래서 할아버지가 돌아가시고 나서 영월 신씨 종친회(죽산파)에서 어머니께 효부상을 주셨다.

어머니는 나에게 부모님께 행동으로 효도하는 모습을 보여주셨다. 어머니의 극진한 실천력이 나로 하여금 그래도 조금이나마 부모님을 존경할 수 있는 놈으로 만들어주셨다고 생각한다. 어머니가 그렇게 사람 사는 도리를 손수 행동으로 가르쳐주신 것에 늘 감사하며 산다. 그런데 사실 나는 행동으로는 어머니께 효도를 다하지 못했다. 그게 늘 후회된다.

어머니는 아주 작은 불의를 보고도 모르는 척 눈을 감지 않으셨다. 그리고 불우한 분들에게는 자애로운 모습으로 사신 분이었다. 자유당 정부 때 일이다. 물론 어머니는 민주당원도 아니고 그저 시골에서 오직 늙으신 시아버지를 정성으로 봉양하고 사는 것이 전부인 분이셨는데도, 자유당이 3·15 부정선거를 저지르자 서슴없이 자유당 독재정치를 비판했다. 이를 꼬투리삼아 지서장이 마을 이장에게 "당신 동리에 민주당을 지지하는 불순한 할머니가 있다면서요?" 하고 말해, 이장이 어머니보고 "조심하셔야겠다"고 귀띔을 해주었다는 얘기를 들었다.

이승만 독재시절에 그렇게 불순한 사람으로 낙인이 찍혀 어머니에게는 그 흔한 3인조, 9인조의 반장도 시켜주지 않았다. 이것이 가문의 영광인지 조상 뵈올 면목이 없는 일인지 그때를 생각하면 그저 실성한 놈처럼 허허하고 웃음이 절로 난다. 이렇듯 불의에 분노하고 작은 일에도 측은지심으로 자애롭고 따뜻하던 어머니의 훈김이 자주 자주 그리워지곤 한다.

비 오는 날은 온종일 소설책을 보시던 어머니

어머니는 60여년 전 왜정 때도 자식의 자유연애결혼을 지지하셨다. 참 놀랍다. 어머니가 그렇게 진보적이었던 원인은 무엇이었을까? 아마도 책을 많이 읽으셨기 때문인 것 같다.

어머니는 일손을 놓고 한가하게 앉아 계시지 못하는 분이었다. 영등포에서 살 때는 일본인들이 철로를 통해 큰 원목을 어디선가 실어와 철길에 며칠씩 쌓아뒀다가 다시 어디론가 실어 내가곤 했는데, 어머니는 그 쌓여 있는 원목 껍질을 벗겨 땔감으로 해오기도 하셨고, 구로동 쪽 둑을 넘어가셔서 메뚜기를 잡아오기도 하셨다. 그때는 모든 곡식을 배급으로 연명하던 때라 쌀을 자유롭게 거래하지 못하게 했는데, 밤이면 관리들 몰래 오류동 쪽 농촌에 가서 야매(夜賣) 쌀을 구해오기도 하셨다. 하여간 잠시도 편히 쉬질 않으셨다.

그런데 시어머니는 그토록 열심히 일을 하는데 새댁이라는 며느리(큰형수님)는 어찌나 그리도 낮잠만 자던지, 어린 내가 봐도 참 이상하고 민망했다. 하지만 어머니는 새 며느리가 미안해할까봐 못 본 것처럼 행동하셨다.

아버지는 평생 집안일 하나 제대로 못하셨다. 못 하나 박는 것부터, 연탄아궁이 손보는 것조차 어머니 몫이었다. 아궁이가 무너지면 어머니가 진흙을 개어 말끔히 고치고, 심지어 구들까지 손수 놓으셨다. 그래서 영등포에 살 때부터 동리의 웬만한 아궁이는 어머니가 뽑혀 다니며 고치셨다.

하지만 비 오는 날의 어머니는 전혀 다른 모습이었다. 하루 종일 꼼짝 않고 독서삼매경(讀書三昧境)에 빠지셨다. 책을 손에 드시면 밥상을 갖다 놓는 것도 모르고 책에 빠지셨다. 어머니가 주로 보신책은 친일파로 유명했던 이광수의『사랑』,『단종애사』,『무정』,『흙』,『소년의 비애』,『방황』, 박계주의『순애보』, 박종화의『자고 가는 저 구름아』,『다정불심』,『금삼의 피』, 김동인의 역사소설『대수양』, 심훈의『상록수』등이었고, 그 수는 아마 몇 백 권이나 되었으리라.

그리고 어머니는 책 읽은 이야기를 어린 나에게 많이 들려주셨다. 그런 이야기가 내가 험난한 인생길을 가는 데 지금까지 크나큰 지침으로, 어두운 밤 등불처럼 남아있다. 어머니가 책을 읽는 모습을 보고 자란 나는 요즘에서야 어머니를 닮아 가는지, 독서를 잠시도 거르지 않고 있다. 어려서는 어른들 몰래 만화책이나 읽고 학교 공부엔 별로 흥미를 느끼지 못했는데도 말이다.

나의 동료교사를 부끄럽게 만드신 어머니의 역사의식

어머니가 책을 좋아하는 것을 아는 큰형님은 공장장을 지내면서 봉급날이면 어머니께 책을 선물하는 것이 유일한 효도였다.

학교는커녕 글방에도 못 다니신 분이 어떻게 한글을 깨치고 그리 많은 역사소설, 애정소설을 읽으셨는지 참 희한했다. 그래서 하루는 어머니께 "여자들은 글을 배우지 못하는 시절인데 어떻게 글을 읽게 되셨냐?"고 여쭈어보았다. 그랬더니 4남매 중 막내딸로 태어났는데 오라버니들 공부하는 것을 보고 어깨너머로 배우셨단다. 큰외삼촌은 면장을 지내신 분인데도 막내 여동생은 공부를 시키지 않았다. 그때는 공부를 하면 친정집에 편지질이나 하여 양가 분란거리나 만든다고 여자들에겐 글을 가르치지 않던 시절이었다. 그런데도 어머니는 한글을 깨쳐 새해가 되면 면사무소에서 집집마다 돌려주는 한 장짜리 달력을 읽고 또 읽고, 수도 없이 읽으셨고, 나중에는 달력을 안 보고도 그 해 농사철의 간지를 훤히 외우셨단다.

그런데 어머니보다 2살 더 잡순 나의 큰고모님은 '한글로 된 책을 매일 몇 장씩 찢어 불에 태워 물에 타서 먹으면 한글을 깨친다'는 허무맹랑한 말을 듣곤 한글을 깨치고 싶어 열심히 먹었지만 그 가상한 뜻을 이루지 못하고 문맹의 짐을 벗지 못한 채 돌아가셨다.

한 세기 전이니 '남녀칠세부동석(男女七歲不同席)'이라고 하여 7살만 되면 남녀가 한 자리에 앉지도 못하게 하고, 공부는 남자나 하는 것이고 여자는 살림만 잘하고 시집가서 애나 잘 낳으면 된다던 시절이었다. 그러니 그 많은 책을 읽고, 게다가 읽은 책 줄거리를 몽땅 머릿속에 간직하고 계시다가 술술 풀어내면 듣는 사람들이 모두 놀랄 수밖에 없었다.

내가 젊은 날 용인 백암면 장평국민학교 교사로 재직할 때 함께 교편을 잡으면서 아주 친하게 지냈던 분이 있었다. 2006년에 양평교육장으로 정년퇴임한 임영순(任永淳) 선생님이다. 그 분을 40여년 만에 만난 적이 있다. 임 선생님과 즐겁게 담소하던 중에 어머니 얘기가 나왔다.

그 선생님은 나와 아주 가까이 지내던 처지라 우리 집에 자주 들르곤 했다. 어머니가 만들어주시는 만둣국을 먹으며 어머니한테 역사이야기를 아주 재미있게 듣던 기억이 잊히질 않는다고 했다. 그러면서

'나이 많으신 어머니가 역사에 이렇게 해박하신데, 젊은 교사인 내가 이래서 되겠나?' 하는 부끄러운 생각이 들어 그 길로 학교에 찾아오는 월부 책장사한테서 10개월 월부로 박종화의 『자고 가는 저 구름아』, 유주현의 대하역사소설 12권짜리 등을 사서 읽은 생각이 난다고 하셨다. 어머니 덕분에 역사에 재미를 붙이고 월부 책장수와 좋은 인간관계를 맺어 지금도 그 책장수와 자주 만나는 사이가 되었다고 한다.

갑자기 찾아온 해방

5. 해방 같지 않은 해방

거리를 휩쓴 태극기 물결

학교에 휴교령이 내렸을 때, 12살의 나이로 지루하고 힘겨운 제사공장 생활을 하고 있었다. 그런데 하루는 공장 분위기가 어수선해졌다. 그리고 정오가 되자 일본 천황의 항복 방송이 나오기 시작했다.

공장의 일본인들은 모두 라디오 앞에 꿇어앉아 소리 내어 울었다. 하지만 우리 조선 사람들은 아무 말도 못하고 일본인들 눈치만 살피고 있었다. 독이 오른 일본인들이 혹시 해코지나 하지 않을까 무서워서 사태를 조용히 지켜보고 있었던 것이다.

얼마쯤 시간이 흐르자 공장 밖에서 만세소리가 들려왔다. 천지를 진동시킬 듯이 우렁찬 소리였다. 그래도 일본인들은 동요하지 않고, "이제 공장은 휴업을 하니 어서 집으로 돌아가라"고 했다. 그래서 우리 조선 사람들은 서둘러 공장을 나섰다.

집으로 오는 길에 난생 처음 태극기 물결을 보았다. 그 많은 태극기는 도대체 어디서 났는지! 만나는 사람들마다 서로서로 손을 잡고 얼싸안고 펄쩍펄쩍 뛰면서 기뻐했다. 아무 뜻도 모르는 나도 그저 어른들을 따라다니며 기뻐했다.

그날 밤 집에서 저녁을 먹고 밖에 나가니 그 귀하던 많은 물자는 또 어디서 나왔는지 길거리 곳곳에 난전 좌판이 열리고 있었다. 그 귀하던 생활필수품이 온 처지에 산같이 쌓여 손님을 부르는 상인들의 목소리가 그리 신바람날 수가 없었다.

모든 게 난생 처음 보는 광경이었다. 나는 친구들과 함께 시간 가는 줄도 모르고 밤이 이슥할 때까지 거리를 쏘다녔다. 끝이 보이지 않게 늘어선 장사치들의 카바이드 불빛이 온 천지를 밝게 비추고, 웬 사람들이 어디서 그리 많이 모여 물건을 흥정하던지 정말 놀랍고 신기했다. 하지만 그것도 시간이 지나고 날이 지나가니 차차 평온해졌고 나도 싫증이 나기 시작했다.

죄의식도 없이 재미로 한 도둑질

싫증이 나기 시작할 무렵 나의 악동 기질이 발동했다. 돈이 없으니 '어떻게 하면 저 많은 맛있는 것들을 용케 훔쳐 먹을 수 있을까?' 궁리하다 묘안이 떠올랐다. 일단 친구 놈을 물건 흥정하는 사람들 틈에 끼어 앉아 구경하는 척하게 했다. 그러고는 10마리씩 묶은 오징어 뭉치에 낚싯바늘을 꿰어놓으라고 했다. 그 다음엔 주인 눈치를 보다가 주인이 한눈파는 것을 보면 한 손을 높이 들어 신호를 하라고 시켰다. 그러면 멀리서 낚싯줄을 쥐고 있던 내가 그 줄을 확 잡아당겼다. 아, 통쾌하도다. 오징어 한 뭉치가 내 손 안에 있소이다.

그 짓에 재미를 붙여 매일 악동들끼리 모여 밤이면 이 난전 저 난전 돌아가며 '밤낚시'를 했다. 시간 가는 줄도 몰랐고, 그것이 얼마나 나쁜 짓인 줄도 몰랐다. 그저 재미만 있었다. 그러나 그 짓도 상인들이 눈치를 채는 바람에 오래 안 가 끝이 났다.

해방의 감격도 시나브로 사그라지고 사람들의 들뜬 생활도 그럭저럭 안정되어 가는 듯했다.

미군부대에서 서성거렸다고 혼을 내신 어머니

당산국민학교에서 집으로 오는 길옆에 미군부대가 있었다. 그 자리는 일제강점기 때 일본인들의 피혁회사가 있던 곳이었다. 미군부대 철조망 안에는 원숭이 같은 사람들이 있었다. 난생 처음 보는 파란 눈에 곱슬머리에 백인들에, 연탄 일을 하다 얼굴도 못 씻고 나온 것 같은 흑인들에……. 저것도 사람인가? 하도 신기해서 철조망 밖에서 열심히 구경을 했다. 언젠가 처음 먹어본 미국과자나 사탕이라도 얻어먹을까 하는 마음도 있었다.

미군들은 알아듣지도 못하는 소리로 떠들어대며 웃통을 훌렁 벗어 던지고 꽥꽥 소리도 쳤다. 우리가 거지들처럼 "할로! 할로!", "쪼꼬렛, 츄잉껌, 기부 미!" 하고 손을 내밀면, 흑인들이 껌이나 초콜릿 뭉치를 우리에게 내던지면서 자기들끼리 킬킬거리고 손뼉을 치면서 좋아라고 떠들어댔다. 그러면 우리는 부끄러운 줄도 모르고 먼저 줍겠다고 달려들어 서로 밀쳐댔다. 미군들은 그 불쌍한 꼴을 보려고 그랬는지, 크게 웃으면서 또 과자 뭉치를 던졌다. 어느 놈은 그걸 주우려 달려드는 우리 모습을 사진으로 찍기도 했다.

미군들이 던져주는 과자를 한 개도 못 주운 날도 있었다. 서운한 마음으로 미군들을 쳐다보고 있으려니 흑인 한 놈이 나를 향해 처음 보는 과자 한 개를 던져주었다. 좋아라하고 얼른 집어서 주머니에 넣으려고 하니 그 흑인이 손짓으로 어서 먹으라고 했다. 그래서 '먹으면 또 주려나 보다' 하고 겉 딱지를 찢고 한입 물었다. 씹으려는데 웬일인지 향은 좋으나 맛이 좀 이상했다. 고개를 갸웃하니까 그 흑인은 커다란 깡통을 흔들면서 "삼키면 이 깡통을 주겠다"는 시늉을 했다. 그래서 두어 번

씹고는 꿀꺽 삼켰더니 목이 얼마나 따가운지 울상이 되어 펄펄 뛸 수밖에 없었다. 화풀이라도 하듯 그 과자를 내동댕이쳤다.

그러는 내 꼴을 보고 미군들은 재미있다고 깔깔대며 펄쩍펄쩍 뛰었다. 알고 보니 그것은 과자가 아니고 씹는 담배였다. 물론 그런 담배는 우리나라에 없었다. 야간 전투 중에 일반 담배를 피우면 적들에게 불빛이 발각될 수 있기 때문에, 씹고 뱉어내는 담배였다. 그것도 모르고 그 흑인이 시키는 대로 목구멍으로 삼켰으니 어린 목구멍이 얼마나 얼얼했을까.

내가 당한 얘기를 같은 반 친구가 우리 어머니한테 고자질을 했다. 어머니는 "네가 거지새끼냐? 왜 창피한 줄도 모르고 미군부대 앞에서 거지처럼 서성거려!" 하며 아주 매서운 벌을 주셨다. 그때 그 무서웠던 어머니의 눈빛을 지금도 잊을 수가 없다. 그 뒤부터는 미군부대 곁을 서성거리지 않았다. 그 후 한국전쟁이 일어나고 다시 미군들이 진주했는데, 나는 미군부대에 취직하는 것을 달가워하지 않았다. 그때 그 어머니의 눈빛이 떠올랐기 때문이다.

다른 어머니들은 자식들이 미군부대에서 깡통이라도 주워오면 반기는 것을 흔히 보았는데, 어머니는 왜 나를 그리도 무섭게 혼을 내셨는지, 그때는 이해를 못했다. 하지만 차차 철이 들면서 어머니의 그 대쪽같은 자존심을 이해하게 되었다.

학교도 안 가고 미쳐 따라다닌 약장수

등교하라는 소집령이 내려서 우신공립보통학교에 찾아갔더니, 1학년부터 4학년까지 집이 당산국민학교와 가까운 아이들은 새로 생긴 당산국민학교로 분리시켰다. 그래서 나는 당산국민학교로 전학을 하게 되었다.

전학을 하고 보니 거리는 좀 가까워졌으나, 우리보다 학교가 더 가까운 아이들이 하굣길에 동네 형들을 데리고 와서 교문 앞에서 우리 동네 아이들한테 싸움을 거는 일이 잦았다. 숫자로 밀리는 우리들은 매일 몰매를 맞았다. 우신공립보통학교 다닐 때 자기들이 매 맞은 앙갚음을 한다면서 가방도 뒤지고 돈도 빼앗았다. 그래서 속으로 '이 자식들을 어떻게 하면 복수를 할까?' 늘 궁리를 했다.

그러던 어느 일요일, 우리를 괴롭히던 놈 하나가 영보극장 앞에서 서성거리다가 내 눈에 걸렸다. 나는 그놈을 극장 뒤 골목으로 끌고 가서 흠씬 두들겨 패줬다. 속이 다 시원했지만, 다음날이 마음에 걸렸다. '내일 학교에 가면 이 녀석 동네 사는 놈들이 가만있지 않겠지?' 그래서 나는 그날부터 학교에 가지 않았다. 집에서는 학교 간다고 나와서 매일 영등포 시장으로 갔다. 거기 가면 익살스럽게 약을 파는 약장수가 있었는데, 그 익살이 얼마나 재미있었는지 매일 그 약장수 꽁무니만 따라다녔다.

점심때가 지나면, 약장수는 북도 치고 바이올린도 켜며 "홍도야, 울지 마라. 오빠가 있다" 하며 사람들을 모으기 시작한다. 그러면 사람들이 슬슬 모여든다. 지루하게 시간을 죽이던 나는 맨 앞으로 다가가 책가방을 깔고 앉는다.

그러면 약장수는 "자, 어른들은 앞으로 오고, 애들은 저 뒤로 가라" 그런다. 나를 보고는 "이놈은 단골손님이네?" 하면서 "아이들은 말을 잘 들어야 공부도 잘하는 법이다"라는 말도 잊지 않는다. 그러다 북을 한 번 탕, 발로 치고는 "자, 지금부터 내가 노래를 한 가락 뽑아보겠는데, 무슨 노랜가 하면, 간다네~ 간다네~, 내가 간다네" 하며 바이올린도 켜고, 발뒤꿈치로는 북을 "탕탕!" 치면서 흥을 돋운다. 한창 흥이 오르면 노래를 멈추고는 "가긴 제까짓 놈이 어디를 가? 술집에서 술값 치르고 나면 제 집밖에 더 가냐? 젊은 놈들이 술 한잔 걸치면 한다는 노래가, 노세 노세, 젊어서 노세, 늙어지면 못 노나니~, 아니 그럼 젊은 놈들은 일하고, 늙어서는 편히 쉬어야지, 젊은 놈들은 밥 처먹고 놀기만 하고, 그래 늙은이들만 일을 하면 되겠어?" 하며 재담을 시작한다.

시장에서 언청이와 꼽추가 서로 병신이라고 싸우다가 경찰에 끌려간 이야기, 대장간을 하는 말더듬이 부자가 말을 더듬다가 쇠를 칠 때를 놓쳐 쇠가 식어버렸다는 이야기, 배짱 없는 한 청년이 지나가던 예쁜 아가씨한테 말은 못 붙이고 그저 쿵쿵했다가 파출소에 끌려갔다는 엉큼하고 배짱 없는 청년 이야기 등을 줄줄이 늘어놓는다. 그러다 구경꾼이 많이 모여들면, 슬며시 약을 꺼내들고 약 선전을 시작한다.

자! 그럼 막간을 이용하여 잠깐만 이 약을 소개하겠습니다. 약을 안 사도 좋아요. 절대 약을 팔자고 하는 것은 아닙니다. 자! 그럼 이 약을 어디다가 쓰느냐? 머리에 생긴 부스럼은 두창, 얼굴에 나는 것은 면창, 그리고 목 뒤쪽에 나는 것은 아주 고질병인 연주창! 등에 나면 등창, 등창은 재수 없는 처녀가 시집 갈 날 잡아놓고 나면 소박맞기 십상인 아주 재수 옴 붙은 부스럼이야. 또 똥구멍에 생기면 치질, 발에 나면 족창, 그리고 앉았다 일어나면 이유 없이 핑 돌면서 하늘이 노랗고, 눈앞에서는 별이 번쩍번쩍하고, 앉았던 자리가 축축하면, 이것은 영양실조가 찾아왔다 이런 말이야. 영양실조를 내버려두면 무서운 폐병으로 번져가. 또 소피를 보려고 변소로 달려가 만년필을 꺼내들었는데 마음같이 시원하게 나오지 않고 찔끔찔끔 오줌발이 발등에 떨어져. 이런 때 이 약을 1주일만 먹고 발라봐! 그럼 언제 그랬느냐는 듯이 새벽만 되면 그놈이 내복을 뚫고 나와. 소변을 보면 오줌이 떨어진 마당이 쭉쭉 파여! 그러면 벌써 마누라가 차려주는 아침밥상 반찬이 달라지고, 마누라 말소리가 앙칼지지 않고 나긋나긋해져……

이쯤 되면 나는 '언제 또 북을 치고 바이올린을 켜면서 노래를 시작할까?' 하고 조바심이 인다. 자리도 못 뜨고, 결국 약장수가 짐을 싸서 자리를 뜰 때까지 앉아있었다. 그렇게 시간을 죽이다가 아이들이 하교할 때가 되면 나도 집으로 가서 마음을 졸이면서도 학교에 갔다 왔다고 거짓말을 하는 하루하루를 보냈다.

가족들 퇴직금으로 논 사러 고향 가신 아버지

해방이 되자 일본인들은 조선 사람들에게 퇴직금이라는 것을 지불하면서(강제로 빼앗김) 떠났다. 아버지는 다니시던 피혁공장에서 퇴직금을 받으셨고, 큰형님은 공장장이었기에 다른 사람들보다 더 많은 퇴직금을 받으신 것 같다.

작은형과 누님, 심지어 나도 퇴직금을 받았다. 나는 당시 제사공장에 한 달도 채 못 다녔는데, 작은형님이 그 공장을 찾아가 내 퇴직금 명목으로 얼마를 받아 왔다. 이렇게 우리 식구 다섯 사람의 퇴직금을 합치니 적지 않은 돈이었다.

그런데 아버지께서는 가족 전체의 퇴직금으로 땅을 사시겠다고 고향으로 내려가셨다. 그 후 얼마 있다가 안 일이지만, 아버지는 논 30마지기 정도는 살 수 있었던 그 큰돈으로 논은 15마지기만 사고 나머지는 노름과 술로 탕진해버리셨다.

그게 속상하고 가족 보기 민망하셨던지, 홀로 고민하시다 마음의 병이 몸의 병이 되셨다. 그래서 서울 집은 우리에게 맡겨놓고 어머니가 누님만 데리고 아버지 병구완 차 부랴부랴 고향집으로 내려가셨다.

해방과 함께 만주에서 귀국한 6촌 형님 신재승

해방되던 그해 겨울, 만주에 가서 홀로 사시던 6촌 신재승(辛載承) 형님이 귀국해서 영등포로 오셨다. 이 형님은 집안이 너무 가난하여 자기 밥벌이라도 하겠다고 어린 나이에 단신으로 머나먼 만주로 떠났었는데, 온갖 고생 끝에 자리가 좀 잡힐 것 같을 때 해방을 맞아 빈털터리로 돌아오신 것이었다.

그 형님은 어려서 어머니를 여의고 정에 굶주리신 분이라 당숙모인 우리 어머니가 친아들처럼 대해주니 어머니에게 정을 붙이고 우리 집에서 함께 살다시피 했다. 나중에는 어머니 주선으로 결혼해 딸도 낳고 가정에 정을 붙이면서 단란하게 살았다. 그러다 한국전쟁이 터졌고, 그 형님은 의용군으로 차출돼 집을 떠났다. 그게 그 형님과 우리 가족의 마지막 만남이었다. 월북을 하신 것이었다.

시집이라고 와서는 남편과 2년도 채 못 살고, 딸만 하나 얻은 청상과수가 되신 후에도 형수님은 개가도 하지 않고 평생을 수절하셨다. 그 뒤 소식도 모르던 그 형수님을 다시 만난 것은 50년을 훌쩍 넘긴 2008년 5월이었다. 영등포의 한 병원 영안실이었다. 102세로 장수하시다 돌아가신, 재승 형님의 서모이신 당숙모님 마지막 가는 길에 조문 차 찾아온 것이었다. 비록 남편은 월북했지만, 시어머님이 돌아가신 자리에 오신 것이다. 여자의 몸으로 홀로 훌륭하게 키워 시집을 보낸 딸과 사위도 함께였다. 나는 해방정국에서 어머니한테 자주 놀러오던 6촌 형님을 잘 알았기에 감개가 무량했다.

사위는 고양시에서 아주 좋은 직장을 가지고 잘 산다고 했다. 청상에 남편을 잃고도 개가도 않고 훌륭히 길러준 어머니를 모시고 단란하게 사는 딸의 모습을 보니 형수의 인격이 더욱 돋보였.

6촌 형님이 지금까지 살아계시면 얼마나 좋을까? 우리 가족만이 아니라 동포 누구나 겪어야 했던 비극이긴 하지만, 분단시대에 태어난 게 서글퍼졌다.

6촌 형님이 들려주신 만주 노동자들의 생활 풍속도

일본 관동군은 만주를 점령한 뒤 청나라의 푸이(薄儀)를 허수아비로 만들어 황제로 앉혔다. 그는 청나라의 마지막 황제였지만, 중국에서 퇴위당하고 이국땅을 이리저리 유랑 걸식하고 있었다. 그런 사람을 데려다 만주국의 황제로 앉혀놓고 뒤에서 조종하면서 관동군이 모든 실권을 장악해 중국침략의 발판으로 삼았다. 중국침략 기지를 건설할 당시, 최하층민인 막노동꾼은 가난한 중국인이 대부분이었고 현장 감독들은 대개 조선 사람들, 그 뒤에서 안락의자에 앉아 부채질이나 하며 조선인을 지휘하는 자들은 일본인이었다고 한다.

그러다보니 일본인들은 중국인들을 직접 학대하는 일이 별로 없었다. 반면 조선 사람들은 일본인들이 '감독'이라는 직책을 주니까 현장에서 직접 몽둥이를 들고 중국인들을 혹사시켰고, 그에 따라 조선 사람들은 중국인들에게 자연 인심을 잃을 수밖에 없었다. 해방이 되자 중국인들에게 혹독한 보복을 당한 것은 일본인이 아니라 조선 사람들이었다.

만주인들의 생활은 이루 말로 다 형용할 수 없을 정도로 비참했다. 극소수의 장궤(掌櫃, 부자)와 군벌들이 부를 독식하여 빈부의 차가 극심했다. 거리에는 거지가 득실거리고 가난한 농민이나 도시 노동자들은 그야말로 생지옥 속에서 가축보다 더 비참하게 살아가는 형편이었다.

생전 옷을 빨아 입는 법이 없고, 제일 부자가 비단옷을 사서 한 10일 정도 입다가 내다 팔면 그 다음 부자가 그 옷을 사서 빨지 않고 또 한 달 정도 입다 팔고, 그러면 그 다음 층이 또 빨지도 않고 사서 입고, 옷이 다 헤져 도저히 입을 수 없어 버리면 노숙자들이 마지막으로 주워 입는 판이었다.

조선시대 양반들이 처첩을 많이 거느리는 것이 신분 우월을 대신하던 것처럼 만주의 최고 부자들도 아내를 한 백 명 정도 데리고 살았고, 다음 층 부자들은 몇 십 명을 데리고 살았다고 한다. 아내 많은 것이 부의 상징처럼 되니 가난한 노동자와 농민들은 세상에 태어나 평생 아내 구경 한 번 못하고 살았다. 그런 이야기를 들으며 오히려 노동자와 농민 봉기가 일어나지 않는 것이 이상하다고 생각했다.

평생 마누라 구경을 하지 못하던 노동자들 사이에는 '마누라 함께 사기 계'가 성행했다고 한다. 그래서 노동자라도 형편이 조금 나은 노동자들은 한 5명 정도가 계를 모아 여자 한 명을 사서 돌려가며 남편 노릇을 하고, 더 가난한 노동자들은 10명 정도가 한 명을 사서 그렇게 하고, 그런 능력조차 없는 쿠리(노동천민)들은 돈이 좀 생기면 사창가에 가서 그때그때 본능을 해결했다고 한다.

사실 가축만도 못한 그런 생활이 지속될 순 없다. 역사가 이를 증명한다. 만주를 침략한 일본의 무력에 눌려 잠시 움츠러들었더라도 언젠가는 용암처럼 분출되기 마련이다. 게다가 나라를 지키지 못하는 위정자는 심판을 받을 수밖에 없다. 1945년 8월, 소련이 관동군을 몰아내자 드디어 민중의 분노가 폭발하고 만다. 결국 허수아비 노릇이나 하는 썩은 권력은 심판을 받고, 일제의 만주국 역시 역사에서 사라지고 말았다.

월북한 만담가 신불출의 태극기 비하 만담

해방정국에서 나는 만담가 신불출(申不出)을 보았다. 해방 다음 해였던 것 같다. 신불출은 영보극장에서 만담을 하는데 사람이 얼마나 많이 모여들었는지 모른다. 그야말로 인산인해를 이루었다. 지금도 생각나는 만담의 요지는 이랬다. "어머니 뱃속에서 세상으로 나와 보니, 아차, 이거 내가 잘못 나왔구나! 나오지 말았어야 했는데, 멋도 모르고 나와 보니 나라는 일본 놈들에게 빼앗기고, 친일파 놈들이 사방에서 활개치고, 이런 꼴을 보고 어머니 뱃속으로 다시 들어갈 수도 없고, 그래서 이름이나마 안 나올 세상에 나왔다고 안불출 했으면 좋겠지만, 성은 고칠 수 없어 신가로 하고, 이름은 '불출'이라고 지었다"고 했다.

그리고 그는 벽에 걸린 태극기를 가리키며 재담 섞인 만담으로 "태극기 한가운데 동그라미를 반으로 갈라 위쪽은 빨갛고 아래쪽은 파라니 국토가 38선으로 양단된 영락없는 우리 꼴이야"라고 했다. 그에 덧붙여 비가 오면 붉은색이 아래로 흘러내리니 이것만 보아도 사회주의가 승리할 거라면서, "사괘는 영, 미, 소, 중, 네 나라가 아니야? 이런 것을 국기라고 정한 놈이 누굴까? 이런 사대주의적 깃발을 빨리 바꿔야 통일도 빨리되고 외세에 간섭받지 않는 자주국가가 될 거야!"라고 했다.

그러면서 "미국을 믿지 말고, 소련에 속지 말라! 우리가 정신 못 차리는 동안에 일본이 다시 일어난다"라며 뼈있는 만담을 했다. 그러곤 장내가 떠나갈 듯 열렬한 박수 속에서 막이 내렸다. 그런데 그 후 신불출은 그 태극기 만담으로 우익진영의 테러에 시달리다 1947년쯤에 월북을 했고, 한국전쟁 때 다시 남으로 내려와 많은 재담으로 선무공작을 하다가 서울수복 때 다시 북으로 갔다고 한다.

월북한 연극배우 황철과 전일

해방정국 연극계에 혜성처럼 나타났던 배우 중에는 황철(黃澈)과 전일(全一)이 있었다. 황철씨는 일제 때부터 우리나라 연극계에서 이름을 날리던 사람이었는데, 동양극장에서 막을 올린 '사랑에 속고 돈에 울고' 공연으로 아주 유명했다. 황철이 나온다 하면 장안이 떠들썩했고, 장안 기생들이 하도 몰려들어 극장 측에서 자리 정돈을 하느라 즐거운 비명을 지르곤 했다는 명배우다. 공연이 끝나면 서로 황철을 모셔가려고 장안에 유명한 기생들이 인력거들을 극장 앞에 대기시킬 정도로 인기 있던 배우라고 한다. 이 사람도 한국전쟁 전에 월북했는데 한국전쟁 때 다시 남쪽으로 와서 선무공작 차원의 연극 공연을 하고 다시 북으로 돌아갔다는 얘기가 있었다. 소문으로는 미군 폭격에 한 팔을 잃었다고 들었다.

1948년도쯤에는 경인선을 따라 인천 부평, 부천 소사, 영등포 등지로 공연을 다니던 〈황금좌〉라는 극단이 있었다. 그 극단의 주인공역을 도맡은 배우가 전일이었다. 얼굴이 아주 예쁘장한 미남형인 이 배우도 연극을 얼마나 실감나게 잘했는지 모른다. "극단 〈황금좌〉가 소사에서 공연을 한다" 하면 지금처럼 교통이 좋지 않았을 때인데도 영등포 대성방직 여자 직공들이 구름같이 모여들곤 하는 것을 나도 보았다.

전일은 나의 우상이기도 했다. 나는 그 배우가 공연한 연극대사를 줄줄이 외우고 다닐 정도였다. 그때 〈황금좌〉가 공연한 것들 중 생각나는 것이 '마의태자', '법정에 선 어머니', '안녹산과 양귀비', '다정불심', '단종애사' 등이다.

그런데 이 배우도 한국전쟁이 일어나자 자진 의용군으로 출정했다느니, 강제로 끌려갔다느니 소문만 무성했을 뿐, 그 뒤 소식은 분단의 장벽에 가려 영영 모른 채 역사의 뒤안길로 사라져갔다.

밤마다 계속되는 지긋지긋한 백색테러

1945년 말부터 거리는 신탁통치 찬반 데모의 물결로 매일 뒤덮였다. 한편에서는 "신탁통치 웬 말이냐! 신탁통치 결사반대!"를 외치고 다른 한편에서는 "신탁통치 찬성! 절대 찬성!" 하고 소리쳤다. 어떤 때는 서로 뒤엉켜 몽둥이가 난무하는 테러의 장으로 변하기도 했다.

세상이 정신 차릴 수 없이 뒤숭숭한 가운데 1945년도 역사의 뒤안길로 사라지고, 1946년 3·1절이 찾아왔다. 그 해 3·1절 기념행사를 우익 쪽에서는 지금의 을지로 6가에 있는 서울공설운동장에서, 좌익 쪽에서는 남산공원에서 따로 거행했다.

그날, 밤이 이슥해지자 낮에 남산 기념행사에 참가했던 사람들 집에 대한청년단과 서북청년들이 복면을 한 채 몽둥이를 들고 떼로 몰려와서 "빨갱이 집!"이라며 사정없이 테러를 가했다.

깊은 밤 저 멀리서 개가 요란하게 짖는 소리가 들리고 나면, 곧이어 비명소리와 장독 깨지는 소리가 들렸다. 그런 소름끼치는 소리가 몇 차례 반복되다가 우리 집까지 다가온 인기척이 느껴졌다. 그 사람들은 우리 가족이 잠자는 방에 신발을 신은 채 들이닥쳤다. 어느 집에서 장독대를 부수고 고추장 항아리를 밟고 왔는지 이불이 된장과 고추장으로 뒤범벅이 되었다. 어린 조카들은 자지러지게 울어댔다. 그런데 마침 형님들이 집에 있지 않아 다행히 몰매는 피할 수 있었다. 그날부터 형들은 집에서 자지 못하고 친구들 집으로 옮겨 다니며 지냈다.

3·1절 기념행사에 작은형님이 남산으로 간 것을 누군가 우익 청년단에 밀고하는 바람에 생긴 일이었다. 우리 식구들은 한 1주일간 매일 밤 그 끔찍한 백색테러에 시달려야 했다. 한집 안채에 살던 젊은 아낙네가 놀라서 입에 거품을 물고 까무러치는 바람에 온 집안이 기겁을 한 적도 있었다. 그런데 어머니는 매일 밤 그런 테러에도 침착하게 가족을 다독거리시며 위안을 주셨다.

그러던 어느 날 시골에 가 계시던 아버지가 간경화로 몸져눕게 되셨다는 슬픈 소식이 날아왔다. 그래서 어머니는 부랴부랴 시골집으로 아버지 병구완 차 내려가셨다.

가출, 그리고 거지생활을 하다

형님 내외가 쓰면서 조카들을 기르는 큰방은 항상 연탄불을 뜨겁게 피우고 사는데, 내 방은 작은형님이 집에 돌아오지 않는 날이면 온기라곤 찾아볼 수도 없었다. 나는 그런 방에서 홀로 추위에 떨면서 밤을 지새우는 때가 허다했다. 그런데 어느 날 당산국민학교의 동급생 친구가 몇 달째 내가 학교에 오지 않는다고 선생님 심부름을 오는 바람에, 학교에 가지 않은 것이 큰형님에게 들통이 났다. 나는 큰형님이 무서워 그 길로 가출을 했다.

13살 때의 첫 가출이었다. 낮에는 미국인들이 사는 경성방직 공장 사택(그때도 5층 아파트였던 것 같다)의 쓰레기통을 뒤져 먹다 버린 빵조각으로 허기를 채우고 지냈다. 그러나 밤이 되면 정말 난감했다. 초겨울이 시작되었으니 추위는 밀려오고 잠자리는 마련할 수가 없어 남의 집 추녀 밑에서 밤을 지새우곤 했다.

어느 날, 나와 비슷한 또래의 거지 두 녀석이 텃세를 부리며 시비를 걸어왔다. 그래서 내 처지를 자세히 말했더니 나를 거지들 소굴로 데리고 가서 왕초에게 보고를 했다.

소굴이라야 웅덩이를 좀 넓게 판 굴에 사람 하나 간신히 출입할 수 있는 문을 내고, 가마니로 엉성하게 지붕을 대신한 토굴이었다. 밤이면 잠자리를 걱정하던 처지에 내일 운명이 어찌 되든 간에 우선은 그래도 그 토굴에서 사람끼리의 온기를 느끼며 잠만은 곤히 잘 수 있는 것이 얼마나 행복했는지 모른다.

그때부터 낮에는 왕초가 시키는 구걸을 하고, 밤이면 좀도둑질을 하며 지냈다. 그럭저럭 한 달여가 되던 때에, 아버지 병구완을 하시던 어머니가 내가 궁금해서 서울 집에 오셨다.

어머니는 추운 겨울이 왔는데도 내가 쓰던 방의 연탄아궁이가 허물어져 있는 것을 보시곤 내 친구들을 앞세운 채 가출한 나를 찾아 나셨다. 그리고 마침 내가 거지가 되어 거지소굴을 들락거리는 것을 본 녀석이 어머니를 거지소굴로 인도했다.

몇 달 만에 처음 보는 막내자식이 거지가 되어 몇 날을 세수도 못하고 넝마 같은 옷을 입은 주제며, 어머니 마음이 얼마나 분하고 놀랍고 부끄러웠을까? 그런데 어머니는 왕초에게 항변을 하는 것이 아니라, 너무도 침착하게 "오도 가도 못하는 어린 것을 친동생처럼 돌봐주어 이 은혜를 어찌 갚을지 모르겠지만, 내 이 은혜는 결코 잊지 않겠다"고 하면서, 얼마간의 돈까지 주고는 나를 데리고 나오셨다.

어머니를 따라 집으로 가면서 무척이나 걱정이 많았다. 큰형님에게 매를 맞지 않을까? 학교에 가지 않았다고 어머니께 혼쭐이 나면 어찌나? 이런 두려움에 마음을 졸여야 했다. 집에 도착하니 형님 내외는 좀 당황하는 표정이었고, 어머니는 형님 내외에게 일절 한 마디 꾸지람도 없이 물을 데워 나를 벗겨놓고 깨끗이 목욕을 시켜서 거지탈을 말끔히 벗겨주셨다.

그 이후 얼마 안 가 아버지가 위독하다는 비보를 듣고 고향에서 일가 아저씨가 오셨다. 그 다음날, 어머니는 "애비야! 용승이는 아무래도 내가 시골로 데리고 가서 키워야겠구나" 이 한 마디를 남기며 나를 앞세우고 고향집으로 향하셨다.

학교도 못 다니니 어머니를 따라 내려간 고향

시간 맞춰 운행하는 버스도 없고 가끔씩 목탄트럭(나무를 때서 움직이는 트럭)이나 지나가곤 하던 시절이라, 서울에서 2백리 길을 걸어가야만 했다. 가끔 운이 좋으면 트럭을 만나 몇 십리 거리를 거저 얻어 타기도 했다. 그때 왜 우리 모자는 수원을 지나 용인, 양지를 거쳐 백암으로 가는 코스를 잡지 않고, 서울을 지나 광나루를 거쳐 광주 경안으로 해서 이천 쪽으로 지났는지 잘 모르겠는데, 아마 그 귀한 목탄차라도 얻어 타고 가다보니 그리 되지 않았을까 싶다. 아침 일찍 새벽밥을 먹은 것을 빼고 하루 종일 먹은 거라곤 길거리에서 군고구마 몇 개를 사먹은 게 전부였다. 그나마도 어머니는 "속이 거북하다"고 거짓말을 하시며 나만 사주셨다.

이천을 지나 고향집 뒤쪽 살터고개라는 큰 고개로 접어드니, 쥐꼬리만큼 짧은 겨울 해는 이미 저물고 궂은비만 소리 없이 구슬프게 내리는 밤이 깊어가고 있었다.

나중에 안 일이지만, 그때만 해도 그 고개는 호랑이 늑대 같은 맹수가 우글거렸다고 한다. 그런데 어머니는 당신도 무서우셨을 텐데 어린 내가 무서워할까봐 내 손을 꼭 잡고 박종화 선생의 『금삼의 피』를 비롯해 여러 야사를 들려주시며 걸음을 옮기셨다. 그렇게 험한 산길을 지나 무사히 고향집에 도착했다.

학교도 그만두고 아버지 병도 깊었지만, 나는 세월 가는 줄도 모르고 시골 아이들과 철없이 어울려 놀며 즐거운 나날을 보냈다. 아버지는 뱃속에 점점 복수가 차면서 괴로워하셨다. 그런데 어느 날, 정정하고 건강하시던 할머니께서 "머리가 좀 아프고 어지럽다" 시면서 아버지가 누워계시는 방 윗목에 "좀 쉬겠다"고 손수 자리를 잡고 누우셨는데, 그게 아들과 함께 자리보전하는 일이 되고 말았다. 그렇게 한 1주일, 결국 조용히 누워계시던 할머님이 가족 곁을 떠나 다시는 돌아오지 못할 길로 영영 떠나셨다. 당신의 외아들이 부모보다 먼저 저승으로 가는 불효를 하지 않도록 그러신 게 아니었을까, 부모 사랑의 힘이 아니었을까 생각이 된다.

아버지는 병환이 깊어 할머님 떠나시는 길에 상주 노릇도 못하셨다. 그게 불효라며 늘 죄책감으로 괴로워하시던 아버지도 약 한 달 후, 가족과의 끈을 놓으시고 말았다.

그런데 나는 아버지 약을 지으러 가시는 어머니를 따라나섰다가 아버지 종신도 못했다. 그러나 그때는 철이 없어 종신을 못한 것이 얼마나 큰 불효인지도 모르고, 운명하신 아버지 시신 앞에서 구슬피 우는 누님을 따라, 남들이 흉을 볼까봐 그저 우는 흉내만 냈다.

아버지께서 마지막 가시는 길을 종신한 유일한 사람은 누님 한 분뿐이었다. 자식이 넷인데, 아버지가 딸이라고 제일 천덕꾸러기로 기른 누님이었다. 아버지는 그런 누님의 손을 꼭 잡고 유언을 하셨다고 한다. "내 장례를 검소하게 치르고, 돈을 아껴서 산 사람들이 고생하지 않게 해라" 그 말씀만 남기고 눈을 감으셨단다.

살아생전에는 원만히 사는 중농의 집 외아들로 태어나 좀 방탕하신 면도 있었으나 대체로 알뜰하게 사신 분이셨는데, 돌아가시면서 우리

가족의 생활을 걱정하셨다니, 당신이 살아오신 생을 더듬어 후회하고 괴로워하시면서 생을 마감하신 모양이다.

아버지를 닮아서인지 몰라도 나도 술을 즐기는지라, 지금도 좋은 술을 보면 아버지 생각이 난다. 내가 막내둥이가 아니고, 좀 일찍 태어나 조금이나마 철들었을 때 아버지와 함께 살아보았다면 얼마나 좋았을까. 제2차 세계대전 중 물자가 매우 부족하던 때라 그런 것도 있지만 아버지께서 생전에 즐기시던 술이래야 막걸리 아니면 약주 정도였다. 좀 고급주라는 게 정종 정도였는데, 간혹 큰아들 덕에 정종을 맛보긴 하셨어도 주로 드신 건 막걸리였다. 정종은 대부분 할아버지께 갖다드렸다.

나는 요즘 친구들과 어울려 약주다 정종이다, 특히 남북 교류 덕택에 북쪽의 그 맛있는 들쭉술을 먹으면, 더욱 아버지가 그리워진다. 지금도 살아 계시다면 이런 좋은 술을 마음껏 사드릴 텐데…….

"박헌영 선생 체포령을 즉시 철회하라"고 붙은 삐라

아버지께서 돌아가신 후 할아버지, 누나 그리고 나, 이렇게 세 식구만 남아서 시골의 쓸쓸한 생활을 하는데, 무료함을 달래는 일이란 동리 친구들을 시켜 동리 수탉을 잡아다 닭싸움을 시키는 짓이었다. 밤이면 고향에서 제일 부유하게 사는 신광선(辛光善) 아저씨 사랑방에 모여 어른들 몰래 담배를 피우고, 한편에서는 손으로 그린 화투로 화투를 치고 잡담을 하며 지내곤 했다.

1946년쯤인 것 같다. 저녁을 먹고 그날도 사랑방으로 놀러 갔는데, 그 댁 안방에서 낯선 두 사람이 저녁을 먹고 늦게 돌아갔다. 다음날 아침, 동리 곳곳에 "위대한 지도자 박헌영 선생의 체포령을 즉시 철회하라!"는 삐라가 붙어있었다. 가만히 생각해보니 '어제 그 낯선 사람들이 삐라를 붙이려고 우리 마을에 찾아왔구나' 하는 생각이 들었다.

그 낯선 사람 중 한 사람이 나의 먼 친척 아저씨뻘인 신광선씨의 처조카였다. 그 후 한국전쟁이 일어나고, 1·4 후퇴 때 그 사람이 일죽면에서 국민방위군 중대장이 되어 '종비'라는 마을에서 차출된 대원을 별로 잘못한 것도 없는데 가혹하게 매질을 하는 것을 보았다. 그때 나는 '저 사람이 우리 마을에 좌익 삐라를 붙이고 간 사람인데, 언제 또 저렇게 반공주의자가 되었을까?' 생각하며 착잡한 마음으로 바라봤다.

6. 착한 누님과 무능한 큰형님의 기억

아버지 상청에 조석으로 상식을 올리신 누님

아버지는 누대에 걸쳐 몰락한 향반 집안 출신으로, 신식 공부는 별로 못하신 분이셨다. 나름으로는 유교 가치관이 강하신 분으로 남녀차별도 심하게 하셨다. 막내인 나는 남자이고 영리하다고, 큰형님은 장남으로 공부를 잘한다고, 우리 두 자식을 무척 편애하셨다. 하지만 누님이나 어려서 일찍 폐렴으로 죽은 여동생 옥희는 여자라고 제도교육도 안 시키셨다. 누나에게는 "딸이 공부는 해서 무엇에 쓰느냐?"며 학교도 보내지 않고 가사를 돕게 했다가, 열다섯 어린 나이에 종이 만드는 지물공장에 다니게 하셨다. 그리고 사랑을 베풀기는커녕 사사건건 매일 구박만 하시면서 마치 주워온 자식처럼 천하게 길렀다.

그런데 편애하던 큰형님은 임종도 못 지켰는데, 정작 천덕꾸러기로 자란 누님 혼자 열여섯 어린 여자의 몸으로 돌아가시는 아버지의 눈을 손수 감겨드리는 종신을 치른 것이다.

그 뒤로도 1년간이나 아버지의 상청에 아침저녁으로 상식을 올린 분도 누님이었다. 해가 지고 어둑어둑해지면 누님은 저녁 상식상을 차려 들고 나보고 따라 들어오라고 했다. 그런데 그때는 그게 왜 그리도 무섭고 싫던지. 하지만 어린 마음에도 누님이 하는 일이 훌륭한 일이라는 생각이 어렴풋이 들어 할 수 없이 따라 들어가곤 했다. 살아계실 땐 구박만 하시더니 돌아가셔서는 그 누님의 공경을 받으시는구나 생각하면 지금도 그 누님이 불쌍하다.

누님은 젊어서 일찍이 용산으로 시집을 갔었다. 남편은 철도청 공무원으로 근무하던 광산 김씨 성을 가진 분이었다. 그런데 누님과 한 1년 살고, 자식도 하나 없이 젊은 나이에 폐결핵으로 요절을 했다. 누님은 그렇게 청상과부가 되어 홀로 서울에서 직장생활을 했다.

누님은 남의 아이까지 정성으로 보살피는 분이셨다. 한국전쟁 때 일이다. 누님이 다니던 회사 사장이 인공치하에서 반동으로 몰릴까봐 허겁지겁 피난길에 오르려다 집에 불이 나고 말았다고 한다. 그 사장은 도망가기에 급급해서 어린 자식도 그냥 두고 내뺐다고 한다. 어린것이 불쌍하다며 그 아이를 거둔 건 누님이셨다. 젊은 여자의 몸으로 누님은 그 아이 손을 잡고 어려운 피난길에 올랐다. 장사하려고 마련한 생활필수품을 머리에 이고 작은고모네가 살던 경기도 이천시 율면 총곡리의 고종사촌 김성환(金成煥) 형님 댁으로 피난을 갔다. 이때부터 누님은 서울이 수복될 때까지 작은고모 댁에서 그렇게 남의 어린것을 데리고 눈칫밥을 얻어먹으며 많은 신세를 진 피난살이를 했다.

누님은 파킨슨병으로 식물인간처럼 인천의 참사랑병원 침상에 몇 년째 누워 고통스럽게 병마와 싸우다 돌아가시고 말았다. 그나마 이 시대에 흔치 않은 효성스러운 둘째며느리가 온갖 수발을 들며 돌아가실 때까지 누님 곁을 지켰으니 고마울 따름이다. 마음에서 스스로 우러나 간호해드리는 며느리의 정성스런 간호를 받다가 돌아가셨으니 누님의 가시는 길이 편안했으리라고 믿고 싶다.

성질은 부프시면서도 마음은 부처같이 곱던 누님

누님은 세상에 태어나 단 한 번도 남에게 나쁜 일을 하지 않고 살아가신 분이다. 인정이 얼마나 많으신지 불쌍한 사람을 보면 없는 살림에도 퍼주기를 잘하는 분이었다.

경기도 연천군 초성면 학담리라는 동네에서 구멍가게를 하시던 때였다. 해군생활을 하던 내가 휴가 차 누님 집에 들렀다. 그때 누님이 가게를 보고 계셨는데, 때가 끼어 초라하게 보이는 젊은 아낙이 아기를 업고 와서 제일 작은 국수 한 뭉치(100g)를 집어 들며 외상으로 달라고 했다. 그러자 누님이 "이때까지 가져간 외상이 얼마인데 또 외상을 달라고 하느냐?"고 막 부프게 나무라셨다. 그 젊고 불쌍한 아낙은 아무 말도 못하고 국수를 내려놓으며 고개를 숙이고 발길을 돌렸다.

그 아낙이 힘없이 한 열 발짝이나 갔을까? 누님은 그 아낙을 다시 불러 세우더니 한 관이나 되는 큰 국수덩이를 들려주면서 "이 작은 것으로 누구 코에 붙이느냐?"며 "어서 가지고가서 아이들에게 끓여 먹여라"라고 했다.

그 광경을 보다 하도 어이가 없어 내가 "아니, 외상을 주려면 인심이나 잃지 말고 그냥 주지. 부프게 야단쳐서 인심은 다 잃고 더 큰 국수를 줘?" 이렇게 물으니, 누님은 "아이들도 많고 작은 것을 줘봤자 한 끼도 못 먹으니 어떻게 하느냐"고 했다.

"그럼 웃는 낯으로 주지, 왜 역정을 내고 외상을 주는 거야?" 하니까, "열심히 살려고 노력 좀 하라고 경각심을 주기 위해 그랬다"고 하셨다. 그러면서 혼잣소리로 "외상은 무슨 외상이냐? 그냥 도와주는 거지" 하셨다.

이런 일도 있었다. 인천 숭의동에 살 때다. 누님은 거기서 아주 작은 가내 국수공장을 하셨다. 가난한 사람들이 저녁은 으레 국수를 사다 한 끼를 때우며 사는 때였다. 사람들이 물국수를 사러 와선 누님은 없고 매형만 계시면 우물쭈물하며 국수를 사려고 하지 않았다. 나중에 알고 보니 매형님은 저울에 달아 정확하게 파는데 누님은 좀 어렵게 사는 것 같은 사람에게는 저울에 달지도 않고 손으로 대충 후하게 집어주셨다는 것이다. 매형님도 더없이 착한 분이셨는데 너무 정확한 것 때문에 주변에서 후하지 못한 사람으로 생각했던 모양이다.

고종 사촌동생 영원이와 함께 살던 어린 시절 추억

그게 언제였는지 시기는 분명치 않은데 작은형님이 조그마한 제사 공장을 시작했다. 실타래 50개짜리 제사기를 집 한쪽 헛간에 차려놓고 실을 꼬기 시작했다.

나는 그때 영등포로 기차통학을 했는데 어려서 그랬는지 실 꼬는 일은 하지 않았다. 형수는 아이들을 기른다며 공장에는 전혀 관여하지 않고, 나머지 식구들이 공장 일을 했다. 작은형님은 완제된 실을 서울 도매상에 팔아 생계를 꾸렸다. 그런데 얼마 지나지 않아 누님이 용산 철도청에 다니는 분과 결혼을 하게 되었다. 그때부터는 일손이 부족해서 나까지 학교에서 돌아오면 공장에 매달리는 형편이 되었다.

그런데 여러 식구가 살기에는 방이 부족했다. 그래서 나는 고모부 댁 큰 사랑방에서 잤는데, 날이면 날마다 동네 어른들이 골패를 하며 놀다가 밤늦게 돌아가는 바람에 나는 고종사촌 영원(寧元)이와 윗목에 쪼그리고 앉아 지내다 동네 어른들이 다 돌아가야 잠을 청하곤 했다.

잠도 편히 자지 못하고 배도 늘 고팠다. 그런데 밤이 깊으면 영원이가 가끔씩 부엌에서 찬밥과 김치를 몰래 가져왔고, 우리는 혹시 누가 깰세라 그걸 소리 나지 않게 먹곤 했다.

노는 날이면 영원이와 함께 못된 장난을 치기도 했다. 일단 집 뒤편 넓은 밭에다 발 하나 빠질 만큼 구덩이를 파고는 인분을 퍼다 붓는다. 그 위에 약하고 마른 나뭇가지를 놓고 신문지와 흙을 덮어놓곤 좀 멍청

한 동리 아이들한테 자치기를 하자고 꾄다. 그렇게 해서 멍청한 녀석이 새끼 자를 잡겠다고 뛰어다니다 그만 똥구덩이에 기어이 빠지게 만드는 것이다. 그러면 속상해 우는 그놈 앞에서 권영원이와 나는 재미있다고 펄펄 뛰며 도망을 치곤 했다.

술버릇이 대단히 고약했던 큰형님

해방 후, 큰형은 술만 먹었다 하면 세상에 이런 망종도 없었다. 옛말에 술은 어른 앞에서 배우라고 했는데, 젊은 나이에 남보다 일찍 출세도 해보고 "공장장님! 공장장님!" 한껏 대접만 받아봐서 그런지 술만 취했다 하면 도통 안하무인이 되어 주사가 대단했다. 대낮에도 길에서 쓰러져 있지를 않나, 할 수 없이 가족들이 업어서 데려오는 일이 비일비재했다.

해방 후 경기도 이천군 율면에 사는 작은고모 댁 집안 사장어른 되는 분이 큰형님을 초대해 술자리를 마련한 적이 있었다.

작은고모님은 일제 때 세상을 뜨셨는데, 작은고모님 가족으로 작은고모의 시아버지와 고종사촌 4형제가 율면 총곡리에서 농사를 짓고 살고 있었다.

그 작은고모네 동네는 경주 김씨 집성촌으로, 경주 김씨들이 한 1백호 정도 모여 살면서 그 인근에 '놋쇠소리가 쨍쨍하게' 양반행세를 하며 사는 마을이었다.

큰형님이 작은고모 댁에 손님으로 간 적이 있었다. 그 동리에는 일제 때 큰형 '빽'으로 큰형 공장에 들어가 징용을 면한 분들이 몇 명 살고 있었다. 큰형님 덕에 일본이나 남양군도까지 끌려가지 않고 우리나라에서 해방을 맞은 분들이었다.

그 동리에 큰형님보다 한 20살이나 더 나이가 많고, 동리에서 가장 권위를 지키고 사는 분이 있었다. 이를 테면 그 동리에서 어른으로 행세하는 분이었다. 그 분이 경주 김씨 문중을 대표해 일제 때 신세진 생각을 해서 고맙다는 인사도 할 겸 자리를 마련하겠다고 했다. 씨암탉을 잡고 귀한 밀주까지 내오면서 대접을 했다.

그 자리에서 술이 몇 순배 돌아 거나하게 취하게 되자 역시나 큰형님의 그 못된 술버릇이 자리를 가리지 않고 발동했다. 인간관계로 보아도 나이가 자기보다 훨씬 많은, 어찌 보면 당신 부모와 비슷한 연배의, 그것도 대하기조차 조심스러운 사돈관계인 분이 대접을 해주시는 자리에서 주인에게 "촌놈!" 어쩌고 하면서 반말을 해댄 것이다.

사람도 알아보지 못하고 버르장머리 없이 쌍욕을 함부로 해대니 주인 입장에서 얼마나 황당했을까. 참다못한 주인의 인내가 한계를 넘어 자연 둘이 드잡이를 하며 자리가 난장판이 되었다.

"허허! 그래도 공장장도 지내고, 우리 김문에서 몇 사람 신세진 일도 있고 해서 점잖게 대해주었더니, 이거 알고보니 미친개네 그려!" 술판은 깨지고, 큰형님은 취해 일어나지도 못했다. 김태환이라는 고종사촌형님이 업어서 자기 집으로 데려다 눕힌 뒤, 큰형님은 하루가 지나서야 술이 깨어 집으로 왔다.

일제 때는 술도 먹지 않고 오직 회사 일에만 충실하던 모범적인 사람이었는데, 해방되면서 그 좋은 직장을 하루아침에 잃고 좌절이 되어서일까? 술 먹는 일이 잦아지고 술을 먹으면 꼭 길에 쓰러져 남에게 업혀서 병원으로 실려 가거나, 가족들에게 업혀오기 일쑤였다.

경찰직에서도 술주정 때문에 파면된 큰형님

1946년 중순쯤인가 대한민국 정부가 수립되기 전에 국방경비대와 함께 서울 남산에 경찰학교가 생기고 경찰모집이 있었다. 큰형이 경찰학교 2기로 남산에서 2주짜리 경찰교육을 받고 영등포경찰서로 발령을 받아 경찰생활을 시작했다.

나는 당시 큰형이 경찰복을 입고 집으로 들어서는 것이 얼마나 자랑스러웠는지 모른다. 그런데 큰형은 경찰생활을 하면서도 술만 취하면 제복을 입은 채 아무 데서나 쓰러져 자기가 일쑤였다. 그때도 경찰이 자기 부하 감싸고 봐주는 관행이 있었는지, 파면은 안 시키고 변두리 김포경찰서로 좌천시켜버렸다. 하지만 김포경찰서에서도 또 술 먹고 추태를 부리다 기어코 파면을 당해 돌아왔다.

어머니에겐 큰형이 경찰에서 추태나 부리다 쫓겨난 기억이 못내 큰 상처로 남아있는 것 같았다. 나중에 5·16 쿠데타가 일어나고 내가 학교교사 발령은 나지 않아 조급한 김에 경찰지원서를 갖고 와서, "경찰학교에 가겠습니다" 하고 말씀드리니 완강하게 반대하셨다. "네가 돈을 못 벌면 내가 벌어 먹일 테니, 제발 경찰 들어갈 생각은 말아라! 네 형이 경찰제복 입고 문에 들어서는 것도 동네사람 보기 창피했었는데, 너마저 경찰에 들어가는 꼴은 정말 싫구나!" 그 바람에 나는 그 원서를 찢어버리고 경찰시험을 보지 못했다.

경찰에서 파면되어 실직자가 되신 큰형님은 자신의 기계기술을 믿고 아버지가 사놓으신 땅을 몽땅 팔아 아저씨뻘 되시는 신상선(辛相善)씨와 동업으로 정미소를 차리겠다며 자신의 직계가족만 거느리고 고향집으로 떠나갔다.

그런데 자금이 부족해 모터를 헌것으로 사서 시작하는 바람에 많은 고생을 했다. 모터 수리 때문에 정미소는 세워놓고 거의 매일같이 서울로 오르내렸다. 그러니 정미소는 당연히 실패를 했다. 우리 가족 퇴직금으로 사놓은 땅만 몽땅 날려버린 꼴이었다.

정미소를 실패한 큰형님은 가족은 고향에 두고 자기 혼자 어머니가 계시는 소사 집으로 돌아왔다. 그리고 고모부님 밑으로 들어가 '리 서기'를 했다. 그런데 또 술만 취하면 고모부님 집에 대고 "부정으로 쌀 배급 타먹는 도적놈!"이라고 고래고래 욕을 해댔다. 고모부도 더는 참을 수 없어 서기마저 해고시켰다.

어머니와 누님 그리고 나, 이렇게 세 사람은 작은형님이 경영하는 실 공장에서 밤을 새우다시피 하며 실을 꼬았고, 작은형님은 그걸 남대문 도매시장에 가지고 가서 팔아 그 돈으로 식량을 사왔다. 그런데도 큰형은 매일 술이나 먹고, 대한청년단 부천군당 감찰부장을 하면서 허송세월만 했다.

소사로 다시 올라온 큰형수님도 아이들 기른다고 실 꼬는 일을 교대해주는 법이 없었고, 큰형님은 밖으로 나가 술만 먹으며 공장 일은 관여도 하지 않았다. 그런 큰형님한테 누나가 화를 내며 불평을 하면, 큰형님은 출가했다가 남편과 사별하고 친정에 와서 매일 밤새워 일하는 불쌍한 누나에게 손찌검까지 했다.

나의 반면교사였던 두 형님

얼어 죽고 맞아 죽고, 굶겨 죽인, 그 악명 높은 국민방위군 사건으로 다시 돌아오지 못한 작은형님 생각만 하면 가슴이 아려온다. 학교 교실에다 그 많은 장정들을 짐짝 쓸어 넣듯 쓸어 넣고, 밥이라고는 주먹밥 한 덩어리로 하루를 버티게 하고, 침구는 재수 좋은 날이나 가마니 한 짝 얻어 덮는 것이 고작이었다.

사실 작은형님은 아버지의 사랑이란 별로 모르고 자랐다. 큰형님과 비교해 아버지가 천대하다시피 길렀기 때문이다. 사랑을 받지 못한 아픔이 어떤 것이란 걸 알아서 그랬을까? 작은형님은 무척 인간적이고 친구들과도 친화력이 있고 인정이 많았다. 그런 작은형님이 일찍 세상을 떠 무척 그립고 아쉽다.

나도 부모님의 귀여움만 받고 성장했다면 타고난 급한 성질에 거의 인간 말종으로 살았을 것 같다는 생각이 든다. 하지만 나는 큰형님의 분별없는 처신도 함께 보면서 '나는 저러지 말아야지' 하는 마음을 갖고 자라는 바람에, 그래도 세상일에 이만큼이라도 분별력을 갖게 된 것 같다. 그런 점에서라면 큰형님에게 감사라도 해야 할 것 같기도 하다. 사실 큰형이 세상일에 달관하고 친화력을 갖추고 매사 역지사지(易地思之)할 줄 아는 분이었다면, 내 행동도 그에게는 꼴불견으로 비춰졌을지 모르겠다는 생각도 가끔 한다.

피난을 끝내고 소사 집으로 돌아온 뒤 어머니는 밀주 장사를 했고, 그래서 우리 식구는 밥이라도 굶지 않으며 지냈다. 그런데 큰형님은 가장이란 사람이 식솔을 먹여 살릴 걱정은 추호도 하지 않았다. 상이군인도 아니면서 상이군인회 부천지부 고문 역할을 한다고 매일 나다녔다. 담배 값도 어머니한테 타가지고 다니면서 이 사람 저 사람 아무한테나 담배 인심을 후하게 썼던 모양이다. 어머니한테 속도 없이 "사람들이 나를 보고 연초제조창이래" 하면서 자랑을 늘어놓기도 했다.

나는 옆에서 그 꼴을 보면서 '왜 어머니가 좀 나무라지 않고 담배 값까지 대주지? 어머니가 저러시니 저 형님이 점점 더 또라이가 되는구나'라는 생각까지 했다. 어떤 때는 어머니께 그러지 좀 말라고 항의도 해봤으나 아무 소용이 없었다. 큰형님은 툭하면 사람들을 데리고 와서 어머니가 가족과 살기 위해 만들어 파시는 술을 마치 제 것이라도 되는 양 퍼주기도 했다.

누님과 다투고 서울로 가다

어느 날 동리 닭을 잡아서 싸움을 붙였는데 한 마리가 싸우다 지쳐 그만 죽고 말았다.

잔뜩 겁을 먹은 우리들은 닭을 땅속에 파묻고 친구들의 입조심을 단단히 시키고 집으로 헤어졌다. 다음날 겁을 먹은 한 녀석이 자기 어머니에게 불어버리는 바람에 누님이 닭 값을 물어주었다. 그 길로 나는 누님과 대판 싸우고 동전 한 푼 없이 "너 혼자 잘 살아봐라! 나는 어머니에게 간다" 하면서 무작정 영등포 집을 향해 떠났다.

그렇지 않아도 누님이 아버지 상청을 차려놓고 조석으로 상식 드리는 게 아주 싫었었다. 상식을 올릴 때마다 누나가 먼저 구슬프게 곡을 시작하면서 나보고도 따라 하라고 재촉을 한다. 그때 왜 그리 곡하기가 싫던지 저녁이면 더욱 싫어서 죽을 지경이던 판이었다. 그래서 '에라! 잘 됐다' 하는 마음이었다.

누님과 싸우느라 집에서 좀 늦게 떠났기에 한 50리쯤 와서 용인 좌전에 있는 당숙님 댁에서 하루 신세를 졌다. 그리고 아침을 일찍 얻어먹고 길을 나섰다. 점심때가 지나자 시장기가 돌기 시작했다. 마침 모내기 시절이라 길가 논에서 모내기가 한창이었다.

농군들이 논가에 둘러앉아 맛있게 새참을 먹고 있었다. 그런데 '배가 고프니 밥 좀 한술 얻어먹자'는 말이 목구멍에 걸려 도무지 입 밖으로 나오지 않았다. 그렇게 배를 쫄쫄이 굶고, 해가 지고서야 기진맥진 수원역에 당도했다.

배는 고프고 잠자리도 없어서 '오늘밤을 어디서 지새워야 하나?' 생각하니 처량하기 그지없었다. 수원역사 창밖에는 웬 비가 그리도 추적추적 내리던지! 마치 내 서글픈 심정을 말해주는 듯했다. 작은 일을 참지 못하고 누님과 싸우고 집을 뛰쳐나온 것이 후회되기도 했다. 역사 안 한쪽 구석 의자에 쪼그리고 누웠으나 배가 고프니 잠은 천길만길 달아났다. 빈대는 왜 그리도 많이 덤비던지 빈대에 물려 벌떡 일어나 내 몸에 붙은 빈대를 두 손으로 열심히 털고는 의자에 앉아 생각을 했다. '돈이라고는 한 푼도 없는데 내일은 영등포 집까지 어떻게 가지?'

어느새 훤하게 동이 터오고 있었다. 서울로 가는 기차가 수원역에 도착했다는 안내방송이 흘러나왔다. '에라! 모르겠다! 될 대로 되라' 하는 생각으로 혼잡한 틈을 이용하여 역무원이 못 보는 사이에 몰래 기차에 올라탔다.

한쪽 빈자리에 쪼그리고 앉으니 배는 고프고 춥기는 한데 웬 잠이 그리 퍼붓던지, 간밤에 자지 못한 잠이 한꺼번에 밀려왔다. 그러다 눈을 뜨니 '아차!' 기차는 영등포역을 지나 한강철교를 넘고 있었다.

밖에는 비가 점점 더 억수같이 내리고, 기차는 어느덧 용산역에 도착했다. 거기서도 역무원의 눈을 피해 무사히 빠져나왔다.

그 억센 비를 맞으며 전찻길 쪽으로 걸어갔다. 전차표는 없었지만, 전차가 타고 싶었던 것이다. 그때 우산을 쓰고 지나던 어느 중년 신사가 우산을 받쳐주면서 "비가 이렇게 억세게 쏟아지는데 어디로 가느냐? 왜 이 비를 맞고 우산도 없이 어린 녀석이 혼자 가느냐?" 하시며 사정을 물으셨다. 그래서 나의 다급하고 처량한 사정을 다 말씀드렸다.

그러자 그 아저씨가 전차표 한 장을 주시며 "이 표로 전차를 타고 가거라. 비는 이리 오는데 영등포까지 어린것이 어찌 걸어가느냐. 어서 가거라!" 하셨다. 전차표 한 장이 이렇게 소중하고 고마운 것인지 그때 처음 알았다. 그런데 막상 전차표를 받아들고 나니 스스로 부끄럽다는 생각을 떨칠 수 없었다. 진정 고마움을 느꼈으면서도 고맙다는 인사도 제대로 드리지 못했다. 멀리 사라지는 그 아저씨를 물끄러미 바라만보다가 전차를 타고 영등포까지 돌아왔다.

영등포역에서 당산동 집으로 달려들어가 "어머니!" 하고 부르니 어머니는 소설책을 읽고 계시다가 놀라서 벌떡 일어나셨다. 그때 어머니가 읽던 소설이 박종화의 역사소설 『다정불심』이었던 것 같다.

그 뒤 어머니가 들려주신 『다정불심』 이야기가 지금도 생생하니까 말이다. 사랑하던 노국공주를 잃고 노국공주 영전에서 폐인이 되어가면서 정사는 신돈에게 맡기고 공주의 극락왕생만 빌던 공민왕의 애절한 이야기였다.

영등포국민학교 5학년에 편입학하다

그렇게 다시 영등포 생활이 시작되었다. 처음엔 학교도 가지 않고 집에서 어머니 하시는 일을 잠깐씩 돕거나 잔심부름 정도나 하고, 매일 영등포시장 약장수들 재담이나 들으면서 무료하게 지냈다. 그러다 어머니를 따라 영등포국민학교에 가서 5학년으로 편입학을 했다.

일제 때는 일본 아이들과 친일파 집 아이들만 다니던 학교였는데 해방이 되어 일본인들이 제 나라로 쫓겨 가니 그 빈자리를 우리나라 어린이들로 채웠던 학교다.

나는 그렇게 1년을 묵고 편입학을 하는 바람에 해방 1회 졸업생이 못되고 2회 졸업생이 되었다. 그런데 우리 반에는 일제 때 우신학교에서 같은 반이었던 최재홍(崔在弘)(나중에 문화방송 광고 이사를 지낸 후 작고)군과 송조영(宋兆永)(나중에 중앙정보부에서 이사관까지 지냄)군도 있었다. 그래서 학교생활이 좀 덜 외롭게 시작되었다.

송군은 졸업 때 1등을 하여 경기중학교로 입학했는데, 어찌된 사정인지 한국전쟁 통에 서울대학교가 아닌 중앙대학교를 졸업했다. 당시 서울에 있는 학교에서는 석차를 매겨 반에서 1등은 경기중학교, 2등은 경복중학교, 3등은 서울중학교, 4등은 경동중학교, 5등은 용산중학교, 이렇게 5대 공립 명문중학교에 순서대로 입학원서를 써주던 때였다.

그런데 그렇게 공부를 잘하던 송군은 나중에 4·19 학생혁명에 이어 들어선 장면정권 때 순경시험을 치러 말단 순경부터 경찰생활을 시작했다. 물론 순경시험 성적이 우수하고 경기중학교 출신이라 그런지, 장면 정권에서 아무 배경도 없이 총리실로 발령을 받고 승승장구할 기회가 오는 듯했다.

하지만 1년 뒤 5·16 군사쿠데타가 일어나니까 장면 총리실에 근무한 것이 빌미가 되어 경찰생활에 걸림돌이 되었던 모양이다. 그래서 영등포경찰서로 좌천되었는데, 원래 머리가 좋은 친구라 그런지 성실해서 그런지 도적놈들 제일 잘 잡는다고 포도왕(捕盜王) 상도 받았다.

그런데 영등포국민학교 6학년 담임선생님이셨던 신직수(申稙秀) 선생님이 박정희 군사독재 정권에서 검찰총장에서 법무부장관, 중앙정보부장 등 승승장구하셨다. 그 바람에 송군도 중앙정보부로 전직하여 이사관까지 근무하다 정년퇴직하고 노년은 무탈하게 잘 지내고 있다.

영등포국민학교 5학년은 남자 3반 여자 3반, 이렇게 6개 반이었다. 담임은 박경환(朴景煥) 선생님이셨는데, 독실한 가톨릭 신자로 젊은 날에 신학대학에서 신부수업을 받다가 개인 사정으로 중도하차하시고 선생님이 되셨다고 했다. 매우 인자하시고 착하신 분이었다.

그때 나는 우리글을 깨치고 처음으로 어린이 동화책을 한 권 읽었다. 『프란다스의 개』라는 책이었다. 이 동화책을 읽으면서 얼마나 울었는지 눈이 퉁퉁 부었다. 읽다가 울고, 울다가 다시 읽었다. 내가 공부는 참 싫어하면서도 책은 다른 아이들보다 많이 읽는 계기가 된 동화책인 것 같다.

신직수 선생님은 내 별명을 삼한사온(三寒四溫)이라고 지어주셨다. 3일 학교에 오면 4일은 학교에 나오지 않는다고 붙여주신 별명이다. 선생님은 충남 서천 분으로 전주사범학교를 졸업하고 교사가 되셨는데, 첫 교사생활을 우리 담임으로 시작하셨다고 했다. 나보다 나이가 6살밖에 많지 않으신 분이었는데, 성품이 꼿꼿하셨다. 조회시간에 조회가 끝날 때까지 발 한 번 옮겨놓지 않고 차려 자세로 서계신 분은 오직 그 선생님뿐이었다. 그래서였는지 교장선생님의 신임이 무척 두텁던 분이었다.

그런데 나는 6학년이 되어 더욱 불량소년의 길을 걸었다. 우리 반에는 일정 때 공립보통학교에 다니지 못하고 인가도 나지 않은 '똥통학교'라 부르는 학교에 다니다 해방 바람에 우리와 한 학급이 된, 보통 나보다 나이가 두세 살쯤 많은 아이들이 더러 있었다.

그 중에 나보다 3살 더 많은 현종술(玄鐘述)이란 녀석이 나를 데리고 다녔다. 언젠가 녀석은 나더러 남의 닭을 훔치게 했다. 자기는 망만 보다가, 그 닭을 시장에 팔아 돈은 제가 다 갖고 나한테는 빵이나 사줬다. 그래서 다음에 내가 싫다고 했더니, 완력으로 협박을 하는 바람에 어쩔 수 없이 닭 훔치기를 몇 번 더 했는데, 용케 잡히지 않고 넘어갔다.

학교에 가지 않고 어머니 몰래 영등포시장에서 가짜 담배 장사(그 당시는 꽁초를 주워 온전한 담배처럼 만들어 파는 일이 흔했음)도 했다. 그리고 저녁이면 학교에 갔다 온 것처럼 시치미를 떼고 집으로 돌아가곤 했다.

이렇게 '삼한사온'의 학교생활도 마감하고 어느덧 중학교 진학할 때가 되었다. 담임선생님이 중학교 갈 아이들의 부모들을 모셔놓고 진학 상담을 하는 날이었다. 그날 첫 수업은 부모님들이 교실에 다 들어오시는 '시범수업'이었다. 수업 내용은 '짧은 글짓기'. 선생님이 "누구, '○○하기 전에'를 가지고 글짓기할 사람?" 하셨는데, 아무도 손드는 아이가 없었다. 교실 안이 갑자기 물을 끼얹은 듯 조용해졌다. 그래서 내가 일어나 "늙어서 넘어지기 전에 지팡이를 짚어라!" 하고 대답해서 선생님 체면을 세워드렸다. 그랬더니 선생님은 학부모 진학면담시간에 우리 어머니께 "용승이는 머리가 좋아서 공부를 하려고 하면 참 잘하겠는데, 공부시간에도 몰래 만화책이나 소설 따위나 읽고 학교공부는 도무지 안 해서 갈 만한 중학교가 없다"고 하셨다.

학교도 "오는 날보다 결석하는 날이 더 많다"며 "꼭 중학교에 보내야 한다면 진흥학교 자리에 생긴 중학교가 괜찮겠다. 그곳이라면 입학원서는 써주겠다"는 것이었다. 진흥학교는 옛날에 똥통학교라 불리던 학교였다. 새로 중학교 인가는 받았지만 사람들은 여전히 똥통학교라고 부르고 있었다. 자존심 강하신 어머니가 얼마나 마음 아프셨을까?

어머니는 "자식을 중학교에 못 보내는 한이 있어도, 그렇게는 못 한다"고 버티시면서 1차는 성남중학교, 2차는 청량리에 있는 서울농업중학교로 입학원서를 쓰기로 하고 돌아오셨다.

자존심이 유독 강하던 어머니도 담임선생님의 말씀을 들으시고 심정적으로 질리셨던 모양이다. 그런데 2차 지망을 서울농업중학교로 한 것은 광주 이씨인 그 학교 이희재(李熙載) 교장선생님이 어머니 손자뻘 되는 일가 분이라 그 분을 찾아가 부탁할 심산이셨다. 여하간 1차는 성남중학교 원서를 써달라고 떼를 쓰신 모양이다.

그렇게 1차 원서를 성남중학교에 내기로 허락받고 오신 어머니는 내 손을 마루기둥 뒤로 꽁꽁 묶어놓고, 그 어린놈을 만 24시간 동안 잠도 안 재우고 밥만 먹이면서 회초리질을 하셨다. 욕을 하거나 매를 드는 적도 없이 늘 말씀으로 훈육하던 분이 그때는 그리도 사정없이 가혹한 매를 드셨다. 하지만 철없는 어린놈은 어머니의 깊은 심정을 헤아리지 못하고, 때리는 것을 야속하게 생각하고 마음속으로 원망했다.

얼마나 분하고 내게 걸었던 작은 희망이 어떻게 무너졌으면 그러셨을까? 매를 맞은 나보다 어머니 마음이 더욱 아프셨겠지.

소사로 이사와 큰형님이 심곡 5리 서기가 되다

영등포에서 백색테러도 당하고 큰형이 경찰을 하다가 술지랄로 그 짓도 못하게 되자, 어머니는 '동네가 부끄러워 영등포에서 살 수도 없다' 하셨다. 소사에 계신 큰고모부(權泰國)께 전후 사정을 말씀드렸더니 고모부는 소사로 이사 오라며 조랑말이 딸린 마차와 마부를 보내주셨다. 그래서 우리 식구들은 이삿짐을 쌌다. 이삿짐이라야 이불보퉁이 몇 개와 자질구레한 식기 나부랭이가 전부였지만, 우리 식구는 그것을 싣고 고모부가 마련해주신 소사 집으로 이사를 했다.

큰고모부가 우리를 소사로 이사시킨 것은 다 생각한 바가 있으셨기 때문이었다. 고모부는 소사 심곡 5리에서 이장을 맡고 계셨는데, 믿을 만한 서기감이 필요하던 차였다. 그래서 어머니의 사정 얘기를 듣자마자 두말 할 것 없이 소사로 이사하라고 하신 것이었다. 큰형님은 처음 얼마동안 술도 별로 먹지 않고 리 서기 노릇을 잘 했다. 그런데 얼마 지나고 동리 사람들과 친숙해지니 제 버릇 개 못 준다고 그 못된 술버릇이 다시 시작되었다.

그때는 쌀이 귀해서 동리 사람들이 배를 주리는 판이었다. 그런데 고모부가 이장 권력을 이용, 유령인구를 만들어 배급 쌀을 횡령한다는 소문이 들렸다. 심지어 "이장네는 개도 쌀밥을 베고 누워 잔다"는 비아냥거림까지 뒤로 들렸다.

그런데 큰형님이 술만 취하면 고모부님 댁을 향해, "야! 이 도적놈들아! 동리 사람들은 배를 쫄쫄 굶는 판에 너희만 유령인구 만들어 잘 처먹고 잘 살면 되느냐? 하늘이 내려다본다! 내가 입만 뻥끗하는 날에는 네 놈들은 혼쭐이 날 줄 알아라!" 하며 추태를 부리기 일쑤였다.

어찌 보면 틀린 말은 아니었다. 그러나 진실이라도 취중 발언이니 피해는 누구에게 돌아가겠는가. 어머니는 시누이 남편인 권태국씨에게 손이 발이 되도록 빌고 또 빌며 용서를 구했다.

하지만 큰형님은 그때뿐이고, 얼마 가지 않아 고질병이 또 도지곤 했다. 결국 큰형님은 고모부 눈 밖에 나 그나마 리 서기도 못하고 실업자가 돼버리고 말았다. 당연히 생활은 곤궁해지기 시작했다.

우여곡절 끝에 중학생이 되다

7. 서울 성남중학교 학생이 되다

중학교에 당당히 합격하다

어느덧 영등포국민학교를 졸업하고 중학교 시험을 치르게 되었다. 그때는 지원한 중학교에 국민학교 성적표를 일괄 제출해야 했다. 그런데 신직수 선생님은 그 성적표를 학생들 편에 들려 보냈다. 우리 반에서 10명이 성남중학교에 지원서를 냈는데 우리도 다른 친구들과 함께 성적표를 제출하러 성남중학교로 가게 되었다.

가는 길에 아이들한테서 성적표 봉투를 빼앗아 표 나지 않게 침을 발라 조심스럽게 뜯어보았다. 석차 순위를 앞에서 찾아볼 것도 없이 꼴찌부터 찾아보았다. 내 성적은 꼴찌부터 2등이었다.

"선생님에게 뜯어봤다고 고자질하면 죽을 줄 알아, 이 새끼들!" 이렇게 협박을 한 뒤, 다시 잘 붙여 성남중학교에 제출했다. 나는 '시험은 볼 것도 없이 떨어지겠구나!' 하고 실망을 해서 입학시험을 성의도 없이 반장난삼아 무성의하게 치렀다.

시험문제를 후닥닥 풀고 나니 시간이 너무 많이 남았다. 나는 원래 성질이 급해서 답안지를 다시 검토하고 꼼꼼히 살피는 것은 성격에 전혀 맞지 않았다. 바로 시험지를 제출하고 운동장으로 나오니 나 혼자뿐이었다.

합격자 발표 날이 되어 성남중학교에 가보니 앞면 벽에 지금도 역력히 기억나는 내 수험번호 198번이 눈에 들어왔다. '떨어지리라 생각하던 내가 붙었다니!' 쿵쿵 뛰는 가슴을 진정시킬 수가 없었다. '아니지, 내가 잘못 본 것일지도 몰라. 꼴찌로 둘째가 시험도 성의 없이 치렀는데 무슨 수로 합격했을라고?' 교문까지 갔다가 의심스러워 되돌아와서 벽 앞에 다시 가봤다. 틀림없이 198번 신용승! 이름과 수험번호가 선명히 붙어있었다.

우리 반 친구들과 같이 담임이신 신직수 선생님께 합격여부의 결과를 보고드리기 위해 학교로 찾아뵈었다. 선생님이 합격하리라 희망을 걸었던 아이들부터 "너 합격했지?" 하고 물어보면, 고개를 푹 숙이고 모기소리로 "떨어졌어요" 했다. "너는 어떻게 됐니?", "너는?" 하고 다음 친구들에게 물으셨다. 그런데 마지막으로 묻는 나한테는 "너는 합격했지?"가 아니었다. 아예 묻는 것 자체를 "너는 떨어졌지?" 하고 물으셨다.

그러자 내가 대답하기도 전에 다른 친구들이 대답했다. "붙었어요."

입학금 마련을 위해 어머님과 소금 장사를 하다

그때 집안 수입이라야 작은형님이 가내공업으로 하시는 제사공장 수입이 전부였으니, 그 많은 우리 가족이 먹고 살기는 힘겨운 판이었다.

그러니 막상 중학교에 합격했어도 입학금을 마련할 길이 없었다. 그때 소사에는 소금 장사로 생계를 꾸려가는 분들이 많았다. 어머니와 나는 소금 장사를 해보기로 했다. 소금장수로 이골이 나신 이웃 아저씨의 안내를 받아 약 15km나 떨어진 소래 염전으로 소금을 사러 초행길을 나섰다. 소래 염전은 소사에서 서남쪽으로 해발 700m 가량 되는 성주산을 넘어 '마니꼴' 뒤를 지나야 했다.

어머니를 따라 그 먼 길을 걸어서 소래염전에 도착했다. 소금 2말씩을 사서 어머니와 나누어 이고 지고 돌아오는 길에 마니꼴쯤 오니 날은 어두워지고, 거기다 비까지 부슬부슬 내리기 시작했다. 비를 피할 곳을 찾아 사방을 두리번거려도 마땅한 곳이 없어 길 옆 원두막으로 몸을 피해 들어갔다.

소금자루를 내려놓고 좀 쉬려니 웬 모기가 그리도 극성을 부리던지 도저히 잘 수가 없었다. 모기의 극성에 배기다 못해 울상이 되니 어머니가 치마를 벗어 덮어주었는데, 그래도 소용이 없었다.

그런데 별로 멀지 않은 곳에 인가의 불빛이 보였다. 불빛을 보신 어머니가 "저 불빛이 멀지 않고 인가가 있는 것 같으니 그리 가서 사정하여 하룻밤을 지내자. 소금은 비를 맞지 않게 여기에 놓아두고 가자"고 하시며 앞장을 서셨다.

그 집에 당도하여 어머니가 집주인에게 사정 말씀을 드리니 주무시다 일어나신 시골노인은 "우리 집은 보다시피 방은 없으니 고생이 되더라도 이 마루에서 쉬어가라"면서 "모기가 많을 텐데 어떻게 하나?" 하시더니 "이것이라도 덮고 자라!"며 큰 홑이불을 내주셨다. 고맙다고 정중히 인사드린 어머니는 모기에게 물리면서도 이불은 나만 덮어주셨다. 그러고도 어머니는 나를 모기에 뜯기지 않게 지키시느라 밤을 꼬박 새우셨던 것 같다.

동이 트기 시작하니 비도 그치는 것 같아 일찍 집을 나서려는데 집주인이 "그냥 가면 어떻게 하느냐?"며 "보리밥이라도 한술 뜨고 가라!"고 막무가내로 잡으며 따뜻하게 보리밥을 지어주셨다.

정말 내외분의 따뜻한 인정에 목이 메는 것을 속으로 삭이면서 그 집을 나와 무거운 소금을 지고 높은 성주산 고개를 넘어 집으로 돌아오니 점심때였다.

어린 마음에도 언젠가 꼭 그 노인부부를 찾아뵙고 정말 고마웠다는 인사를 드리겠다고 마음먹었으나, 무엇에 쫓겨 이날까지 실천하지 못하고 60년도 넘는 세월이 흐르고 말았다. 고마움도 전하지 못했는데…… 아마 오래 전에 돌아가셨으리라. 이 글을 쓰면서나마 그 후박하시던 내외분의 명복을 빈다.

소금 팔러 간 동대문시장에서 받은 서러운 괄시

다음날 아침을 먹고 어머니와 함께 다시 소금을 지고 길을 나섰다. 소사역에서 기차로 서울역까지 간 뒤 전차로 갈아타고 동대문시장으로 갔다. 동대문에 내려보니 검은 고무신을 신고 갔는데 발이 진흙에 빠져 내 몰골이 그야말로 깡통만 안 든 거지꼴이었다.

동대문시장 안 어느 집 대문 안에서 여러 여자들이 모여 발을 씻고 있는 것을 보고, 우리 모자도 따라 들어가 수돗가에서 발을 씻다가 집 안주인한테 얼마나 앙칼진 면박을 당했던지! "아니 거지같은 것들이 누구 허락을 받고 수돗물을 제 마음대로 쓰는 거야! 수돗물은 어디서 거저 나오는 줄 알아? 수돗물도 다 돈이야, 돈! 이 거지같은 것들아!"

어린 마음에도 "거지같다"는 소리에 얼마나 자존심이 상했는지 모른다. 어머니를 보고 "다시는 서울 놈들과 말도 하지 말고 서울에 대고 침도 뱉지 말라!"고 내뱉으며 애꿎은 어머니께 심통만 부렸다.

동대문 수돗가에서의 아픈 기억 때문에 심사가 삐뚤어진 나는 성남중학교에 입학한 뒤 아무 이유도 없이 서울출신 아이들을 미워하고 괴롭히며 보복을 했다.

그런 천대를 받고 동대문시장에서 소금을 팔아 가방과 교모를 사서 집으로 돌아왔다. 그때 이익금이 얼마나 됐을까? 우리 두 모자가 이틀이나 온갖 고생을 하며 처음 해본 소금 장사였다. 그 소금 장사 경험은 육체적으로는 말할 수 없는 고생이었으나, 정신적으로는 고생을 모르고 자라는 아이들보다 월등히 나를 성숙하게 만든 귀중한 경험이었다.

영등포역에서 공책 장사로 재미를 보다

소금을 팔아 번 돈으로는 입학금을 낼 수 없었다. 턱없이 부족했다. 궁리 끝에 공책 장사도 했다. 일단 남대문 문방구 도매상에 가서 대학 노트를 떼온 뒤, 서울 왔다가 시골로 돌아가려고 기차표를 사기 위해 줄서서 기다리는 손님들에게 그 공책을 팔았다. 당시는 기차표 한 장 사는 데도 몇 시간씩 걸리던 시절이었다.

소금 장사에 비해 힘도 덜 들고 이익금도 속된 말로 '짭짤했다'. 문방구 도매상 주인이 중학교 입학금 보태려고 장사를 하겠다는 이야기를 듣고 측은지심이 생기셨는지, 장사하는 요령과 장사하는 데 도움이 되는 말씀과 격려를 아낌없이 해주셨다.

영등포역에서 장사를 해보라고 일러주신 것도 그 문방구 주인이었다. 얼마간 이렇게 열심히 장사를 해서 어머니께 갖다드려 중학교 입학금을 내는 데 작은 도움을 드렸다.

그렇게 해서 어렵게 성남중학교에 입학을 했다. 그런데 졸업식 노래에 나오는 '빛나는 졸업장'은 받아보지도 못하고, 기껏 2학년 1학기에 담배 피우고 싸움질 즐기며 못된 짓만 골라 하다 퇴학을 당했다. 어머니가 하늘이 내려앉는 실망을 하셨다.

속을 그렇게 썩여드렸는데도, 어머니는 "나는 용승이를 믿는다. 용승이는 절대 삐뚤어질 놈이 아니다. 내가 열 달 뱃속에 넣고 낳아서 지금까지 길렀으니 나보다 용승이를 더 잘 아는 사람이 누구냐"면서 기대를 걸으셨다.

남들이 깡패니 건달이니 장래성 없는 놈이니 하며 흉을 봐도 그렇게 믿어주시는 어머니 앞에서, 잘난 사람이 아니라 훌륭한 사람이 되지 못한 것 같아 부끄럽다는 생각이 들면서도, 한편으로 이 사회에서 그렇게 나쁜 놈은 되지 않고 평범한 소시민이라도 된 것이 다 어머니가 믿어주신 은혜 덕분이었다고 생각한다.

중학교 서무과장과 입학금 문제로 다투신 어머니

소금 장사다 공책 장사다, 별짓 다해서 모은 돈은 입학금의 반밖에 안 되었다. 어머니는 그 돈을 들고 입학수속을 하겠다고 성남중학교 서무과로 찾아가셨다. 그리고는 서무과장에게 "아직 돈을 다 장만하지 못했지만, 입학식 전날까지 해내겠으니 입학을 시켜달라"고 사정을 하셨다.

그러나 서무과장은 일언지하에 거절했다. "지금 보결로 들어올 학생이 줄을 서있는데, 입학금도 안 갖고 와서 입학을 시켜달라는 사람도 있느냐?"고 한 것이었다. 그러자 어머니가 그야말로 뚜껑이 열리셨던 모양이다.

"무엇이라고요? 돈 없는 놈은 시험에 붙고도 입학을 못하고, 시험에 떨어진 놈은 돈만 있으면 입학할 수 있다는 것이오? 그럼 돈 갖고 학생 뽑지 시험은 뭐 하러 보는 것이오?" 서무실이 떠나갈 듯 목청을 높이셨다. 그러자 옆 교장실에서 교장선생님이 문을 열고 들어오셨다. 그 사람이 바로 김석원 장군이었다.

그는 서무과장에게 "왜 이렇게 시끄러운가?" 하면서 자초지종을 물었고, 서무과장이 자세히 설명을 드리니, "입학 전까지 꼭 마련하셔야 한다"며 직권으로 입학을 허락하셨다.

교장 김석원 장군의 종잡을 수 없는 훈시

우여곡절 끝에 자랑스럽게도 성남중학교 입학식 날을 맞았다. 새 교복에 새 모자를 쓰고 그야말로 보무도 당당하게 전교생이 운동장에 모였다.

얼마 지나서 교장선생님이신 김석원 장군이 교단에 올라 일장 훈시를 했다. "38선에서 대치하고 있는 우리 국군과 북쪽 괴뢰군이 아침이면 서로 마주 보고 인사를 나눈다. 우리 국군이 '너희들 밥 먹었냐? 우리는 쌀밥 먹었다'고 하면, 저쪽에서 공산군들이 '우리는 아침에 쌀밥과 소고기국을 먹었다'고 한다. 그러면 우리 국군은 '우리는 쌀밥에 쇠고기국과 고등어 반찬도 먹었다' 이런 식으로 한단다."

어린 나이에 들어도 말 같지 않은 말이었다. 그런데도 그 교장선생님은 그저 "이승만 대통령의 진격명령만 내리면 점심은 평양에서 먹고 저녁은 신의주에서 먹을 텐데……" 하면서 실성한 사람처럼 "공산당 놈들은 잡는 대로 맷돌에다 넣고 박박 갈아 죽여라!" 소리소리 질렀다.

우리는 깜박깜박 졸다 그 소리에 놀라 깨기도 했다. 배는 몇 개월 된 임산부처럼 남산만큼 나온 분이 바지주머니 단추도 제대로 못 끼우고 운동장 연단에 올라 아무 재미도 없는, 훈시도 아닌 훈시를 길게 늘어놓고 내려가자 입학식은 끝났다. 우리는 교실로 들어가 담임선생님을 배정받고 학교생활을 시작했다.

교장 김석원 장군의 진실

중학교 입학하고 얼마 지나지 않은 10월쯤이었다. 또 운동장 조회를 하는데 정문 쪽에 군용 지프차 2대가 들어왔다.

앞차에서 교장선생님이 소위 계급장을 달고 내렸다. 그러자 뒤차에서 상사 계급장을 단 헌병 4명이 내려서 교장 앞에 정렬해 섰다. 그리고 교장선생님은 뚜벅뚜벅 걸어서 교단으로 올라와 일장 훈시를 하고 내려갔다. 그때 나는 속으로 '아니, 일본군 고급장교였다면서 소위가 뭐야?' 하며 어리둥절했다.

그러나 다음날은 중위, 또 다음날은 대위, 이렇게 1주일 만에 대령 계급장을 달고 왔다. 얼마쯤 지났을까? 학교에는 별로 나타나지 않고 군대로 복귀했다더니, 어느 날은 준장이 되어 학교장을 사임하고 육군 제1사단장으로 개성지구에서 복무한다는 소식을 풍문에 들었다.

나중에 예편을 했는데 한국전쟁이 터져 국군이 부산까지 후퇴할 무렵, 다시 준장으로 복귀하여 육군 제3사단장이 됐고, 포항전투에서 혁혁한 공을 세웠다는 소리도 들었다.

그 후 한국전쟁에서 미 고문관과 의견 충돌을 일으켜 또 다시 예편되었다. 미 고문관들은 돌격전술 같은 인해전술을 질색하는데 김석원 장군이 졸병이야 죽든 말든 돌격명령을 내리자고 주장을 하자, "에이! 미개한 야만인!"이라는 뒷말을 내뱉고는 미 고문관들이 예편시켰다고 한다.

하기야 일본육사 출신인 김석원 장군은 전술이라고는 돌격밖에 모르지 않았겠나? 그렇게 예편하고 다시 학교 교장으로 돌아온 그는 울안에 갇힌 맹수 같은 세월을 보내고 있었다. 그리고 학생들이 인사 차 찾아오면 육군 장교로 추천해주는 바람에 한국전쟁 당시 성남중학교 출신 학생들은 유독 육군 초급장교가 되는 경우가 많았다. 그 후 내가 연예대를 조직하여 전선으로 군 위문을 하러 다닌 적이 있는데, 육군 초급장교가 되어 전방에 배치된 성남중학교 동기와 선배들을 많이 만날 수 있었다. 그때마다 "아니! 어떻게 장교로 복무하느냐?"고 물어보았는데 많은 선배나 동료들이 "학교로 놀러갔더니 교장이 남자답게 장교로 출전하라며 추천해서 장교가 되었다"고 했다.

4·19 학생의거로 이승만 정권이 무너지고 허정 과도내각이 들어서면서 총선을 했다. 그 선거에서는 전국의 모든 선거구를 민주당 신구파가 똑같이 휩쓸었다.

김석원 교장도 총선에 출마, 당선돼 민주당 신파로 장면 정권에 가담하여 8개월짜리 단명의 국회의원을 하고 5·16 쿠데타로 서리를 맞아 정계에서 영원히 뒤안길로 사라져갔다.

일본육사를 졸업하고도 일본군에 복무하는 것을 거부하고 탈출하여 우리 광복군으로 합류하신 애국자들도 많았는데, 김석원 장군은 나라와 역사에 대한 작은 고민도 없이 오직 자신만의 입신출세를 위했던 인물이었다. 중일전쟁에서 중국군들을 향해 일본 칼을 빼들고 앞장서서 중국병사들을 무수히 죽이고, 진급에 진급을 거듭하며 국내신문에 아주 훌륭한 군인이라고 대서특필되어 생각 없는 어른들의 칭송을 듣기도 했다. 지금 생각하니 내가 성남중학교를 택한 것이 히틀러를 추앙하던 큰형의 영향이 아니었을까 하는 생각도 든다.

중학교 입학식 뒤 학생들에게 나눠준 안내 팸플릿에는 김석원 장군의 자랑이 늘어지게 소개되어 있었다. 자고로 영웅은 색과 주를 사랑하는 법이라면서 김석원 장군도 말술을 마다 않고 색을 즐길 줄 아는 영웅호걸이라 색과 주를 사랑 하신다나 뭐라나 하면서 추켜세웠다.

어린 생각에도 '그럼 나도 어서 어른이 되면, 술 많이 먹고 여자들 뒤꽁무니를 졸졸 따라다녀야 영웅호걸이 되겠구나!' 하고 비웃기도 했다.

1학년 때 담임, 임종해 국어 선생님

1학년 1반에 배치되어 임종해(林宗海) 선생님과 사제지간의 인연을 맺고 중학교 생활을 시작했다. 연세가 좀 지긋하신 임종해 선생님은 고향이 강화도로, 늘 1학년 1반 담임을 맡고 국어를 가르치시는 분으로 성남중학교 터줏대감 같은 분이셨다.

농사철 농부들이 땀 흘려 일하다가 쉬는 동안에 새참으로 곁들여 먹는 막걸리가 아주 맛있다는 등, 마치 막걸리를 마신 듯 입을 다시는 모습을 하며 수업 중에 어린 우리들에게 술 이야기도 잘 해주셨다. 우리가 공부에 싫증을 느끼는 것 같으면 재미난 우스갯소리도 퍽 잘해주셨다. 그러나 지금 생각해보면 그 우스개 말씀은 모두 철학이 깔린 교육적 말씀이었다.

그 분은 나의 인생항로에 나침판이 되어주신 분이다. 선생님은 "네 다리 의자보다 세 다리 의자가 더 잘 서 있는 법"이라며, "너희들도 앞으로 이 세상을 살아가면서 친구를 꼭 두 사람은 가져야 한다. 그래야 앞으로 살아갈 험난한 인생살이에서 서로 의지하며 고독하지 않게 살아갈 수 있을 것이다. 하긴 이 세상에 나서 단 한 사람의 진정한 친구를 가졌다면, 그 사람은 그래도 행복한 세상에 성공한 삶을 살아간 것이다"라는 의미심장한 얘기도 해주셨다.

사람이 한평생 진짜 친구가 한 사람이라도 있으면 더할 나위 없다. 뒤늦게나마 나는 그것을 친구란 철학과 이념을 서로 맞추며 사는 사이라는 뜻으로 받아들였다. 그래서 내 나름으로는 중학교 1학년 국어시간에 임종해 선생님이 말씀하신 우정관(友情觀)으로 살아야겠다고 마음먹고 살아왔다. 그러나 오래 살고보니 '생이 다할 때까지 영원히 변치 않고 함께 가기가 그리 쉬운 것이 아니로구나!' 하는 생각이 자주 든다. 그럴 때면 임 선생님의 말씀이 아련히 떠오르면서 왠지 나도 대단히 고독한 삶을 살고 있다는 생각이 든다.

늙어가면서 그 많던 친구들도 소원하게 지내다가 하나씩 세상을 등지거나 멀어져 갔다. '인간이란 어차피 이렇게 외롭게 살다 가는 것이로구나' 하면서 노랫말처럼 '인생이란 다 그런 거지'라고 자위하고 그럭저럭 살아가지만, 언제나 가슴 한편은 늘 허전하고 쓸쓸함으로 텅 비어있는 느낌이 든다. '주위에 사람은 많은데 어째서 내 마음은 텅 빈 듯이 항상 외로운 것일까?' 하는 생각이 들 때도 많다. 철학자 디오게네스가 대낮에 등불을 들고 거리에서 사람을 찾고 있었다는 이야기가 무슨 의미인지 이제는 조금은 알 것도 같다.

어느 날은 '진정한 친구란 생각이 같고 이념이 같고 철학이 같고 민족관이 같은 사람'이라는 생각이 들었다. '그런 사람이라면 나이 차이를 떠나 죽는 날까지 변치 않고 함께 갈 수도 있겠구나' 하는 생각을 해보게 되었다. '생각과 철학이 같으면 나이를 초월해 망년우(忘年友)로 영원한 친구가 될 수 있겠구나! 진정한 친구는 생활 철학과 역사의식이 같아야 되는구나!' 하는 생각을 한다.

좋은 우정관을 가지라고, 선생님은 친구에 대한 훌륭한 가르침을 주셨는데, 나는 그 말씀을 곡해하여 면할 수 있던 퇴학도 그냥 받아들이고 말았으니 어이없는 일이라 아니할 수가 없다. 2학년 때, 학교를 퇴학당하는 것이 친구에 대한 의리고 참 우정이라고 생각했으니…… 중학생이 되어서도 얼마나 철이 안 들었는지 씁쓸한 웃음이 난다.

수업보다 매질을 더 잘하던 최봉길 선생님

1학년 때, 인천 박문여자중학교에서 선생님 한 분이 전근을 오셔서 우리 학년 수학을 가르치셨다. 이 분이 첫 시간에 자신을 소개하는데 칠판에다 이름을 크게 한문으로 최봉길(崔鳳吉)이라고 쓰셨다. 그러더니 "너희들, 이런 말 들은 적 있느냐? 산 김가 셋에서 죽은 최가 한 사람을 못 당한다! 그리고 곱슬머리가 독하다는 소리를 들은 적 있느냐? 봐라 내가 반곱슬머리가 아이간? 옥니배기하고는 말도 하지 말라고 했는데 내가 바로 옥니배기 아이가. 그러니 너희들, 내 비위를 건드리면 내가 어떻게 대해주는지 기대하거래이. 나는 인천 박문여자중학에서 계집애들 때리고 이 학교로 쫓겨왔지비"라고 하셨다. 아주 진한 함경도 사투리였다.

분위기가 하도 무서워 우리 반 아이들은 숨도 크게 못 쉬었고, 교실은 마치 찬물을 끼얹은 듯 조용했다. 모두 마음속으로 '이제 죽었구나' 하고 떨었다.

수학을 잘 못하니 그렇기도 했지만, 그 뒤로 매를 맞지 않는 수학시간이 없었다. 최 선생님은 부평에서 열차로 통근을 하고 있었다. 그날은 마침 불량학생답게 가방을 옆구리에 낀 내가 소사역에서 목에 힘주고 꺼떡거리며 기차를 타는 것을 보셨던 모양이다. 수학시간에 교실로 들어온 선생님이 수업도 하기 전에 나를 앞으로 불러냈다. 가방까지 들고 나오라고 했다. "너, 아침에 소사역에서 놀던 폼으로 걸어보거래이." 쭈뼛거리던 내가 선생님의 기세에 눌려 하는 수 없이 가방을 옆에 끼고 건들거리며 걷자 사정없이 따귀를 후려쳤다.

그 후로 수학시간이면 지옥 같았다. 문제를 풀지 못하면 함경도 사투리로 "너 쌔끼, 이리 나온!" 하고 앞으로 끌어내 사정없이 몽둥이나 따귀 세례를 퍼부었다. 아프고 무서워 소리를 내면 매질이 더욱 가혹해졌다.

소문에 들어보니 이 선생님이 인천 박문여자중학교에서 수업시간에 어느 여학생을 때렸는데, 반 여학생들이 무서워서 여럿이 함께 괴성을 지르니까 이 선생님이 흥분하셔서 결석한 학생의 의자를 뜯어서 닥치는 대로 매질을 했고, 그래도 분이 덜 풀렸는지 교실에 걸려있던 벽시계까지 집어던지며 폭행을 했다고 했다. 결국 이 사건으로 그 여학교에서 문제가 되어 우리 학교로 전근을 왔다고 했다.

그 후 한국전쟁이 발발하면서 우리 반 출신 녀석 가운데 몇몇이 육군 간부후보생 시험을 보았단다. 우연찮게도 최 선생님도 응시생 속에 섞여 있었다고 한다. 그러나 최 선생님은 불합격의 고배를 들어야 했고, 녀석들은 소위로 임관되어 전선으로 떠났다. 최 선생님에 대해 나중에 풍문으로 들은 바로는 영등포에 있던 포로수용소에서 중국어 통역관으로 지내셨다고 한다.

이름이 생각나지 않는, 2학년 때 담임선생님

중학교 2학년 1학기에 나는 퇴학을 당하게 됐다. 악동들과 어울려 싸움질이나 하고 담배나 피운 후과였다. 사실 담임선생님은 나만은 퇴학당하는 것에서 벗어나게 해주려 하셨다. 내가 공부를 좋아하지는 않아도 담임선생님의 국어시간만큼은 톡 튀게 공부를 잘했었는데, 그래서였을까? 으레 국어시간이면 내게 그날 배울 곳을 큰 소리로 읽게 하셨다. 내가 다 읽고나서야 수업이 시작되는 셈이었다. 담임선생님이 그만큼 나에게 국어공부를 기대하셨던 것 같다. 그래서 나만이라도 구제하고 싶었던 것이 아니었을까? 나 혼자 그렇게 생각해본다.

당시 담임선생님은 나를 위해 무척 애를 쓰셨다. "잘못했다고, 용서해달라고 교감선생님께 빌면 퇴학은 면하게 하겠으니 꼭 내 말대로 해라." 그렇게 간곡한 어조로 말씀을 하셨다. 그러나 나는 그 말씀을 뿌리쳤다. 퇴학을 당하면 같이 당하자고, 악동 셋이서 "함께 행동하자!"고 약속해놓고는 그 약속을 어기면 무슨 혈맹의 동지라도 배반하는 것처럼 생각했기 때문이었다.

악동들끼리, 그것도 어린 철부지들끼리 한 맹세가 무엇이 그리 대단하다고, 그 맹세가 독립투사들이 조국을 위해 목숨을 건 맹서도 아닌데, 철없는 소영웅주의로, 그리도 나를 공부시키고 싶어 하신 어머니의 간절한 소망도 저버리고…… 어머니의 마음을 얼마나 아프게 했는지. 악동들의 철부지 맹세를 지키자고 퇴학당하는 길로 갔으니 이 글을 쓰면서도 어이가 없어 쓴 웃음이 나온다.

1951년 초가을, 강원도 양구로 7사단 5연대 장병들을 위문 공연하러 갔을 때의 일이다. 육군 7사단 휼병부로 가서 짐을 풀고 장교식당에서 저녁을 먹는데 거기서 성남중학교 2학년 때 담임선생님을 만나게 되었다. 선생님은 지식인이라 그런지 피난 통에 근로보국대 대신 7사단 문관으로 계셨다. 나는 얼마나 반가웠던지 장교식당 바닥에서 큰절을 올렸다.

내가 학교에서 못된 짓만 하는데도 퇴학시키지 않으려고 마음 써주신 분이셨는데, 치열하게 전투중인 최전선에서 마치 꿈속에서처럼 그

분을 뵈었다. 그 후로는 변변하게 인사도 못 올리고, 선생님을 찾아뵐 기회를 잃고 말았다. 사제지간의 해후는 그렇게 허망하게 끝나고 다시는 선생님을 뵙지 못하고 말았다.

그런데 그렇게 나의 장래를 걱정하신 2학년 담임선생님 이름을 도무지 기억할 수가 없다. 다만 성씨가 김씨이고, 사모님은 우신국민학교 교사로, 그 당시는 그리 흔치 않던 부부교사였다는 것밖에 생각이 나지 않는다. 죄송할 따름이다.

어려선 부유하게, 노후엔 어렵게 살다간 친구 이석영

중학교에 다닐 때는 소사에서 노량진까지 경인선 기차로 통학을 했다. 이 통학열차는 인천에서 출발하여 서울로 가는 열차였다.

그때 부평에서 열차를 타는 이석영(李錫榮)이라는 친구와 한반에서 만나 친하게 지내며 같이 통학을 했다. 이 친구는 부모님과 남동생, 이렇게 네 식구가 아주 단출하게 사는데 아버지 연세가 50대 후반이셨다. 그래서 늦둥이 아들을 정말 귀여워하셨다. 돈은 잘 벌고 자식은 눈에 넣어도 아프지 않을 것 같고 그래서였겠지만 석영이가 해달라는 것은 무엇이나 들어주셨다. 그 당시 대단히 부유한 석영이네 집 생활을 보고 얼마나 부러웠는지. 석영이 아버지는 한 달이면 소를 몇 십 마리씩 군부대에 납품하는 군납업자였다. 석영이는 돈도 많이 가지고 다니면서 아주 돈을 잘 쓰고 나한테도 먹을 것을 많이 사주곤 했다.

나하고 친하게 지낸 덕분에 학교나 열차에서 다른 아이들이 석영이를 함부로 대하지 못했고, 쫄쫄이 굶고 학교에 다니던 나는 석영이 덕에 중국집 가서 자장면도 많이 얻어먹었다. 마치 개미와 진딧물의 관계처럼 서로 상부상조하는 사이가 된 것이었다. 자장면이라는 그리도 맛있는 음식과 고기만두를 난생 처음으로 맛보게 해준 것도 가족이 아니라 친구 석영이었다. 사실 석영이는 나보다 2살쯤 어렸는데, 급기야 내가 학교 뒷산으로 데리고 가 수음하는 방법까지 가르쳐주게 되면서 더더욱 친해졌다.

그토록 친하게 지내다가 내가 2학년 때 퇴학을 당했으니 석영이는 학교에서 그야말로 끈 떨어진 연 꼴이 되고 말았다. 그러다 한국전쟁이 터지고, 우리는 헤어지고 말았다.

그런데 이 친구가 학교 다닐 때부터 돈의 위력을 아는 놈이었는지 나를 보고 "이 다음에 어른이 되면 내 손에서 우리나라 쌀값이 오르고 내리게 할 것"이라고 자랑을 하곤 했다. 간혹 석영이네 소식을 바람결에 들었다. 석영이 아버지가 나중에 젊은 여자와 딴 살림을 차리고 석영이 어머니께는 생활비만 충분히 주면서 두 집 살림을 하셨다고 했다. 그래도 석영이를 사랑하는 마음만은 끔찍했다고 한다. "나는 이제 늙었으니 네가 우리 집 살림을 맡아야 할 터인데…… 내 손에 땀이 나야 돈이 들어오는데, 나는 늙어서 손에 땀이 말랐으니 어떻게 하나? 석영이가 어서 커서 성공하게 내가 밀어주고 죽어야 할 텐데……" 이런 말씀을 하셨다는 얘기도 들려왔다.

귀엽게만 자랐지 세상물정 모르던 석영이가 동대문시장에서 기성복 공장을 차리는 데 재산 대부분을 밀어준 뒤, 석영이 아버지는 작은 분과 유유히 사시다 돌아가셨다.

아버지가 돌아가신 뒤 석영이 사업에는 그늘이 드리워지기 시작했다. 이왕 차린 공장이니 자기가 다잡고 열심이 했으면 아마 대단한 부자가 될 수도 있었을 것이다. 그런데 나이는 어리고 부잣집에서 귀엽게만 자란 석영이는 세상물정에 너무 어두웠다.

결국 총책임을 맡았던 나이 좀 든 구렁이 같은 기술자가 원단공장에서 사장인 석영이도 모르게 무진장 많은 원단을 외상으로 가져다가 다른 곳에 헐값에 팔아넘기곤 자기 밑에서 일하던 여자를 데리고 사라져버렸다. 공장은 종업원들에게 맡기고 사장이란 자는 철딱서니 없이 매일 다방이다 술집이다 친구들을 데리고 쏘다녔으니 공장 꼴이 어찌 되겠는가.

공장은 하루아침에 망하고 경황이 없는데 설상가상(雪上加霜)으로 동대문시장에서 설치던 깡패(이정재 부하)들이 들이닥쳐 "너! 뒷구멍으로 돈 다 빼돌리고 쇼하는 거지?" 하며 끌고 가, 몇 날을 깡패들에게 곤욕을 치르고 20대 초반에 알거지가 되었다.

내가 다시 석영이를 만났을 때는 집구석 다 말아먹고 마누라한테 이혼까지 당한 뒤였다. 성남중학교 때 한반이던 이 친구 저 친구에게 수소문하여 그를 찾아가보니 성북동 미아리에서도 한참을 헉헉하고 기어 올라가야 되는, 부엌 하나 방 한 칸밖에 없는 판잣집에서 늙으신 어머니와 단 두 식구가 거지나 다름없는 생활을 하고 있었다. 그때부터 석영이는 나와 질긴 인연을 다시 시작했다.

그때는 나도 내 생애 제일 어렵게 살던 때이기도 했다. 교사생활을 접고 시작한 장사도 실패하고 수원 원천유원지에서 하던 중국집까지 때려치운 뒤 집에서 밥 한술 얻어먹으면 무책임하게 이 친구 저 친구 찾아다니며 시간이나 무료하게 때우던 때였다. 소사로 인천으로 서울로, 방황하다가 어찌 푼돈이나마 몇 푼 생기면 집에 쌀값이나 조금 내놓고 또 다시 방황하며 지냈다.

그때 석영이는 내가 가는 곳이면 서울이든 부천이든 수원이든, 가리지 않고 찾아왔다. 내 앞가림도 못하는 처지에 군식구를 하나 얻은 격이 되었다. 소사나 수원에서 친구들과 고스톱을 치면서 돈을 조금 따면 석영이 밥 먹여주고 돈도 좀 주고 하면서 함께 살았다.

그 후 나는 수원시청 행정공무원 시험에 응시했다. 반은 장난삼아 본 것이었는데 뜻밖에 합격을 했다. 말단 5급 을(지금의 9급) 공무원으로 수원시에서 근무하게 되었다. 그때 내 나이가 마흔 둘이었다. 나 스스로 생각해도 좀 어이없는 일이기도 했다.

여하간 이제 말단이라도 공무원이 되었으니, 우리 가족이 최저 생활은 할 수 있게 되었다. 그러나 집 한 칸 없이 남의 집 월세방에서 우리 가족 여섯 식구가 사는 것이 무척이나 힘들었다.

그때 해군에서 아주 친하게 지내던 신덕철이란 친구가 서울 방배동 시장에서 단무지 장사를 하면서 내 형편을 보고 많이 도와주었다. 수원시 이의동 403평 대지에 작은 기와집을 사주면서 부업으로 가축을 길러보라고 했다.

내 생활이 그렇게 조금씩 안정되어가자 석영이가 더욱 자주 찾아왔고, 나는 가족 모르게 가끔 생활비도 조금씩 보태주곤 했다. 나중에 그것을 알아차린 어머니가 "애비는 사주에 역마살에다 측은지심(惻隱之心)까지 타고나서 날이 추워도 제 집 연탄 떨어질까 걱정은 하지 않고 다리 밑에 사는 동리 거지 걱정하는 도승지 같은 팔자니 석영이 같은 친구들이 항상 떨어지지 않는구나"라고 말씀하시곤 했다.

어느 날 이 친구가 7살 먹은 자식을 데리고 우리 집으로 찾아와서는 돼지우리 한 칸을 방으로 쓰게 해달라고 했다. 돼지를 기르다 실패하는 바람에 텅 비어있던 돼지우리가 있었는데, 그 돼지우리를 방으로 쓰게 해달라는 것이었다.

'얼마나 살 곳이 없으면 돼지우리를 고쳐 살겠다고 청하는 것일까?' 불쌍한 생각이 들었으나, "그래도 그곳에서 어떻게 사람이 살겠느냐?"고 걱정을 하니, "그런 걱정은 하지 말라"면서 시멘트벽에 옛날 모아두었던 사료부대를 바르더니 어린 자식과 마치 돌다리 밑에 사는 땅꾼 같은 생활을 시작했다.

여름이니 잠은 그런대로 잤다. 그런데 어린놈이 배를 주리다보니 틈만 나면 마치 자기 어머니처럼 내 처의 치마꼬리를 잡고 부엌까지 졸졸 따라다녔다. 그래서 어머니가 내 처를 보고 "애! 그놈은 에미가 데리고 우리 집으로 시집온 것 같구나" 하고 웃으셨다.

어느 날 이 친구가 서울에 다녀오더니 새장가를 들겠다고 했다. 자기 친구 소개로 그 어려운 생활 속에서도 재혼을 하게 되었다. 재혼하는 여자는 글을 전혀 모르는 문맹인데, 노점 장사에는 이골이 난 터라 같이 장사를 열심히 하면 웬만큼은 살지 않겠냐며 재혼을 하마 했다.

재산을 다 털어먹고 가진 것이라고는 거시기밖에 없는 빈털터리지만 훤칠한 키에 얼굴도 그만 하면 남에게 뒤지지 않는 편이고, 게다가 그 여자가 보기엔 가난한 지식인쯤으로 생각했는지 석영이와 재혼한 것을 아주 흡족해 했다.

그러고도 내가 곁에 있으면 마음에 위안이라도 됐는지 재혼한 여자를 데리고 내가 사는 수원 변두리로 돌면서 행상도 하고, 길에서 붕어빵도 굽고 참 나름대로 열심히 살았다. 그때 그 친구는 "평생에 이 여자와 사는 게 가장 행복하다"고 자랑같이 말 한 적도 있다.

"무능하다고 달달 볶아대던 조강지처(糟糠之妻)와 지겹게 살다 이혼을 하고 홀아비로 어린 자식과 외로이 지내다가, 문맹이지만 자기를 무슨 일에나 진심으로 받들어주고 자기 말에 순종하는 여자이니 행복하다"는 것이었다.

그렇게 수원에서 노점을 하면서 살다가 얼마 후 서울로 이사를 간 석영이는 만화방을 하고, 그의 처는 길에서 떡볶이 장사를 하면서 살았는데, 그 뒤로는 서로 사는 게 바쁘다보니 왕래가 차츰 뜸해지다가 영영 찾아오지 않았다.

그 후 석영이는 형편이 피어보지도 못하고 생을 마감하는 날까지 아주 어렵게 살며 협심증을 앓다가 세상을 떴다고 했다. 나중에 얻어 살던 마누라는 한글도 전화번호도 볼 줄 모르는 문맹이라 남편 상을 당하고도 부고조차 못했고, 그 바람에 나는 마지막 가는 그 친구의 외로운 길에 문상도 못했다.

영등포 주먹깡패 친구 최병표

성남중학교 입학은 전적으로 어머니의 노력과 자식에 대한 믿음 덕분이었다. 어떤 일이 있어도 내 자식은 잘못되지 않을 것이라는 믿음과 자식을 사랑하시는 어머니의 태산 같은 은혜 덕분이었던 것이다. 그런데 어머니의 그 하해 같은 은혜를 저버리고 2학년에 올라가기 무섭게 퇴학을 당했으니 어머니께 저지른 불효 중에 제일 큰 불효였을 것이다. 죄스러움을 영원히 씻지 못할 것만 같은데, 죽어서 어머니 곁으로 가서야 진정 엎드려 사죄라도 할 수 있게 될지 모르겠다.

무슨 일이라도 내가 먼저 반성하지 않고 남을 탓하거나 원망을 하면 안 된다는 생각을 지금도 갖고 있다. 그러나 이 일만은 최병표(崔秉杓) 군이 원망스러울 때가 있다. 중학교에 입학하여 이 친구와 문명준(文明俊)과 나, 이렇게 세 놈이 만나면서 짝패가 되었다. 우리 셋은 같은 학년 친구들을 이유 없이 때리고 다른 친구들이 숨도 제대로 쉬지 못하게 들들볶았다.

체육시간이면 우리 세 사람은 운동장에는 나가지 않고 교실에 남아 반 아이들 도시락을 뒤져 맛있는 것만 골라먹곤 했다. 서울 한남동 쪽에 사는 최가 녀석이 있었다. 몸집은 하마만큼 큰 놈인데 집이 얼마나 부자인지 소고기 조림 아니면 계란 부침같이 그때는 아주 귀한 반찬을 날마다 가지고 다녔다. 나 같은 놈은 1년이 가도 한 번 먹을까 말까 하는 귀한 반찬이었다. 우리는 그 친구 도시락을 매일 다 먹어치웠다. 그래도 그놈은 우리가 무서워서인지 마음이 천성적으로 착해 불쌍한 생각이 들어 그랬는지, 집에 가서 이르지도 않았다. 그놈의 어머니는 귀여운 자기 자식이 맛있게 먹는 줄 알고 매일 열심히 소고기 반찬을 싸주셨겠지. 지금 생각하면 그 당시는 드물던 마마보이였다는 생각이 들기도 한다.

우리 세 놈이 어울려 동급생들을 때릴 땐 아무 이유도 없었다. 심지어 동급생끼리 혹 싸우는 일이 생겨도 저희끼리 싸우지 못하게 하고는 방과 후 학교 뒷산으로 반 아이들을 몰고가 우리가 심판을 보며 마치 권투시합처럼 싸움을 시키기도 하였다. 선생님 몰래 교실에서 담배도 피우고, 선생님에게 고자질하면 그날이 제삿날이라고 공갈 협박도 했다. 그렇게 망나니 생활을 했으니 퇴학을 당한 것은 당연한 일일지 모른다.

학교에서 퇴학을 맞고도 계속 불량기만 떨고 다니던 중에 명준이는 얼마 안 있어 부산으로 이사를 가버리고 말았다. 명준이 형님이 "서울에 두면 나쁜 친구들 때문에 안 되겠다"며 동생의 장래를 위해 부산으로 떠나버린 거였다.

최병표와는 그 뒤로도 가깝게 지냈다. 가끔은 그놈이 나를 찾아오기도 하고 내가 영등포로 그놈을 찾아가기도 했다. 영등포시장을 휩쓸고 다니면서 함께 지낸 적도 많았다.

그런데 이놈이 영등포에서 싸움패로 둘째가라면 서운할 정도로 유명해졌다. 그 정도 유명해졌으면 강자답게 좀 신사적인 면이랄까, 아이들을 위해주고 너그럽게 굴었다면 그야말로 학생들 사이에 존경받는 주먹이 되었을 텐데, 녀석은 그렇지가 않았다. 양아치같이 행동을 했으니 녀석 앞에서는 말은 하지 않았지만 학생들이 좋아할 리가 없었다. 결국 따돌림을 받는 처지가 되었다.

주먹세계에서도 힘이 너무 강해지면, 마치 독재자가 눈이 멀듯이 친구 말도 듣지 않고 사람들에게 횡포나 부리면서 죄의식도 없이 난폭해지는 것이다. 사실 나도 이 친구와 가까이한다고 소사 친구들이 별로 좋아하지 않았다. 그래도 나는 '성남중학교를 같이 퇴학당한 가까운 친구인데……' 하고 녀석이 하는 못된 짓을 바로잡아주겠다고 노력도 많이 했다. 하지만 그놈은 언제나 제 고집만 부리면서 날이 갈수록 포악해졌다.

내가 "아무 놈이나 걸려든다고 무조건 때리지만 말고 너그럽게 포용하라"고 해도 잘 안 들었다. 나도 차차 녀석과 만나는 횟수가 줄었고, 한국전쟁이 발발하면서 만나지 못하게 되자 차츰 사이가 멀어져갔다.

그리고 얼마의 세월이 흘렀을까? 내가 해군에서 탈영, 군법회의에 회부된 후 서울 해군헌병대에서 수감생활을 한 적이 있다. 수감자 중 한 사람이 면회 나갔다 음식을 신문지로 싸가지고 들어왔다. 따분하기 짝이 없는 영창생활에 세상 소식을 접할 수 있는 신문처럼 반가운 것도 없었다. 샅샅이 신문을 읽는데, 최병표가 군인들에게 몰매를 맞아 죽었다는 기사가 실려 있었다.

나중에 안 일이지만 이놈이 또 지나가는 고등학생을 불러서 건방지다고 때려주었는데 공매를 맞은 학생의 형 되는 사람이 공수부대 초급장교였다는 것이다. 자기 동생이 이유 없이 맞은 것을 알고 화가 난 그 형이 동료 군인 둘을 데리고 최병표네 집으로 찾아와 최병표를 불러냈다고 한다. 병표가 나오면서 오줌이나 누고 이야기하자며 방어 태세도 취하지 않고 소변을 보자, 그 대위가 발길로 한방 먹인 것이 불두덩의 급소를 때려 그 길로 일어나지 못했다는 것이다. 산을 좋아하는 놈은 범에게 물려가고 물을 좋아하는 놈은 물에 빠져죽는다는 격언처럼, 젊은 날 그리도 싸움질을 좋아하던 그 친구는 매를 맞아 짧은 생을 마감하고 말았다.

8. 중학교 퇴학 후 연극배우의 꿈을 키우다

미성년으로 혹사당했던 제사공장의 고달픈 생활

성남중학교에서 퇴학을 당한 뒤 결국 세 악동은 각자 제 갈 길로 가고, 나는 그저 매일 집에서 실 꼬는 일에 밤낮없이 매달려야 하는 처지가 되었다. 얼마나 답답하고 괴로웠던지!

큰형님은 '실 꼬는 일꾼이 모자라는 판인데, 용승이가 퇴학당했으니 오히려 잘 되었다'는 식으로 매일 밤 쉬는 시간도 없이 일을 시켰다. 그래서 나는 밖에 나갈 생각도 못하고 정말 실 꼬는 일만 했다.

그런데 어느 날 최병표가 영등포에서 또래 악동 몇 명을 데리고 소사 우리 집으로 와서 나를 밖으로 불러냈다. 나가보니 그 친구는 의젓하게 중학교 교복을 입고 머리에는 삐딱하게 교모까지 쓰고 있었다. "아버지가 마포에 있는 흥국중학교로 전학시켜 주셨다"며 "넌 다시 중학교에 안 가냐?"고 했다. 같이 퇴학당한 문명준이 소식도 전해줬다. 그 녀석도 부산의 어느 중학교에 다닌다고 했다.

최병표의 아버지는 영등포에서 짐 끄는 조랑말을 한 10마리 사육하면서, 짐을 배달하는 일꾼들에게 말을 빌려주고 이익금을 분배받는, 지금으로 말하면 운수업 비슷한 사업을 하며 자식을 한 칠팔 남매 기르는 분이셨다.

병표는 그 집 맏아들로 태어났는데 가정 형편도 좀 여유 있는 편이니 부모 마음에 퇴학당한 자식을 그냥 둘 리가 없었을 것이다. 그래서 아마 학교에 뒷돈을 주고 입학시켰겠지. 문명준이도 형님이 어린동생의 장래를 생각하여, 맹모삼천(孟母三遷)이 아니라 맹형삼천(孟兄三遷)을 하는 마음을 가진 참 좋은 형님 덕분에 부산으로 이사 가서 다시 학교생활을 하게 되었다. 전쟁이 일어나고 용산 어느 다방에서 우연히 만났는데 명준이는 부산에서도 또 학교를 자퇴하고 서울로 올라와서는 악동들과 어울려 다니고 있었다.

그런데 가난한 집안에 태어난 나는 다시 학교 갈 꿈도 못 꾸고, 중학교를 퇴학당한 죄로 지옥같이 지겹게 밤새워 실 꼬는 생활만 한 것이었다. 퇴학당하기 전에도 학교에 갔다 오면 숙제나 공부는 엄두도 못 내고 밤 12시까지 실 꼬는 일을 돕는 것이 일과였으니 다음날 학교에 가면 자연히 졸 수밖에! 퇴학당한 뒤에는 밤을 새워 일을 해야 했다. 그렇게 온 가족이 열심히 일을 해도 생활이 윤택해지거나, 그렇다고 여유가 생기는 것도 아니었다.

다시 학교에 보내주겠다고 식모살이를 떠나신 어머니

우리 식구는 전쟁 나기 몇 달 전부터는 큰 솥에다가 쌀 한줌에 쑥만 잔뜩 넣은 죽을 쒀서 먹었다. 말이 죽이지 그릇 바닥이 보일 것처럼 멀건 죽물이었다. 죽사발에 내 얼굴이 비칠 정도였다. 그런 쑥죽을 아침으로 먹고나면 점심은 당연히 굶고, 저녁도 못 먹는 때가 많았다. 그렇게 몇 달을 밥이라고는 먹어보지 못했다. 그러자 얼굴이 부황기로 누렇게 부어오르기도 했다. 하여간 먹는 날보다 굶는 날이 많았다. 70이 넘게 산 내 생애에서 그때처럼 배를 주려본 때는 없었다.

하루는 어머니가 "식모일이라도 하면 내 입이라도 덜고 가정에 도움이 되겠지!" 하시더니, 나보고 "형님과 형수님 말씀 잘 듣고, 내가 돈 벌어 너를 다시 학교에 보낼 때까지 힘들어도 꾹 참고 잘 있어야 한다"고 말씀하시고는 서울로 떠나셨다. 서울 종로 낙원동에 사시는 9촌 당숙 되시는 분이, 지역 토호로 낙원동에서 동장을 하며 잘 사는 집에 어머니를 식모살이로 소개하신 것이었다.

얼마 후 누님도 서울 어머니 곁으로 떠나가셨다. 나는 어머니가 남의 집 식모가 되셨다는 것이 어린 나이에도 그렇게 부끄럽고 자존심이 상할 수가 없었다. 어린 마음에도 사람들이 '너의 어머니가 식모살이를 한다'며 내 뒤통수에 대고 손가락질을 할 것 같았다.

그래서였을 것이다. 어느 날 이웃 친구가 아무 생각 없이 내게 "너의 어머니가 서울로 식모살이를 갔다며?" 하고 물었다가 영문도 모른 채 나한테 정말 무섭고 호되게 맞았다. 그놈은 내가 왜 저를 그렇듯 무섭게 때렸는지 나중에 스스로 깨달았을 것이라고 본다.

그때부터 소사 집에는 나만 형수님 밑에 남았다. 바로 유행가 가사처럼 달 없는 사막이요 불 꺼진 항구라더니, 내가 그런 쓸쓸하고 처량한 신세로 전락했다. 밥도 못 먹고 멀건 죽 한 대접 훌훌 마시고 나면 고종사촌 동생 권영원이와 함께 도끼를 들고 지게를 지고 한 3km쯤 떨어진 높은 앞산으로 군불 땔 나무뿌리를 캐러 가는 것이 일과가 되고 말았다. 땔거리가 부족하니까 너나없이 나무를 땔감으로 베어가고, 나중에는 나무뿌리까지 캐어갔다. 그러다보니 남한의 온 산이 민둥산으로 변해 성한 나무 한 그루 찾아볼 수가 없었다.

영원이도 서자인 관계로 처지가 나처럼 불쌍했기 때문에 초록은 동색이라고 우리끼리는 사이좋게 지냈다. 산에서 나무를 하다가 지치면 앞날의 꿈도 이야기하고 이놈 저놈 흉을 보기도 했다. 이야기래야 영원이는 주로 듣는 편이고 나만 혼자 떠드는 식이었다.

나무를 조금 해가지고 집으로 돌아와서는 먹을 것이 없으니까 물이나 한 사발씩 들이켰다. 그러나 영원이는 서자일망정 아버지가 동네 이장을 보면서 여유 있게 살았기에 배는 주리지 않고 지냈다. 그래서 내가 굶주리는 사정을 알고 가끔씩 고구마도 갖다 주곤 했다.

연극배우의 꿈을 키우다

밖으로 나오면 참 볼 만한 행렬이 있었다. 맨 앞에서는 아이들이 장례행렬 때 쓰이는 만장 같은 큰 깃발을 들고 앞서가고, 그 뒤에서는 악사들이 연주를 하며 따라가고, 또 그 뒤에서는 분장을 한 배우들이 트럭에 앉아 따라가며 동리를 한 바퀴 도는 행렬이 지나간다. 그 당시 유명하던 극단이나 악극단들이 소사극장에서 공연을 한다고 알리는 광고행렬이었다. 땀을 흘리며 맨 앞에서 깃발을 들고 다닌 녀석들한테는 수고비로 극장표를 한 장씩 주었다. 그래서 너도 나도 하겠다고 나서는데, 나는 형님과 어머니가 무서워서 깃발을 들겠다는 생각은 엄두도 못

냈다. 그렇게 공짜표를 받아오는 걸 어머니가 아시면 크게 자존심 상하실 것을 너무도 잘 알기 때문이었다. 그래서 표도 한 장 못 벌면서도 분장하고 지나가는 배우들이 보고 싶고, 깃발 든 그놈들이 부러워 멍청하게 그 행렬을 철없이 뒤따라 다니곤 했다.

밤이 되면 극장 구경할 돈도 없으면서 '혹시나 공짜구경이라도 할 수 없을까?' 하는 요행을 바라고 극장 앞에서 서성거리다 막이 오르면 섭섭한 마음으로 집으로 돌아오곤 했다.

잠은 오지 않고, 혼자 자는 방도 아니니 배우들 연기 흉내도 소리 내어 못하겠고, 그저 억지로라도 양 눈을 두 손으로 꼭 가리고 잠을 청해보지만, 하루 종일 별로 먹은 게 없어 배가 고프니 잠은 더욱 오지 않았다. 그렇게 잠을 설친 뒤 다음날 영원이와 나무뿌리를 캐러 가서는 나무뿌리는 캐지 않고 혼자 실감나게 연기를 하곤 했다. 영원이가 재미있다고 자꾸만 또 해보라고 시켰고, 그러면 또 하고 또 하고, 배가 고프면서도 계속했다. 이렇게 배우가 되려는 꿈을 키워나갈 때는 배는 고파도 마음은 행복했다.

어느 날 너무 배가 고프고 어머니도 보고 싶어서 서울 어머니를 찾아뵈었다. 그리곤 "어머니 옆에서 구두를 닦든지, 아이스케이크 장사라도 하겠다"고 말씀드렸다가 크게 꾸중을 들었다. 그런 곤경 속에서도 어머니는 나에게 "너는 다시 학교에 가서 공부를 해야지. 너까지 구두나 닦아서야 되느냐!"고 하시며, "내가 어떻게 하든 너를 꼭 중학교에 보내줄 것이니 배고프고 힘들더라도 어서 소사 집으로 내려가 형과 형수 말 잘 듣고 견뎌봐라. 이 어미만 믿고 참고 기다리라"고 말씀하셨다. 소사 집으로 간다고 해야 밥 굶는 길밖에 없는데 어머니 말씀은 어길 수도 없어 힘없이 소사 집으로 돌아왔다.

소사극장 화장실 구멍으로 무료입장을 하던 악동

소사의 악동들은 저녁을 먹고나면 극장으로 한 놈 두 놈 몰려왔다. 하지만 돈은 없고, 어떻게 몰래 들어가는 방법이 없을까 이 궁리 저 궁리하다가 생각한 것이 그 극장 재래식 변소 인분 푸는 구멍으로 기어들어가는 것이었다. 그 구멍은 밖으로 나 있었기 때문에 잘만 하면 기어들어갈 수 있겠다는 생각이었다. 하지만 냄새가 엄청났기 때문에 논바닥으로 몰려가 널려있는 짚단을 가져다 그 구멍에 무진장 쑤셔 넣었다. 그리고는 인분 퍼내는 그 구멍으로 머리부터 몸까지 디밀고는 평균대에서 몸 올리기 하는 것처럼 화장실로 올라가 극장 객석으로 파고들었다.

그래도 우리 몸에서 똥냄새가 안 날 리가 없었다. 연극 관람을 하던 손님들이 코를 킁킁거리며 "아니! 이게 무슨 냄새야?", "누가 똥 싼 거 아니야!" 하고 옆 사람들을 향해 코를 벌름거리며 냄새를 맡았다. 그래서 할 수 없이 2층으로 뛰어가서 다시 관객 틈으로 끼어들었다.

그러면 2층에서도 또 손님들이 킁킁거리며 "이게 무슨 냄새야?", "누가 똥을 쌌나? 웬 똥냄새야?" 아우성들을 쳤다. 그러면 또 아래층으로 내려갔다. 이렇게 아래 위층을 올라갔다 내려갔다 하다보면, 구경도 못했는데 어느새 연극은 끝이 나고. 연극 구경은커녕 땀만 흘리며 이리 저리 뛰어다닌 격이었다.

한국전쟁이 터지다

9. 인민군 치하에서 연극배우가 되다

국민을 기만한 이승만의 가증스런 사기 녹음방송

1950년 6월 25일 새벽을 기해 38선에서 전쟁이 일어나 인민군들이 파죽지세로 남침해오기 시작했다. 다음날부터 북쪽에서 피난민들이 남부여대(男負女戴)하고 어린것들을 데리고 내려오기 시작하더니, 그 다음날은 그 수가 부쩍 늘었다.

그런데 라디오에서는 이승만의 그 어눌하고 혀 구부러지는 목소리가 연신 흘러나왔다. "사랑하는 국민 여러분! 6월 25일 새벽 5시를 기해 38선에서 북괴군들이 일제히 무력침공을 시작했습니다. 그러나 우리 용감한 국군들이 일제히 반격을 가해 괴뢰군들을 38선 이북으로 몰아내고 있습니다. 그러니 국민 여러분들은 조금도 동요하지 말고 우리 정부를 믿고 각자 맡은 바 직장을 지키고 안심하고 생업에 종사하시기 바랍니다. 우리 정부는 어떤 상황이 오더라도 여러분과 함께 끝까지 서울을 사수할 것입니다."

서울 시민들은 이 방송을 듣고 이승만이 방송국에서 하는 방송인 줄 알았다. 국민 대다수가 녹음기라는 것이 있다는 사실 자체를 모를 때였기 때문이다. 그렇게 감쪽같이 속은 서울 시민들은 한강철교가 무너지고 나서야 이승만에게 속았다는 사실을 알았다. 그러나 때는 이미 늦었고, 속수무책으로 '독 안에 든 쥐새끼' 꼴이 되었다. 이승만은 이때 벌써 국민들은 버리고 정부의 고관들끼리 대전으로 야반도주한 상태였다.

그 후 서울이 수복되고 나서 이승만을 따라 안전지대로 피난 가서 잘 지내고 돌아온 패들이 지들이 무슨 애국이나 하고 돌아온 것처럼 자기들을 '도강파'라고 하며 공산군과 싸워 나라를 지킨 것처럼 날뛰었다. 그러면서 녹음방송에 속아 피난도 못하고 인공치하에서 목숨을 부지하기 위해 할 수 없이 부역을 한 사람들을 '잔류파'라고 하며 법도 없이 불법으로 마구 잡아다 때리고 고문하고 처형까지 했다. 그 바람에 서울 일대는 아수라장이 되었다.

9·28 서울수복 전에 이미 진짜 빨갱이(사회주의자)들은 인민군을 따라 북으로 자진해 떠나버리고, 서울에 남은 사람들이라야 모두 힘없고, '빽'없고, 이승만의 가짜 녹음방송에 속아서 남았다가 죽지 못해 인민군에 부역한 불쌍한 사람들뿐이었다.

그러니 잔류파로 분류되는 사람들은 "우리는 인민군을 따라 북으로 가지 않고 국군이 입성할 때 태극기 들고 나와 환영하던 사람들인데 무슨 죄가 있느냐?"고 주장했다. 또 이런 주장도 했다. "도강파라는 자들은 인민군한테 쫓겨 도망갔다 왔으면 남아있던 사람들한테 '그 동안 적치하에서 얼마나 고생을 많이 했냐?'고 위로의 말을 해야지. 남아서 고생한 국민들을 법도 없이 마구잡이로 잡아다가 부역자라는 누명을 씌워 반주검이 되도록 개 패듯이 패는 게 말이 되느냐?" 하지만 정부가 환도한 뒤 잔류파들은 형무소살이까지 해야 했다.

부천 소사 하우고개에서 처음 본 인민군들

한국전쟁이 일어나자 우리 가족이 소사와 죽산 고향으로 나뉘어 또다시 이산가족으로 살게 되었다. 전쟁이 일어나 인민군이 이틀 만에 김포비행장까지 진격해와 이웃에 살던 큰고모네와 당고모네, 그리고 우리, 이렇게 세 집이 고향으로 피난길에 올랐다. 전쟁 통에 식량은 부족한데 그 많은 식구들이 함께 행동하는 것이 매우 어려워서 분산하기로 했다. 그때 큰형님이 "너는 아직 어리고 아무 활동도 안 했으니 고종사촌 권영원이랑 함께 돌아가 집을 지키라"고 했다.

그런데 우리 집의 경우 고모부 밑에서 대한청년단 감찰부장을 한 큰형님이 잡힐까 우려됐고, 영원이네는 모두 반동으로 체포될 것이라고 하는 바람에 할 수 없이 나 혼자 피난길에서 가족과 떨어져 다시 소사 집으로 돌아왔다.

전쟁 전에 소사에서 고모부가 이장을 보셨는데, 그때 이장 권력은 지금의 동장보다 힘이 막강했다. 큰형님은 큰고모부 밑에서 소사읍 심곡 5리 서기를 하며 대한청년단 감찰부장으로 활동했으니 인민군이 쳐들어오면 민족반역자로 처벌을 받을까봐 스스로 당신 식솔만 데리고 피난을 갔다. 나는 겁도 나고 가기 싫으면서도 어른들 말이라 할 수 없이 소사 집으로 왔다. 돌아오는 길에 피난민을 만나니, "저 고개 너머에 인민군들이 탱크를 세워놓고 있으니 겁내지 말고 '동무들 수고하신다'고 인사를 하면 된다"고 알려주는 사람이 있었다. 그 말을 명심하며 고개를 넘는데 정말로 인민군 병사들이 담배를 피우며 휴식을 취하다가 나를 빤히 쳐다봤다.

그런데 처음 보는 인민군을 보고 내가 당황해서 인사를 채 하기 전에 인민군 병사들이 주위 사람들을 향해 "동무들! 그동안 이승만 괴뢰정권에서 고생 많이 했디오? 이제 이승만 괴뢰도당은 물러나고, 남반부는 우리 닌민군이 해방을 시킬 것이니 어서 집에 가서 통일을 위해 열심히 일들 하시라요" 하며 먼저 말을 걸어왔다.

유한양행 뒤 고개를 넘으면서는 별일 없다는 생각으로 내가 먼저 "동무들! 수고 많이 하십니다" 인사를 하니 인민군들이 아주 친절하게 "동무들! 이승만 괴뢰도당 밑에서 그간 고생 많이 했디오? 이제 남반부도 곧 해방이 되겠으니끼니 기뻐하시라요"라며 답례를 했다.

나는 그때 "빨갱이들은 자유도 없고 담배나 술은 절대 못 먹는다"는 말을 들었기 때문에 '야, 이거 이상하네? 인민군들도 담배를 피우네?' 하고 바보 같은 생각을 하기도 했다.

'인민군은 빨갱이라 얼굴도 빨갛다'는 말도 들었는데, 인민군대 속에는 나보다 더 어려보이는 홍안의 소년들도 섞여 있었다. 서로 인사를 주고받으며 걸었는데도 한참 동안 '인민군들이 뒤에서 총으로 쏘는 것이 아닌가?' 겁을 먹고 빠른 걸음으로 집으로 왔다.

소사에 진주한 인민군, 그리고 민주학생동맹 가입

막상 집에 돌아와보니 텅 빈 집에는 식량도 하나 없어 막막하기만 했다. 고모부 댁은 반동 집이라고 동리 사람들이 집안을 모두 뒤져 아수라장을 만들어 놓았다. 우리 집은 가져갈 것이 없어서였는지 반동으로까지는 생각하지 않아서였는지, 무사했다.

저녁이 되자 이름은 생각나지 않으나 우(禹)와 권(權)씨 성을 가진 두 사람이 뜬금없이 우리 집으로 찾아왔다. 이 두 사람은 한국전쟁 전에 한성중학교 학생으로 좌익 학생운동을 하다 체포되어 서대문형무소에서 감옥살이를 하다가 전쟁 통에 풀려난 사람들이었다. 해방 당시 한성중학교는 좌익 학생이 많기로 소문난 학교였다. 그 두 사람과는 성남중학교 다닐 때 서울로 기차통학을 하면서 얼굴이나 서로 좀 익힌 정도였는데, 그때 왜 그 사람들이 나를 찾아왔는지는 모르겠다.

그 두 사람은 나를 보고 "동무! 이제 미제국주의자의 앞잡이 이승만은 미국으로 쫓겨 가고, 우리 인민들은 해방이 되었소! 그러니 동무도 이제부터 우리 민주학생동맹에 나와 조국을 위해 한 몸 바쳐 열심히 일합시다! 내일 우리가 다시 오겠으니 그리 알고 내일 다시 만납시다. 동무!" 하며 돌아갔다.

그때 그 동무란 말이 왜 그리 낯설던지! 다음날 그 사람들이 정말 다시 왔고, 학생동맹인가 하는 곳으로 나를 데리고 가서 소개를 했다. 거기에는 소사에서 통학하면서 전부터 많이 봐온 낯익은 학생들이 모여 있었다. 거기서 며칠간 시키는 대로 일을 하며 지냈다.

그러던 어느 날 소사역 앞을 지나가는데, 정차해 있는 화물칸에서 인민군 병사 넷이 점심을 먹고 있다가 손짓으로 나를 불렀다. 처음에는 "밥 좀 먹으라"며 부르는 것 같아 자존심은 상하고 선뜻 가기가 무엇해 우물쭈물하고 있으니 재차 손짓을 했다. '인민군들이 대체 어떤 사람들일까?' 호기심과 궁금증이 뒤섞여 그 화물칸으로 올라갔다.

그랬더니 그들은 자리를 좁히면서, 수저를 내밀고 같이 식사를 하자고 했다. 권하는 대로 밥을 같이 먹기 시작했는데, 나를 보고 "인민군에 지원하라"는 말을 했다. 열 여섯일곱쯤 되는, 내 또래밖에 되지 않는 사람들이었는데 정치 논리를 얼마나 청산유수로 지껄이던지 나는 열등의식을 느낄 정도였다.

새빨간 견장을 단 그들은 하급 전사이면서도 아주 자랑스럽다는 듯이 사회주의의 정당성을 주장했다. "보다시피 우리 인민군은 이렇게 이밥에 쇠고깃국을 매일 실컷 먹는다"고 자랑하면서, 자본주의와 공산주의의 장단점을 비교 분석했다. "사회주의는 계획경제이니 어떻고, 자본주의는 무계획적이고, 자본가들은 인민의 생활이야 어찌 되든 자기들 이익만 챙기고, 자기 배만 부르면 되지 노동자 농민은 생각하지 않는다"면서 "자본주의는 곧 부패해서 멸망한다"는 등 일장 훈육조로 장황하게 늘어놓았다.

그때 나는 '야, 깡졸병들인데 대단히 똑똑하구나!' 하는 생각을 했다. 그러면서도 원래 굶주리던 참이라 생전 처음 보는 인민군들 앞에서 부끄러운 줄도 모르고 염치없이 고깃국과 쌀밥을 정말 잘 얻어먹었다.

경기도 인민위원회에서 받은 토지개혁요원 교육

부천군 민주학생동맹에서 그럭저럭 며칠을 지내는 동안 어머니가 집으로 돌아오셨다. 어머니는 그때 서울에 계셨는데 끊긴 한강을 도강하시느라 소사에 인민군이 진주하고도 며칠이 지나서야 소사에 도착하신 것이었다. 어머니와 그렇게 오랜만에 상봉하여 전쟁 통이었지만 짧은 동안이나마 아주 행복한 나날을 보내게 되었다.

민주학생동맹이란 곳에서 생활하던 중, 어느 날인가 우리 30여명을 뽑아 서울 중구 소공동에 있는 경기도 인민위원회 별관 6층 건물로 인솔했다. 거기에는 인천에서 60여명, 파주에서 30여명이 이미 도착해 있었다. 우리까지 모두 120여명이었다. 우리들은 왜 차출되었는지도 모르고 여기가 무엇하는 곳인지도 모르면서 그저 시키는 대로 교육을 받았다.

교육받는 생활이야 좀 고되긴 했지만, 전쟁 전에는 그리도 무섭게 굶고 살았는데 경기도 인민위원회에 와서는 굶주리지 않고 쇠고깃국에 밥도 실컷 얻어먹으니 썩 지낼 만했다.

한 열흘쯤 교육을 받았을까? 나는 오락시간도 아닌 야간 취침시간에 고요한 실내에서 큰 소리로 변사 흉내를 냈다. "내 사랑을 이별한 두만강이다. 강물은 예나 지금이나 다름없이 출렁거리는데…… 추억은 없어지는 것, 강물은 흐르고 달빛은 흐리구나. 달빛 따라 떠나간 내 님을 원망했으나, 원망하면 원망할수록 그리워지는 내 마음이니, 내 마음을 원망하지 못하고, 어찌 고요히 있으랴!"

유행가 '눈물 젖은 두만강'에 나오는 해설이었다. 나의 변사조 낭독이 끝나자, 같은 소사에서 온 조원양이란 친구가 바로 뒤 이어 김정구 (金貞九) 선생의 그 노래를 구슬프게 애조 띤 목소리로 멋있게 불러 젖혔다.

조원양이가 노래를 얼마나 잘 부르던지 마치 가수 뺨칠 지경이었다. 그 친구의 노래가 끝나면 내가 다시 '누님 전상서'를 변사조로 읊었고, 그 다음엔 조원양이 또 노래를 따라 부르고, 그 노래가 끝나면 내가 다시 '왕서방 연서'를 읊고, 그러면 다시 조군이 '왕서방 연서'를 노래로 불렀다. 이렇게 김정구 선생의 걸작선 노래를 신나게 불렀다.

민중의 가요 '눈물 젖은 두만강'의 애달픈 사연

우리 민족이 언제나 즐겨 부르는 김정구 선생의 '눈물 젖은 두만강'은 일제에 나라를 잃고 한 맺힌 삶을 살던 민초들이 1935년 이후, 나라 잃은 설움을 마음속으로 달래며 부르던 노래였다. 노랫말과 곡조가 심금을 울리거니와 노래에 얽힌 사연 또한 깊고 애달팠다.

이 노래를 작곡한 이시우가 사연을 직접 듣고 경험한 바를 토대로 만들어진 곡이라는데, 전해지는 얘기에 따라서는 그 경험담이 다소 차이를 보이고 있으나 내가 아는 얘기를 전하면 이렇다.

그 당시 조선악극단 〈예원좌〉가 만주 순회공연을 하기 위하여 단원들이 나룻배에 고단한 몸을 싣고 으스름달밤에 두만강을 건너가는데, 그 나룻배에는 하얗게 소복을 입은 젊은 여인이 눈물을 흘리며 소리 죽여 울고 있었다.

그때 강물은 소리 내어 출렁거리고, 마침 흐린 달빛이 배 안을 고요히 비춰주는데 소리 죽여 흐느끼는 여인의 울음소리가 함께 가던 악극단 단원들의 심금을 울렸다고 한다. 가뜩이나 너나없이 고향을 버리고 유랑생활을 하며 정처 없이 떠돌던 서글픈 신세들이라 모두가 울적한 기분이 되었는데 〈예원좌〉 단장되시는 분이 그 여인에게 소리 죽여 슬피 우는 사연을 물어보았다.

그 여인의 사연은 이랬다. 사랑하는 남편이 독립운동을 하러 간다며 언제 돌아올지도 모르는 길을 떠났다. 그때 이 여인은 가지 말라고 울며 매달렸는데, 젊은 아내를 매정하게 뿌리치고 떠난 독립투사인 남편이 형무소에 갇혔다는 소식을 듣고 면회를 하기 위해 수소문을 했더니 '남편은 이미 경성 서대문형무소에서 처형당했다'는 것을 알게 되었다는 것이다.

마침 그 배에 타고 있던 작곡가 이시우가 그 이야기를 직접 듣고 그 아낙이 넘어온 두만강을 바라보면서 그녀의 비통한 마음과 나라 잃은 설움을 생각하며 지은 노래가 바로 '눈물 젖은 두만강'이었다. 그때부터 마음과 마음으로 전해지면서 연연이 민족의 애창곡으로 불리고 있다.

두만강 푸른 물에 노 젓는 뱃사공
흘러간 그 옛날에 내 님을 싣고
떠나간 그 배는 어디로 갔소
그리운 내 님이여
그리운 내 님이여
언제나 오려나

강물도 달밤이면 목메어 우는데
님 잃은 이 사람도 한숨을 쉬니
추억에 목메인 애달픈 하소
그리운 내 님이여
그리운 내 님이여
언제나 오려나

토지개혁요원 교육 중 어머니 생각에 무단 귀가

같이 교육받던 동료들이 다음날 아침 우리 두 사람을 보고 수군대기 시작했다. 그러면서 어젯밤 콤비가 조원양이란 친구와 나라는 것이 알려지면서 우리 둘은 삽시간에 명물이 되었다.

교육을 책임지던 한 간부가 나를 보고 이렇게 주의를 주며 말했다. "동무! 참 예술성이 뛰어납네다. 그러나 앞으로는 그런 퇴폐적인 노래들은 부르지 말기요. 우리 인민공화국의 참신하고 건설적인 노래가 얼마든지 있는데 기따위 얼빠진 노래 부르지 말기요. 기리고 노래가 하고 싶으면 인민공화국 노래를 부르기요. 지금 전선에서는 용감무쌍한 우리 인민군 동무들이 미제국주의자들과 벌이는 조국의 통일 성전에 피를 흘리며 싸우고 있는데, 그런 퇴폐적인 노래보다는 더욱 애국적이고 통일을 위한 건전하고 건설적인 노래를 부르기요. 알갔시오? 동무!"

나중에 알았지만, 우리가 받은 교육은 경기도에 있는 토지를 무상몰수해서 농민에게 무상분배하기 위한 토지개혁 사업의 요원을 양성하는 교육이었다.

어느 날, 인민군이 경기도 오산에서 벌어진 미군과의 첫 싸움에서 대승을 거뒀다면서 그 전투를 기념하기 위해 서울 수송국민학교에서 승전 궐기대회를 연다고 했다. 우리는 인솔자를 따라 수송국민학교 교정으로 갔다. 운동장에는 오산전투에서 잡혀온 미군포로들이 줄을 맞춰 앉아 있었다.

신도 제대로 못 신은 포로들이 적지 않았다. 검은 고무신을, 그것도 한 짝은 신고 한 짝은 손에 들고 앉아있는 포로도 있었다. 인민군 병사들이 따발총을 메고 감시하면서 피운 담배꽁초를 땅에 버리자, 미군들이 그것을 주워 피우려고 서로 다툼을 벌였다. 그런 모습을 보니 미군 포로들이 애처롭기도 하고 불쌍한 생각도 들면서 '일등 국민이라고 우리 황인종을 우습게보더니, 너희 백인들도 포로가 되니까 역시 별 수 없구나' 하며 황색인종으로서 자부심 같은 것이 들기도 했다.

어릴 때 흑인이 나한테 씹는담배를 주고 낄낄거리며 좋아라하던 생각이 났다. 해방과 함께 우리나라에 진주한 미군들은 우리가 "할로! 할로!" 하며 쫓아가면서 손을 내밀면 과자를 길에다 획획 뿌리며 "헤이 쿡! 쿡!" 하며 비웃곤 했다. 그러면 우리는 서로 더 주워 먹으려고 달려들었고, 미군들은 그것을 보며 깔깔거렸다. 미군포로들을 보면서 그 생각이 나자 한편으로는 웬일인지 통쾌한 생각도 들었다.

미군 비행기들은 서울시내를 사정없이 폭격해댔다. 그래서 인민군들은 낮에는 수송국민학교 4층 옥상에 미군포로들을 정렬시켜 놓고 공습을 피하며 그곳에서 안전하게 의용군을 모집했다.

마분지 2장쯤 되는 크기의 큰 종이에 한가운데는 김일성 수상을 그리고, 다른 한쪽에는 한국전쟁의 당위성을 역설하는 김일성의 연설문을 실은 벽보가 수송국민학교 벽에 나붙었다. 기억은 희미하지만, 연설문의 내용은 대략 이랬다.

남반부의 해방을 위하여 영용하게 싸우시는 인민군 군관 동무들이여! 전사들이여! 그리고 남반부 열악한 환경에서 목숨을 아끼지 않고 싸우시는 빨치산 동지들이여! 전차병들이여! 남반부의 애국 인민들이여! 조상들은 우리 5천년 역사상 단 한 번도, 아니 꿈에도 미국을 침범하거나 침략하지 않았습니다. 그런데 미국 놈들은 신미양요를 일으켰습니다. 그 전엔 대동강을 거슬러 올라와 우리에게 무력으로 개방을 요구하다가 성난 우리 동포들에게 응징을 당했습니다. 우리 인민은 샤만호를 대동강에서 불살라 버렸습니다. 그리고 이제 또 다시 우리의 통일, 조국해방전쟁에 미국 놈들이 관여하고 있습니다. 왜 우리의 신성한 국토를 피로 물들입니까?

연설문을 읽으며 18세 감수성 많은 나이에 나도 '나라를 위하여 의용군에 나가야겠구나!' 하는 생각을 했다.

그때 인민군은 미군 포로들을 줄 세워 시가행진을 시켰다. 행진 대열 양편에서는 나보다 더 어려보이는 인민군 병사들이 호위를 했다. 행렬 맨 앞에서는 "미 제국주의는 우리의 신성한 통일전쟁에서 손을 떼고 물러가라!" 같은 내용의 영어와 우리말 플래카드가 펄럭거렸다. 그 시가행진을 보자 의용군으로 나가야겠다는 생각이 더 굳어졌다. 어머니께 그런 말씀을 드리려고 교육 간부들에게는 보고도 하지 않고 소사로 돌아왔다.

어머니는 마치 죽은 자식이 다시 살아 돌아온 것처럼 기뻐하며 "어디서 무얼 하다 이제 왔느냐?"며 아끼던 보리쌀로 나에게 밥을 지어주셨다. "너의 작은형이 짐자전거를 타고 폭탄이 빗발치는 사지를 넘나들면서 고향에서 생필품과 바꿔온 보리쌀"이라며 "작은형의 피와 같은 곡식"이라고 했다. 그런 보리쌀을 먹을 수 없다며 어머니는 호밀을 절구에 찧어 죽을 쒀서 잡숫고 계셨다. 내가 서울에서 쌀밥과 고깃국으로 잘 먹다 온 줄도 모르시는 어머니는 그렇게 보리쌀밥을 내오셨다.

그날 나는 어머니와 많은 이야기로 밤을 지새우곤 아침에 "아무래도 의용군으로 나가야겠다"고 말씀드렸다. 그러자 어머니는 "큰형 식구들은 고향으로 피난 가고 작은형은 겨우 며칠에 한 번씩 다녀가는데, 너라도 나와 같이 살아야지 나 홀로 놔두고 의용군으로 나가면 나는 어떻게 하느냐?"고 못내 서운해 하셨다. 그래서 차마 어머니의 말씀을 거역 못하고 의용군 나가려던 것을 접고 말았다.

'경기도 인민위원회에서 교육을 받지 않고 집으로 돌아왔으니 이제부터는 어떻게 해야 할까?' 고민하고 있을 때였다. 민청 간부 한 사람이 찾아와 "도 인민위원회에서 받던 교육은 어떻게 하고 집에 있느냐?"고 물었다. "이질이 걸려서 교육 중퇴를 당하고 집에 왔다"고 하니, "그럼 배는 다 나았느냐? 다 나았으면 지금부터는 나와 함께 민청에서 일하자!"고 했다. 그래서 다시 민청에 다녔다.

그 무렵 부천의 노동당 예하 선전부에서 음악동맹과 연극동맹을 조직하여 단원을 모집한다고 했다. 민청 간부들이 "동무가 연극에 소질이 많은 것 같으니 연극동맹에 가보시오" 하면서 추천을 하는 바람에 아주 간단한 심사만 받고 연극동맹에 가입하여 열심히 연극연습을 하기 시작했다.

인공치하에서 부천군 노동당 연극동맹 가입 활동

먹을 것이라고는 호밀이나 꽁보리뿐인데, 연극동맹 단원이 되니 특별히 쌀을 지급했다. 그것을 어머니께 갖다드리니 얼마나 놀라시던지!

음악동맹에 가입한 사람들은 어느새 노래 연습을 얼마나 많이 했는지 소사극장에서 8·15 해방 기념일에 '김일성장군의 노래'며 '빨치산의 노래', '적기가' 등을 불러댔다.

그때 이화여자중학교에 다니던 조화자(趙花子)란 여학생은 소프라노로 '콜로라도의 달밤'이란 미국 민요도 자주 불렀다. 나는 지금도 술이 취하면 당시 조화자가 부른 '콜로라도의 달밤'을 흥얼거리곤 한다.

그런데 내가 속한 연극동맹은 진도가 좀 느렸다. 열심히 연습한 뒤 공연을 하겠다고 당에 보고를 하면, 당 간부들이 몰려와 시켜보고는 이곳저곳을 지적하며 좀 더 연습을 하라고 하는 바람에 또 다시 연습을 하고, 다시 보고하면 또 지적하고, 지적한 곳을 다시 연습하고…… 이런 식이었다. 이렇게 하느라 공연은 자꾸 연기되고 날짜만 흘러갔다.

우리가 한창 소사극장에서 연극연습을 하는 가운데 서울 인민위원회에서 고급간부들이 몰려온 일이 있었다. 그런데 그 중 한 사람이 인민군이 서울을 점령했을 때 서울 인민위원회 가극동맹위원장을 지낸 유명 가수 계수남(桂樹男)씨였다. 계수남씨는 서울수복 후, 인공에 부역했다는 죄로 무기징역을 선고받고 복역, 15년간 징역을 살고 석방되어 다시 남쪽에서 가수생활을 한 사람이다. 그때 그는 나에게 악수를 청하며 "동무, 참으로 연극에 소질이 대단합니다. 열심히 하여 우리 인민공화국을 위해 최선을 다 하시요"라며 칭찬을 아끼지 않았다. 그 후 내겐 그 사실이 오랫동안 자부심으로 남아있었다.

드디어 공연 날이 잡혔다. 소사극장에는 많은 군중이 모여들고 노동당 간부를 비롯해 각 기관 간부들로 붐볐다. 계수남씨도 참석한 상태였다. 그런데 그토록 고대하던 공연은 결국 무산되고 만다.

분장을 끝낸 배우들은 무대 뒤에서 막이 오르기만을 기다리고 있었다. 막이 막 올라가려던 참이었다. 갑자기 극장 옆 논바닥에 폭탄이 떨어졌고, 그 소리가 천지를 진동시켰다. 폭탄소리에 놀란 군중과 우리 배우들까지 우왕좌왕하면서 극장 속은 아수라장으로 변하고, 관람객들이 극장을 박차고 뛰어나가는 바람에 연극은 막을 올리지도 못하고 말았다.

얼마나 열심히 연습을 했는데…… 막도 올려보지 못한 것이 그때는 얼마나 서운하던지! 하지만 그때 무대에 서지 못한 것이 내게는 큰 다행이었다. 하마터면 목숨을 잃을 수도 있었기 때문이다. '아! 이런 것이 새옹지마(塞翁之馬)로구나!' 하고 한숨이 절로 나왔다. 인민군이 후퇴하고 미군이 상륙하고서 일이 벌어졌다.

음악동맹에 가입하여 사람들 앞에서 수없이 노래를 불렀던 음악동맹원들이 치안대가 생기면서 모두 잡혀갔다. 인공치하에서 빨갱이들에게 부역했다는 이유였다. 하지만 나는 무대에 서질 않았으니 사람들이 알 수가 없었다. 연극동맹에 가입한 것이 알려지지 않았기 때문에 치안대에 잡혀가지 않았던 것이다. 그 후 경찰에서 한 차례 조사를 받고는 훈방으로 끝났다.

서울이 수북되고

10. 서울이 수복되고 다시 1·4 후퇴를 겪다

미 해군의 무차별 함포사격이 시작되다

　며칠을 두고 인천 해안에서 미국함대의 함포가 불을 뿜었다. 24시간 쏘아대는 포탄이 언제 어디에 떨어질지, 모든 사람의 간을 오그라들게 만들었다. 그 무서운 함포는 1주일쯤 퍼부었다. 가족들이 방에도 못 들어가고 부엌 아궁이 앞에서 솜이불을 뒤집어쓰고 뜬 눈으로 밤을 새우기 일쑤였다.

　그렇게 무섭게 함포사격을 하는 중에 인민군들이 후퇴를 하기 시작했다. 하늘에는 잠자리비행기(헬리콥터)가 낮게 내려앉을 듯이 날아다니고, 간혹 소총 소리, 따발총 소리도 들렸다.

　그때 부천군 노동당 선전부에서 우리 가극동맹원과 연극동맹원들을 소집했다. 달려가보니 선전비서 되는 사람이 우리들에게 쌀 2말씩을 짊어지라고 나눠주면서 "인천에 미제국주의자들이 상륙하니 지금부터 잠시 작전상 평양으로 철수하라는 상부의 명령이 떨어졌다"며 어서 따라나서라고 했다.

그 선전비서에게 "집에 홀로 계시는 어머니께 인사나 드리고 오겠다"고 하니, "그럼 빨리 갔다 오라!"고 했다. 그래서 쌀자루를 메고 어머니께 들러 "잠시 평양으로 갔다 오겠다"고 작별인사를 드렸다. 그러자 어머니가 "나 홀로 두고 너 혼자 그 먼 곳으로 가면 나는 어떻게 사느냐?"고 하셨다. 그 바람에 나는 또 쌀을 내려놓고 그냥 집에 주저앉았다. 낯간지러운 얘기지만, 생각해보면 나는 언제나 어머니 말씀을 잘 따르는 절세의 효자였던 것 같다.

그 무섭던 함포사격이 끝나고 미군들이 소사에 상륙하기 시작했다. 어머니 때문에 월북을 못한 나는 길가 우리 집에서 무료하게 앉아있고 어머니는 무슨 책인가를 읽고 계시는데, 인민군 병사 한 명이 웃옷은 어디서 났는지 허름한 민간복을 걸치고 어깨에는 따발총을 멘 채 대문을 열고 들어섰다.

그래서 후퇴하는 군인들이라 혹시 악에 받쳐 해코지나 하지 않을까 하는 생각에 나도 모르게 움찔하니까 인민군이 오히려 걱정 말라며 나를 안심시켰다. 그는 나를 보고, "동무! 나 고무신 있으면 한 켤레 얻읍시다"라고 했다. 조금 무서운 생각도 들어 얼른 마루 밑에 있는 검정고무신을 집어주었다. 그러자 그 인민군 병사는 어깨에 멘 배낭을 열더니 새 농구화를 주면서 "동무! 대신 이것을 받으시라요" 했다. 내가 "괜찮으니 그냥 가지고 가라!"고 사양했으나 막무가내로 농구화를 놓으면서 "우리 인민군이 작전상 잠깐 후퇴를 하나, 머지않아 재정비하여 다시 돌아올 것이오. 그때 다시 만납세다"라며 그 경황 중에도 깍듯이 인사를 하고 뒤도 돌아보지 않고 휙 사라졌다.

그 병사도 나와 같이 중학생쯤 돼 보이는 앳된 얼굴이었다. '나도 집이 북쪽이었다면 저 어린 병사처럼 인민군이 되었을지도 모르는데, 그 무서운 폭격 속에서 살아 자기 부모들에게 무사히 돌아갔으면 좋으련만…….' 한참 동안 그런 생각을 했다.

며칠이 지났을까? 밖에서 만세소리가 우렁차게 들려 뛰어나가 보니 소사 시가지에는 어느새 많은 사람들이 태극기를 들고 미 해병대들을 향해 만세를 부르며 환영을 하고 있었다.

그때 미군 지프차 범퍼 위에는 팬티 바람의 인민군 포로가 앉아있었다. 양손가락을 깍지 끼어 머리에 올린 채, 그렇게 시가지를 돌고 있었다. 그 광경을 본 소사 시민들이 "야! 이 빨갱이 새끼야!" 하면서 이곳 저곳에서 욕을 해대고 있었다.

'저 사람들이 왜 저러는 걸까? 저 포로된 인민군도 같은 동포인데 저래도 되는 것일까? 욕을 해대는 저 사람들도 만일 북쪽에서 태어났으면 자기들도 별 수 없이 인민군으로 이 전쟁에 참전했을 텐데' 하는 생각이 들었다.

그리고 미군 탱크가 소사 시내로 진격하는데, 인민군 병사 하나가 갑자기 골목에서 뛰어나오면서 탱크를 향해 홀로 딱콩총을 쏘다가 붙들려 포로가 되는 것도 보았다. 나는 '저것이 용기일까? 만용일까? 아니면 정신력일까?' 하고 생각해보았는데 그 인민군 병사의 행동을 지금도 이해할 수가 없다.

민간인으로 위장한 어느 인민군은 미군 트럭 운전대에서 서랍을 열고 럭스 비누를 훔치고는 그것을 과자인 줄 알고 먹으려다 이상하게 생각한 미군한테 잡혀 치안대로 인계되기도 했다. 치안대에서 조사를 하려고 바지를 벗기니 인민군 군관 복장이었다. 빨간 줄이 세로로 쳐진 복장이 나오자 치안대원들이 그 사람을 얼마나 무섭게 때리던지! 경비로 차출되어 보초를 서고 있던 나는 생전 처음 보는 구타 장면을 보면서 '사람이 사람을 저렇게도 때릴 수 있구나!' 하고 소름이 끼쳐서 얼마나 떨었는지 모른다.

하도 심하니까 매를 맞던 인민군 군관이 "야! 나는 인민군 군관이다! 나를 포로로 대우하라!"면서 "사람을 왜 이렇게 때리느냐? 차라리 죽여라!" 하고 소리소리 발악을 하다 까무러치기를 몇 번이나 반복했는지 모른다.

그때 그리 무섭게 매를 때리던 사람은 사실 안면이 있는 사람이었다. 우리 이웃에 살면서 인공 때 자기도 부역을 한 것 같은데, 자기는 부역을 하지 않았다고 남들에게 과시하려고 그렇게 광란을 부리는 게 아니었을까, 하고 생각했다.

소사에 탱크를 앞세우고 진격해온 미 해병대들

미군이 상륙한 후 미 해병대들이 소사 시가지 길 양옆으로 어슬렁거리며 서울을 향해 진격하면, 소사 시민들이 나와서 미군들을 향해 만세를 부르며 환영하곤 했다. 미군들이 얼마나 조심스럽게 들어오던지 인천에서 소사까지 진격하는 데 한 주가 더 걸리는 것 같았다.

동네 친구들은 미군 탄피통을 들고, 몸에 맞지도 않는 큰 군복을 얻어 입고는 미군을 따라다니기도 했다. 나도 그 아이들처럼 어느 기관총 사수의 '쑈리'(심부름하는 아이를 일컫는 속어)로 미군을 따라나섰다.

미군이 주는 과자, 초콜릿, 깡통 등을 실컷 얻어먹으며 잔심부름을 하는 것이 전부였는데, 지금 생각하니 '미군의 애완견 노릇'을 한 것 같다는 생각이 들어 자존심이 상하고 씁쓸하다.

미군을 따라서 서울로 가는데 미군들은 주로 낮에만 아주 굼벵이처럼 느리게 움직였고, 밤에는 잠이나 자면서 쉬었다. 그러면 낮에는 꼼짝도 않던 인민군들이 밤이면 논두렁 사이로 기어서 돌격해왔다. 조명탄을 쏘아 올리면 그런 모습이 환히 보였다.

그렇게 조명탄 불빛으로 낮같이 훤해지면 가까이 접근했던 인민군이 더러 포로로 잡히기도 했다. 그래도 미군들은 포로들을 때리지 않았다. 그들을 때리는 사람은 나처럼 미군 하우스보이 노릇을 하는 남한 사람들이었다. '빨갱이'라며 마구 때렸다. '쑈리'들이 인민군 포로들을 왜 그리도 가혹하게 때리는지 이해가 되지 않았고, 그럴 때마다 마음이 불편하여 집으로 돌아갈까 하면서도 어찌지 못하고 따라갔다.

미 해병대들을 따라간 게 어느덧 서울 우이동 산골짜기였다. 그곳에서 어느 중년 아주머니가 돈을 벌겠다고 미군들의 세탁물을 세탁해주러 미군들이 있는 곳까지 갔다가 미군병사 여럿에게 집단으로 윤간을 당하는 사건이 일어났다. 그 자리에서 까무러쳤다가 가까스로 정신을 차린 그 아주머니가 목 놓아 울던 울음소리가 우이동 산골짝을 메아리 치던, 서글프고 애절하던 광경이 지금도 눈앞에 생생하다.

그 광경을 목격하자 나는 '이 짓도 못할 짓이로구나!' 하고 미군에게 말도 하지 않고 소사 집으로 돌아왔다.

큰형님과 함께 부역자 조사를 받고 풀려나다

다시 집으로 돌아와보니 치안대라고 하던 사람들이 법도 없이 무법으로 마구 사람을 잡아 족치는 광경은 많이 사라진 뒤였다. 사실 처음만 해도 사람을 미친개 때려잡듯 하던 치안대들의 행패로 사람 살려달라는 비명이 끊이지 않았다.

경찰관들이 치안을 맡게 되고부터는 그나마 법대로 처리하니 한결 분위기도 평온해졌다. 경찰 조사에서 뺨을 맞는 사람들은 있었지만 몽둥이찜질은 당하지 않아도 되었다.

우리 집에서는 큰형님과 내가 경찰에 소환되어 조사를 받게 되었다. 경찰서에 출두하니 얼마나 부드럽고 좋은 분위기인지 자치대 때보다는 편안한 분위기에서 심사를 받았다. 이름은 생각나지 않지만, 이 형사라는 분이 나를 담당했다.

그 형사는 내가 연극동맹원이란 것을 모르니 그저 피난가지 않고 적치하에 있었다는 정도로 조사를 마쳤다. 그러고 나서 "너는 아직 어리고 학생이라 선처해주는 것이니 다시는 이런 데 오지 말고 열심히 공부

해라" 하면서 간단히 진술서만 받고 내보내주었다.

몇 년 후에 그 형사가 경찰에 사표를 내고 3·15 부정선거 당시 민주당원으로 활약하는 것을 보고 '아하, 그때 내가 그 형사가 아니었으면 곤욕을 치렀을 수도 있었겠구나. 내가 풀려난 것은 사리 분명한 그 형사 덕이로구나! 그 형사가 은인이었구나!' 하는 생각을 떨칠 수 없었다. 우연이라도 그 형사를 만나면, 형님을 대하는 마음으로 깍듯이 인사를 드리곤 했다.

나는 그렇게 무사히 넘어갔는데, 큰형님은 인공치하에서 고향 안성군 일죽면 인민위원회에서 부역을 한 게 드러났다. 부역이라야 별 것도 아니고 고향집에 할아버지와 형 식구들, 그리고 고모부 권태국(權泰國)씨와 고종사촌 형 권영학(權寧鶴) 부자와 관련된 것이었다. 그 분들은 고향이 내 고향에서 한 30리쯤 떨어진 이천군 호법면 동산리(동산미)라는 곳이었는데, 거기서 집안 조카뻘 되는 사람이 좌익운동하는 것을 빨갱이라고 혼을 내주었기 때문에 인공치하에서 반동으로 낙인찍혀 자기 고향으로 피난가지 못하고, 고모부의 처가인 우리 시골집에서 피난살이를 했다.

우리 고향에는 고모부네뿐만 아니라 경찰생활을 하다가 숨어있던 신은승(辛殷承)이라는 나의 6촌 형님도 숨어 계셨고, 그 외에도 반동으로 잡혀갈까봐 숨어있는 분들이 더러 있었다. 그래서 우리 일가들이 동네의 방패막이로, 큰형님을 일죽면 인민위원회에서 부역을 하도록 부탁했다. 그래서 다행히 우리 고향에서는 같은 일가끼리 사상이 다르다고 서로 죽고 죽이는 불미스런 참살극 없이 난리를 조용히 치른 셈이었다.

큰형님의 혐의는 '미군이 인천에 상륙했을 때, 철공 기술자로 안성인민위원회에 차출되어 미군이 들어오면 대항할 창을 제작했다'는 거였다. 고향에서 그런 정도의 부역을 한 것을 소사경찰서에서 어떻게 알고 조사했는지 모르겠다. 형은 구속 조사를 받다 1주일쯤 뒤에 풀려났는데, 그 동안 누님이 사식을 해서 날랐다.

그때 작은형님은 고모부를 의심하면서도 그 당시 권력자였으니 그 댁에 큰형님을 좀 잘 봐달라고 미군의 '도꾸리 셔츠'(미군의 털내복), 권총집, 미군 군용 플래시 등을 선물하기도 했다.

'인공 치하에서 3개월이나 갈 곳이 없던 사람을 우리 시골집에서 구해주었는데 세상이 바뀌었다고 너무하는구나!' 하고 원망을 했지만, 의심만 있었지 증거가 없는 일이니 달리 뾰족한 수가 없었다.

설사 고모부님이 그랬다고 하더라도 '고모부님도 고분고분하지 않은 처조카를 이때 버릇 좀 고치려고 그랬겠지, 설마 정말 징역이야 시키려고 그랬을라고?' 이렇게 믿고 싶다. 인공 치하의 부역문제는 그렇게 일단락되고 나는 동네 친구들과 함께 부평 미군부대에 다니게 되었다.

일당 노무자로 취직한 부평 미군 야전병원

나는 소사 친구 박덕호군과 함께 부평에 있는 미군 후방 야전병원에 일당 노무자로 다니게 되었다. 그때는 1·4 후퇴를 목전에 둔 때인지라 부상을 당한 미군병사들이 그곳 부평 미군 야전병원으로 수없이 실려왔다.

그때 박덕호가 나를 보고 "그렇게 가난한 노동자처럼 옷을 허름하게 입지 말고, 좀 깨끗이 입고 노무자가 아닌 통역이나 되는 양 행세하라"고 했다. 내가 "무슨 돈이 있어서 좋은 옷을 입느냐?"고 하니까, 자기를 따라오라고 해서 따라나서니 이 친구가 나를 부평시장으로 데리고 가서는 깨끗한 옷을 사 입혔다. 그리고는 "내일부터 너는 내가 하는 대로 나를 따라다니면 된다"고 했다.

그를 따라 하는 일은 '뚜럭질'(도둑질의 은어, 뚜룩질이라고도 한다)이었다. 야전병원에서 야간 일을 하면서 빗자루를 들고 청소하는 척하며 환자들이 누워있는 곳을 비로 대강 쓸고 나서 쓰레기통을 들고 미군물품이 많이 쌓인 곳으로 갔다. 비누, 면도날, 칫솔 등 닥치는 대로 쓰레기통에 쓸어 담았다. 그러고는 옥상으로 올라가 옷 속에다 감출 수 있을 만큼 차고 내려와서 아주 유유히 정문을 통해 나왔다. 보초 앞을 지날 때는 일부러 양담배를 꼬나물고 양키 보초에게, "할로! 굿바이!" 하면서 수인사까지 했다. 그러면 보초들은 우리가 노무자가 아니고 통역이나 감독쯤으로 보이는지 "할로!" 하고 응답하고는 그냥 무사통과를 시켰다.

우리들은 미군 물건을 수집해서 장사하는 시장 아주머니들에게 그 물건들을 가지고 갔다. 그 아주머니들은 처음에는 아주 헐값으로 사려고 하더니, 나중에 우리가 물건을 매일 '뚜룩쳐' 올 수 있다는 것을 알고부터는 대우가 달라져 값도 제대로 쳐주었다.

당시 어머니는 치아가 나빠져 음식도 제대로 못 씹으시는 형편이었다. 미군부대에서 재미 좀 보던 때라, 제대로 된 치과로 모시고 가지는 못했어도 '머구리'(야매치과)에서 틀니를 해드릴 수 있었.

그때 어머니는 깜짝 놀라시며 "네가 무슨 돈이 있다고 그 비싼 틀니를 해주느냐?"고 펄쩍 뛰셨다. 그래서 "이 자식이 세상에 태어나 내 손으로 어머니께 틀니나마 해드리고 효도 한 번 하려는데 어머니가 이러시면 나는 어떻게 합니까? 내가 지금 돈이 무엇에 필요합니까? 아무 걱정하지 마세요. '간조'(월급)는 15일치만 주지만, 박덕호한테 이야기해서 돈을 꾸기로 했어요" 이렇게 거짓말로 어머니를 안심시키고 틀니를 해드렸다. 이 일이 어머니의 속만 썩이던 불효자식이 난생 처음으로 어머니께 해드린 작은 효도였던 것 같다.

'꼬리가 길면 밟힌다'고 했던가? 그날도 늘 하던 대로 몸에 이것저것 물건을 잔뜩 차고 나오는데, 미군 2명이 우리를 막아섰다. 자기들 천막으로 끌고 가더니 몸을 뒤졌다. 우리 몸에서 미군물품이 우르르 쏟아졌고, 이 미군들이 깜짝 놀라면서 내 앞에 서 있는 덕호를 향해 "스레키 보이!"(도적놈) 하면서 주먹을 날렸다. 덕호가 쓰러지는 척하며 나를 쳐다보지도 않고 다른 곳으로 눈길을 돌리며 작은 소리로 아파서 엄살하는 소리로 "야, 너도 때리면 아픈 것처럼 무조건 나처럼 쓰러져!"라고 했다.

다른 미군이 나를 향해 주먹을 날리기에 "아이고!" 하고 엄살을 하면서 그놈들이 좋아하게 아주 멋지게 나가떨어지는 시늉을 하며 바닥에 쓰러졌다. 나를 때린 놈이 제 주먹이 세서 그렇게 멋지게 나가떨어지는 줄 알았는지, 아니면 내가 불쌍하게 생각되었는지 "헤이, 겟 아웃!" 하고 소리쳐서 그냥 쫓겨나왔다.

미군부대에 다니는 동안 미군들은 우리를 보고 "헤이, 쿡!", "갓뎀!", "스레키 보이", "사카하치 보이" 하며 소리를 질렀다. 나는 영어를 모르니 영어 좀 하는 사람에게 "저게 무슨 소리냐?"고 물어보았는데, 노예, 도적놈, 좆 빠는 놈아! 뭐 이런 더러운 말이라고 했다.

사실 수입이 짭짤한 맛에 미적거리며 다니던 터였다. 그렇지 않아도 더러워서 그만두어야겠다는 생각을 하던 참이었다. 그런 얘기를 듣고 매까지 맞았으니 자존심이 상할 대로 상해버렸다. 그래서 그 길로 "에이! 더럽다! 개 같은 양키 새끼들아! 나는 더러워 그만둔다! 그래 너희 놈들 잘 처먹고, 좆 잘 빨고 잘 살아라!" 하고는 미군부대를 팽개쳤다.

미군 군용열차 한 칸의 군수물자 털고 국민방위군에 빼앗기다

미군부대도 팽개치고 할 일 없이 소사역전에서 친구들과 쏘다니는데 하루는 윤덕원(尹德元)이라는 친구 녀석이 "인천에서 미군 군함에서 내린 PX 물품이 오늘 밤 소사역을 지나간다"고 했다.

그러면서 "소사역에서 그 화물차가 쉬었다 가니 그 틈에 '뚜럭치기'를 할 건데, 너도 한몫 끼어줄 테니까 남에게 말하지 말고 오늘 밤에 너만 조용히 나오라"고 했다. 그래서 나가보니 정말 소사역 구내에 10여 칸짜리 화물열차가 정차해 있었다.

그런데 그 친구가 언제 그런 준비를 했는지, 우리가 화물칸 문을 노크하자 문이 열렸다. 우리는 보초를 서는 흑인에게 화물칸마다 한 사람씩 양색시를 뇌물로 안기고 군수물자를 막 빼내기 시작했다. 흑인들은 제 볼일에 미쳐 우리가 물자를 마음껏 뽑아가도 간섭조차 하지 않았다.

소사역 북쪽에 왜놈이 살다간 공장 사택이 있는데, 그 사택에 조가 성을 가진 목사가 살고 있었다. 그 목사는 우리들에게 "훔친 미군 물건을 자기 집에 갖다 쌓아놓기만 하면 자기가 제값에 잘 팔아주겠다"고 약속까지 해놓은 상태였다. 우리들은 거의 화물칸 1개 분량이나 털어 조 목사네 집 지하실에 쌓아놓고는 '이제 우리도 부자가 되겠구나!' 마음이 들떠 밤잠도 설쳤다.

그런데 아침에 물건 값을 받으러 갔더니 그 조 목사라는 놈이 물건 값을 시세의 10분의 1도 쳐주지 않으려고 하는 바람에 옥신각신 실랑이를 벌였다. 그 바람에 국민방위군 놈들에게 정보가 새어나가게 됐고, 우리는 모두 국민방위군 영창으로 끌려갔다.

국민방위군 감찰이라는 놈들은 우리한테 입으로는 "아주 무지막지한 도적놈들!"이라고 욕을 해대면서도 구타조차 형식적으로 하며 구금을 시키고는, 우리가 도적질한 미제 물품은 제 놈들이 독식해버렸다.

그때는 국민방위군도 권력깨나 부렸다. 게다가 우리는 아직 어린 나이였다. 그러니 돈 한 푼은커녕 '감옥살이' 면한 것만도 천만다행으로 알라는 협박에 오히려 가슴을 쓸어내려야 했다. '재주는 곰이 부리고 돈은 중국 놈이 먹는다'는 것이 꼭 이럴 때 하는 말이지 싶다.

그때 왜 미군 물자를 독식한 국민방위군 놈들보다 조 목사가 더 얄밉고 강도 같던지! 그때부터 우리는 그놈을 목사라고 부르지 않고, 조 도적놈으로 부르기 시작했다. 몇 십 년이나 지났을까? 윤덕원이를 만났더니 그 조 목사란 놈은 우리나라에서 손꼽힐 정도로 유명한 목사 노릇을 하고 있더라는 말을 전해주었다.

그렇게 지내던 중 군대에 입대하라는 영장이 나왔다. 나는 그때 입대를 하지 않았지만, 그때 입대한 친구들은 후에 많은 수가 전사하거나 상이군인이 되어 돌아왔다. 그때 군번을 제주도 03군번이라고 불렀다.

입영도 기피하고 그럭저럭 지내는데, 북쪽에서는 중국 공산군이 남으로 다시 밀고 내려오니 '국민방위군'이라고 18세부터 40세의 남자는 무조건 소집해서 대책 없이 남쪽으로 몰고 갔다. '다시는 인민군에게 인적 물자를 빼앗기지 않겠다'는 명분이었다. 이것이 소위 말하는 '국민방위군이란 죽음의 행렬'이었다.

이때 우리 3형제도 소집당하여 남쪽으로 향하다가 고향집에서 하루를 묵었다. 그리고 다음날 형님들이 "너는 아직 어리니 집에 남아있어라! 우리만 갔다 오겠다"며 집을 떠났고, 나만 고향집에 남았다.

그때 그렇게 쉽게 다녀오리라 믿고 떠났던 작은형님은 다시는 집으로 돌아오지 못하고 말았다. 그것도 굶주리다가 열병을 얻어 사고무친한 경남 통영의 어느 시골학교 교실에서 쓸쓸히 눈을 감으셨다.

남쪽에서 '모스크바'라고 불린 마을들

훗날 나는 교사가 되어 용인 백암면 장평국민학교로 첫 부임을 하게 되었다. 하루는 학교 청부되시는 곽씨와 함께 숙직을 했는데, 그 분은 나에게 이 지방의 놀라운 난리 통 소식을 들려주었다.

장평에는 젊은 청장년 남자들이 별로 없고 죄다 젊은 여자들과 어린 아이들, 과부들뿐이라며 전쟁 통에 청년들이 좌와 우로 갈려 서로 죽이고 죽고, 나머지는 월북하거나 잡혀가서 아낙네들만 남았다는 것이었다. 그 말을 듣고 자세히 관찰해보니 정말 근처에 청장년층이 아주 드물었다.

그러면서 "이 마을이 용인에서 모스크바 소리를 듣던 곳"이라고 했다. 내가 젊은 시절을 보낸 소사에도 지금의 북부역쯤에 '진말'이라 부르는 자연마을이 있었는데, 그 당시 진말이라는 농촌마을은 한양 조씨

(漢陽 趙氏) 성을 가진 분들이 80여호 집성촌을 이루고 살았다.

조씨 문중에는 좀 부유하게 사시는 분들이 있었는데, 이 분들이 해방 전 일본에서 공부를 하다가 사회주의 사상에 경도되어 돌아왔다. 지금 같지 않게 해방 당시는 85% 이상이 문맹이던 시절인데, 일본에서 공부를 하고 돌아온 사람이면 배우지 못한 많은 사람들로부터 존경을 받던 시절이었다.

그런 분위기다 보니 많은 동리사람들이 음으로 양으로 그 분들의 영향을 받았다. 자기들이 존경하고 믿고 따르던 사람이 좌익사상을 가졌으니 좌익에 물들어가는 사람들이 부지기수였다.

그래서 해방정국에 소사에서는 '진말'을 '모스크바'라 불렀다. 그러다 보니 인공치하에서 소사는 진말 사람들이 유독 많이 부역을 했고, 노동당 부천군당과 군 인민위원회 등 주요기관을 모두 진말 조씨들이 장악하게 되었다.

미군이 상륙하자 진말 조씨 문중은 완전히 쑥대밭이 돼버리고 말았다. 쓸 만한 장정들은 월북하거나 행방불명이 되거나 국군에 붙잡혀 처형을 당하는 비운도 맞았다.

전쟁 당시 우리나라에는 곳곳마다 '모스크바'로 부르던 곳이 있었다. 예를 들자면 경기도 안성군 내에는 일죽면 '종비'라는 마을이 그랬다. 그 마을은 전주 이씨(全州 李氏) 집성촌인데, 일죽면에서는 비교적 양반 행세를 하던 부유한 마을로 그 마을이 '안성의 모스크바'라고 불렸다.

또 경기도 용인에서는 장평 말고도 지금의 백암면 '새래'라고 부르는 마을이 '용인의 모스크바'로 불렸다. 이 마을 역시 능성 구씨(陵城 具氏)들이 양반 행세를 하며 살던 곳인데 '모스크바'로 통했던 것이다.

양반 행세를 하며 부유하게 사는 집안에서 오히려 사회주의자들이 더 많이 생겨나 '모스크바' 소리를 들은 것이 참 이상했다.

II. 국군들의 만행과 참전용사들의 참상

1·4 후퇴 시 가정집에 들어가 유부녀를 윤간한 흑인들

1950년 겨울이 접어들면서 전황이 자꾸 뒤숭숭해지기 시작했다. 중공군이 개입했다느니, 국군과 미군들이 다시 남쪽으로 밀린다느니 하며 동네가 다시 어수선해진 것이다. 그러던 어느 날, 미군들이 각종 군용차에 실려 남으로 남으로 밀려가고 있었다.

그 어수선한 판에 우리 뒷집에 가난해서 담장도 없이 사는 두 젊은 내외가 있었다. 그런데 후퇴하던 미군 흑인 세 놈이 그 틈에도 그 집을 덮쳤다. 세 놈은 방에 뛰어들어가 젊은 아낙네를 윤간했다. 부엌에서는 남편이 이 광경을 보고 있었는데, 감히 무서워서 달려들지도 못하고 "불이야!" 하면서 정신없이 세숫대야만 두들겨댔다. 하지만 무서워서 누구 하나 달려가서 도와주는 사람이 없었다. 남편은 소리를 지르다 부엌에 있던 그릇들을 방을 향해 마구 던지면서 울음을 터뜨렸다.

얼마의 시간이 흐르고 나서 흑인들은 문을 박차고 나와 불쌍한 남편을 사정없이 발로 걷어차고 도망쳐버렸다. 두 내외만 남은 그 집에서는 잠시 정막이 흐른 뒤, 남편이 자기 아내에게 소리소리 질렀다. "이제 이년아! 너는 어떻게 할 것이냐?" 그러자 마누라는 남편을 보고 "너는 그때 손모가지 묶였냐? 멀쩡한 손을 가지고 무엇했느냐?"고 맞소리를 치면서 막 울었다. 그 우는 소리가 동리 사이로 서글프게 퍼져갔다.

희극일까? 비극일까? 아니면 약소민족의 설움일까? 그도 아니면 전쟁 통에 어렵게 살아가는 죄일까? 불가항력의 상황에서 지키지 못한 정조도 죄가 되는 것일까? 불가항력으로 그 징그러운 흑인들에게 윤간당한 불쌍한 마누라를 측은히 여기고 좀 보듬어줄 수는 없는 것일까?

조선시대 인조란 못난 임금이 거드름만 피우며 입만 살아 나불대다

삼전도에서 청나라 누루하치에게 아홉 번 절하며 굴욕의 항복을 한 죗값으로 아무 힘도 없는 조선의 아녀자들이 그 알량한 조국과 남정네들 잘못 만난 탓에 청나라 심양까지 끌려갔다가 어렵고 쓰라린 고초를 겪고 고향으로 돌아온 적이 있었다. 그런데 이역 땅에서 갖은 고초를 겪고 돌아온 그 죄 없는 아녀자들을 위로해주지는 못할망정, 거드름만 피우던 사대부란 놈들은 모든 책임을 그 불쌍하고 힘없는 아녀자들에게 뒤집어씌우고 '환향녀(還鄕女)'라는 낙인을 찍은 것이 우리 역사의 부끄러운 단면이다. 200년이 지난 지금, 그때 그 환향녀들의 울부짖는 망령이 되살아나는 것 같아 씁쓸하고 서글펐다.

1·4 후퇴 때 2백리 눈길 뚫고 고향으로 오신 어머니

나는 국민방위군에서 이탈하여 고향집에 떨어져 있는데, 1951년 1월 초순이 되니 서울과 소사에는 인민군과 함께 중국 인민의용군이 진격해 들어왔다.

인민군이 진격해 오는 것을 보고 소사 집을 홀로 지키던 어머니가 고향 가족들과 합류하기 위하여 매서운 눈보라 길을 헤치고 고향을 향한 피난길을 택하셨다.

아침 일찍 소사 집을 떠나 고향으로 돌아오시는데 저녁인데다 눈길이라 용인 어정까지 간신히 오셔서, 피난 간 빈집에서 유숙하려고 길가 마을로 들어섰다.

그 마을은 이미 텅 비어 있었고, 어머니가 어느 빈집으로 들어가 우선 장작을 가져다 군불을 지피고 자리에 누우려는 순간이었다. 젊은 새댁이 나타나서 자기도 하룻밤 같이 자게 해달라고 간청을 했다고 한다. 그러자 어머니가 "같이 피난 가는 처지에 무슨 양해를 구하느냐?"며 "추운데 어서 방으로 들어오라"고 하여 잠자리를 함께하게 되었다.

그 해는 웬 눈이 그리 많이 왔는지 온통 세상이 눈으로 덮였고 밖에는 중공군이 알아듣지도 못하는 말로 떠들어댔다. 그래서 어머니는 젊은 새댁의 신변이 걱정되어 새댁을 아랫목에 뉘이고, 어머니는 윗목에 누우셨다. 나름대로 방어 자세를 취한 것이었다.

얼마의 시간이 흐르고 중공군 2명이 방문을 열고 기척을 살폈다고 한다. 무엇이라고 말을 했는데 알아듣지는 못하겠으나 손짓으로 미루어보니 "윗목에서 자도 되겠느냐?"고 묻는 것 같아, 어머니가 "괜찮다!"고 머리를 끄덕이니 신발도 벗지 않은 채 윗목에서 소리도 없이 조용히 누워 잤다.

시간이 얼마나 지났을까? 아직 동도 트기 전인데 윗목을 보니 어느새 나갔는지 중공군들은 자기들이 자던 자리를 깨끗이 정돈해놓고 떠난 후였다. 어머니는 '아침이나 해먹을 수 있을까?' 하는 생각으로 부엌에 나가보니 그 중공군들은 아침밥을 지어먹고 솥까지 깨끗이 닦아놓은 상태였다. 눈 쌓인 앞마당도 이미 깨끗이 쓸어놓고 떠나갔다.

어머니는 한국전쟁 이야기만 나오면 늘 용인 어정에서 만났던 그 이름 모를 중국 인민해방군들을 칭찬하시는 버릇이 있었다.

젊은 새댁은 피난길에 어머니를 만난 것이 천우신조(天佑神助)였다는 듯이, 자기도 "용인 원삼면 좌전이 친정이라 그곳으로 피난 가는 길"이라며 바싹 달라붙어 쫓아왔다. 어머니는 '이 험한 피난길에, 더욱이 중국 인민해방군이 우글거리는 이 벌판에 젊은 새댁 홀로 보내는 것은 인간의 도리가 아니겠구나!' 하는 생각이 들어 함께 길을 재촉하며 저녁이 되어서야 양지를 지나 좌전 그 험한 산길을 넘었다.

용인에 오니 중국 인민해방군들이 득실거렸는데, 그 많은 인민해방군들 틈을 지나자니 혹시 새댁을 어찌할까봐 오금이 저려 떨려오는데 어느 한 사람도 새댁을 쳐다보기는커녕 곁눈질하는 군인도 없었다.

양지를 지나니 중공군은 없고 피난 다니는 사람도 별로 없고 사방은 조용하기만 해서 어쩐지 무서움마저 느껴졌는데 '이 새댁과 함께 오기를 참 잘했다'고 생각하며 그 험한 고개를 넘어 새댁의 친정 좌전에 도착했다. 새댁과 아쉬운 이별을 하려는데 새댁이 극구 말리면서 "날이 이미 저물었으니 저희 집에서 하룻밤 묵고 가라!"고 붙잡았다. 짧은 동안에 든 정도 있고 해서 완강히 뿌리치지 못하고, 그 집에서 저녁 새참까지 얻어 드시고 다음날 아침 다시 길을 나서 무릎까지 파묻히는 눈길을 헤치고 2백리 넘는 고향집을 해질 무렵에 찾아오셨다.

약탈을 일삼는 국군과 매일 전쟁을 치른 고향 마을

어머니가 고향집에 오시고 얼마 되지 않아 우리 동네 건너편 초막골이라는 곳에 육군 6사단 수색대들이 진을 쳤다. 피난생활 한 달쯤 지났을 무렵이었다.

사단 사령부는 충북 광혜원 정도에 주둔하고, 죽산쯤에는 박격포 중대가 진을 치고 있다고 했다. 수색대원들이 나타나더니 우리 마을에 들어오는 군인 수가 매일 늘어났다. 중국 인민해방군과 인민군은 양지를 지나 좌전 고개 밑까지 내려온 상태였고, 6사단 박격포 부대가 죽산에 본부를 두고 인민군과 대치중이었다.

이때부터 우리 동네 사람들은 국군들과 거의 매일 전쟁을 치르다시피 했다. 국군들이 마을에 들어와서 쌀과 소, 심지어 땔감까지 닥치는 대로 빼앗아갔다. 반항하면 총으로 쏘아죽일 듯이 호통을 쳤고, 실제로 사방에 공포를 쏘아대며 겁을 주기 일쑤였다. 군인들이 여자들을 강간한다는 소문도 나돌기 시작했다.

그래서 마을에서는 교대로 마을입구에서 망을 보았다. 그러다 국군이 온다고 알리면 여자들은 모두 얼굴에 검정 칠을 하고 구석진 곳으로 숨었다. 낮에는 군인들에게 소를 빼앗기지 않으려고 소는 깊은 산속에 매놓았다. 쌀도 땅을 파고 감추었다.

군인들이 마을에 떴다 하면 마을은 순식간에 공포분위기에 휩싸였다. 우리의 생명과 재산을 지켜준다는 우리 국군이었는데 동네 사람들은 뭔가 빼앗기지 않으려 하고, 국군들은 뭔가 빼앗아가려고 하는 전쟁이 매일 계속되었다.

어머니 덕에 쌀밥에 쇠고깃국으로 포식하던 피난살이

피난살이로 많은 식구들이 멀건 죽도 세 끼 먹기 어려웠는데 우리 가족은 정말 잘 먹고 잘 살았다. 내 생애에 제일 잘 먹고 잘 지낸 때였던 것 같다. 하루 한 끼도 제대로 먹지 못하며 살던 내가 피난살이에 그렇게 잘 먹고 잘 지낼 줄이야! 전쟁 통에, 그것도 피난 생활에 굶주리지만 않아도 다행인 판에 쇠고깃국으로 삼시 배를 두드리다니! 그때 일을 생각하면 생각할수록 '이런 것이 새옹지마라는 것인가?' 하고 자꾸 실성한 사람처럼 헛웃음이 새어나올 정도였다.

하루는 군인 3명이 동네에 들어와 밥 짓는 사람을 구하러 다녔다. 동리 분들은 농사를 짓고 살기 때문에 식량 사정이 그리 어렵지는 않았다. 우리 집만 피난살이라 끼니 잇기가 어려웠던 때였으니까 어머니가 가족들을 위하여 자청을 했다. 그날부터 어머니는 초막골이라는 마을에 주둔한 군영으로 군인들 밥을 지으러 다니셨다.

밥 짓는 일은 밤에 이루어졌다. 그래서 어머니는 저녁에 군영에 가서 밤새 밥을 짓고 아침에 돌아오셨다. 그런데 오실 때마다 머리에 흰 쌀밥을 한 자배기 이고 손에는 '국물 반, 고기 반'인 쇠고깃국을 한 양동이씩 들고 오셨다.

그렇게 해서 우리 식구는 전쟁이 일어나고 피난살이를 하면서 오히려 전쟁 전보다 더 포식을 하게 된 것이었다. 굶주리던 우리 식구가 그렇게 쇠고깃국에 쌀밥을 매일같이 마음껏 배불리 먹은 것은 난생 처음이었다.

국군 6사단 수색대의 야만스런 민간인 약탈

참 이상한 것이 있다. 중공군과 대치한 채로 전투가 정지된 상태에서 2개월 남짓 지났을 때인데, 군대에 도대체 웬 쇠고깃국과 쌀밥이 그리도 흔했을까?

그것은 민간인 약탈이라는 우리 국군의 만행 때문이었다. 우리 고향에 주둔했던 국군 부대는 6사단이었다. 그런데 그 부대의 군인들은 동네를 샅샅이 뒤져 쌀, 소, 땔감 등을 마구 약탈해갔다. 쌀이나 땔감을 빼앗아갈 때는 자기들이 직접 가져가는 게 아니라, 동네 사람들을 시켜서 지게에 지고 가서 상납하게 했다. 들에 매여 있는 소도 완전히 그 군인들 차지였다. 어미 소고 송아지고, 누구네 소든 가리지 않고 빼앗아갔다. 얼마나 많이 빼앗아갔는지 군인들이 매일 실컷 먹고도 남았을 뿐만 아니라, 남은 음식을 어머니가 매일 가지고 오는 형편이었다. 남은 밥으로는 술도 담가서 할아버지께 드릴 정도였다.

그래서 할아버지는 어머니가 군인들 틈에서 매일 밤을 새우며 고생해서 얻어 오는 밥과 쇠고깃국 덕분에, 피난 통에 오히려 귀한 약주를 매일 잡숫게 되자 생각 없이 즐거워하곤 하셨다.

그때 어머니 말씀에 따르면, 군인들도 남는 밥으로 술을 담갔는데 그걸 어머니가 도와주셨다고 했다. 어머니는 "피난 가던 처녀들 여러 명이 잡혀와 있는 것도 봤다"며, "그 처녀들이 별 탈이 없어야 할 터인데……" 하며 한숨을 쉬곤 하셨다.

군부대에 소 끌어다주고 강제노역하다 도망치다

어느 날은 군인 한 명이 우리 마을에 나타나서 나를 보고 송아지를 부대까지 끌고 가자고 했다. 어느 집에서 징발한 송아지인지는 모르겠으나, 우리 동네 사람 송아지인 것만은 분명했다. 하지만 누구의 명이라 감히 거역할까. 싫어도 할 수 없이 그 군인을 따라 죽산에 있는 뒷산 기슭에 주둔한 박격포 부대까지 끌고 갔다. 그런데 군인들은 나를 집으로 돌려보내주지 않고 강제노동을 시켰다. 나이 많은 노무자들과 함께 그 높은 산꼭대기까지 군인들 식사와 포탄을 나르는 아주 힘든 노역이었다.

그렇게 한 달포쯤 힘든 노역을 하고 있었는데, 어느 날 이른 새벽에 군부대가 북쪽으로 비밀스럽게 이동을 했다. 나는 그 어둡고 어수선한 틈을 타서 빈집에 숨어 있다가 부대가 완전히 떠난 뒤에 집으로 돌아왔다.

늙으신 할아버지는 막내손자를 군부대에 빼앗기고 밤낮으로 걱정만 하시다가, 내가 갑자기 돌아오자 기쁨의 눈물을 흘리시며 반가이 맞아주셨다. 그때 노쇠하신 할아버지의 눈물을 보고 나도 소리 없이 흐느꼈다.

국민방위군으로 끌려가 객사한 작은형님

난리 통에 작은형님은 소사와 죽산을 수도 없이 오르내렸다. 작은형님은 짐자전거에, 성냥 비누 등 생필품을 싣고 고향에 내려가서 보리쌀, 밀, 호밀 등 식량과 닥치는 대로 바꾸었다. 그리고는 그 식량으로 식구들을 먹여 살렸다. 고향집에서 피난살이를 하는 할아버지와 큰형 내외, 어린 조카 종덕이, 종성이, 피난길에 폐렴을 앓다 2살에 세상을 등진 종해, 이렇게 여섯 식구와 소사 집에 남은 나와 어머니는 그렇게 작은형님의 봉양을 받으며 살았다. 작은형님은 그 무더운 삼복 중에 소사에서 고향까지 2백리가 넘는, 포장도 안 된 길을 짐자전거에 짐을 가득 싣고 미군 공습이 치열하던 위험천만한 길을 수도 없이 오르내린 것이다.

내가 작은형님의 처지라면 그렇게 할 수 있었을까? 젊은 날, 작은형님은 그렇게, 결혼도 하지 않은 총각이 여덟 가족을 먹여 살리느라 그 험한 고생만 했다.

가족의 생계를 위해 희생하시던 작은형님은 인민군이 후퇴했다가 다시 중국 인민의용군과 함께 밀고 내려오던 1951년 겨울 국민방위군으로 끌려갔다. 국군이 북진해 압록강까지 진격했다가 중공군이 인해전술로 새카맣게 몰려오자 우리 남쪽에서 만든 조직이 국민방위군이었다. 그런데 이 국민방위군은 아주 비인간적인 조직이었고, 아무런 준비도 없이 날치기로 만든 조직이었다. 그 혹독한 겨울에 18세부터 40세까지 장정들을 죄다 끌고 갔다. 작은형님도 25살이었기 때문에 큰형님과 같이 당연히 끌려갔다. 그렇게 끌려간 국민방위군은 대부분 병들어 죽고, 얼어 죽고, 굶어 죽고, 맞아 죽었다. 천인공노할 사건이었다. 작은형님도 스물다섯 아까운 나이에 마산 땅 어느 이름 모를 수용소에서 열병에 걸려 돌아가셨다.

작은형이 열병으로 죽는 것을 본 사람이 있다. 같이 방위군으로 끌려간 이웃 분 김창식(金昌植)씨인데, 그 분은 우리 집에 와서 작은형님이 죽는 모습을 "제 눈으로 보면서도……, 시신도 수습하지 못하고 혼자 살아 돌아왔다. 어머니 뵈올 면목이 없다"며, 마치 자기가 무슨 큰 죄나 지은 듯이 송구스러워했다. 그 분은 같이 수용생활을 하면서 "우리가 살아서 고향으로 돌아가면 돼지고기를 배가 터지도록 실컷 먹자고 했다"는 말까지 전해줬다. 얼마나 배가 고프셨으면 그런 말을 했을까?

이때부터 어머니는 약 10일간 물 한 모금 넘기지도 못하고 실성한 사람처럼 눈동자에 초점도 흐트러지셨다. 얼마나 두렵고 슬펐는지! 부모가 돌아가시면 산에다 묻고, 자식이 죽으면 가슴에 묻는다는 말이 있는데, 내가 자식을 길러보면서 실감하게 되었다.

자식을 생으로 잃으신 어머니의 아픔은 이 세상에서 그 무엇에도 비할 수 없다는 생각도 역시 어른이 되어 자식을 가져보고서야 알았다. 그렇게 사선을 헤매던 어머니는 한 열흘 지난 후에 몸을 추스르고 일어나면서 "기왕 죽은 자식은 빨리 잊어버리고 산 자식을 위해 일어나야지" 하셨다.

우리 집에 다니러 오신 집안 아저씨 되는 분이 고향으로 돌아가 큰형님과 큰형수님한테 작은형님이 마산에서 열병을 앓다 죽었다는 부고를 전했단다. 그런데, 큰형님과 큰형수님은 마치 남의 부고를 듣는 것처럼 별 감정도 없이 덤덤하게 들으며 셋째조카를 어르고 달래면서 '동생이 언제 어디서 어떻게 죽었는지' 더 이상 자세히 묻지도 않았단다.

그래서 그 분은 그 자리에 오래 앉아있기 민망하기도 하고 어이도 없어 혼났다고 한다. 젊은 나이에 전쟁 중에 온 힘을 다해 가족 생계를 책임지다 그 먼 남쪽, 아는 사람 하나 없는 물설고 낯선 타향에서 국민방위군이란 천인공노할 제도로 끌려가 굶기를 밥 먹듯 하다 병들어 죽었다는 동생의 슬픈 부고를 전했던 그 아저씨는 어머니 앞에서 "얼굴값 못하는 것들"이라고 두고두고 흉을 보셨다.

할 일 없어 고향에서 국민방위군 지원

우리 마을에 드나들던 군인들이 자취를 감춘 것은 전황이 좋아져서 북으로 진격을 했기 때문이었던 같았다. 그래서 마을은 아주 조용해졌고 지루한 날이 계속되었다.

그때 일죽면 국민방위군에서 나처럼 입대하지 않은 청년들을 소집해서 지방방위군으로 징발을 했다. 나는 원주민이 아니고 피난민이라 응하지 않아도 되었지만, 무료한 생활이 지겨워 자진 지원했다.

그렇게 방위군에 입대해보니 일죽면 전역에서 50여명이 모였는데 대개 고향에서 국민학교 정도 졸업하고 농사에 종사하던 수준이었다. 서울에서 중학교라도 다녀본 애들은 나와 김윤호(金胤鎬)군, 손윤수(孫閏秀)군, 이렇게 3명뿐이었다. 김군은 전쟁 전에 서울에 있는 서울농업중학교로 유학을 떠났다가 오방마을 집으로 피난 내려온 친구였고, 손군은 서울에서 경동중학교에 다니다 태봉리로 피난 와서 살고 있었다.

우리 셋은 서울서 중학교라도 다녀봤다고 분대장으로 임용되었고, 자연히 친하게 지냈다. 분대장은 보초가 면제되는 등 좀 편한 보직이었다. 밤이면 각처에서 보초 서고 있는 대원들을 교대시키고, 대원들이 보초를 잘 서는지 순찰이나 하는 정도였다.

일죽 국민방위군 대장과 훈련부장

안성군 일죽면에 국민방위군으로 지원하면서 만난 훈련대장이라는 사람은 처음 만났을 때 어디서 낯이 익다는 생각이 들었다. 곰곰 생각해보니 해방되던 해에 우리 고목동 신광선 어른 집에 야밤에 와서 "박헌영 선생의 체포령 즉시 철회하라!"는 내용의 삐라를 동리에 붙였던 사람이었다. '아니? 저 사람이 어떻게 국민방위군 간부가 되었을까?' 잘 이해할 수 없었지만 피난살이 하는 주제에 그런 걸 따질 형편도 아니고, '그저 잘 지내다가 집으로 돌아가면 되겠지!' 하고 잊어버렸다.

국민방위군 일죽 지대장은 민씨 성을 가지고 일죽중학교 교관도 하던 사람으로, 집안이 부유하고 일죽에서는 내로라하는 유지로 행세하는 토호세력의 한 사람이었다.

그런데 이 사람이 연백에서 피난 와, 일죽에서 아주 어렵게 사는 피난민의 마누라와 간통을 하다가 남편에게 걸려들었다. 남편이 고소한다고 날뛰니까 무마하는 대가로 쌀 1백 가마를 물어주고 유지 체면에 큰 망신을 당했다.

그 후 얼마 지나서 이번에는 자기 마누라가 동네 사람과 간통하는 것을 잡아 그 남자에게서 쌀 2백 가마 값을 받아 꿀꺽하고는 그게 들통 나 더 큰 개망신을 당했다. 동리 사람들이 그를 보고 '쌀 1백 가마 벌었네!' 하며 빈정대는 판이었다. 자기도 아니다 싶었는지 서울인가 다른 지방으로 이사해버렸다. 성한 정신으로는 믿기 어려운 거짓말 같은 이야기지만, 희한한 물건들이 널려 있는 세상이니 무슨 일은 없었겠는가.

천인공노할 국민방위군의 부정사건

1·4 후퇴 당시 대책 없이 남쪽으로 몰고 갔던 젊은이들이 굶어 죽고 얼어 죽고 맞아죽고 병들어 죽고, 하는 엄청난 사건이 일어났다.

그래서 임시 수도였던 부산에서 국회가 열려 국회 차원의 국민방위군 사건의 진상조사가 시작되고 여론이 들끓었다. 그러자 정부는 국민방위군을 해산하고는 또 다시 아무런 대책도 없이 노임도 지급하지 않고 무작정 고향으로 알아서 돌아가라고 했다. 그래서 많은 장정들이 완전히 거지가 되어 고향으로 돌아가게 되었다.

계절은 변함없이 흘러, 봄이 오느라 들에 파란 새싹들이 돋아나고 한낮이면 아지랑이도 피어나는데, 고향 찾아 올라오는 사람들은 거지도 그런 상거지가 없었다. 손에는 하나같이 미국제 깡통에 철사로 손잡이를 만들어 들고 있었다. 걸친 옷은 얼마나 남루한지 입으로는 형용할 수도 없고, 하나같이 얼굴은 부황이 들어 뚱뚱 부었고, 몸은 뼈에 가죽만 붙어있는 형국으로, 기력이 없어 양지쪽에 누워서 자고 있는 사람들이 길가에 즐비했다.

양지쪽에서 '기력이 없어 자고 있나 보다' 하고 흔들어보면 이미 죽어 송장이 된 사람도 흔했다. 자기 고향집 가까이 고생고생하며 일구월심으로 찾아와서 집에는 들어가지도 못하고 객사를 하는 사람도 부지기수였다.

18세부터 40세까지 국민방위군으로 차출했기 때문에 호적상 나이가 좀 준 아버지와 아들이 함께 차출된 경우도 있었다. 한 부자는 마산에 있던 훈련소에서 같이 훈련을 받았는데, 부자가 떨어지면 영영 못 만날 것 같은 생각에 손을 꼭 잡고 한 중대에서 함께 훈련을 받았다. 그런데 교관이라는 놈이 이런저런 사정도 안 보고 별 큰 잘못도 없는데도 아버지 보는 데서 자식을 개 패듯이 패고, 아들 보는 데서 애비를 사정없이 족대겨댔다. 하루 한 끼도 제대로 못 얻어먹어 배가 고파 노래 부를 힘도 없는 사람들에게 군가를 가르친다면서 옆 사람과 어깨동무를 하게 했다.

"지금부터 부를 군가는 '우리는 영원한 동지'다. 알았나? 그럼! 지금부터! 군가 시작! 씩씩하게 부른다! 하나, 둘, 셋!" 하면 부자도 어깨를 서로 좌우로 흔들며 "우리는 영원한 동지다. 끝까지 함께 싸우자" 하며 노래를 불렀다. 그 광경을 보고 인간적으로 화가 치민 사람이 그 꼴을 보다 못해 "제기랄! 좀 떨어져 다니지! 왜 저렇게 부자가 꼭 붙어 다니며 쌩지랄이야!" 했지만 이 부자는 끝까지 함께 붙어 다녔다.

그때 거기 있던 한 친구는 나중에, "이 부자가 그 힘든 고비를 잘 넘기고 살아서 무사히 고향집에 돌아갔는지, 돌아갔으면 고향에서는 이 부자의 위계와 권위는 어떻게 유지되었는지 참 궁금하다"고 했다. 또 "그 교관 놈은 지금 어디서 무엇을 하고, 제 자식은 어떻게 훈육하고, 사람 되라고 가르치며 지내는지, 그 생각을 할수록 궁금하고 분노가 치밀어 오른다"고 했다.

고향에서 피난살이를 하면서 국민방위군 생활을 하고 있는데, 온 세상은 경남 거창 신원면 거창 양민학살사건과 국민방위군 부정사건으로 감당하기 어렵게 시끄러워졌다. 그러자 이승만은 민심을 무마하기 위하여 국민방위군 간부 몇 놈만 책임을 물어 수습하려고 했다. 하지만 국민의 저항이 너무나 거세어 국민방위군 사령관 김윤근(金潤根) 준장을 비롯하여 5명의 간부들을 대구 근교 야산에서 공개처형하고 국민방위군을 해산하는 것으로 일단락 지었다. 사실 김윤근은 군인생활은커녕 건달패에 씨름꾼으로 살던 놈이었는데, 국방장관 신성모가 자기 친구 처남이라고 벼락같이 준장으로 임명하고 사령관으로 앉힌 놈이었다. 그에 따라 각 지방의 국민방위군도 해산되었고, 나도 피난살이를 끝내고 다시 소사로 올라갔다.

학도호국단 연예대와 5연대장 채명신 대령

국군들에게 매일같이 시달리는 피난살이 속에서도 다행히 계절의 변화는 어김이 없었다. 매섭게 춥던 겨울이 지나고 들에는 온갖 꽃들이 움트기 시작했다. 따사로운 봄이 오고, 전황은 바뀌어 국군이 다시 반격해 서울을 탈환하고, 계속 진격을 하여 인민군이 지금의 휴전선 부근까지 후퇴하여 지루한 대치상태로 들어갔다.

지루하던 피난살이를 청산하고 다시 소사에 돌아오니, 대구에서 피난살이를 하고 돌아온 용산중학교 출신 김호영(金浩永)이라는 선배가 부천에서 학도호국단을 조직하고 사무실을 차린 상황이었다. 대구에서 전국학도호국단 단장에게서 '학도호국단 부천지대장' 임명장을 받았다고 했다.

별로 할 일도 없던 터라 심심풀이삼아 학도호국단에 입대를 했다. 군복을 입고 '감찰부 차장'이란 벼락감투를 얻어 쓰고는 헌병과 똑같이 검은 감찰 완장을 차고 부천사거리에서 교통정리도 하고, 시내를 돌아다니며 학생들을 찾아 학도호국단에 가입시키고 하면서 아주 바쁘게 지냈다.

그러던 어느 날 학도호국단에서 전방 사단 위문공연을 기획하고 연예대를 조직하기로 했는데, 내가 그 사업의 중심이 되었다. 그래서 남녀 단원을 모집하고 심사를 거쳐 연예대를 조직했다. 위문공연의 제1부는 단막극, 제2부는 버라이어티쇼였다. 경찰 연예대에서 우리에게 스카우트된 양석호(梁錫昊)(해방 후 〈무궁화악극단〉에서 홀쭉이와 뚱뚱이라는 명콤비로 활동하던 홀쭉이 양석천(梁錫天)씨의 동생)라는 분이 희극을 연습시키고, 단막극은 내가 연출을 맡고, 제2부 버라이어티쇼는 오씨 성을 가진 기타리스트가 연습을 시켰다. 이렇게 준비하고 연습해서 부천에서 시험 공연을 성황리에 마친 뒤, 부천군 내의 소래, 포리 남동, 오류동 등을 순회하고, 이어서 김포 방면으로 순회공연도 다녔다.

또 전방 사단들에서도 교섭이 들어왔다. 양주에서 휴식을 하던 9사단과 교섭이 성사되어 위문공연을 하게 되었다. 낙엽이 아름답게 온 산을 물들이던 초가을, 우리는 9사단에서 보내준 군용트럭을 타고 일반인들한테는 금지되어 있던 한강을 넘어 양주 땅으로 갔다. 가설무대를 설치하고, 사방에서 자동차 헤드라이트 불빛으로 조명을 환하게 비추고 역사적인 9사단의 첫 군부대 위문공연이 시작되었다.

공연은 약 2시간 계속되었다. 나는 1부에서 연극 주연을 하고 2부 바라이어티쇼에서는 사회를 보느라 화장실 다닐 시간도 없었다. 내가 사회를 볼 때면 장정들이 "영철이!"를 불러댔다. 1부 연극 주인공 이름이 영철이었기 때문에 영철이 나오라고 소리치고 박수치고 난리가 났다. 그래서 막이 오르기 전에 화장실에 다녀와서 미친 듯이 사회를 보고 요즘 말로 개그도 하면서, 그야말로 우렁찬 박수 속에 성황리에 대단원의 막을 내렸다.

위문공연이 끝나고 밤에 우리 대원들은 양주 어느 농가를 빌려 남녀 단원이 따로따로 잠을 잤다. 그런데 여단원이 황급히 남자들 자는 곳으로 뛰어들었다. "군인들이 여자들 자는 방에 와서 잠깐 따라오라고 한다"며 우리에게 응원을 청하는 것이었다.

그래서 우리를 인솔했던 김호영 학도호국단장이 남자들을 모두 깨워서 여자들 자는 곳으로 데리고 가보니 대위 1명과 중위 2명, 이렇게 셋이서 서성이고 있었다. 그때 김호영 단장은 우리를 정렬시켜 놓고 "내가 내일 날이 밝으면 사단 휼병감에게 이 사실을 보고하고 추궁하겠지만, 제군들도 약한 여자대원들을 보호해주기 위해서 마음의 준비를 단단히 할 수 있는가?" 하며 군대 못지않게 훈시를 했다. 그러자 어느새 그 장교들이 슬그머니 사라져버렸다. 김호영 지대장은 그만큼 당돌하고 똑똑한 사람이었다.

첫 군 위문공연에 힘을 얻은 우리 단원들은 더욱 열심히 연습을 했고, 3사단, 7사단, 8사단 등으로 공연을 다녔다. 1951년 가을, 온 산이 불타는 듯 온통 단풍으로 아름답게 물들었다. 강원도 양구에 주둔한 7사단 장병을 위문하러 갔다. 우리 연예대원들은 그날 귀빈 대접을 받았다. 장교식당에서 저녁 만찬까지 대접받을 수 있었다. 만찬을 주선한 분은 그 당시 5연대장이던 채명신(蔡明新)(나중에 주월 한국군 사령관이 됨) 대령이었다. 함께 식사를 하면서 본 채명신 대령은 아주 인상 깊었다. 대령 계급을 달았는데도 젊은 정도가 아니라, 홍안의 예쁜 소년처럼 어려 보였다. 그런 이가 처음 보는 우리에게 "사기가 떨어진 허수아비 같은 군대"라고 우리 군대를 기탄없이 비판하고, 오히려 인민군들의 사기와 군율을 칭찬했다. 그래서 나는 '왜 우리에게 그런 말을 하지? 대령쯤 되면 저런 무서운 말을 할 수도 있는 것이로구나!' 하고 의아하게 생각했다. 그리고 그의 진면목을 알 수 있는 얘기도 있었다. 5연대에서 근무하는, 전쟁 전 학교 선배 되는 어느 중대장에게서 들은 얘기다. 한창 치열하게 전투가 진행되는 가운데 보충병들을 지원받는 일이 있었다고 한다. 가장 군기가 빠진 졸병 한 사람을 불러 세우더란다. 그러더니 보충병들이 보는 앞에서 일벌백계(一罰百戒)로 즉결처분을 했다는 것이었다.

총알이 빗발치는 전선으로 여러 사단에 위문공연을 다니는 동안, 어느덧 낙엽은 지고 더 이상 야외무대에서 공연을 할 수 없는 겨울이 돌아왔다. 그래서 일반 극장 교섭을 해보았으나 이도 신통치가 않았다. 공연도 못한 채 시간만 흘러갔다. 그러다가 정부 정책으로 학도호국단이 해산되는 바람에 그 예하에 있던 우리 연예대도 자연 해산되었다.

한국전쟁에 자진 참전하고 냉대 받은 재일동포 학병들

한국전쟁이 일어나자, 중학교도 다니지 못한, 주로 순진한 농촌 청년들이 국군과 의용군 양쪽에 강제로 끌려가 '우리가 왜 누구를 위하여 싸워야 하는지'도 모르고 싸우다 전사하고 포로가 되는 일이 비일비재했다.

반면 도시에서 중학을 다니던 17세 이상의 학생들은 북쪽의 선무공작에 세뇌되어 자진 의용군에 입대한 경우가 대단히 많았다. 해방 당시부터 마음속으로 북쪽을 지지하던 청년들은 인민군에 자원입대해서 낙동강 전선에서 같은 형제인 국군을 향해 총질을 했다. 이와는 정반대로 남쪽 정부를 지지하는 젊은 학생들은 '인민군을 물리쳐 도탄에 빠진 나라를 구한다'면서 학업을 중단하고 학도병으로 참전하여 인민군과 싸웠다. 그렇게 어린 나이에 산화해간 학생들이 부지기수였다.

그때 일본에 있는 거류민단 쪽 젊은 학생들 가운데 '정신적 조국인 대한민국을 지키겠다!'면서 학업도 중단하고 목숨을 걸고 현해탄을 건너와 대한민국 국군에 편입된 학생들도 상당수 있었다.

국내에 있는 고위층과 돈 많은 집 젊은이들은 "조국이야 어찌되든 나만 살겠다"며 입대를 피해 외국으로까지 도망치는 판에, 일본에서 재일동포로 살면서 한국전쟁에 참여하지 않아도 무방한 청년들이 죽음이 눈앞에 어른거리는 처참한 전쟁에 참가한 것이었다. 그 많은 동포 학생들이 전사하거나 부상을 당해 불구자가 되었다.

휴전이 되자 이승만 정권에게 한국전쟁에 참가했던 재일동포 학생들은 별 볼일 없는 존재들이었다. 그야말로 하루아침에 거추장스러운 짐짝 신세로 전락해버린 것이었다.

참 못된 이승만이었다. 대통령이라는 사람이 저만 살겠다고 도망을 친 뒤에, 인민군이 한강을 넘지 못하게 한답시고 당시 육군대령이던 최창식(崔昌植) 공병감에게 한강을 폭파하라는 명령을 내려 한강을 폭파시키게 한 사람이니 더 말해 무엇하랴! 그리고는 나머지 서울 시민들이야 죽건 말건 "인민군이 쳐들어왔지만 국군이 잘 싸워 이기고 있으니 안심하고 서울에 살라"고 사기 녹음방송까지 한 사람이다.

그 바람에 한강이 폭파된 줄 모르는 수많은 시민들은 억수 같은 빗속에서 피난을 가려고 한강으로 왔고, 수백 대의 자동차가 한강으로 연이어 추락하는 바람에 수많은 시민들이 물귀신이 되게 한 사람이었다. 그런 사람이 대통령을 하고 있었으니 한국전쟁에 참가한 재일동포 청년들을 방치하는 것은 당연한 결과였으리라.

조국의 불행한 현실을 보고도 나 몰라라 출전하지 않을 수 있었던 사람들이다. 일본에서 공부만 열심히 해도 될 사람들이었다. 하지만 일본에 있는 부모형제들을 버리고 목숨을 담보하는 전쟁터로 자원해 온 청년들이었다. 그런데 전쟁이 끝나니 이승만은 그런 사람들을 아무짝에도 쓸모없는 쓰레기 취급을 했다. "너희들은 알아서 일본으로 가든지 여기 남아 능력껏 빌어먹든지, 너희들 마음대로 하라!"는 식이었다. 이승만 정부는 그들을 그렇게 무책임하게 대책도 없이 버려버렸다.

빛나는 대한민국 정부가 그랬으니 일본 정부는 오죽했겠는가! 재일동포 학생들이 전후에 다시 일본으로 돌아가려 하자 "너희들은 너희 나라로 떠나갔으니 우리는 너희를 받아들일 아무 의무도 책임도 없다!"면서 일본 입국을 받아주지 않았다.

정부는 외교 루트를 가동해서라도 재일동포 학생들을 부모가 기다리는 일본 땅으로 보내주는 것이 도리였을 것이다. 하지만 이승만은 "일본과 협상할 수 없다!"고 똥고집을 부렸다. 그래서 재일동포 학생들은 그야말로 하루아침에 조국도 국적도 없는 미아신세가 되어 "낯선 조국 땅"에서 상거지로 전락해버렸다.

이때부터 거리에는 재일동포 학병 출신 걸인들이 많이 생겨났다. 우리말도 서투른 그들이 구걸을 하러 돌아다녔다. '그들은 그들 나름대로 위란에 빠진 조국을 지키겠다는 애국심으로 달려온 사람들이었는데, 오도 가도 못하는 미아의 신세가 되었으니 조국에 대해 어떤 생각을 하면서 살아갔을까?' 이승만 정부도 정부라 할 수 있는지 의문이다.

그런데 나중에 군사독재 정권은 걸식을 하며 지내던 재일 학병들을 정권의 하수인으로 활용하기도 했다. 그들은 대낮에 술을 퍼마시고 민주당 부천군지구당 결성식장에 몰려들어 아수라장으로 만들었다. 그 행사는 김대중 전 대통령을 초빙하는 등, 부천에서는 꽤 크고 중요한 행사였다. 그 광경을 직접 보면서 참으로 서글펐다.

행패와 구걸과 공갈로 모진 목숨을 부지하던 상이군인들

이승만 정부는 재일 참전 학도병만 버린 게 아니었다. 한국전쟁에서 부상을 입은 이른바 '상이군인'들도 버렸다. 많은 젊은이들이 전쟁터로 자진입대하기도 했고, '빽'이 없어 강제로 끌려가기도 했다.

그래서 당시 전사를 할 때 "어머니!" 하며 죽는 것이 아니라, "빽!" 하고 죽는다는 말이 유행할 정도였다. 많은 젊은이들이 조국의 이름으로 전사했고, 또 많은 청년들이 부상을 당하여 상이군인이란 이름으로 제대를 당하고 고향으로 돌아왔다.

그때는 3년간의 지루한 전쟁이 휴전이란 이름으로 막 끝난 직후라 모든 생산시설이나 큰 건물, 심지어 서울도 잿더미가 되어버린 마당이었다. 그러니 나라 살림을 정상 복귀하자니 정부로서도 이것저것 보살필 겨를이 없었을 것이라는 생각도 한다.

하지만 전후에 다른 나라에서 원조물자가 들어오는 경우에도 정말 원조를 받아야 할 힘없는 고아나 걸인들은 구경도 못하고, 힘 있는 놈들이 중간에서 가로채버렸다. 그 바람에 거리에는 고아들과 걸인들이 널려있었다.

고아들을 구제하라고 미국 교회에서 보내오는 구호물자들도 있었는데, 위에서부터 층층으로 떼어먹고, 일부 교회에서는 목회자라는 사람들이 아이들 숫자를 늘려 서슴없이 치부를 일삼았다.

1951년 5월에 대한상이용사회, 1951년 11월에는 대한군인유족회가 결성되었지만, 허울뿐이지 이들은 아직 아무 힘을 쓸 수가 없었다. 1952년 가을, 2~3만명의 상이군인이 각지의 '상이군인 정양원'이란 곳에 수용되었다. 말이 좋아 '정양원'이지 상이군인들에 대한 대우는 정말로 형편없었다. 그래서 상이군인들은 살기 위해 거리로 나설 수밖에 없었다.

조국을 지키기 위해 총알이 빗발치는 전선에서 전우들이 눈앞에서 죽어가는 것을 목격하면서 자신은 용케 살아나긴 했지만, 목숨 대신 한 팔을 잃고 쇠갈고리 의수를 하거나 양다리를 잃고 동료 등에 업혀 사는 상이용사들도 부지기수였다.

그러나 이승만 정부에서는 아무런 생계대책조차 세워주지 않았다. 그래서 그들은 '먹고살기 위해서' 1백원짜리 공책을 1천원에 사달라고 강매를 하다 돈이 없어 못 산다고 하면, "야! 이 자식들아! 우리가 누구를 위하여 병신이 되었는데 우리를 괄시하느냐?"면서 말 못할 행패를 부려댔다.

상이군인들한테 그런 행패를 당해도 무서워서 어디다 하소연도 못했다. 경찰관들도 상이군인들이 행패를 부리면 자기들이 욕을 당할까봐 뒤도 돌아보지 않고 도망을 쳤다. 그렇듯 상이군인들의 행패는 무법이었다.

상이군인들은 도시뿐만 아니라 농촌에까지 찾아와 터무니없이 비싼 값으로 물건을 강매했다. 그러다 안 사주면 가족들 보는 앞에서 집주인을 사정없이 마구 때리기도 했다. 그 광경을 본 아낙이 벌벌 떨면서 쌀을 퍼주고 빌어야 돌아가곤 했다.

소사에는 '대한상이용사회 경기도 부천지부'란 간판이 붙은 곳이 있었다. 부천지부장이란 사람은 한국전쟁 전에 서울 한성중학교에 다닌 이준봉(李俊奉)이라는, 나보다 2살 더 먹은 사람이었다. 이 친구가 다닌 한성중학교는 해방 전 좌익학생이 많은 학교로 이름이 났었다.

이준봉이도 한국전쟁이 일어나기 2년 전쯤 좌익 학생클럽에 가담하여 불온 삐라를 살포하다가 경찰에 체포되어 구속을 당한 전력이 있었다. 그때 동리 유지들의 신원보증으로 석방된 뒤 국방경비대에 입대하여 군대생활을 하다가 한국전쟁에 참가하여 다리를 부상당하고 집으로 돌아온 상태였다.

이 친구는 군에 가기 전부터 연애를 하던 여학생이 있었다. 상대는 소사에서 양조장을 하는 부잣집 딸로 서울 상명여자중학에 다니고 있었다. 그런데 이 두 사람은 본관이 전주 이씨였기 때문에 장인될 사람이 극구 반대했으나, 딸이 부모 말을 죽어라 안 듣고 부모 앞에서 죽는다고 떼를 써서 결혼을 했다.

좌익 삐라를 뿌리다 잡힌 경력이 있음에도 이준봉은 부천 토박이에, 양조장을 경영하는 처가의 막강한 재력에 힘입어 상이용사회 부천지부장이 되었고, 나중에는 경기도 지부장까지 했다.

전선에서 양 손목을 잃은 서태일

상이용사회 부천지부에는 서태일(徐泰日)이라고, 나와 동갑내기가 감찰부에 있었다. 그는 양쪽 손목은 모두 절단되었지만 다른 곳은 다친 데가 전혀 없었다.

이 친구는 그 유명한 채명신 대령이 연대장이던 7사단 5연대에서 인민군과 전투 중, 자기가 인민군 기관포를 빼앗아 그 기관포로 인민군을 향해 정신없이 쏘는데, 인민군이 던진 수류탄에 양 손목을 잃었다고 입만 열면 늘 자랑스럽게 떠벌리곤 했다. 그런데 "자식! 뭣같이 허튼소리 하네! 동상이 걸려 양 손목만 잘랐지! 수류탄을 맞았으면 양 손목만 잘렸겠어? 그랬으면 어떻게 다른 데는 한 곳도 흉터가 없겠어?" 하는 친구도 있었다.

그런데 그 당시는 부천도 시골이라 친구가 장가라도 가는 날이면, 잔칫집에서 신랑 친구들을 모두 초청하여 떡 벌어지게 교자상을 차려주었다. 서태일은 양 손목이 없으니 남이 먹여주지 않으면 아무리 맛있는 것을 보아도 혼자서는 먹을 수가 없는 처지였다.

그래서 잔칫집에 가면 나는 늘 태일이가 불쌍하다는 측은지심이 들어 그놈이 먹고 싶다는 것을 일일이 젓가락으로 집어 먹이곤 했다. 그런데 이놈이 얼마나 염치없고 남 생각을 할 줄 모르는 놈인지, 계속 이것 달라 저것 달라는 바람에 그놈 집어 먹이다 정작 나는 잔치음식을 먹어보지도 못하는 때가 한두 번이 아니었다. 그래서 다음부터는 나도 잔칫집에 가면 그놈과 멀리 떨어져 앉아 먹었다.

그런데 이 친구가 주위에서 불쌍하다고 오냐 오냐 해주니 술만 먹으면 주정이 말이 아니었다. 한 번은 대낮에 경인선 도로에서 술에 취해 인천방면으로 달리던 군용 지프차를 길 가운데서 이유 없이 세웠다.

그러자 군용 지프차에서 한 사람이 얼굴을 내밀었는데, 모자에 큰 별을 2개나 단 육군소장이었다. 그는 "너 무엇하는 놈이야?" 하고 소리를 질렀다. 그러자 만취가 된 서태일이 양손에 쇠 갈고리를 내밀면서 "나는 이런 병신이다!" 하고 대꾸를 했다. 그러자 장군이 문을 닫으면서 운전병에게 "어서 가라우!" 하면서 쏜살같이 달아나버리고 말았다. 그러니 이 친구가 술에 취하면 아무도 말릴 수가 없었다. 내가 나서서 소리를 질러야 좀 수그러지곤 했다.

이런데도 어쩌자고 거짓말로 서태일 중매를 선 사람이 있었다. 그 사람은 인천에서 아주 가난하게 살던 처녀한테 "신랑 될 서태일이란 사람은 한 손만 절단되고 한 손은 멀쩡하다"고 속이곤 중매를 했다.

처녀 집에서 나중에 양손이 없다는 사실을 알고 "양손이 없는 사람에게 딸을 줄 수가 없다"고 하자, 부천 상이군인회에서 트럭 2대에 상이군인을 가득 싣고 가서 결혼 약속을 왜 파기하느냐, 병신들이라고 무시하느냐며 "결혼을 안 시키면 이 집의 기둥을 뽑겠다!"고 아우성치며 행패를 부렸다.

겁을 잔뜩 먹은 부모들이 "딸 하나 죽은 셈 친다"고 울며 겨자 먹기로 억지로 결혼을 시켰다. 그런데 이 친구가 1급 상이군인으로 부천 오정면 대야리 미군부대 쓰레기장 책임을 맡아 돈을 좀 벌었다. 그러더니 나중에는 작은 여자까지 얻었다는 소식을 들었다.

12. 전쟁 통에 길을 잃고 방황하다 해군에 입대

연상의 양공주에게 동정 잃고 임질을 앓다

학도호국단 연예대가 해산되어 별로 할 일도 없고, 악극단 〈청춘부대〉가 공연하는 모습에 마음을 빼앗겨 인천으로 영등포로 구경이나 다니던 때가 있었다.

그때 학도호국단 연예대에서도 내가 만든 극단에서도 나랑 함께 했던 아주 절친한 윤재현(尹載鉉)이란 친구가 있었다. 하루는 이 친구가 나를 부르더니 "너 장가 한 번 들어볼래?" 했다. 자기는 벌써 장가들었다면서 양공주들이 미군들과 살림을 차리고 있는 소사 벌막이라는 곳으로 데리고 갔다.

그리곤 양공주한테 나를 소개시켜 주었다. 그때 내 나이 18세, 성에 대한 경험이 전혀 없었고, 그저 성이 어떤 것인가 막연히 동경만 하고 친구들과 수음이나 하면서 성욕을 처리하던 때였다. 그 양색시는 "숫총각이군!" 하며 깔깔거리고 나를 자기 방으로 데리고 들어갔다. 양공주가 나의 성 선생이 되어 과외공부를 시킨 셈이었다. 생전 처음이라 그랬는지 성 관계도 이루기 전에 양공주 사타구니에 사정을 하고 얼마나 부끄러웠는지 모른다.

첫 동정을 양공주에게 바치고 집에 와서 무엇인지 잃어버린 것도 같고 찝찝하여 남몰래 며칠간 사내놈이 여자처럼 뒷물을 했다. 그러면서 후회스러워 '다시는 양공주에게 가지 말아야지!' 하며 마음속으로 맹세를 했다.

그런데 며칠이 지나지 않아 찝찝하던 마음은 없어지고 다시 양공주를 찾게 됐고, 우리는 그 곳을 자주 드나들었다. 반대로 양공주들이 우리를 찾아오는 경우도 있었다. 양공주가 자기랑 살림하는 미군이 없는 날이면 우리를 찾아온 것이다. 이렇게 지내다보니 '내가 오입을 하는 것이 아니라, 양공주 노리갯감이로구나! 아, 이게 바로 기생오라비로구나! 이 짓도 못하겠구나!' 하고 발을 뺐다. 그런데 양색시에게 다시는 가지 않겠다고 작정을 하고 나니 아뿔싸! 좆값 하느라고 그랬는지 성병인 임질에 걸리고 말았다. 앞으로 자빠져도 코 안 깨진 것이 다행이라고, 그래도 무섭다는 국제 매독에 안 걸리고 임질에 걸린 것이 불행 중 다행이라고 스스로 위안을 했다. 하지만 병을 고칠 돈은 마련할 길이 없어, 할 수 없이 어머니께 솔직히 고백을 하고 약값을 얻어 페니실린 한 병을 사서 주사를 맞고 병을 말끔히 고쳤다.

국제 매독 말이 나왔으니 매독에 걸려 코가 떨어져나간 오입쟁이 이야기를 해야겠다. 길을 지나다보면 코가 없이 콧구멍만 뻥 뚫린 사람을 간혹 볼 수 있었다.

'저 사람은 왜 코가 없을까? 왜 코가 저렇게 되었을까?' 이상하게 생각했는데, 나중에 알고보니 매독을 고치지 못해 코가 문드러져 떨어져나간 사람들이었다. 당시는 지금처럼 의학이 발달하지 않아서인지 약이 별로 없던 시절이라 그 무서운 매독에 걸리면 코가 떨어지는 사람들이 간혹 있던 시절이었다.

그때 소사에 우리보다 10여살 더 먹은 사람이 있었는데, 이 사람이 오입을 좋아하다 매독으로 코가 떨어졌는데도 눈을 지그시 감았다 뜨면서 자기가 옛날 오입하던 추억을 자랑삼아 늘어놓았다. "내 소싯적에는 명월관에 기생들이 새로 왔다 하면 우선 내가 맛을 봐야 한다"고 자랑을 늘어놓았다. 자존심인지는 몰라도 오입 좋아하다 코가 떨어졌으면서도 오입 이야기만 나오면 행복한 표정으로 아련한 추억에 잠기곤 하던 그를 보고 나는 "오입의 추억을 먹고사는 사람"이라고 했다.

코가 없는 그 사람 옆에 있으면 가만히 앉아있는데도 숨 쉬는 소리가 엄동설한에 문창호지 떨리는 소리처럼 쌕쌕 하고 났다. 물을 먹을 때면 병아리가 물을 먹는 것처럼 고개를 바짝 뒤로 제치고 "쮸쮸쮸" 하면서 물을 먹었다.

그러면서도 입만 열면 여자 낚던 자랑을 늘어놓았다. 이제는 오입할 수 없으면서도 오입하던 시절의 추억을 아련히 떠올리는 시간을 제일 행복하게 생각하는 것 같았다.

어쨌든 어머니가 주신 돈으로 성병을 고친 뒤, 어머니는 내가 혹시 그런 성병 전력 때문에 자식을 못 낳을까 많이 걱정을 하셨다. 나중에 내가 해군생활을 할 때, 어머니는 "남들은 군인으로 가서 애인도 만들어 오고 어린아이까지 낳아서 달고 들어오는데, 우리 용승이는 애인이 있다는 소식도 없으니 어떡하나? 들리는 말로는 성병을 심히 앓으면 자식을 못 낳는다는데, 자식도 못 낳고 형네 집에서 양자라도 하게 되면, 그 설움을 어떻게 감당하냐?"며 늘 마음을 쓰셨다.

어머니는 말은 못하고 홀로 속을 썩이시다가 내가 제대하고 결혼해서 두꺼비 같은 아들을 낳자 그제야 그런 말씀을 하셨다.

친구 누이의 금반지로 만든 극단

학도호국단 연예대가 해산되어 우리 단원들이 뿔뿔이 흩어지는 것을 다시 수습하여 연극단을 만들기로 했다. 윤덕원(尹德元)이라는 친구가 자기 누님의 10돈짜리 금반지를 빼와서 그것으로 각목을 사고 광목도 사서 손수 단원들의 힘으로 무대장치를 만들었다.

우리는 소사 역곡역 북쪽에 벌응절이라는 마을의 한 노부부 집에 외상으로 하숙을 하며 연극 연습을 했다. 나는 연극 대본을 직접 써가지고 인천 병사구 사령부 휼병과로 검열을 받으러 다녔다. 전시라 검열을 받지 않고는 공연을 할 수 없었다.

검열관이 "이 대본 누가 썼느냐?"고 묻기에 내가 썼노라고 대답했다. 그러자 그는 웃음 띤 얼굴로 쳐다보면서 "너 어느 학교에 다녔냐?"고 물었다. 그래서 퇴학당한 사실은 빼고 "성남중학교에 다녔다"고 대답했다. 그러자 "자식! 네가 몇 살인데 이런 것을 다 썼냐? 검사 필했으니 가지고 가서 잘해보라"고 했다.

고맙다는 인사와 함께 엉덩이에서 불이 나게 소사 연습 장소로 달려와 직접 연출을 보면서 주인공도 맡아 1인 3역으로 총연습을 했다.

그런데 20여명이나 되는 단원들의 밥값은 날이 가면 갈수록 자꾸 더 쌓여만 갔다. 그래서 할 수 없이 속성으로 연습을 끝내고 지방공연을 나갔다. 전시라 식량도 부족하고 어렵게 사는 시절인데 돈 내고 연극구경을 하려는 사람은 별로 없고, 구경꾼이라고는 돈 안 내고 공짜로 보려고 몰려드는 조무래기들뿐이었다. 그래서 극단 운영비는커녕 하루에 두 끼밖에 못 먹이는 밥조차 먹이기 어렵게 되었다.

그래서 생각 끝에 상이용사회 이준봉과 합의해 우리 극단을 상이용사회 소속으로 만들어 시골 이장들에게 억지로 입장료를 강매하기도 했으나, 겨울이 되어 날씨마저 추워지기 시작하자 극단을 운영하는 게 거의 불가능했다. 결국 눈물을 머금고 극단을 해체할 수밖에 없었다. 공연이라고 몇 군데 올리지도 못한 채 빚만 잔뜩 짊어지고 우리는 뿔뿔이 헤어지고 말았다.

해군 신병 25기에 응시, 합격하다

극단이 해산되고 나니 밥 때가 되면 내 한 몸 또 다시 끼니 걱정을 하지 않으면 안 되었다. 형네 집이라고 찾아가봐야 눈칫밥이라도 마음 놓고 얻어먹을 수 없었다. 그래서 '에라! 군대나 가버리자! 군대에 가면 밥은 주리지 않겠지' 하는 생각에 1951년 11월 말경 인천 해군경비부에서 해군 신병 25기 지원서를 내고 시험을 치렀다.

그때는 한창 전투 중이라 육군에 끌려가면 목숨을 이미 내놓는 것과 같은 시절이었다. 집안이 좀 부유하거나, 배경이나 권력이 있는 집 자식들은 군을 기피하고, 그야말로 집이 가난하거나 빽이 없는 자식들만 육군으로 끌려가던 시절이었다.

그러니 해군에 입대하면 육군처럼 잘 죽지도 않고, 젊은 나이에 여학생 교복 같은 '세라복'(세일러복)을 칼날처럼 다려 입고 시내에 외출하는 것이 부러워서 해군에 지원 입대하는 젊은이들이 넘쳐났다. 경쟁률이 보통 30대 1은 되었다. 그래서 해군 입대 시험이 마치 서울대학 시험 치르는 것처럼 어렵던 시절이었다.

그런데도 나는 합격이 되었다. 그렇게 어려운 해군 시험에 무난히 합격하자 친구들이 우리 집으로 송별연을 한다고 몰려들었다. 소사에서 함께 연예대 생활을 하던 친구들과 영등포에서 성남중학교를 함께 퇴학당한 최병표가 똘마니 몇 놈을 이끌고 찾아왔다. 그래서 동태찌개에다 김치밖에 없는 술판이 벌어졌다. 술잔이 몇 순배 도니 또 최병표 녀석의 술지랄이 시작되었다.

"전시에 동생을 군대에 보내는 게 무슨 형이냐!"면서 나의 형을 한번 혼내겠다고 주정을 부리고, 덜 취한 친구들이 뜯어 말리고, 그러다 누가 울기 시작했는지 술자리가 온통 눈물바다로 변해버렸다. 시험을 거쳐 남들이 부러워하는 해군에 입대하는데 왜 그랬는지. 술이 엉망으로 취해 엉엉 소리 내어 울다가 술을 먹고, 또 술을 먹다가 울고 술판은 난장판이 되었다.

그런데 아랫목에 앉아계시던 어머니는 눈물은커녕 아무 말씀도 않으시고 끝까지 조용히 지켜만 보셨다.

입대하러 가는 길에 행상아주머니 편을 들고 싸움을 하다

1951년 11월, 해군 인천경비부에서 합격생 150명이 사령부 현역 군인의 인솔로 2칸의 화물차에 실려 해군 진해 통제부로 떠났다.

진해를 향해 달리던 화물차가 어느 이름 모를 정거장에서 간혹 쉬어가는 때가 있었다. 그러면 시골 아낙네들이 인절미, 찐 고구마, 엿 등을 좌판에 담아들고 기차 앞에까지 와서 사라고 매달렸다.

그때도 짓궂은 놈들은 여지없었다. 물건을 흥정하는 것처럼 시간을 끌다가 기차가 움직이기 시작하면 화물차 문 앞에 있던 놈이 좌판째 빼앗아 화물칸에 던지면 와아, 하고 몰려들어 먹어치우곤 했다.

처음엔 철없이 그저 재미있다고 군중심리에 이끌려 그 못된 일에 나도 껴들었으나 '저 사람들도 우리 가족처럼 이 전쟁 통에 얼마나 살기가 어려울까? 우리 가족들이라면 어떨까?' 생각하니 '이래서는 안 되겠다' 싶어 다음부터는 내가 그런 짓을 못하게 말렸다.

그러자 같이 입대하던 놈들이 이상하다는 듯이 시비를 걸어왔다. 그래서 기회도 주지 않고 머리로 평양식 박치기 맛을 보여주었다.

그때 함께 입대하러 가고 있던 김용문(金龍文)이란 친구가 한 마디 거들었다. "이 새끼, 이거, 사람 못 알아보네? 인마! 이 분이 누구신지 알아? 같이 군대에 간다고 너희들과 다 같은 사람인 줄 알아? 이 분이 바로 경인선 살모사야! 까불다 물리면 죽는 거야! 이 거지 발싸개 같은 새끼야! 병신 되기 싫으면 빨리 꺼져! 이 파리 좆만한 새끼야!" 화물차 속이 갑자기 조용해졌다. 그래서 다시는 불쌍한 떠돌이 행상들을 약탈하지 않고 진해까지 갔다.

용문이는 노량진에 있는 동양공업고등학교 2학년 때, ABC도 모르는 정도여서 내가 "야! 너 ABC도 모르면 이다음에 뭘 해 먹고살래?" 하면, 미국영화에 나오는 카우보이들처럼 양손으로 "팡! 파팍!" 하고 권총 쏘는 시늉을 하면서 "할 것 없으면 은행을 털지!" 하던 놈이었는데, 인상이 아주 험상궂어 꼭 날강도처럼 생겼다. 그래서 웬만한 놈들은 첫인상에 한풀 죽고 들어갈 정도였다. 그런 친구가 목소리를 쫙 깔고, 마치 어른이 아이 대하듯 한 마디 거드니까 다른 놈들까지 모두 조용해졌다.

이때부터 내가 그놈한테 '날강도'라는 별명을 붙여줬는데, 지금까지도 이름보다는 '날강도'라고 부르는 친구가 더 많다. 하지만 인상만 그렇지 마음은 참 여린 놈이었다. 나중에 그놈 집을 찾아간 적이 있는데 이놈이 생각과 달리 얼마나 공처가이던지 마누라 눈치를 보느라 제정신이 아닌 것을 보고 '부부란 참 남들이 모를 일이구나!' 하고 생각했다.

엄동설한에 진해에서 1주일간 가입대 생활을 하다

진해에 도착해보니 전국 각지에서 모인 신병 입대자들의 수가 자그마치 1천명에 가까웠다. 그 많은 신병들을 큰 강당에 모아놓으니 모두가 다 군대 오기 전에 동리에서 주먹깨나 썼다는 둥 깡패라는 둥, 전부 잘난 놈들뿐이었다.

전국 각처에서 모여든 수준이라 그랬는지 국민학교 출신은 별로 없고 주로 중학교나 고등학교에서 퇴학당한 놈들이 주종을 이루었는데, 자연 서울과 인천 출신들이 주먹의 주도권을 잡았다.

짐승무리에서는 힘의 우열이 우월을 가르듯이 지방출신들은 서울에서 온 패들에게 자연히 꼬리를 내리는 형식으로 질서가 잡혀갔다. 나는 당연히 주도권 그룹에 끼었고, 오락시간이면 나의 단골 레퍼토리로 분위기를 압도했다. 내가 김정구 선생의 '눈물 젖은 두만강', '왕서방 연서', '누님 전상서' 등을 변사조로 해설하면, 윤일로(尹一老)(본명은 윤승경(尹崇京)으로 제대한 뒤에 가수로 진출함)군이 그 멋진 목소리로 노래를 불렀다. 그러면 1천명 가까운 가입대자들이 물을 끼얹은 것처럼 조용해지고, 오락회는 우리 두 사람의 독무대로 변해갔다.

그런데 1951년 12월 초승은 왜 그리도 춥던지! 12월 5일이면 정식으로 입대해 군번 받고 해군 신병이 될 판인데 바로 전날인 4일 저녁 강당으로 현역병들이 와서 이렇게 얘기했다. "지금이라도 집에 가고 싶은 놈들은 앞으로 나와라! 입대하기 싫은 놈들은 집으로 돌려보내 주겠다. 집에 갈 기회는 오늘밖에 없다." 왜 그랬는지 정확히는 모르겠으나, 해군입대를 하려고 돈을 쓰는 판이니 입대하기 싫은 놈은 내보내고도 병력은 얼마든지 보충할 수 있었기에 그러지 않았을까 싶다. 그런 얘기를 들으니 마음이 흔들렸다. '날도 춥고 어머니를 7일이나 못 봐서 벌써 어머니가 그립고, 에라! 나가서 악극단을 다시 조직하든지 극단을 따라다녀도 될 걸! 내가 왜 이 고생을 사서 하나?' 하는 생각이 들었다.

그러던 차에 인천에서 주먹대장으로 이름깨나 있는 차광호(車光浩)라는 놈이 집으로 가겠다고 나섰다. 그러자 인천에서 차광호 똘마니 노릇을 하던 녀석들 몇 명이 따라나섰다. 그 모습을 보고 고민하던 나도 '에라! 집으로 가자!' 하고 나섰다. 그러자 현역병들이 10대씩 '빠따질'을 한 뒤에 '귀향증'을 나눠줬다.

다음날 아침, 같이 입대하러 갔던 동료들은 가입대 생활을 끝내고 정식으로 해군에 입대를 하는데, 나와 함께 귀향증을 받은 몇 명은 진해에서 배를 타고 저녁이 되어서야 겨우 부산항에 내렸다. 주머니에는 땡전 한 푼 없는데도 요란한 음악소리에 취해 우리도 모르게 광복동 거리로 몰려갔다. 온종일 빵 한 조각으로 굶주린 배를 달래면서 광복동 거리를 아무 생각도 없이 지나자니 휘황찬란한 네온사인을 켜놓은 레코드 상회에서는 낯선 재즈 음악과 귀에 익은 유행가가 요란하게 들려왔다.

나는 그만 넋을 잃었다. '입대하기 위해 떠날 때 서울은 거지와 전쟁고아들이 우글거리고 온통 폭격으로 불타버린, 그야말로 폐허의 도시였는데, 이곳 부산은 서울과 아주 다른 별천지로구나! 이곳은 도대체 어느 나라 땅인가? 이 시각에도 전방에서는 가난하고 못 배운 젊은이들이 나라를 지킨다고 피를 흘리면서 죽어가고 있을 텐데 후방에서는 이렇게 사치스럽게 지내도 되는 것인가?' 이런 생각이 들자 입대하지 않은 것이 정말로 잘했다는 생각이 들었다.

그런 휘황찬란한 거리에 쭉쭉 뻗은 미인들이 연인들과 광복동 거리를 누비는 것을 보니 '저 사람들은 부모 잘 만나 군대도 가지 않고, 조국에 대한 사랑은 잠자리 눈곱만큼도 없이 그저 청춘을 즐기는구나! 세상이 너무 불공평하다!'는 생각이 들면서 가슴 깊은 곳에서 나도 모를 분노가 치솟았다.

어머니의 정성이 담긴 꽁꽁 언 정안수 보고 흘린 눈물

소사 집에 돌아온 것은 그 다음날 저녁때였다. "너무도 춥고 어머니가 보고 싶어 입대하지 않고 돌아왔다"고 인사드리니 어머니는 무덤덤한 표정으로 저녁밥을 차려주셨다. 하루 종일 굶은 터라 아주 맛있게 먹었다. 그 동안의 이야기를 어머니께 말씀드리고 잠을 청했다.

모처럼 푹 자고 일어난 나는 마당 앞에 나가 보곤 깜짝 놀랐다. 장독 위에 꽁꽁 언 '정안수' 덩어리 7개가 가지런히 쌓여있는 것이었다. 어머니는 그 추운 섣달에 하루도 빠짐없이 목욕재계하고 장독대에다 정안수를 떠놓고 이 불효자식이 무사히 돌아오게 해달라고 칠성님께 기도를 드리신 것이었다. 만일 내가 돌아오지 않았다면 어머니는 언제까지나 정안수를 떠놓고 빌었겠구나, 하는 생각을 하니 정말로 어머니가 고맙다는 생각이 들었다.

어머니는 예수교고 불교고 간에 신앙을 믿지 못하는 분이었다. 그렇다고 미신이니 민족종교니 하며 무당이나 그 흔한 철학관이란 점집에도 찾아간 적이 단 한 번도 없고, 오로지 자신의 마음과 가족만 믿으며 조상님들 제사만 성심껏 모시는 분이셨다.

그런 분이 자식의 무운장구를 위해 장독대 앞에서 평상시에 안하던 기도를 하신 것이었다. 꽁꽁 얼어붙은 그 정안수 얼음덩어리를 보고

'어머니가 자식을 걱정하고 사랑하는 마음이란 이런 것이로구나!' 하고 찐한 눈물을 삼켰다.

다시 외상으로 극단을 만들고 흥행에 실패하다

집에 돌아온 나는 다시 극단을 조직하고 지방공연을 다녔다. 공연 장소는 사업부장 김희중(金喜中)이 교섭하러 다녔다. 먼저 공연 장소를 구한 뒤 파출소의 허가도 받아야 했다. 그때 김희중이 허가받아온 공연장은 항상 면단위 국민학교였는데, 전기도 없었다. 그래서 조명은 솜방망이를 석유에 찍어서 불을 밝히는 횃불로 했다.

흥행은 항상 적자였다. 단원들 밥값도 안 되었다. 그래서 사업부장보고 "인천 애관극장이나 부평극장을 좀 잡아와야 하지 않느냐?"고 말하곤 했다. 하지만 번번이 실패였다.

하루는 인천 남동국민학교에서 공연을 마치고 숙소에서 자고 일어나 지정된 식당으로 아침밥을 먹으러 갔다. 그런데 남녀단원들이 까르르 웃으면서 "아니! 누군 주고, 누군 안 주냐?"고 했다. 단장이라 체통도 있고 해서 "이게 무슨 소리야? 그리고 사람이 들어오는데 웃기는 왜 웃어?" 하고 소리를 쳤다. 그러자 한 단원이 어젯밤 숙소에서 일어난 소동을 들려줬다.

우리 단원이 20명쯤 됐는데 여자 단원은 4, 5명이고 나머지는 남자이다 보니까 여자들은 좀 넓게 숙소를 쓰는 편이고, 남자들은 비좁은 공간에서 서로 몸을 부대끼며 생활할 수밖에 없었다. 남자들 방을 몇 개 더 얻어야 했지만, 공연은 매번 적자였고 경비가 부족했기 때문에 여자들 방에 가서 자는 남자 단원들이 더러 있다는 것을 알고도 나는 모르는 척 눈감아버리는 상황이었다.

그때 인천에서 두 남녀 배우를 우리 극단으로 스카우트해왔는데, 그 두 사람은 원래부터 내연관계였기 때문에 그 남자가 여자 방에 들어가 그 여자와 함께 자는 것을 모르는 척 묵인해 왔었다. 그런데 한방에서 같이 자는 다른 사람들을 무시하고 둘이서 밤이면 애정행각을 벌였던 모양이었다.

그래서 사업부장 김희중이 자기도 덤비면 될 줄 알았는지 남들이 다 깊이 잠든 이슥한 밤에 내연의 행동을 해온 그 여자에게 슬며시 덤벼들었다는 것이다. 잠결에 여자가 이상하다는 생각이 들어 덤벼드는 남자의 얼굴을 가만히 만져보고는 자기 짝이 아니니까 깜짝 놀라 일어나면서 "왜 이러느냐?"고 항의를 하니 '똥 싼 놈이 성낸다'고 등잔불까지 확 밝히면서 "아니! 누군 주고, 누구는 안 주냐?"고 소리를 질렀다는 것이다. 그래서 다음날 아침 식당에서 나를 보고 "누구는 주고, 누구는 안 주냐?"며 단원들이 웃었던 것이다.

단체 기강도 이렇게 엉망으로 흐려지고 공연은 계속 적자를 내는데, 정미소집 아들로 태어나 가산 다 말아먹고 빈털터리가 된 골빈 친구가 나보고 단체를 팔라고 졸랐다. 그래서 그놈한테 외상으로 단체를 넘겨주고 나는 다시 집으로 돌아왔다.

그 후로 그 외상값은 단 한 푼도 못 받았는데, 돈도 없이 단체를 일으켜 놓겠다고 큰소리치던 그 골빈 녀석이 몇 달도 못 되어 단체를 해산시켜버렸다.

13. 뒤 늦게 공부하고 싶어 고등학교에 입학하다

낙양고등학교 1학년에 편입학하다

극단은 해산되고 할 일 없이 지내는데, 전쟁도 어느 정도 안정되어갔다. 다른 친구들은 부모 잘 만난 덕분에 모두 다시 학교로 복학하고 나 홀로 무료하게 지내는 형편이었다.

노량진 흑석동에 있는 낙양고등학교 2학년으로 편입되어 다니는 친구들이 자기네 학교로 들어와 같이 다니자고 했다. 그래서 내 딴에는 '지금부터 착실히 공부나 해보자. 다른 친구들은 모두 2학년생으로 다니지만, 나는 1학년으로 입학을 하여 기초를 다지겠다'고 마음먹었다.

전쟁 중이라, 학교라야 '아사리판'이었다. 책가방 들고 다니는 놈은 별로 없고 공책을 바지 뒷주머니에 접어서 찌르고, 머리는 머리대로 길게 기르고 다녔다. 누가 학생이고 누가 건달패인지 모를 판이었다.

'이왕에 학교에 들어왔으니 수업이라도 좀 착실히 받아 보자!' 마음먹고 공부를 하려고 자리에 앉아 있으면 창밖에서 똘마니 친구들이 어서 나오라고 손짓을 했다. 그래도 응대를 안 하면 밖에서 큰소리로 "야! 이 자식아! 빨리 나와! 네가 교실에 턱 받치고 앉아 있으면 무얼 아냐?" 하면서 아우성을 쳐댔다.

그냥 앉아있어 봐야 공부하기는 틀렸고, 할 수 없이 밖으로 나와서 그 똘마니 놈들하고 영등포 시장으로 돌아다녔다. 지나다니는 다른 학교 학생들에게 잔 푼을 뜯어 빵이나 자장면도 사먹고, 영보극장 '기도'(표 받는 사람) 보는 놈에게 손만 들고 공짜로 들어가기도 했다. 기도가 "야! 너희들, 좀 몰려다니지 말고 다른 극장으로 분산해서 구경 좀 해라! 내 입장이 거북하다"고 하면, "알았어! 다음에는 서울극장에도 들어갈게!" 건성으로 한 마디 던지고는 그냥 들어가 구경을 했다.

이도 저도 싫증이 나면 별명이 짱구인 소사 친구 홍순모(洪淳模)라는, 아주 머리가 비상한 놈이 장난기를 발동한다. 이놈이 어디서 편지봉투를 한 장 가지고 와서 봉투에다 '나는 당신을 죽도록 사랑한다'고 적어가지고 지나는 여학생들에게 다가가 아주 순박한 표정으로, 마치 모르는 길을 묻는 시늉을 하면서 "이 주소가 어디쯤이냐?"고 그 봉투를 내민다.

그러면 거개의 여학생은 길 묻는 줄 알고 친절히 봉투를 받아들고 읽어보기 마련이었다. 그런데 깜짝 놀라는 태도가 사람마다 가지각색이다.

"어머나!" 하고 막 웃고는 봉투를 도로 주고 가는 여학생, "뭐, 이런 사람이 있어?" 하고는 땅에 휘익 내동댕이치고 가는 여학생, 심지어 "이 사람이 왜 이래?" 하고는 봉투를 발기발기 찢어버리는 여학생, 이런 작은 일에도 여학생들이 보이는 반응은 우리를 즐겁게 만들기에 충분했다. 이런 짓도 시시해지면 할 수 없이 집으로 가곤 했다. 그렇게 두 달쯤 학교라고 다녔다.

전쟁 통에 개판이 된 고등학교의 웃지 못 할 풍경

그 시절엔 전시라 고등학교마다 '배속장교'라는 사람들이 배치되어 있었는데 주로 육군 중위 계급장을 달고 교련만 가르쳤다. 학생들보다 나이도 별로 많지 않았지만, 교사는 교사다. 그러니 교사라고 품위를 지켜야 하는데 우리 패들 하고는 뭐 그저 친구 비슷하게 지냈다.

그 당시 낙양고등학교는 전국에서 축구를 제일 잘하는 축에 들었다. 1·4 후퇴로 평양에서 피난 와있던 차태성(車泰成)이란 친구와 북쪽 출신들이 주축이 되어 축구부를 조직했는데 '축구 하면 낙양고등학교'라고 할 정도로 이름을 날렸다. 그런데 부평에서 미군부대를 다니다 학교에 입학하고 싶어 하는 녀석 둘이 우리에게 낙양고등학교에 입학시켜 달라는 부탁을 해왔다.

그놈들을 중국집으로 데리고 가서 한턱 제대로 얻어먹고, 학교에는 이놈들이 축구를 잘하는 놈이니 축구부에 입학시켜 달라고 청하여 입학시키기로 했다. 그리고 그 대가로 또 중국집으로 몰려가 배갈이 몇 순배 돌았다.

그 자리에는 배속장교인 교련 선생님도 합석했다. 내가 그 교관에게 "선생님!" 하고 계속 예우를 했는데, 그 교관이 술이 거나해져서 "야!

우리끼리 선생은 무슨 선생이냐? 이런 데서는 우리끼리 그냥 친구지!" 하면서 "학교가 아닌 곳에서는 말을 트자!"고 자기가 먼저 제안을 하는 것이었다.

하기야 그때 고등학교에는 의용군으로 참전했다 포로가 되어 반공포로로 석방된 친구에다가 전쟁 통에 상이군인이 되어 돌아와서 복학한 친구, 미군부대에서 하우스보이 하던 친구 등, 각양각색의 전력을 자랑하던 사람들이 다니고 있었으니 교관도 술 먹은 김에 우리가 자기 친구 같다는 생각이 들었나 보다.

2학년에는 이해익(李海益)이란 학생이 있었는데, 전쟁 전 내가 성남중학교 1학년일 때 이 선배는 보성중학교 4학년이었다. 그리고 생긴 모양새답게 별명이 '악마'였는데 무서워서 함부로 대하지 못하고 우리가 깍듯이 "형님, 형님" 하면서 어렵게 대하던 선배였다. 이 선배가 전쟁 통에 의용군에 갔다 반공포로로 석방되어 뒤늦게 낙양고등학교로 우리와 같은 반에 복학을 했다. 우리는 예전 생각으로 "형님!"이라고 불렀는데, 그 선배도 "야! 다 같은 학년에 형은 무슨 형이냐?"고 했다.

다음날 학교 운동장에서 축구부 선수들이 연습을 하는 가운데 체육 선생님이 이놈들을 데리고 운동장에 가서 축구 선수들에게 인계를 시켰다. 그래서 선수들이 "야! 이리 와서 공 좀 차봐!" 하니 이놈들이 전국적으로 이름을 날리는 축구선수들 앞에서 지레 겁을 먹고 공도 차지 못하고 우물거리다가는 소사로 허겁지겁 달려와서 우리에게 경과보고를 했다.

그래서 내가 "이 자식들이 산통 다 흔드네! 야! 이 새끼들아! 그런 걸 너희가 해결하지 못하고 오면 나보고 또 어떻게 하라는 것이냐? 다시 가서 내일 주장 차태성이한테 우리 이야기하고 한턱 써, 이 새끼들아!" 했다. 그놈들은 결국 다음날 축구부 친구들에게도 중국요리 집에서 다시 한턱 쓰고 수습을 했다.

처음 학교에 입학할 때는 공부 좀 제대로 해보겠다고 1학년으로 편입했는데, 이렇게 다니다보니 공부는 어차피 틀렸다는 생각이 들었다. 그런데 이런 식으로 학교를 다니면서도 다른 놈들보다 한 학년 밑으로 다니는 게 여간 자존심이 상하는 게 아니었다. 안 되겠기에 교무실로 찾아가 "나 좀 2학년으로 올려 주세요" 하고 '땡깡' 아닌 땡깡을 부려보기도 했다. 물론 "그렇게는 할 수 없다"는 게 학교 측의 반응이었다.

그때 학교 옆 노량진 언덕에 있던 동양공업고등학교에서 요샛말로 '러브콜'이 들어왔다. "우리 학교에 2학년으로 와서 학생회장도 맡으라"는 내용이었다.

그 길로 한 2개월 다닌 낙양고등학교를 버리고, 동양공업고등학교로 학생회장이란 감투까지 쓰면서 2학년으로 전학을 했다. 그때는 각 학교에서도 주먹이란 이름이 붙은 놈들은 서로 스카우트하던 시절이었다.

학교가 이런 식이었으니 우리 또래는 공부를 거의 할 수가 없었다. 오죽하면 전쟁 통에 학교생활을 한 우리 또래는 고등고시에 합격한 놈이 제일 없다는 소리까지 나왔을라고.

낙양고등학교 1학년에서 동양공업고등학교 2학년으로 전학

동양공업고등학교로 전학해서 김용문(金容文)을 만났다. 이 친구는 나하고 같이 신병 25기로 해군에 입대했던 놈이다. 그때 나는 집으로 돌아왔지만, 이 친구는 그대로 해군에 입대했었다.

이 친구는 부평에서 기차통학을 하고 있었다. 체구는 작은 놈이 눈은 쭉 찢어지고 얼마나 당차게 생겼던지 웬만한 놈은 그놈의 인상이 무서워 근접을 잘 안할 정도였다. 학교라고 다니긴 하지만, 학교 공부는 도통 ABC도 모르는 놈이었다.

아는 것이 없으니 수업시간에도 교실에 안 들어가고 매점 근처에서 서성거렸다. 그런데 하루는 노는 시간에 내가 나오니까 웬 처음 보는 학생을 데리고 있다가 "야! 이 어르신네가 학생회장이시니까 걱정하지 말고 '입학시켜 달라'고 부탁해봐라!" 하며 나한테 우리 학교에 입학하러 온 애라고 인사를 시켰다. 그때는 전시라 그런지 몰라도 동양공업고등학교는 학생회장이 되면 얼마든지 학생을 입학시킬 수가 있었다.

그렇게 입학생이 있는 날은 주위에서 같이 논다는 놈들을 집합시켜 중국집에서 한턱 제대로 얻어먹어 목구멍 때를 씻는 잔칫날이었다. 물론 그놈은 우리가 학교에 입학을 시켜 주었다.

지금 생각하면 그때는 내가 무척 단순했다. 다른 놈들 몰래 뒷돈을 받아먹는 놈들도 있었는데 나는 그런 생각은 꿈에도 안 해봤다. 그래서 그랬는지 우리 학교 주먹들은 내 말이라면 늘 고분고분했다.

동양공업고등학교에 입학하려고 온 녀석을 내가 입학시켜 주겠다고 교무실에 데리고 가면 학교에서는 얼씨구 하고 받아주었다. 그때 동양공업고등학교는 학생들을 부정으로 입학시키는 학교라는 것을 알만한 사람들은 다 알고 있었다. 이러니 내가 똘마니들에게 애들을 입학시켜 주는 일은 누이 좋고 매부 좋고, 학교까지 좋은, 일석삼조였다. 나는 애들한테 생색내 좋고, 학교는 학생회장이라는 놈이 학교 속사정 잘 살펴 잘 처리해 주니 좋고, 학교 들어가고 싶은 녀석들은 입학해서 좋고. 그때는 이렇게 학교에 입학하겠다고 찾아오는 놈들이 종종 있어서 중국집은 심심치 않게 드나들었다.

포천교육장을 지낸 인천사범학교 축구선수 오○○과의 인연

그 무렵 서울 양정고등학교 축구선수 오○○가 소사 우리 집 근처 복숭아 과수원으로 이사를 왔다. 어느 날인가 역전에서 친구들과 어울려 놀다가 집으로 오는 길에 동네 입구에 모여 있던 3년쯤 후배 되는 놈들이 나를 보더니 반가워하면서 "형! 저 복숭아밭에 양정고등학교 다니는 놈이 이사를 왔는데 그놈이 우리보고 '이 동네는 사람 같은 놈이 하나도 없다'고 하면서 자기가 서울 양정고등학교에서 축구를 한다고 자랑을 하며 큰소리를 쳐!" 하고 고자질을 했다.

그 소리를 들으니 동네 후배들 앞에서 그놈을 혼내지 않으면 선배로서 체통이 떨어질 것 같은 생각이 들었다. 그래서 "그래? 그 새끼, 지금 집에 있을까?" 하고 물으니 방금 집으로 갔다고 했다.

그래서 그놈의 집으로 찾아가서 다짜고짜 "야! 여기 양정고등학교 다니는, 사람 같은 놈의 새끼! 이리 좀 나와 봐! 사람 같은 놈 없는 동네에 이사 온, 사람 같은 놈의 새끼! 너, 이리 좀 나와 봐!" 하고 소리를 지르니 그 친구가 문을 살며시 열었다. 그래서 한 마디 더 했다. "너! 우리 동네 아이들한테 '이 동네에 사람이 없다'고 했다면서? 내가 이 동네에도 사람이 있다는 것을 확실히 보여줄게! 이리 나와, 이 새끼야! 안 나오면 방으로 쳐들어갈 거야!" 이놈은 내 기세에 질렸는지 방에서 나오질 못했다.

그래서 신도 벗지 않고 방으로 뛰어 들어가니 그놈의 어머니가 가로막으며 왜 그런지 자기에게 먼저 말을 해보라고 했다. 그래서 자초지종을 말씀드리니까 그 분이 나를 나무라는 것이 아니라, 내 앞에서 자기 자식을 나무라면서 나보고 "학생이 누구인지 아직 모르지만, 학생 말을 들어보니 화가 나게 되었네" 하면서 자기 아들을 보고 어서 이 학생에게 잘못했다고 빌라고 했다.

그러면서 나보고는 "앞으로 둘이서 친하게 잘 지내라"고 달래는 것이었다. 그런데 그 어머니 말씀하시는 것이 어딘가 보통 어머니들 같지 않고 아주 교양이 풍겼다. 그래서 무슨 작은 일에도 감동 잘하는 내 버릇이 여지없이 발동했다. 그 어머니께 무례했다고 용서를 빌고, 그 친구에게는 "앞으로 잘난 척 하지 말라!"고 이르고는 그냥 돌아왔다.

그 일이 있은 뒤 그 친구는 양정고등학교에서 인천사범학교로 전학했고, 거기서도 축구선수로 활약하고 있었다. 나와는 그렇게 해서 인연을 맺은 그 친구가 어느 날 찾아와서 "같이 인천사범학교에 다니자!"고 했다.

"너를 학교에 응원부장으로 소개했는데, 학교에서 받아주겠대" 했다. 그 친구 속셈은 인천 다른 고등학교에서 주먹 행세하는 학생들이 인천사범학교와 축구시합을 하면 위세를 떨며 억지를 쓰니 인천사범학교에도 경인선 주먹을 끌어들이면 되겠다는 생각이었다.

그놈 속셈은 알지만, 오히려 고맙다는 생각을 했다. 그런데 그 친구 말이 "3학년으로 받아주기로 했으니 등록금은 두 번만 내면 되고, 2학기부터는 시내 각 국민학교로 교습하러 다니면 그럭저럭 졸업장도 나오고 선생으로 간다"고 했다. 그래서 어머니께 "나 인천사범학교로 다니게 좀 어려우시더라도 도와주세요. 등록금 두 번만 대주시면 선생이 될 수 있대요" 하고 말씀을 드렸다.

그 순간 어디서 큰형님이 들어와서는 "네놈이 사범학교는 무슨 사범학교냐? 네놈이 선생질을 하면 강아지는 뭘 하느냐? 중학교도 퇴학당한 네놈이 무슨 사범학교냐? 네가 선생이 되면 아이들에게 싸움질이나 가르칠 것이냐?"고 극구 반대를 했다. 그래서 나는 '무슨 저런 형이 다 있어? 더럽다. 그래 이것저것 다 집어치우고 군대나 가자!' 하고는 인천사범학교 입학이고 동양공업고등학교고 뭐고 다 집어치웠다. 이것이 내가 다닌 학교생활의 전부였다.

나를 학교에 보내고 싶어 밀주 장사까지 하신 어머니

피난 통에 큰형수님은 고향에 남아 할아버지를 모시기로 하고 어린 두 조카와 함께 고향집에 눌러 사셨다. 큰형님은 소사에서 우리와 함께 살았는데, 상이군인회 부천지역 고문인가 뭔가 한답시고 돌아만 다녔지 돈벌이도 못하는 반건달이었고, 우리는 어머니가 집에서 밀주를 담가 시내 술집에 대면서 어렵게 버는 돈으로 근근이 생활을 꾸려나갔다.

집 앞 조그마한 텃밭 한 모퉁이에는 돼지우리를 짓고 돼지새끼를 꼭 한 마리씩 정성껏 길렀다. 동리에서 버리는 뜨물 찌꺼기를 모아 정성껏 기른 그 돼지를 봄가을로 1년에 두 번씩 팔아 목돈을 만드셨다. 어머니는 그 돈으로 보리쌀 같은 식량을 사서 시골 할아버지 봉양하는 데 보태라고 형수님께 보내곤 했다.

큰형님은 가족으로 볼 때는 참 부족한 사람이었지만, 필적 좋지, 성질은 기고만장이지, 남에게 지기 싫어하지, 처음 보는 사람들은 오히려 잘난 사람으로 보니 우리 식구들은 참 답답한 노릇이었다. 큰형님이 그렇게 변한 것은 젊은 나이에 잘 나가다가 해방 후 직장도 없이 무능해지면서 매사에 의욕을 잃고 열등의식이 생긴 탓이었을 게다.

그런데 하루는 고향사람들이 올라와서는 형수님과 할아버지가 자주 다투신다며 시아버지를 어머니가 모셔야겠다고 하셨다. 그 바람에 어머니와 형수님이 서로 맞바꾸어 살게 되었다.

14. 젊은 날의 가출과 방황

형님 내외 눈치 보기 싫어 가출, 그리고 방황

어머니는 고향집으로 내려가고 소사 집에는 형수님이 돌아오셨다. 그런데 생활이 말이 아니었다. 작은형님이 하던 제사공장도 문 닫고, 어머니의 밀주 장사도 끝났기 때문에 우리 집 생활터전이 무너져 식량 살 돈도 없어 밥을 먹는 날보다 굶는 날이 더 많아졌다. 나는 그때부터 소사 역전으로 나가 하루 종일 친구들과 어울려 쏘다니는 생활을 했다. 집에 있어봤자 하루 종일 굶는 일 밖에 없는데 친구들과 어울리면 더러 얻어먹는 날도 있었다.

밤늦게 집으로 가 보면 훔쳐갈 것도 없는 집구석에 무슨 도적맞을 일이 있다고 대문 빗장이 걸려있고, 가족들은 벌써 잠이 깊이 든 것 같았다. 그래서 자기 집에 들어가면서도 가족들이 깰까봐 도적놈처럼 조용히 월담으로 스며들어 한구석에서 잠을 자곤 했다.

아침이면 눈치 없이 멀건 나물죽 한 그릇 얻어먹고 다시 소사역 앞으로 나가 친구들과 어울렸다. 운이 좋으면 좀 잘 사는 집 놈들 좀 위협해서 자장면이라도 한 그릇 얻어먹곤 했다. 배고픈 것은 그런대로 참겠는데 밤에 집에 들어가는 게 정말 괴로웠다.

초저녁까지는 친구들이 있으니 그럭저럭 지낼 만한데 날이 저물면 같이 놀던 친구들이 하나둘 자기 집으로 돌아가 버리고 나만 외로이 홀로 남겨졌다. 허허벌판에 버려진 것처럼 외로움이 밀려와 '오늘은 또 어디로 가서 하룻밤을 자야 하나?' 걱정을 하면서도 집에는 들어가기가 정말로 죽기보다 싫었다. 배고픈 것보다 외로움이 더 무섭다는 것을 그때 비로소 깨달았다.

내가 잘 곳이 없는 줄도 모르는 친구들이 "내일 만나자!"고 무심하게 인사를 하고 다 돌아가 버리면 나만 홀로 남은 거리는 적막했다. 여기저기 거리를 밝히던 전등이 하나둘씩 꺼지면서 거리의 상점들마저 문을 닫고 나면 을씨년스럽기 짝이 없었다. 그때가 제일 외로운 때였다. 막막한 대해, 거센 풍랑 앞에 홀로 버려진 쪽배처럼 고독이 밀려왔다.

그래서 생각한 것이 경찰 파출소로 찾아가는 일이었다. "순경 아저씨! 나 좀 하룻밤만 재워주세요" 하면, "아니, 이놈이 미쳤냐? 왜 너희 집은 어디다 두고 파출소에서 자냐? 네가 거지냐? 야! 이 자식아! 여기가 너 자라고 만든 무료 합숙소인 줄 아냐?" 하고 창피만 주고 내쫓으려고 했다. 그러면 내친 김에 "순경 아저씨! 내가 길에서 자다가 얼어 죽으면 아저씨가 책임질 거요?" 하고 대들었다. 순경은 "인마! 네가 죽는 걸 왜 내가 책임을 지냐?"고 나를 미쳤느냐는 듯이 바라봤다. 그러면 나는 "경찰이 국민의 비싼 세금으로 도적놈만 잡으라고 있는 거요?

범죄를 미연에 예방해야 되는 예방경찰법은 없어요?" 하고 실랑이를 붙는다. 그러다 순경이 지치면 이런 말 한 마디가 돌아온다. "그럼 여기 있지 말고 숙직실로 들어가 자든지 말든지 해!"

결국 성공이다. 고맙다며 숙직실에 기어들어 자고, 다음날 아침엔 떼를 써서 고양이 세수까지 하고 나오면서 깍듯이 인사를 한다. 그런 날은 마음씨 좋은 순경 아저씨를 만난 재수 좋은 날이었다. 좀 깍쟁이 순경을 만나면 어림도 없는 일이었다.

파출소에 가서 떼쓰는 것도 하루 이틀이지, 미안한 마음에 소사역으로 방향을 틀었다. 똑같은 방식을 써먹는다. 그랬더니 역은 파출소보다 훨씬 더 인심이 좋고 잠자리도 편했다.

그때 역 앞에서 같이 놀던 친구 중에 박길오(朴吉吾)라는 친구가 있었는데, 그 친구는 외양은 아주 무섭게 생겼으나 남달리 인정이 많고 의리가 있는 친구였다. 불쌍한 사람을 보면 동정도 잘하는 그 친구가 어떻게 알았는지 잘 곳이 없어 파출소로 소사역으로 헤매는 것을 알고 가끔씩 자기 방으로 데리고 가서 밥도 먹여주고 잠도 재워주곤 했다.

그 친구는 내가 해군에 입대하자 나를 따라 해군 시험을 몇 번 보았으나 번번이 실패하고, 육군으로 입대한 뒤 제대하고 집에서 빈둥거리다 나중에 북파공작대인 8240부대에 입대했다는 소리를 들었는데, 그 후로는 한 번도 보지 못했다.

'걸레 같은 잠바' 잡히고 무전취식하다

'뚜럭질'로 미군부대에서도 쫓겨난 후의 일이다. 별로 할 일도 없이 소사역 앞에서 이 다방 저 다방 몰려다니며, 지나가는 낯선 놈들과 싸움질이나 하며 지냈다. 정확히 말하면 싸움이라기보다 텃세로 두들겨 패주는 일이었다. 인천, 영등포로 쏘다니다가 점심 먹을 돈은 없고 배는 고프고 하면 '에라! 모르겠다. 될 대로 되라지' 하고는 대여섯 놈이 우르르 중국집으로 몰려 들어갔다.

혹여 외상으로 먹을 것이라는 기색을 보이거나 주인 앞에서 위축되면 절대로 먹어보지도 못하고 쫓겨나는 수가 있으니 외상일수록 들어갈 때 당당히 가슴을 펴고 한껏 호기를 부려야 한다. "어이, 짱꿰(掌櫃)(중국부자)!" 하고 큰소리로 부르며 "우리 외상 아니니, 여기 짜장면 곱빼기 다섯 개하고 배갈 두 도꾸리 가져 와!" 하고 소리치며 들어간다. 그러면 돌아오는 답이 뻔하다. "나, 너희 학생들에게 술 안 판다 해!" 그렇다고 물러설 우리가 아니다. "우리 학생 아니야! 여러 말 하지 말고 빨리 가져와!" 하면서 구석진 방으로 몰려 들어간다.

배고프던 참에 우선 자장면을 두꺼비 파리 먹듯 해치우고 배갈도 병아리 오줌 먹는 것처럼 먹고 나오면서 당당하게 큰소리를 친다. 아무나 한 놈에게 손가락질하면서 "어이, 짱꿰! 이 자식이 돈이 있는 줄 알고 먹었는데, 이 새끼, 돈이 좆도 없다고 하니 어떻게 하지?" 하고 엿장수도 안 받을 고물시계를 잡힌다. 어떤 때는 도민증을 잡히고 나오기도 했다.

어느 날인가 그날도 중국집에서 자장면을 먹고 나오면서 헌 잠바를 벗어줬다. 절대 기죽은 표정이나 미안한 표정을 쓰면 안 되니 역시 아주 당당했다. "이 잠바, 우리 어머니가 내 생일날 특별히 사준 거니, 잃어버리면 나는 집에 못 들어가! 그러니 보관증 하나 써주어야 해!" 그러자 짱꿰가 잠바를 이리 보고 저리 흔들면서 "아니, 이걸 어디다 써? 걸레를 하나, 뭘 하나? 이놈들아! 그렇게 몰려다니지 말고, 정히 배고프면 혼자서 와! 그럼 우리 짜장면 거저 준다 해!" 하면서 호통을 쳤다. 잠바를 도로 주면서 "너나 갖다 걸레나 해!" 하면서 우리를 내쫓아버렸다.

사실 중국집 주인 유씨(劉氏) 할아버지는 인심도 후하고 퍽 좋은 분이셨다. 돈도 많아 마나님도 둘씩 데리고 살았는데, 딸이 아주 눈이 홀릴 정도로 예뻐서 우리는 그 중국집을 생쥐 풀 방구리 드나들듯 했다.

과자 먹듯 사기접시를 씹던, 기인처럼 살다간 오영환

소사에 오영환(吳榮煥)이라는 친구가 있었다. 이 친구는 젊은 나이에 무엇이 그리도 세상사에 염증을 느끼게 했는지는 알 길이 없으나 염세주의자가 되었다.

이 친구가 어느 날, 세상이 싫어 자살하겠다고 약방에서 쥐약을 사서 방문을 꼭 잠그고 한 병을 다 마시고는 아랫목에 드러누웠다. '이제 죽는구나!' 하고 조용히 죽음을 기다리다가 자기도 모르는 사이 그만 잠이 들었다. 그러다 잠에서 깨어나 '나는 자살을 했으니 죽어있어야 하는데 살아있네. 아하! 죽어서 간 저승도 내가 살던 곳과 꼭 같은 곳이로구나!' 하고는 좀 이상한 생각이 들어 허벅지를 꼬집어보니 아프더란다. 그때서야 '아니, 이상하다. 내가 쥐약을 먹고도 죽지 않았네. 참 더럽다! 내 팔자는 죽는 것도 마음대로 안 되네' 하며 방문을 열고 나와보니 세상이 쥐약 먹기 전과 하나도 달라진 게 없는 것이었다.

그 친구는 '나는 쥐약을 먹어도 안 죽는 이상 체질이로구나!' 생각하고, 다음부터 친구들이 모인 자리에서 툭하면 "사람이 쥐약을 먹고 죽느냐? 사느냐? 야! 우리, 쥐약 먹기 내기하자! 내가 쥐약을 먹고 죽지 않으면 너희들이 술을 사라!" 하면서 자꾸만 술내기를 하자고 했다. 그러면 친구들이 "이 자식아! 헛소리 하지 말고 쥐약 처먹고 죽고 싶으면 너 혼자 처먹고 천당에 가든지 지옥에 가든지, 네 좆 꼴리는 대로 해!" 하고는 핀잔을 줬다.

그런데 이 오영환은 또 이상한 버릇이 있었다. 술 먹고 이유 없이 성질만 났다 하면 사기접시를 아작아작 씹는 것이었다. 그것도 마치 어린아이가 과자를 먹듯이 아주 맛있게 씹었다. 다방에 가면 재떨이 대신 테이블에 사기접시를 한 개씩 갖다 놓았는데, 그 접시를 다 씹고 나면 사기 조각을 뱉어버리는 게 아니고, 레지한테 냉수 한 컵 달라고 청해서 입가심을 하고는 목구멍으로 삼키는 것이다. 그러면 이것을 본 손님들이나 레지가 기겁을 한다. 그래서 속사정을 잘 모르는 사람들은 오영환을 대단히 독하고, 무섭고, 아주 천하에 상종 못할 놈이라고 생각을 한다. 하지만 같이 지내보면 누구보다도 마음이 비단결같이 여리고 순박하고 동정심 많은 놈이었다.

언젠가 해군에서 휴가를 받아 소사에 있는 휘가로 다방으로 친구들을 만나러 들어간 적이 있었다. 그때는 소사친구들이 시간만 나면 다들 휘가로 다방으로 모여들곤 했었다. 차도 잘 안 팔아주면서 난롯가에 둘러앉아 잡담이나 늘어놓는 게 일이었다. 자리나 차지하고 앉아 마냥 뭉그적대면서 돈도 안 내는 설탕물이나 가져오라고 하니 레지와 다방 주인은 말은 못하고 속만 끓이는 판이었다.

집구석이라야 반겨줄 가족도 없고 해서 바로 그 휘가로 다방으로 들어서니 친구들 몇 놈이 구석자리에 모여 잡담을 하고 있었다. 내가 들어서자 박덕호(朴德浩)라는 놈이 마치 사창가의 포주들처럼 큰 소리로 "어서 옵쇼! 야! 단골손님 오신다. 골방으로 모셔라. 그리고 요 하나에 베개는 둘이다. 끝났으면 빨리빨리 센조물(뒷물의 일본말)도 따끈하게 데워 들여보내라!" 했다.

그러니 다방에 앉아 있던 몇몇 여자 손님들이 얼마나 민망했을까? 남자 손님 몇 사람은 머리를 돌리고 덕호라는 놈을 어이없다는 듯이 쳐다봤다. 이런 판이니 다방 주인 마음은 어떠했을까?

애인을 옆에 앉히고 연, 기인 오영환의 결혼 피로연 풍경

술이나 먹고 하는 일 없이 기인처럼 살던 영환이가 어머니의 성화에 못 이겨 결혼을 하게 되었고, 소사 친구들이 피로연 자리로 모여들었다. 축하라기보다는 오랜만에 굶주린 목구멍 청소 한 번 제대로 하려고 모여들었다고 봐야 옳은 말이겠지. 그때는 그런대로 호화스러운 음식점에서 피로연을 가졌다. 당시 결혼 풍속처럼 큰 교자상 3개를 가운데 두고 제일 중앙에 신랑 신부가 앉았다.

그런데 아랫목에 떡하니 자리를 잡은 이놈이 역시나 기인처럼 왼쪽에 신부를 앉히고, 오른쪽에는 애인이라는 여자를 데려다 앉힌 거였다. 그리고 많은 친구들이 음식상을 중심으로 쭉 둘러앉아 술판을 벌였다.

처음에는 이상한 생각이 들어 "뭐, 이런 피로연도 있느냐?" 하니까 한 친구가 "야야! 유지(동네 유지처럼 안 끼는 데가 없다고 해서 붙은 나의 젊은 날 별명)야! 신부도 다 양해했으니 남의 잔칫상에 감 놔라 배 놔라 하지 말고, 너는 신랑 덕에 술이나 실컷 빨아, 이 새끼야!" 한다. 그래서 나도 "이 새끼야! 영환이 장가가는데 배 두들기고 실컷 처먹게 되었으니 오늘 네 놈 생일이냐? 영환이 장가가는 날이냐? 이거 헷갈리고 아리송하다. 이 새끼야!" 하고 시시덕거렸다. 신랑신부 노래도 끝나고 이놈 저놈 돼지 멱따는 소리, 자갈밭 마차 굴러가는 소리로 노래판이 벌어지고, 술판이 그런대로 걸쭉하게 무르익어 갔다.

그런데 술이 꼭지까지 찬 신랑 영환이가 신부는 거들떠보지도 않고 애인을 얼싸안고 끼룩끼룩 울면서 "나는 결혼을 하는데 너는 이제 외로워서 어떻게 살아야 하느냐?"고 했다.

그래서 피로연석이 개판이 되고, 신나게 놀던 친구들이 말렸지만 신랑은 더욱 크게 울었다. 이때 방문이 휙 하고 열리면서 영환이 어머니가 "이놈아! 이 웬수같은 놈아! 그러면 장가는 왜 들어? 저 여우같은 년하고 네놈 소원대로 잘 살지!" 하면서 소리소리 지르셨다. 옆에 있는 애인한테는 "이 미치고 환장할 년아! 여기가 어디라고 넉살좋게 퍼질러 앉아있어? 썩 꺼지지 못해? 이 화냥년아!" 하며 펄쩍펄쩍 뛰셨다. 그러자 애인은 뒤도 돌아보지 않고 꽁지가 빠지게 달아났고, 술판이 개판으로 깨지면서 친구들은 섭섭하지만 뿔뿔이 집으로 돌아가야 했다.

이렇게 결혼한 영환이를 1년쯤 후에 만났더니 이혼을 했다고 했다. 하도 어이가 없어 "아무리 미친놈이라지만, 이 새끼야! 이혼이 뭐 애들

소꿉장난인 줄 알아? 이혼하려면 위자료라도 좀 줘야 하지 않느냐? 네가 무슨 돈이 있어 이혼이냐?"고 했더니 주머니에서 하얀 미농지를 꺼내 펴보였다. 접고 또 접어서 주머니에 넣고 다니던 이혼합의서였다.

하도 오래 넣고 다녀서 너덜너덜했는데, 이름에 찍은 손도장 인주가 채 마르기도 전에 접어서 그런지 손도장 자욱이 여기저기 묻어서 8개나 되었다. 약혼식 때 해주었던 5돈짜리 금반지만 먹고 떨어지라고 미련 없이 줘버렸다면서 남의 일처럼 아무렇지도 않게 떠벌렸다.

어이가 없어 멍하게 바라보자 "야, 유지야! 내 이혼 기념으로 술이나 한잔하자!"면서 방석집으로 나를 끌고 갔다. 그래서 단골 술집 아가씨들과 잡담과 음담패설을 하면서 이놈이 언제 이혼을 했냐는 듯이 하루를 즐겁게 보냈다. 허허, 참 미친놈 같으니라고!

다방 어항 속 금붕어를 술안주로 먹었던 서순천

이 다방 저 다방으로 방황하던 시절, 소사 친구 중에 서순천(徐順千)이라는 친구가 있었다. 이놈 역시 기인 중에 기인이었는데, 해군 시험에서 불합격이 돼 해병대로 지원 입대한 친구였다.

이 친구는 대단한 허스키로, 노래를 부르면 암스트롱 뺨칠 지경으로 사람들을 매혹시키고 입담도 좋은, 참 재미있는 친구였다. 서순억(徐順億)이라는 그의 큰형은 해군 5기생으로 해군 준위로 제대하고 부산에서 작은 선박 수선회사를 운영했다.

이 친구는 형님을 따라 부산으로 이사를 했으나, 부산보다는 어려서부터 친구가 많은 소사에서 배회하기를 좋아했다. 술도 말술이었는데, 술을 잔뜩 먹고도 다방에 가면 커피에는 얼씬도 하지 않고 꼭 위스키를 시키되 그것도 꼭 '따불'로 먹는 놈이었다.

하루는 휘가로 다방에서 위스키를 따불로 시켜먹고 나더니 다방 어항 속 금붕어를 잡아, 안주라며 배도 따지 않고 날로 먹었다. 그리고는 아무도 없는 곳에서 "야! 금붕어 대단히 쓰더라! 나 그렇게 쓴 것은 생전 처음 먹어봤다"며 머리를 절레절레 흔드는 것이었다.

그런데 얼마 후 순천이가 해병대 군복을 입은 채 노량진 사창가 앞길에서 술에 취해 난동을 부렸다. 말술에도 끄떡없는 이 친구가 그날은 도저히 말려도 듣지 않고 오줌똥도 분간 못하고 날뛰었다.

아니나 다를까. 누가 신고를 했는지 잠시 뒤 육군헌병 순찰 지프차가 들이닥쳤다. '아차, 이거 큰일 났구나! 이 친구가 부대 귀대일자도 지났을지 모르는데 즉각 해군헌병대로 이첩하면 어쩌지?' 하는 생각에 내가 그 육군헌병들 앞에서 순천이의 뺨을 있는 힘껏 때리면서 이렇게 말했다. "이놈이 오랜만에 휴가를 나와 술이 너무 많이 취해서 인사불성이 되었네요. 내가 오죽하면 친구를 이렇게 때리겠어요? 그러니 수고하시는데 그냥 돌아가시면 내가 재워서 술이 깨는 대로 귀대시키겠습니다." 그렇게 사정하자 육군헌병 순찰차가 진짜로 그냥 돌아갔다. 그 시절에는 육군헌병들이 웬만하면 해군이나 해병대는 관여하지 않던 시절이기도 했다.

그렇게 헌병들이 돌아가자 이 친구가 "육군 놈들에게 뭘 비느냐?"고 항변했다. 그래서 "술을 처먹었으면 입으로 처먹지 똥구멍으로 처먹었냐? 이 똥인지 된장인지도 분간 못하는 놈아!" 하고는 한 번 더 때릴까 하다가 '술 취한 개'라니 하고 참고 말았다.

이 친구는 해병대 제대 후 부산 형님 댁으로 이사해서 원양어선을 타면서 영영 부산 사람이 되었다. 가끔씩 보고 싶기도 한 녀석인데, 어쩌다 부산을 지날 때도 있지만 부산도 너무 커져서 도저히 찾을 길이 없어 이제는 단념하고 말았다.

참으로 야속하고 무정한 놈 같으니라고! '소사로 찾아오면 어떻게든지 나와 연락이 될 터인데. 그러면 한 번 만나 볼 수도 있을 텐데……'

미 19부대 식량운송창고에서 밤 노동을 하다

언젠가 친구 대여섯 놈이 우르르 소사에서 야간열차를 타고 영등포 역전 사창가로 몰려간 적이 있다. 그 자리에는 박길오도 있었다. 그 친구는 육군 일등병으로 휴가를 나왔다가 같이 가는 중이었다. 그런데 인천 쪽으로 외출 갔다 귀대하던 오류동 공군 첩보대원들이 몇 명 타고 가다 육군 일등병이라고 깔봤는지 이유 없이 시비를 걸었다.

그래서 내가 "이놈들이 소사라는 곳이 어떤 곳인지도 모르고 술 먹어 간덩이가 부은 게로구나!" 하고는 단추를 누르면 칼날이 탁 튀어나오는 잭나이프를 꺼내 왼손에 들고 그 첩보원 한 놈의 목에 대고서 "여기서 덤비면 이놈은 골로 가는 거야, 이 새끼들아!" 하고 큰소리로 위협을 하다가 바른손으로 그놈 얼굴에 주먹을 한방 먹였다. 그러나 그놈들은 이미 기가 죽었는지 대항도 못하고 당하고만 있었다.

그러는 사이 어느새 공군 첩보대가 있는 오류동역에서 기차가 섰다. 그때 퍼뜩 이런 생각이 떠올랐다. '기차가 빨리 떠나지 않으면 저놈들이 저희 부대 공군 첩보대원들을 많이 데리고 싸우러 오면 큰일이겠구나.' 마음속으로는 걱정을 하면서도 '밀릴지도 모르니 싸움의 기선을 잡기 위해 더욱 독기를 부리자' 단단히 마음먹고 있는데, 다행히 기차가 바로 뜨는 바람에 그 싸움은 그런대로 무사히 끝났다.

그 인정 많고 측은지심도 있고 정도 남달리 많던 친구, 박길오가 나중에 영등포 미군 식량창고(지금의 영등포역 뒤편)에 야간 노동을 다니면서 나더러 같이 하자고 해서 다니게 되었다.

저녁 8시에 일을 시작해서 다음날 아침 8시에 일을 끝내고 낮 일꾼들과 교대를 하는데, 노동을 해보지 못한 내 노동력으로는 이 일도 대단히 힘겨웠다. 미군 씨레이션 박스들을 기차에서 창고로 날라다 쌓고, 어느 때는 반대로 창고에서 기차로 실어다 쌓는데 힘이 들어 도저히 감당할 수가 없었다.

그런데 물건을 나르는 막노동을 하면서 가만 보니 창고마다 물건은 나르지 않고 숫자만 확인 기록하는 '카운터'라는 비교적 젊은 사람들이 한 사람씩 배치되어 있었다. "도저히 힘들어 못 다닐 것 같다"고 하니 그때 좀 오래 다닌 박길오가 "며칠만 다니면 총감독에게 카운트 일을 하게 해줄 테니 조금 더 다니자!"고 해서 도리 없이 참고 다녔다.

그런데 밤 12시부터 새벽 1시까지가 야참 시간이었다. 야참 시간에는 미군들이 한국인 노동자들을 모두 창고 밖으로 내몰았다. 깡통이라도 함부로 까먹을까봐 염려했던 것이다. 그러면 우리 한국노동자들은 마당으로 몰려나와 집에서 싸가지고 온 도시락을 먹으면서 야식시간을 보냈다.

카운트 보는 사람들은 비교적 나이가 젊고 영어를 조금이라도 하는 사람들이라 자연 미군들과 친해져 소시지 깡통이나 비스킷 등을 조금씩 주머니에 넣어 가지고 나와서 먹고, 야식이 끝나면 작업시간까지 잡담을 하며 보냈다.

그런데 그 친구들이 어떻게 내가 연극 이야기를 잘한다는 것을 알게 되었는지 "심심한데 여기서 연극이나 한 번 해봐라!" 했다. 카운터들이 내놓는 맛있는 양키 식품도 있고, 빨리 해보라고 여럿이 하도 졸라서 할 수 없이 그때 영보극장에서 공연 중이던 〈반도가극단〉의 '홍도야 우지마라'를 혼자서 재연했다.

막이 오르기 전에 나팔과 북치는 시늉부터 시작했다. "영보극장과 우리 반도가극단을 사랑하시는 손님 여러분! 지루한 시간, 오랫동안 기다리셨습니다. 지금으로부터 손님 여러분이 기다리고 기다리시던 김성민 작, 이랑 연출 '홍도야 우지마라' 전 3막 15장의 막을 올리겠습니다." 그리고 "빠빠빵 빵!" 하고 손으로 나팔 부는 시늉을 하고 나서 '홍도야 우지마라' 1절을 불렀다.

사랑을 팔고 사는 꽃바람 속에
너 혼자 지키려는 순정의 등불
홍도야 우지마라 오빠가 있다
아내의 나갈 길을 너는 지켜라

그리고 나서 연극 줄거리를 따라가며 나 혼자 하는 일인극을 시작했다. 오빠의 학비 마련을 위해 기생이 된 홍도는 오빠 친구인 영호와 사랑에 빠진다. 영호는 부모의 반대를 무릅쓰고 홍도와 결혼하지만, 오래지 않아 영호는 외국으로 유학을 떠나버린다.

홍도는 시어머니의 학대와 계략으로 시집에서 쫓겨난다. 외국 유학을 마치고 돌아온 영호가 홍도를 버리고 부호 집 딸과 약혼을 하게 되자, 약혼식장으로 달려간 홍도는 흥분한 나머지 자신도 모르게 부자 집 딸을 과일칼로 찌르고 만다.

그 살인 현장에 달려온 경찰관이 바로 오빠였다. 홍도는 오빠 품에 안겨 슬피 울지만, 법은 준엄한 것! 오빠는 홍도의 손목에 싸늘한 쇠고랑을 채워 무대 뒤로 나간다. 그러면서 '홍도야 우지마라' 2절을 부른다.

구름에 쌓인 달을 너는 보았지
세상은 구름이요 홍도는 달빛
하늘이 믿으시는 내 사랑에는
구름을 걷어주는 바람이 분다

홍도가 살인을 하고, 오빠가 홍도의 손목에 쇠고랑을 채우는 마지막 장면에서 대사를 할 때는 감정을 한껏 잡는다.

"홍도야! 네가 살인을 하다니! 도무지 이 오라비는 믿어지지 않는구나! 홍도야! 이 날까지 벌레 한 마리 네 손으로 죽이지 못한, 마음 여린

네가 살인이라니! 이것이 어이된 일이냐? 믿어지지 않는구나! 어려서 일찍이 조실부모하고, 오직 이 세상에서 하나밖에 없는 이 오라비만을 믿고 그리도 착하고 굳게 살아온 네가 뭇사람들에게 기생소리를 듣고 손가락질을 받으면서 오직 이 오라비의 성공을 위해 모든 희생을 하더니, 홍도야! 이 오라비의 손으로 너를 묶어가야 하다니! 아! 이 어이된 우리 남매의 기구한 운명의 장난이더냐? 홍도야! 이 길이 네가 가는 이 생의 마지막 길이 될지도 모르는 길이니, 하늘을 보고 땅을 보면서 천천히 가자!"

이러면서 '홍도야 우지마라' 2절을 부르면서 연극 이야기 끝을 낸다. 그러는 동안 주로 힘든 노동을 하는 나이 좀 든 막노동자들은 잠깐이라도 눈을 붙여 쉬어보려고 이 구석 저 구석으로 가서 잠을 붙이고, 카운트를 보는 젊은 사람들은 내 앞으로 모여들어 나의 1인극 재미에 푹 빠졌다.

그러고 나면 여기저기서 깡통이고 비스킷이고 내 앞으로 갖다놓고 계속하라고 졸라댄다. 그러나 나도 하루에 한 편밖에는 절대로 안했다.

그 뒤로 매일 야식시간이면 꼭 연극 한 편씩 하는 것으로 나의 하루 일이 끝났다. 집에서는 언감생심 야식이란 꿈도 못 꾸는데 연극을 혼자서 재탕하는 바람에 맛있는 미군 식품을 배불리 먹을 수 있었다. 그러다 보니 낮에 집에서 시간이 나면 '오늘은 무슨 연극을 할까?' 고민까지 하게 되었다. '법정에 선 어머니', '외로운 남매', '감나무 집 딸' 등 큰형님이 영등포경찰서 순경을 할 때 얻어온 극장표로 나만큼이나 연극을 좋아하시던 어머니와 함께 본 연극 얘기를 이때 요긴하게 써먹었다. 밑천이 떨어진 다음부터는 새로 연극 한 편씩을 일부러 가서 보고 준비까지 했다.

그 후 소문이 퍼지면서 나는 미국말도 잘 못하는데 카운트 보는 패들이 총감독을 졸라 나도 카운터가 되었다. 그래서 힘겨운 노동을 안

하고, 이 창고 저 창고로 돌아다니며 카운터들과 잡담이나 하고 노동시간을 때우며 지냈다.

미군부대 창고에서 만난 황해도 피난민 친구 최주한

그 뒤부터 영등포 미군 19부대 창고일은 야간일이긴 해도 별로 힘들지 않았다. 그저 연극 흉내나 내면서 어영부영 지냈고, 노동하는 것 같지 않게 편하게 지내고 있었다.

그때 역시 그 부대에 다니던 최주한(崔周翰)이란 친구가 어디서 났는지 양키 깡통이며 초콜릿 등을 자주 갖다 주면서 가까이 다가온 일이 있었다. 처음에는 예삿일로 생각해 별로 마음을 쓰지 않았으나, 지나칠 정도로 친절을 베풀어 나도 자연 마음을 열게 되었다.

그러던 어느 날, 그 친구가 낮에 영등포시장에 있는 영보극장 옆 다방에서 만나자고 했다. 다음날 그 다방에서 커피를 한잔씩 시켜놓고 이런저런 이야기를 하다가 서로 지금까지 살아온 이야기를 기탄없이 털어놓게 되었고, 자연스럽게 금세 정이 들었다.

이 친구는 1·4 후퇴 때 황해도에서 형과 같이 피난 나온 아주 외로운 친구였다. 마음을 주고받을 수 있는 친구도 별로 없던 터에 내가 밤이면 연극 흉내를 내면서 익살스럽게 구는 것을 보고 친해지고 싶다며 이렇게 말했다. "우리 변치 않는 친구가 되자! 오늘부터 부대에 가면 내가 하는 대로 무조건 따라 해라."

이튿날이 되자 이 친구가 어느 양키와 영어와 한국말을 섞어서 속삭여댔다. 이 친구는 미군들과 아주 잘 어울리고 있던 터였다. 그런데 새벽쯤에 양키가 우리를 아주 후미진 곳으로 데리고 가서 철조망을 들어주며 미군용 야전식량을 두 박스나 철조망 밖으로 넘겨주었다.

나는 무섭고 겁이 났지만, 이 친구는 마치 자기 집 물건을 가지고 나가는 것처럼 아주 태연하고 유유하게 박스 하나를 둘러메며 나보고

"너도 어서 가지고 빨리 따라 오라!"고 했다. 그 친구가 시키는 대로 박스를 어깨에 메고 어느 가정집으로 가서 작은 소리로 문을 열어달라고 했다. 그러자 어느 아주머니가 기다렸다는 듯이 문을 열어주며 어서 들어오라며 아주 반가이 맞아주었다.

그 집에서 한잠 붙이고 일어나니 집주인 아주머니가 꽤나 많은 돈을 내놓았다. 이 친구가 그 돈을 받더니 밖으로 나와 내게도 돈을 나눠주면서 "오늘 밤부터 나만 따라다니면 돼. 양키를 구워삶아 우리 뒷배를 봐주니 아무 걱정 하지 말라"면서 나를 안심시켰다.

우리는 그 길로 기성복 양복점에 가서 그때 유행하던 나팔바지를 한 벌씩 사 입고 남은 돈으로 맛있는 것들을 사서 주전부리도 하고, 극장 구경도 하고, 간혹 사창가도 들어가고 하면서 흥청망청 돈을 쓰고 지냈다. 그런데 어느 날 그 미군이 본국으로 돌아가고 말았다.

그래서 당연히 우리 일도 끊겼다. 매일 밤 뚜럭질로 번 돈을 펑펑 쓰다보니 일당벌이는 시시해서 부대에 다니고 싶은 생각이 차츰 없어졌고, 마침내 19부대 생활을 접고 그 길로 해군 시험을 친 뒤 입대할 날만 기다리며 어영부영 지냈다.

소사 가설극장에서 준비 없이 무성영화 변사를 하다

미군부대 생활도 접고 형님네 집에서 눈칫밥을 얻어먹으며 할 일도 별로 없어 영등포 남도극장 기도 보는 놈에게 눈이나 찡긋하고 공짜로 들어가 아까운 시간만 죽이고 있었다.

그 즈음 상영한 영화가 미국의 유명한 배우 커크 더글러스와 버트 랭카스터 주연의 'OK 목장의 결투'였다. 무성영화인데 변사가 해설을 하고 있었다. 하지만 영화 보러 들어간 것도 아니고 시간이나 죽이려고 들어갔던 차라 별 관심도 없어서 아무 생각 없이 보고 나왔다.

그런데 얼마 후 소사에서 친구들과 영화를 보는데 그곳에서 상영 중인 영화가 바로 그 생각 없이 본 'OK 목장의 결투'였다. 그런데 소사 영화관 변사는 해설을 참 못했다. 도무지 갑갑하고 시원치 않아 듣기가 거북했다. 그래서 친구들한테 "아휴! 해설하는 꼬락서니하고는! 저걸 해설이라고 하나? 내가 지금 해도 저보단 낫겠다"고 중얼거렸다.

그러자 친구 한 놈이 "그래! 차라리 네가 해라! 네가 더 잘할 것이다" 하면서 별안간 큰 목소리로 "그 해설 집어치워라! 진짜배기 변사가 여기서 해설하신다"고 소리를 쳤다. 그러자 갑자기 해설이 쑥 들어가고 극장 안이 조용해졌다.

이제 가만히 있을 수도 없고 진퇴양난이 되었다. 할 수 없이 내가 변사조로 목을 가다듬고 해설을 하기 시작했다. 그런데 'OK 목장의 결투' 대본을 본 적이 있나, 난감하기 짝이 없었다. '남도극장에서도 아무 관심 없이 해설을 들었는데⋯⋯ 이거 정말 큰일 났다'는 생각을 하면서도 그냥 변사조로 해설을 시작했다.

내용은커녕 주인공 한 사람 이름도 몰라 도리 없이 미국인들이 잘 쓰는 이름이라고 생각하고 존, 또 한 사람은 마이클로 멋대로 정했다. 존으로 정한 커크 더글러스는 결핵으로 무섭게 기침을 하면서도 친구와의 의리를 위해 어쩌면 죽을 수도 있는 자리를 마다지 않는다. 그래서 악당들과 최후의 결전을 하러 OK 목장으로 가겠다고 나섰다.

그때 애인이 "그런 몸으로 악당들과 싸우게 되면 당신은 죽어서 돌아온다"고 울면서 말렸고, 존은 애인의 손을 뿌리치며 싸울 준비를 하고 길을 나서는 장면을 해설했다.

하여간 정신없이 꾸며서 해설을 하니 극장은 물을 뿌린 듯 조용해졌다. 거기에 용기를 얻어 끝까지 해설을 하기는 했는데, 내가 뭐라고 해설을 했는지 나도 모를 지경이었다.

영화가 끝나고 전깃불이 들어오니 중간부터 내가 변사 노릇을 했다는 것을 알고 객석에서 박수가 터졌다. 친구 놈들은 "야! 네가 훨씬 더 잘했다"며 야단이었다. 영화 흥행을 위해 직접 변사로 나섰던 양반이 수고했다며 술 한잔 사겠다고 극장 앞 왜식집으로 우리를 데리고 갔다.

환한 방에 앉고보니 아뿔싸! 이게 웬일? 그분은 성남중학교에서 나랑 같이 퇴학당했던 친구 최병표의 아버님이었다. 그 분은 나를 못 알아보셨지만 나는 병표네 집을 가끔 갔기 때문에 금방 알아보았다. 병표 친구라고 말씀드리고 절을 올렸다.

최병표 아버지는 마차 사업도 크게 하고 잘살던 분이었는데 왜 영화 순회를 다니시는지 이해가 되지 않아 의아했다. 그런데 아버님이 나보고 "잘됐다. 내가 너를 병표같이 생각하고 섭섭하지 않게 대우할 터이니 순회 상영 변사로 함께 다니자!"고 하셨다. 그러나 형편이 그렇지 못했다. "제가 군대 영장을 받아 며칠 있으면 입대해야 한다"고 간곡히 말씀드리고 사양할 수밖에 도리가 없었다. 병표란 친구도 생각나 어쩐지 좀 미안한 마음이 드는데도 어쩌지 못했다.

국민학교 3년 중퇴의 자유당 명물 국회의원 오재영

1954년 봄, 해군에 또 합격하고 어머니께 인사차 고향으로 갔다. 고향에서 어머니를 따라 일죽 5일장으로 장 구경을 갔다. 마침 3대 국회의원 선거가 한창이었다. 다른 후보들은 잘 생각나지 않지만 이승만 밑에서 상공부장관을 지낸 이교선(李敎善) 자유당 후보와 무소속 오재영(吳在泳) 후보는 또렷이 기억난다.

장터 이곳저곳에서 개인 정견발표회가 벌어졌다. 지금도 생각나는 장면 중 하나는 카이젤 수염을 멋지게 기른 이교선 후보가 여당인 자유당 후보답게 많은 운동원들에 둘러싸여 단상에 올라 자기 자랑을 늘어놓는 모습이었다.

자기는 미국의 닉슨 부통령과 대학 동창이라는 둥, 자기가 전주 이씨 양녕대군 후손으로 이승만 대통령한테는 아저씨뻘이 된다는 둥, 정견이라고는 별로 들을 것도 없었다.

미국까지 가서 공부했다는 거물이라면서 정견다운 정견도 없이 쓸데없는 자기 자랑만 늘어놓는데, 왜 그런지 사람이 겸손한 데는 조금도 없고 멋진 인상과는 달리 좀 야비하고 거만하다는 느낌이 들었다.

거기에 비해 풍신은 좋으나 국민학교 3학년밖에 못 다녔다는 오재영은 더욱 가관이었다. 정견은 한 마디도 발표하지 않고 사위, 며느리, 아들, 딸만 주워섬기면서, 자기가 국회에 들어가면 자유당이고 민주당이고 설거지하듯이 몽땅 쓸어 치우겠다고, 자기를 꼭 국회로 보내달라고 호소했다. '이게 무슨 국회의원이 될 사람 정견발표야? 약장수나 동동구루무 장수도 저것보다 낫겠다! 별 미친놈도 다 국회의원이 되겠다네' 하고 속으로 웃고 말았다.

그런데 해군에 입대하려고 인천으로 가는 도중에 버스 속 라디오에서 흘러나오는 국회의원 당선자 발표를 들으면서 나는 귀를 의심했다. 안성군에서 오재영이 당선되었다는 것이었다.

'참 웃기네, 오재영이 당선이라니!' 그런데 "국회로 보내주면 자유당이고 민주당이고 싹 설거지를 한다"고 떠들던 사람이 국회가 개원되고 10일도 안 돼서 자유당에 입당을 했다. 그 소리를 믿고 기대한 사람은 없겠지만, 그렇다고 그리 빨리 자유당으로 갈 수가 있을까? 이후 자유당에서 국회 국방분과위원장까지 했으니 재주꾼임에는 틀림없다. 원래 배운 것도 없는 사람이라 국회에서 어떻게 하는지 모르기도 하고 기대도 하지 않았지만, 안성에서는 국회의원이라기보다 모든 민원 해결사였던 것은 분명하다. 국회 국방위원장이니까 논산훈련소를 수시로 찾아갔다. 특히 안성 청년들이 훈련소에 입소하면 위문하고 다니는 것이 의정활동보다 우선순위였다.

전쟁 중에 국민방위군에 끌려가 죽은 사람들은 사실 군번도 못 받아 다른 지방에서는 그대로 개죽음으로 처리되었지만, 다른 곳은 몰라도 안성군은 오재영이가 국민방위군에 끌려가서 죽은 많은 사람들을 전사자로 만들어 그 부모나 부인들이 모두 연금을 받게 해주었다. 국민방위군으로 끌려갔다가 돌아오지 못한 작은형님도 그렇게 해서 전사자 처리가 됐다. 국회 국방위원장인 오재영이 권력을 남용하며 지역구를 관리한 덕분에 어머니는 돌아가실 때까지 유족연금을 받아서 요긴하게 쓰기도 했다.

이렇게 민원 해결을 잘해주니 재선은 말할 것도 없었다. 오재영의원이 무소속으로 처음 출마했을 때는 집권당인 자유당의 선거 방해가 얼마나 심했는지 모른다. 오재영씨가 정견을 발표하려고 하면 지서 주임이 부하 순경을 데리고 와서 정말 노골적으로 방해를 했다. 그 후 오재영씨가 당선돼 자유당으로 입당하니 그 지서 주임이 '나는 이제 목이 날아가겠군!' 하고 지레 겁을 먹고는 오재영 의원에게 사의를 표명하며 사과를 한 일이 있었다고 한다. 그런데 오히려 오 의원은 "나는 당신 같은 사람이 필요하다. 무슨 일이든 하려면 당신같이 적극적으로 해야 된다"며 그 자리에서 치안국장에게 전화를 해서 경사에서 경위로 진급까지 시켜주었다. 그 뒤로 그 주임은 마치 오재영한테 잘 길들여진 강아지처럼 되었다는 이야기도 고향 안성에 널리 퍼졌다.

이런 오재영 의원이 5·16 쿠데타가 나고, 5대 대통령 선거 때 추풍회(秋風會)란 정치단체까지 조직해 대통령에 출마했다. 항간에 떠도는 소문으로는 박정희 후보가 야당 분열 공작으로 오재영 의원을 출마시켰다는 이야기도 있다. 하기야 정치란 언제나 야비하고 치사하고 더러운 것인데 군정 때야 오죽했을까.

지겹기만 했던 군대생활

15. 해군 39기로 군대생활을 시작하다

해군 신병모집에 또 합격하다

　1954년 4월, 해군지원서를 써가지고 인천 해군경비부 사령부로 갔다. 아침 8시에 도착했는데 한 시간 정도 정문에서 기다리다 9시가 되어 보초가 들어가도 좋다고 해 서무과에 지원서를 접수시켰다. 그런데 아무리 보아도 내가 1번으로 접수시켰는데 내 수험번호가 3번이었다. 그래서 물었다. "내가 제일 먼저 접수시켰는데 왜 3번입니까?" 그러자 접수받는 현역병은 "이 자식아! 3번이면 3번인 줄 알고, 좆으로 밤송이를 까라면 까고, 아무것도 알려고 하지도 말고, 하라면 해야 참된 군인이 되는 거야! 이 짜식아!" 하면서 내쫓았다. 어이가 없었지만 이것도 군대인데 어쩌겠나.

　시험 보는 날, 인천역 근처 해군인천병원으로 갔더니 응시자들이 그야말로 구름처럼 모여 있었다. 어림잡아 1천명도 더 되는 것 같았다. 시간이 되니 현역병 3명이 야구 방망이 같은 것을 하나씩 들고 나왔다. "지금부터 인천 시내를 구보한다. 알았나? 모두 나를 따라라!" 하고 앞

서서 호각을 불면서 달렸다. 우리 지원자들은 어미닭을 쫓아가는 병아리들처럼 그 뒤를 따라 인천 시내를 한 바퀴 돌았다. 다시 인천병원 앞에 도착하자 빨리 따라온 지원자들만 선착순으로 반쯤 들여보내더니 "여기서 그만!" 하고 중간을 잘랐다. 그러면서 뒤에 따라온 응시자들한테 집으로 가라고 몽둥이를 휘두르며 쫓아 보내고 병원 정문을 잠그더니 신체검사를 시작했다. 신체검사장에서도 1, 2번은 볼 수가 없었다. 내가 제일 앞에서 신체검사를 받았다. '1, 2번은 시내 구보 때 처졌나 보다' 생각했다.

신체검사 다음날은 박문여자고등학교에서 학과시험을 치렀는데, 시험지를 받아보니 한문으로 이승만(李承晩)대통령 이름을 써라, "내가 본 해군"을 제목으로 작문을 해보라는 문제였다.

천성적으로 성질이 급한 나는 다 작성한 답안지를 다시 읽어보지도 않고 일찌감치 운동장으로 나왔는데 다른 수험생들은 한참 뒤에야 나왔다. 군데군데 떠드는 소리를 들어보니 '글짓기가 어려웠다'는 둥, '해군에 대해 쓸 게 없어 그냥 해군을 그렸다'는 둥 그런 내용들이었다. '이승만 이름을 한문으로 못 썼다'고 지껄이는 것을 보고 참 한심하다고 생각했다. 지금은 한글세대니 그렇다 쳐도, 그때는 웬만하면 다 한문을 배운 시절인데 '이승만도 못 쓰다니, 이 정도 수준들이니 나는 합격할 수 있겠다'고 생각했다.

그때는 해군 신병모집을 한 달에 한 번씩 했다. 그런데 같이 시험을 치르면서 알게 된 놈 중에 '에노껭'(일본 사무라이 영화 희극배우로 못난이 역으로 자주 나오는 배우)이라는 별명을 가진 성일경(成一慶)이란 친구가 있었다. 합격발표 때 현역 시험관이 이 친구를 보더니 "너는 우리 경비부 단골손님인데, 몇 번째 응시냐?"고 물었다. 아홉 번째라고 답하자, "너는 이번에 또 떨어졌는데, 다음 달에 다시 한 번 더 시험을 치르면 네 정성이 가상해 내가 꼭 책임지고 합격시켜주겠다"고 했다. '아니, 해군 졸병 시험을 열 번 보는 놈도 있구나!' 하는 생각에 웃지 않을 수 없었다.

며칠 후, 합격발표를 보러 해군경비부로 가니 많은 응시자들이 발표를 기다리는데 현역병이 나오더니 "3번 신용승이가 누구냐?"고 했다. 내가 손을 들자 "너는 글짓기가 1등이라 무조건 합격했다"고 미리 가르쳐주었다.

그리고 합격자 발표를 하는데, 1천여명 중에 합격자는 겨우 30명이었다. 대충 따져도 30대 1이었다. 그런데, 아니 이게 웬일? 모든 시험을 내가 제일 앞에서 치렀는데, 신체검사 때나 학과시험 치를 때 단 한 번도 본 적이 없는 1, 2번도 합격이 되어 있었다. 그러니 실제 경쟁률은 50대 1도 더 되는 상황이었다.

이승만의 자유당 시절은 '빽'이 안 통하는 곳이 없고, 모든 영역에서 부패 안 된 곳이 없다던 때였다. 심지어 군대 졸병 시험조차 이렇게 부정이 판을 치는 때였다. 지금도 추측으로는 전국 시험장에서 합격했다고 입대하러 온 동기생 150명 중 아마 절반은 돈 쓰고 부정 합격한 것이라고 장담한다.

내 군번이 5112188인데, 박만화(朴晩和)라는 친구가 바로 다음 군번인 5112189번을 받았다. 그는 인천에서 진해까지 갈 때부터 내 뒤만 졸졸 따라다녔다. 강원도 화천에서 태어난 친구인데, 아버지가 일찍이 병사하시고 어머니는 젊은 나이라 그랬던지 어린 두 아들을 시어머니에게 맡기고 개가를 해 할머니와 남동생, 이렇게 세 식구가 아주 어렵게 살았다고 했다. 국민학교도 제대로 다니지 못하고 할머니 밑에서 가사를 돕다가 한국전쟁 때 미군부대 하우스보이로 다닌 바람에 글자로는 ABC도 모르지만 미국말은 번지르르하게 잘했다.

이 친구는 미군부대에서 돈을 많이 벌었는데, 육군 가기가 싫어서 인천 해군경비부 모병하는 졸병한테 돈을 세지도 않고 마치 마약조직단과 갱들이 서로 음침한 곳에서 물물교환하는 것처럼 돈가방째 주고 해군에 왔다고 했다. '설마 그랬을까?' 하는 생각도 든다.

나는 동기생들이 모인 자리에서 "우리가 해군 입대할 때 부정 없이 서울대학 들어가듯이 깨끗이 시험으로 합격해 입대했다면, 우리 해군은 어느 군대보다 자질이 우수할 것이다. 내가 병아리 감별사처럼 부정으로 들어온 놈들은 99% 감별할 수 있다"고 떠들기도 했다. 그러면 특히 뒷거래로 들어온 놈들은 아무 대꾸도 하지 않고 아주 싫어하는 눈치였다.

가입대 1개월 동안 무임금 노동착취에 시달리다

1954년 4월 초순 훈련소에 도착하니 우리를 즉시 입대시키지 않고 '가입대'라는 형식으로 중노동을 시켰다. 진해 통제부 밖에 장교관사를 짓는 공사를 하고 있었는데, 예산은 고급장교 놈들이 다 핥아 처먹고 공사 현장에는 임금을 받는 노무자들이 아니라 무보수 신병들을 투입한 것이었다.

지금만큼이라도 군대가 투명했으면 그런 짓은 못했을 터인데, 흙을 이겨 흙벽돌을 힘들여 찍고 나르고, 입에서 단내가 날 정도로 힘든 일을 버젓이 시켰다. 힘이 들어 좀 쉴라치면 현역병들이 "야! 이 새끼들아! 왜 땡땡이를 까는 거야?" 하면서, 툭하면 단체기합이었다.

밥이라도 제대로 먹으면 나으련만 식사라곤 아주 형편 다나까(田中)상이 저리 가라였다. 당시 형편없는 대접을 일컬어 다나까라고 했는데, 그 까닭은 다나까라는 일본 놈이 서울형무소를 공사하면서 공금을 횡령해 자기가 공사한 형무소에 제1호로 수감되고부터 생긴 은어였다. 그래서 옛날에는 죄수를 다나까, 즉 '전중'이라고 부른 적도 있었다.

그나마 입대 처리도 안 된 사람들이라 현역군인과 차별하여 아주 형편없는 취급을 당했다. 식사시간이면 당번이 식사를 타오는데 여기저기서 "이걸 사람 먹으라고 주느냐? 나는 못 먹겠다"고 아우성들을 쳤다. 하지만 사실 나는 식사에는 불만이 없었다. 그만큼 늘 배가 고팠다.

'매일 삼시 콩나물 된장국에 김치도 주는데, 이만하면 먹을 만하지. 저 새끼들이 저희 집에서 얼마나 잘 처먹고 산 새끼들이야?' 하고 속으로 욕을 하면서 남들이 안 먹고 남기는 밥까지도 맛있게 먹었다.

하여간 정말 죄수보다 못한 대우를 받아가며 한 달간 무노임(無勞賃) 실노동(實勞動)을 했다. 우리는 이렇게 매일 노예 같은 가입대 생활을 하느라 비지땀을 뻘뻘 흘리며 노동을 하는데, 가까이 있는 해양극장에서는 그때 유행하던 가수 신세영(申世影)의 '전선야곡'이 우렁차게 들려왔다.

가랑잎이 휘날리는 전선의 달밤
소리 없이 내리는 이슬도 차가운데
단잠을 못 이루고 돌아눕는 귓가에
장부의 길 일러주신 어머님의 목소리
아~ 아아아 그 목소리 그리워

들려오는 총소리를 자장가 삼아
꿈길 속에 달려간 내 고향 내 집에는
정안수 떠놓고서 이 아들의 공 비는
어머님의 흰 머리가 눈부시어 울었소
아~ 아아아 쓸어안고 싶었소

이 노래를 들으니 시골집에 계시는 어머니가 울컥 보고 싶어졌다.

입대 전날 밤 우리는 2개 소대로 편성돼 미제 콘셋 막사 안에 정렬해 앉았다. 밖은 어두워지는데 현역 한 명이 나오더니 "나는 해군 2등 병조 해군 16기 원추상이다" 하면서 칠판에 "인내는 쓰다. 그러나 그 열매는 달다"고 써놓고 "앞으로 받아야 할 13주의 신병훈련이 힘들고 고되더라도 참고 잘 지내어 한 사람의 낙오자도 없이 유종의 미를 거두자!"고 일장연설을 했다. '졸병인데 제법 연설 잘하는구나!' 생각했는데 알고보니 그 사람은 신병들 정훈교육을 담당하고 있었다.

그 군인은 신병을 시켜 양동이에 물을 퍼오라고 하더니, 한 손에는 '어머니의 사랑'이라고 쓴 '빠따'를 들고 "한 사람씩 앞으로 나와!" 하면서 물을 한 바가지씩 궁둥이에 뿌리고 5대씩 때렸다. 어머니의 사랑이라며 빠따질을 한 것이다. 그래서 아무 잘못도 없이 입대기념으로 공매를 맞고, 다음날 아침 신병 입소식을 받고 진짜 훈련병이 되었다.

드디어 1954년 6월 19일! 시베리아 중노동 같은 지겨운 가입대 생활이 끝나고, 우리는 신병 39기로 해군 훈련소에 입소했다. 나는 3개 중대 중 2중대, 즉 392중대로 편성됐다. 중대장은 해군 5기생 이장복(李長福) 병조장(상사)이었고, 보좌관은 해군 16기생 원추상(元楸常) 2등병조(중사)였다. 어젯밤 빠따질을 한 그 사람이었다.

삼복더위에 겨울 오버 입혀 연병장 구보시킨 무식한 중대장

한창 훈련하는데 차츰 삼복에 찌는 더위가 맹위를 떨치며 다가왔다. 가입대 당시 식사시간에 "이걸 사람 먹으라고 주는 것이냐?"며 불만을 하던 놈들이 훈련소에 입소하더니 더 못 먹어 안달을 했다. 배고픔을 참지 못하고 집에서 가지고 온 돈으로 매점에 가서 혼자 떡이나 빵을 사먹었다.

그러면 서울에서 난다 긴다 했던 우리 아사리 같은 놈들이 들어가서 주인은 먹지도 못하는 사이에 다 먹어치우기도 했다. 이렇게 먹지도 못하고 다 빼앗긴 순진한 놈들은 다음번부터는 한꺼번에 여러 개를 사는 게 아니라, 한 개 사서 먹고, 다 먹고 난 뒤에 또 한 개를 사서 먹곤 했다.

하지만 우리는 녀석들 입으로 들어가는 순간조차 놓치지 않고 날쌔게 채서 먹어버렸다. 마치 굶주린 독수리 병아리 채듯 했다. 그러자 이후에는 우리가 매점에 얼씬거리기만 해도 절대 사먹는 일이 없었다.

해군은 당시 17세 이상이면 지원 대상이기 때문에 진짜 17세짜리도 있었다. 그런데 20세 미만의 신병들에게는 미성년이라 담배 배급을 하지 않았다. 얼핏 생각하면 신병들 건강을 생각해서 베푸는 자선 같지만 그게 아니었다. 법적으로는 훈련병 인원수만큼 지급한 담배를 어느 놈들이 착복하는 것이다.

20살 이상에게만 담배를 배급하고, 20살 미만은 명찰에 도장을 찍어 놨으므로 담배를 피우다 걸리면 과실점을 매기고는 그 벌점이 어느 선을 넘으면 훈련 중 퇴소시켜버렸다.

나는 다행히 22살이라 담배를 배급받았다. 그래서 쉬는 시간이면 마음대로 담배를 피울 수는 있었다. 하지만 담배 배급 날이면 중대장 놈이 얼마나 들들 볶아대던지 중대장에게 담배를 다 빼앗기기 일쑤였다.

그러니 담배를 한 모금 두 모금, 나눠 피울 수밖에 없었다. 쉬는 시간에 담배를 피우고 있는 놈한테 "찍었다!" 하고 외친다. 그것은 '빨리 빨고 나 좀 피우자'는 뜻이다. 내가 "찍었다!" 하면, 다음 놈이 나보고 "찍었다!" 하고 또 다음 놈이 "찍었다!" 하면서 죽 늘어섰다. 그럼 맨 처음 피우던 놈은 미안해서 제대로 빨지도 못하고 나에게 넘기고, 나라고 무슨 강심장이라고 더 빨 수 있나, 두어 모금 빨고 아깝지만 다음 놈에게 넘긴다.

이렇게 무더운 삼복에 돈도 없고 담배도 마음껏 피우지 못하면서 고된 훈련을 받았다. 그렇게 한 달쯤 훈련을 넘기고 나니 뱃속에 있을까 말까 한 기름기까지 다 빠졌는지 배가 너무 고파 죽을 지경이었다. 삼복더위에 배고픈 것이 추울 때 배고픈 것보다 더 견디기 어렵다는 생각이 들었다.

배가 얼마나 고픈지 손도 들기 싫은 정도였다. 1주일에 체육이 2시간 정도 있었는데 배고프면 체육은 더 못할 노릇이었다. 무더위에 몸은 척척 늘어지니 정말로 죽을 지경이었다. 배고픈 것이 지겨워 자원입대했는데 군대에서도 이렇게 배가 고프니 입대한 것이 후회스럽기까지 했다.

그때 훈련소 체육담당 교관이 윤일로(尹一老)였다. 윤군은 25기 가입대 때 나하고 오락시간 콤비였던 친구였다. 그 친구도 그때 귀가했다가 나보다 먼저 27기로 다시 입대해 훈련소에 근무하고 있었던 것이다. 윤일로는 25기 가입대 때의 의리로 그랬는지 체육시간이면 배가 고파 힘이 없는 나더러 그늘에 앉아 쉬라고 편의를 봐줬다.

얼마나 배가 고팠으면 밤에 몰래 식당에 숨어들어가 '짬밥'을 훔쳐 먹다가 취사병들에게 잡혀 입에 누룽지를 물고 각 소대를 한 바퀴 돌아야 했던 훈련병도 있었다. 다음날은 그 중대 중대장이 녀석에게 겨울 오버를 입혀서 연병장을 몇 바퀴씩 돌렸다. 그때 그놈이 그런 기합을 받고도 실신하지 않은 것이 이상할 정도였다.

훈련병 생활 중 8·15 기념 오락대회에서 1등을 하다

그 혹독한 훈련, 찌는 듯한 삼복더위, 하지만 그래도 다행히 시간은 흘렀다. 훈련 중에 광복절이 열흘쯤 앞으로 다가왔다. 배고프고 지겨운 훈련도 그럭저럭 반이 지나가는 셈이었다. 그때 우리 훈련소에는 38, 39, 40기가 기수별로 3개 중대씩 모두 9개 중대가 8·15 해방 기념 오락대회를 했다. 독무대를 만들 만큼 오락회를 잘 끌고 가는 나를 잘 아는지라 원추상 보좌관이 "이번 오락회에 네가 잘 지도해서 우리 중대가 1등을 할 수 있게 한 번 잘해보라"고 했다. "그럼 내가 지목하는 10명만 데리고 연습을 시키게 해 달라"고 청해서 허락을 받고, 같이 연극할 동기들을 차출하는데 내 마음에 안 드는 놈들은 제쳐두고 마음에 드는 친구들만 차출했다.

다른 훈련병들은 삼복 땡볕에서 지겨운 훈련을 받고 있는데, 우리는 시원한 그늘에 앉아 여름 매미처럼 연극 연습한다고 편히 지냈다. 거기다 보좌관이 꼭 1등 해서 우리 중대의 명예를 빛내라고 사준 과일과 빵, 음료수까지 먹으면서 연극 연습을 했다.

드디어 광복절 밤! 훈련소 장병과 훈련병들이 연병장에 질서 있게 앉고, 연병장 뒤에는 많은 차량을 동원해 무대를 만들어 대낮같이 불을 밝히고 대망의 오락대회 막이 올랐다.

다른 중대원들이 나와서 하는 재담이나 노래 등을 보면서 나는 마음속으로 '됐다! 이 정도라면 해볼 것도 없다!'고 자신했다. 다른 중대는 노래 아니면 재담 정도인데, 우리 중대는 노래와 원맨쇼, 그리고 단막극까지 준비했으니 1등은 뻔히 우리 중대 것이었다.

아니나 다를까, 훈련소장이 시상식을 하는데 단연 우리 중대가 1등이었다. 부상은 야식국수! 다른 중대는 야식으로 국수를 한 그릇씩 먹는데 우리 중대는 전원이 두 그릇씩 받아먹었다. 배가 그리 고프던 훈련 중에 그보다 더한 부상이 어디 있겠는가? 게다가 오락대회에 직접 참가해 1등 단체상을 받은 우리 동기들은 특별히 세 그릇씩 먹을 수 있었다. 국수 세 그릇을 게 눈 감추듯 해치우고 취침을 했는데, 이튿날 아침 배탈 난 놈 하나 없이 총을 들고 연병장에서 무사히 오전 훈련을 마쳤다.

오락회 1등으로 유명해져 3인분 식사로 기아에서 해방되다

우리는 식사당번이 없고 훈련이 끝난 중대별로 각자 식당으로 달려가서 들어가는 순서대로 밥을 먹었다. 현역 취사병에게 식권을 내밀면 취사병이 식권에 도장을 찍어주고, 우리는 식기에 밥과 국, 부식을 받아 식탁으로 가서 식사를 하는 것이었다.

늘 하던 대로 도장 찍는 취사병 앞에 가서 식권을 내미니 "야! 이놈이 어젯밤 오락회에서 1등한 놈이지! 이 자식 아주 물건이던데" 하면서 도장 찍을 생각은 하지 않고 "너 어디서 왔느냐?"고 물었다. "부천 소사에서 왔습니다"라고 대답하니까 자기는 영등포에서 왔다며 아주 반가워했다. 그래서 나도 영등포국민학교 2회 졸업생이라고 하니까 자기는 우신학교를 졸업했다고 했다. 나도 일정 때 우신학교에 다녔다고 하니까, "그래?" 하면서 옛날 우신학교 다니던 때를 꼽아보는 것이었다. 따져보니 같은 반은 아니고 같은 학년은 틀림없었다.

취사병은 더욱 반가워하며 "알았어! 지금부터 너는 배고픈 고생은 끝났다!"며 도장도 찍지 않고 앞으로 나가라고 손짓을 했다. 그래서 밥을 빨리 먹고 또 달려 나가 뒷줄에 서서 다시 타먹었다. '이제 배고픔을 면했구나! 이까짓 반밖에 안 남은 훈련쯤은 거꾸로 서서라도 받을 수 있겠다'고 좋아했다.

20여일, 그렇게 매끼 두 그릇씩 먹고 지내는데도 이 염치없는 배는 밥을 더 달라고 했다. 그래서 그 다음부터는 한 끼에 세 그릇씩 먹었다. 눈치 빠른 놈들이 내가 식사를 몇 번씩 계속 타먹는 것을 알고 자기도 한 그릇 더 타먹게 해달라고 죽어라 매달렸다. 그래서 그놈을 내 뒤에 세우고 취사병에게 손가락으로 두 개를 펴보이면 그 친구까지 무사통과였다. 그 다음부터는 내 뒤에 따라붙는 놈이 4, 5명으로 늘어났다. 이래서 나는 신병훈련이 끝날 때까지 배고픔을 몰랐다.

훈련이 끝나고 10일간 일제히 휴가를 보내주었다. 그런데 휴가를 떠날 때는 '들어올 때는 그 취사병에게 뭔가 신세를 좀 갚아야겠다' 마음먹고 떠났지만, 집이라고 가봐야 귀대할 여비도 얻지 못할 형편이었다. 그래서 진해에서 영등포까지 배를 곯으며 군용열차로 오갔다. 그러니 신세 보답은 끝내 못했다.

풍문에 나중에 그 취사병이 제대하고 영등포시장에서 무슨 사진관을 한다기에 마음먹고 영등포시장을 포함해 인근의 사진관이란 사진관은 다 뒤졌지만 끝내 찾지 못했다.

지금이라도 만나서 마음의 빚으로 거하게 술이라도 한 번 먹으면서 옛날 훈련소 이야기도 나눠보았으면 좋으련만 그 작은 마음의 빚 갚기도 뜻대로 안 되는 것이 인생사인 것 같다.

그러고 보니 훈련소에서 1등한 게 또 있다. 사격왕! 꽤나 상복이 있다고 생각할 수 있으나 절대 아니다. 나중에 공직생활을 할 때 나같이 상을 못 탄 사람도 그리 흔치 않았다.

훈련소 수업 1주일을 남겨두고 M1소총 사격대회가 있었는데, 그때 내 뒤꽁무니 따라다니며 밥을 두 번씩 먹던 정원용(鄭元溶)이란 동기생이 나를 도와줬다. 그 친구 역할이 과녁 뒤에 숨어 있다가 사격을 하고 나면 뛰어나와서 깃발을 들고 점수를 알려주는 역할이었다.

그런데 내가 사격을 하면, 보지도 않고 뛰어나와 5점짜리 깃발을 흔들어댔고, 점수 기록하는 놈도 도리 없이 계산판에 만점을 매기고, 그래서 결국 사격왕이 돼 또 한 번 상을 받은 것이었다. 물론 정직하게 심판했으면 무슨 사격상을 탔겠는가. 이렇게 엉터리 사격왕도 돼보고, 그럭저럭 13주 훈련을 무사히 마치고 해군 2등 수병이 돼 훈련소를 떠났다. 그때는 매사가 그렇게 엉망이었다.

해병장교 시험 보려고 기관병에서 위생병으로 직별 변경

훈련소에 입소한 뒤 육군 간부후보생으로 지원하지 않고 왜 해군 졸병으로 왔을까, 얼마나 후회했는지 모른다. 바깥세상에서는 장교를 봐도 그까짓 소위, 하는 생각이었는데 군에 와보니 소위가 하늘같아 보였다.

내가 육군간부로 군대에 가지 않은 것은 나름대로 이유가 있었다. 연예대 생활할 때 육군 8사단 휼병부에서 우리 연예대원들도 육군 장교들과 숙식을 같이 한 적이 있는데, 그때 휼병부로 매일 전투현황 보고가 들어왔다. 그때 전황 보고라는 것이 '신뻬이'(신병) 소대장인 소위들과 이등병들이 매일 전사한다는 보고들뿐이었다. 그래서 그때 '졸병으로 가면 갔지 절대 육군 소위는 안 하겠다'고 굳게 마음먹었다. 소사 친구들이 육군 간부후보생 시험을 보자는 것도 싫다 하고 부득불 해군 졸병으로 지원 입대했던 것이다.

그때 의용군으로 갔다가 반공포로로 석방돼 육군 간부후보생으로 간 소사 친구 이규종(李圭鍾)은 전사하지 않고 소령까지 진급했다가 5·16 쿠데타가 일어나자 서울시 위생과장으로 근무했다. 나중엔 경찰로 직업을 바꾸어 서울시경 외사과 형사를 했는데, 그것도 체질에 안 맞는다고 경찰복도 벗고 환갑 가까운 나이에 목사가 되었다. 참 재주 좋은 친구라는 생각을 했다.

나중에 그 친구를 만난 술자리에서 "서울 위생과장 할 때 쇠푼(돈)깨나 긁었지?" 해봤다. 그러자 "말도 마! 온통 금뿐인 금광에 갖다놔도 못 먹는 놈은 못 먹고, 황무지에 팽개쳐도 잘 찾아 먹는 놈은 금덩어리만 잘 찾아 먹어"라고 했다.

막상 해군 졸병이 돼 신병훈련을 받게 되자 '나는 언제 병장이 되나?' 하며 병장 계급장만 봐도 부러웠다. 그래서 '훈련이 끝나면 해병대 간부후보생 시험을 치러야지' 생각했다.

그런데 입대 이력서에 '동양공업고등학교 2학년 중퇴'라고 썼기 때문에 기관병이 될 뻔한 것을 원추상 보좌관에게 사정사정해서 위생병으로 바꿨다. 위생병 직별로 간부후보생에 합격하면 위생장교가 된다는 소리를 들었기 때문이다. 신병훈련이 끝나고 10일간의 휴가도 끝나고 훈련소로 돌아오니 훈련소 바로 옆 해군병원에 배속되어 있었다.

지옥보다 더 괴롭고 무섭던 진해 해군병원 근무

해군병원에 가보니 거기는 군대라기보다 지옥이었다. 밤이면 하루도 빠짐없이 이유 없이 '빠따질'이고, 공연히 군기 잡는다고 설쳐대니 정말 죽을 지경이었다.

일과시간에는 장교나 군의관들이 있어서 병원 조수들처럼 열심히 근무하면 그런대로 시간도 잘 가고 지낼 만했다. 하지만 오후 5시가 지난 뒤부터 시작되는 내무생활은 정말 지옥이었다. 몇 달 고참이라는 놈들이 밤 12시까지 어찌나 들들 볶아대는지 정말 미칠 지경이었다. 어쩌다 일요일에 외출 나가 배 타는 동기생들을 만나 얘기를 들어보면 배 타는 보직은 아주 신난다는 것이다.

8시간만 근무하면 나머지 시간은 간섭하는 놈도 없고 아주 자유스럽다는 것이다. 근무시간만 아니면 팬티만 입고 있어도 장교들조차 말하는 사람이 없다고 했다. 그리고 보니 '군대도 군대 같지 않은 위생병들이 더 무식하게 군기를 세운다고 꼴값을 떠는 것이었구나!' 하는 생각이 들었다.

지옥 같은 3개월 병원 근무를 마치고 1954년 12월 진해 해군군의학교 보통과 20기로 발령을 받아 입교했다. 마음속으로는 '언제 해병 간부후보생 모집이 있을까?' 기다리면서 꼭 해병장교로 가고 말 것이라고 마음을 다지고 있으니 군의학교 공부가 하고 싶었을 리가 없다. 그저 매일 내무반이나 지키면서 《아리랑》 잡지나 읽는 것이 일과의 전부였다.

중학 1년 수준의 교육과 기합으로 지새운 군의학교 보통과 교육

군의학교 보통과에 70여명이 함께 입교했는데 교육반은 두 달 고참인 37기생 25명, 한 달 선배인 38기생 25명, 우리 동기생 20명 정도로 편성이 되었다.

낮 교육 중에는 주로 학과교육이니 책상에 앉아서 교육만 받으면 그런대로 지낼 만했다. 교육도 중학교 1학년 수준이라 흥미를 느낄 수 없어서 그 당시 유행하던 잡지나 읽거나 꾸벅꾸벅 조는 게 태반이었다. 그래도 주말 시험은 언제나 등수 안에 들어갔다. 하지만 등수가 아무리 좋아도 하나도 기쁘지 않았다.

그런데 밤이 되면 해군병원에서 배운 못된 버릇을 못 버리고 군기를 잡는다고 '범 없는 골에 토 선생'이라던가? 두 달 먼저 입대한 37기들이 38기와 39기들을 운동장에 정렬시켜놓고 기합을 주었다. 원산폭격이란 기합을 받다가 힘이 들어 넘어지기라도 하면 사정없이 빠따질을 해댔다. 37기들의 손아귀에서 풀리면, 이번에는 한 달 먼저 입대한 38기들이 먼저와 똑같이 기합을 줬다. 우리 39기는 그야말로 동네북처럼 이리 맞고 저리 차이는 꼴이었다. 이때부터 해군에 입대한 것이 후회스럽고 실망하기 시작했다. 해병 간부후보생을 모집한다는 소식은 없고, 견디기 어려운 나날이었다.

즐거운 것이라고는 없고 매일 '내가 왜 이놈의 해군에 왔나?' 하는 생각만 하니 우울증에 걸릴 것 같았다. 교육생활이라는 것이 해군병원 생활보다 더하면 더했지 조금도 나을 것이 없었다.

그런데 그런 생활이 뭐가 그리도 좋은지 눈만 뜨면 비인간적 대우를 받으면서도 싱글벙글하는 놈이 몇 놈 있었다. 그래서 내가 속으로 '저 새끼 미쳤나? 무엇이 그리 좋아 만날 눈깔만 뜨면 아가리를 쪼개고 다니나?' 하고 욕을 해대곤 했다.

알고보니 이놈들은 경상도 어느 두메산골에서 국민학교나 나왔을까 말까 하는 놈들이었다. 이놈들이 정식으로 시험을 보면 언감생심 해군 입대는 꿈도 못 꿀 일이었다. '저런 촌놈이니까, 어떤 빽이었는지는 몰라도, 그리도 입대하기 어렵다는 해군에 입대해 여학생 교복처럼 예쁘게 생긴 해군 세일러복을 입고 있으니, 매일 기합과 비인간적인 대우를 받아도 마냥 즐겁기만 하겠지?' 하고 생각했다.

교육 중에는 변소 갈 때도 2인 이상 구보로 가야지 걸어가면 벌점이었다. 4개월 교육을 마치면 성적에 따라 몇 명만 서울 인천 등지로 발령 내고 나머지는 해병사단으로 발령을 냈다.

해병대에는 위생병이 없어서 해군 위생병이 된 뒤에 해병대로 전속되는 제도가 있었다. '나도 4개월 교육이 끝나면 포항 해병부대 기지나 김포, 파주 해병사단으로 해병대 군복을 입고 위생병이 돼 근무를 가야겠지?' 하고 생각하니 퇴교를 당하는 게 더 좋겠다는 생각이 들었다. 그래서 일부러 과실점 받을 짓만 골라 하고 수료 1주일 전쯤 퇴교를 당했다.

그래서 미운 정 고운 정 들어가는 판에 헤어지게 돼 이별의 회식도 했다. 회식이라야 막걸리 몇 동이 갖다놓고 오락회 비슷하게 노래도 부르고 아우성을 치는 것이었다.

수료하는 놈들이 퇴교당한 나를 보고 안 됐다고 위로를 했다. 그러면 나는 이렇게 생각했다. '이 또라이 같은 자식들아! 내가 너희들처럼 해병대에서 졸병으로 썩을 놈으로 보이느냐? 바라던 퇴교인데 남의 속도 모르는 놈들이 참으로 웃기고 있네. 내가 해병 소위로 임관돼 만나면 네 놈들 마음이 어떨까 두고 보자!' 내가 장교가 되면 37, 38기 놈들 좀 두고 볼 일이라고 생각했다. '너희들이나 해병대로 파견 가서 근무 잘해라, 이 얼간이들아!' 하면서 해병대로 떠나는 놈들을 속으로 비웃었다.

다음날 모두 배낭을 짊어진 채 각자 발령지로 떠나고, 나만 다시 그 지긋지긋한 해군병원 13병동으로 발령을 받아 다시 전입신고를 했다. 서무 하사라는 선배가 전입해온 우리 신병 몇 명을 세워놓고 연필과 종이를 주면서 주소와 이름을 한문으로 써보라고 했다.

글씨를 보더니 다른 사람들은 각 병동으로 보내고 나는 서무 조수를 시켰다. 13병동은 병원 본관에서 꽤 떨어져 있고 철조망 하나만 들추면 바로 시내였다. 그런데 나중에 알고보니 이곳은 결핵병동이었다.

방황하는 나를 감싸주던 평생 못 잊을 친구 신덕철

해군군의학교 보통과에서 사귄 신덕철(申德澈)이라는 친구가 있다. 이 친구는 고향이 김포 사강 쪽으로 어린 나이에 자기 아버지가 인천에 다녀오시다 배가 뒤집히는 바람에 갯벌에서 돌아가셨다면서 아버지를 무척 그리워했다. 손위로 누나가 두 분 계시고 남동생이 하나 있었다.

누나들은 일찍 출가하고, 어머니는 이 친구와 어린 동생만 남겨놓은 채 개가를 했다고 한다.

이 친구는 작은아버지 집에서 쇠꼴을 뜯기면서 겨우 국민학교만 졸업하곤 중학교는 엄두도 못 냈다. 그래 중학교라도 다녀보고 싶어 어린 나이에 홀로 인천에 나와 여관에서 손님을 끌어들이는 '삐끼' 노릇도 하고, 중국집 같은 곳에서 무보수로 심부름을 했다.

그렇게 하며 중학교 과정 통신교육 강의록으로 열심히 독학해서 그리 쉽지 않은 해군 시험에 합격해 해군 38기생으로 입대한 아주 성실한 친구였다. 중학도 못 다닌 실력으로 해군에 정식 합격한 것을 보면 공부머리도 대단히 좋은 친구였다. 학벌은 없으나 학구열도 있고 아주 건실했다.

37기 선배들에게 시달리며 고되게 훈련을 받던 우리는 서로 외로운 데다 같은 인천 출신이라고 빨리 정이 들었다. 덕철이는 자기를 버리고 개가하신 어머니에게 한이 많이 맺혔다고나 할까, 철없는 동생이 어머니를 찾아가는 것조차 싫어했고, 내가 어머니 이야기를 하면 무척 부러워했다.

덕철이는 또 공부를 하고 싶어 했고 열정이 있었다. 끈기도 남달라 군의학교 고등과 마취반에 입교를 할 수 있었고, 사회에서는 대학교재였을 영어원서를 놓고 밤잠을 안 자다시피 공부했다. 그날 배운 것은 밤을 새워서라도 다 외워야 잘 정도였다. 그 결과 그 친구는 마취반 8개월 교육 중 1등을 했고, 졸업 후 마취 교관이 됐다. 그런데도 공무원 대우를 받는 1등 병조(중사) 시험에는 매번 낙제해 7년쯤 2등 병조로 복무하다가 제대해버렸다.

신덕철이 진급시험에 떨어졌다고 하면 다른 동료들조차 이상하다며 의아해 했다. 그렇게 공부를 잘하는 덕철이가 떨어지니 고개를 갸웃거리는 것이었다. 그래서 우리가 분석해보았는데, 징계 받은 적이 있기 때문이라는 결론이었다. 이 친구가 전에 병원에 근무할 때 병원장 심구복(沈龜福) 군의 대령의 담배 파이프에 진흙을 잔뜩 넣은 일이 있었는데, 그게 들통 나서 심 대령한테 불려가 호되게 당하고 근신처분을 받은 일이 있었다.

징계 사실이 있으면 진급시험을 암만 잘 봐도 낙제하게 돼 있는 것을 모르고 '이번에는 진급하겠지' 하고 열심히 시험만 치렀으니 결국 허송세월한 꼴이 되었다.

이 친구는 마취과에서 1등해 인천 해군병원으로 발령이 났다. 그런데 해군병원 옆에는 덕철이가 자주 드나드는 어느 가정집이 있었다. 그 집 아주머니가 덕철이의 근면 성실성을 보고, 그 집에 가끔 들르는 친척 할머님을 양어머니로 소개해 두 사람이 모자의 연을 맺었다. 그는 그 양어머니께 얼마나 효도를 잘하던지, 나는 나를 낳아 길러주신 친어머니에게도 그렇게까지는 못했다는 가책이 들 정도로 아주 효성스러웠다. 심지어 자기 결혼도 양어머니 뜻대로 했고 살림권도 처가 아니라 양어머니께 맡겼다.

이 친구와는 군의학교 보통과를 수료하면서 헤어졌으나, 제대하고도 50년 넘게 친구로 지냈다. 그러나 남부러워할 정도로 친하던 우리 사이가 지방색 차별로 의견충돌을 빚은 뒤, 지금은 서로 만나지도 않고 지내고 있다. 몇 번이나 찾아보고 싶은 생각이 들기도 하지만 이념이나 역사의식이 달라지면서 웬일인지 만나지지 않았다. 죽기 전에 한 번 만나기는 해야 할 텐데.

덕철이의 효행이 나를 부끄럽게 만들었다

덕철이의 양어머니는 시집이 운현궁과 연결돼 있는 그야말로 우리나라 최고 양반집에서 태어나신 분인데, 젊어서 남편을 사별하고 어린 딸 하나를 믿고 수절하셨다.

어린 시절 남부러울 것 없이 곱게 자라며 사셨으나, 양반 집안 가풍 속 유교교육을 받고 자라 유교사상이 철저히 몸에 배어 언행과 품행이 너무나 반듯하셨다.

첫인상은 덕보다 냉기가 돌아 감히 가까이하기가 무척 어려운 분이어서, 나같이 평범한 집에서 자란 평범한 사람들은 참으로 모시기 힘들 것 같았다. 그런데도 이 친구는 하나도 불편하게 느끼지 않고 오히려 한문까지 배우신 아주 훌륭한 어머니로 생각하면서 극진히 모시는 것을 대단히 즐겁게 생각했다.

이 분은 조상 제사 지내는 법도를 얼마나 중요시하던지 그 친구 집에서 제사지내는 것을 본 적이 있는데, 그 격식과 엄격함에 숨이 막힐 것 같았다.

그런데도 이 친구는 제사를 그렇게 지내는 것을 자랑스러워했다. 그리고 이 노인은 여자 몸으로 그 보수적인 시절을 사셨으면서도 한문으로 지방과 제문 쓰는 법까지 익힌 분이셨다. 덕철이는 조상 제사지내는 법도를 배운 것에 대해 대단한 자긍심을 갖고 있었다.

고부 갈등은 창고 열쇠 때문이라는 말이 있는데, 이 친구가 살림권을 처에게 맡기지 않고 어머니에게 맡겼으니 처의 마음이 얼마나 섭섭했을까? 신혼 때도 자기들 방 살림살이 하나라도 새로 들여놓으려면, 꼭 어머니 방에 먼저 들여놓은 뒤 자기들 방에 들일 정도였다.

당시는 지금처럼 아무 때나 햇과일 같은 것이 시장에 나오지 않고 하우스에서 기른 과일만 조금 나오던 시절이었다. 그러니 값도 대단히 비싼 편이었다. 하지만 정말로 먹음직스러운 과일이 있으면 서슴지 않고 주머니를 열었는데, 어린 자식들 먹이겠다는 것이 아니라 어머니께 드리고 싶어서였다. 마음속에서 우러나는 효성이 대단히 극진한 친구다.

그래서 하루는 내가 "나는 좋은 게 있을 때 어머니보다는 자식들에게 마음이 먼저 가던데?" 하고 물어보니까 이 친구는 "그야 누구나 본

능적으로 그렇지만, 효도도 습관이니 처음에는 잘 안 되지만 자꾸 해보면 나도 모르게 자식보다 부모님을 먼저 생각하는 마음으로 바뀌어간다"고 대답했다.

만고의 진리 같은 그 말을 새겨듣고 나도 그리 하겠다고 노력했지만 이 친구처럼은 효도를 못한 것 같다. 어머니가 이 친구 모자의 행복한 생활을 보시고 "덕철이 어머니는 배도 아파보지 않고 아주 좋은 자식이 생겼네" 하셨다. 그 말씀이 나에게 하시는 말씀처럼 들려 그때마다 대단히 죄송한 생각이 들었다. 나는 어머니가 10개월이나 뱃속에 넣고 엄청난 산고를 거쳐서 낳아주셨을 뿐 아니라 모든 것을 희생하고 길러주셨는데, 덕철이 효도를 반도 못 따라가는 것 같아서였다.

덕철이 처는 자연 남편한테서 소외감을 느낄 시집살이를 했지만, 불평 한 마디 없이 참고 살았다. 효도하는 사람도 표창할 일이지만 효자 남편의 처도 그 못지않은 사람이라고 표창을 내려야 한다고 생각한다.

이런 효도 부부를 보면서 어머니에 대한 불효를 늘 죄송하게 생각하고 있었기 때문에, 훗날 우리 영월 신씨 죽산 종친회에서 주겠다는 효도상을 양심상 받을 수 없다고 사양하고 말았다.

군의학교를 퇴교하고 해군병원 결핵병동 서무 조수로 전출

결핵병동 서무 조수로 근무하게 되자 서무사가 몇 가지 주의사항을 일러주었다. "이 병동 환자들은 모두 결핵환자이니 근무할 때 꼭 마스크를 쓰고 환자들이 주는 음식이나 담배는 절대 받아먹거나 피우지 말라!", "폐병쟁이들은 여자를 죽어라 밝히니 함부로 외출시키지 말라", "계급을 따지면서 말을 잘 안 들으면 절대 기죽지 말고 '나는 근무자니까 내 말을 듣지 않으면 상부에 보고하겠다'고 협박해라!", "이 자식들은 외출금지를 제일 무서워하니 말 잘 안 들으면 외출시키지 않는다고 겁을 줘라" 등등이었다. 외출을 못하게 하면 성욕을 채울 수 없으니 그게 제일 무서운 모양이었다. 어쨌든 여자를 밝히다 병도 못 고치고 죽는 결핵환자들이 생겼기 때문이었는지, 나가서 계집질할까봐 외출을 철저히 단속했다.

처음에는 '이런 사람들과 같이 생활하다 나도 결핵에 걸리면 어떻게 하나?' 하고 걱정이 돼, 용무가 있어 환자들이 가까이 오면 마스크를 하고도 숨을 몰아쉬면서 대화를 했다. 하지만 차차 면역이 돼 그 환자들과 화투놀이도 하고, 달걀이나 빵 등 먹을 것을 주면 받아먹게도 됐다.

그런데 내가 그리도 학수고대하던 '해병대 간부후보생 모집'은 없었고 군대생활도 체질에 안 맞아 '에이! 이렇게 살 바에야 차라리 나도 결핵에 걸려 제대했으면 좋겠다'는 엉뚱한 생각까지 들었다. 그래서 일부러 결핵환자들과 아주 격의 없이 친하게 지냈는데도 오래 살 놈이라 그런지 나는 결핵에 걸리지를 않았다.

한편 밤이 되면 환자들이 몰래 철조망을 뚫고 나가 진해 시내에 있는 공창에 가서 몸을 풀고 오느라 극성을 부렸다. 물론 나는 그들의 건강을 위해 극구 말렸지만 거의 듣지를 않아 애를 먹었다. 결핵환자들이 그렇게 성욕을 참지 못한다는 것을 그때 처음 알았다. 내가 단속을 아주 철저히 하면 물량공세에 뇌물공여, 애걸복걸 등 별짓을 다했다. 심지어 자기 누이동생이 알아주는 미인인데 자기 면회 올 때 소개한다는 놈도 있었고, 협박하는 놈도 있었다. 결핵환자들과 정이 들어갈 즈음, 해군군의학교에 다시 입교하라는 발령을 받고 13병동을 떠났다.

16. 군의학교 탈영 후, 서울 국립맹아학교에 입학하다

해군군의학교 보통과 24기 피교육 중 탈영하다

군의학교 보통과에 다시 입교해보니 새카만 후배 기수인 신병 45기쯤 되는 애들이 입교를 하고 있었다. 그때 나와 나이가 비슷한 백상갑(白尙甲)이 교반장을 맡게 되었다.

그는 북에서 피난 온 사람으로 원래는 해병대 출신이었는데, 우리 해군 위생병으로 병과가 바뀌어 해군병원에서 근무를 하고 있었다. 그런데 이 사람이 기합을 얼마나 잘 주는 악질인지 말만 들어도 해군병원 전체에서 머리를 절레절레 흔드는 상황이었다. '백상갑이가 교반장이라니! 에이, 군의학교 수료하기는 또 틀렸구나. 어떻게 하면 이 새끼와 부딪치지 않을까?' 생각하면서도 도리 없이 입교를 했다.

그런데 첫날 피교육생 전원이 모인 가운데 나를 불러내 아무 이유 없이 빠따를 치더니 자기 방으로 조용히 데리고 갔다. 약이 올라 식식거리면서 교반장실로 들어서니 앉으라고 자리까지 내주면서 "너를 때린 것은 다 잘해보자고 한 것이니 섭섭히 생각하지 마라. 네가 이번 입교자 중에 최고 고참인데, 이렇게 해야 피교육자들이 네 말을 잘 들을 것 같아서 나대로 생각하고 했으니 앞으로 수료할 때까지 나는 너만 믿는다"며 악수를 청했다.

공매 맞은 것은 억울하지만 '이놈이 아주 악질인데 어디서 내 소문은 들어서 앞으로는 나에게 함부로 못하겠구나! 어쩌면 잘 되었구나!' 하고 생각했다. 내무반으로 들어오니 피교육자들이 내 눈치만 살폈다. '인천 아라시'(일본 무사 영화에서 싸움패로 이름난 주인공)로 이름났던 나를 아는 애들이 있어서 그랬는지 '교육기간 중 이제 죽었구나!' 하고 잔뜩 겁먹은 얼굴들이었다.

자기들보다 기수도 높고, 사고뭉치라 20기에서 퇴교까지 했다는 소문도 났고, 내 동기들한테 나에 대해 물어보면 '인천 소사에서 싸움으로 이골이 난 독종'이라고 하지, 아무튼 이미 좋지 않게 퍼진 소문 때문에 더 그러려니 했다.

그런데 그것은 나를 잘 모르는 놈들이 하는 소리였다. 내가 사고뭉치

소리를 들었던 것은 선배 행세를 되게 하는 놈들한테 대들고, 싸가지 없는 동기생들 잘 패주고 싸우는 바람에 그랬던 것이지 해군생활 5년 동안 후배를 팬 일은 없었다. 내가 이런 얘기를 하면 믿는 놈이 없는데, 단연코 신에게 맹세하건대 후배를 구타한 일은 단 한 번도 없었다. 굳이 후배에게 폭력을 행사한 예를 꼽자면, 딱 한 번, 주먹 한 차례 날린 일이 있을 뿐이었다. 51함을 탔을 때의 기관병이었다. 단 한 번 주먹을 쓴 게 그놈 어금니가 부러져 내내 내 마음을 아프게 했다.

어쨌든 5주 교육을 받고 토요일 오후부터 다음날 밤 10시까지 외박을 받았다. 그런데 나는 가까운 곳으로 외박을 나가지 않고 소사로 갔다. 친구들이 보고 싶어서였는데, 제 시간에 못 들어가고 결국 미귀대 상태가 돼버리고 말았다. 사실 늦게라도 들어가려고 하긴 했는데, 백상갑이란 그 악질 놈의 얼굴이 떠올랐다. 그래서 '에라, 모르겠다! 될 대로 되라' 하고 그 길로 '탈영'을 택하고 말았다.

친구들 신세나 지면서 무위도식, 도피생활을 하다

막상 탈영을 했으나 갈 곳이 없었다. 그래서 서울 보광동 이원유(李源裕)란 친구 집에 주로 신세를 졌다. 이원유의 부모님은 원유가 하는 일에 참말로 너그럽고 인자하셔서 원유 방에는 나 말고도 많은 친구들이 배가 고프거나 잘 곳이 없으면 모여들어 언제나 친구들로 들끓었다.

원유는 그때 남대문에 있는 서울 문리대에 다니고 있었는데, 나는 이 친구 학교도 가보고, 다시 소사도 가보고, 심지어 고향 어머니도 찾아가 휴가 나온 것처럼 말씀드리고 쉬었다가 다시 소사로 돌아오기도 하면서 도피생활을 했다.

그때 홍종태(洪鍾泰)라는 친구 신세도 많이 졌다. 그 친구는 노량진 장승백이에 있는 공군의학연구소에서 공군 21기로 근무를 하고 있었는데, 연락병이었기 때문에 하는 일이라는 게 하루 한 번 여의도 공군

기지로 가서 문서연락이나 하는 것이 전부였다. 내가 해군 근무하던 것과 비교하니 이것은 군대생활이 아니라 그냥 노는 것과 같았다.

이 친구는 내가 교통비도 없는 것을 알자 버스를 무임승차할 수 있게, 밤에 부대장실에 몰래 들어가 가짜 공군신분증을 만들어주었다. 게다가 관인만 찍은 게 아니라, 그 가짜 신분증에 '도망병 체포증'이라고 빨간 줄 2개를 그어줬다.

버스 차장에게 그 가짜 신분증을 내밀면 차장은 벌건 줄만 보고 특무대원쯤으로 알고 공짜로 승차를 시켜주었고, 다음부터는 신분증을 보이지 않아도 무사통과였다.

종태는 나를 데리고 다니며 술도 먹여주고, 밤이면 친구라고 소개하고 자기 내무반에서 재워 주는 것은 물론이고 부대 식당에서 밥까지 먹여주었다.

김희중(金喜中)이라는 친구가 서울 필동의 육군헌병대에 졸병으로 근무하고 있었다. 입대 전 내가 만든 극단에서 사업부장을 했던 친구였다. 이 친구야말로 물건이었다. 베트남 고딘디엠 대통령이 이승만 대통령 초청으로 우리나라에 방문했을 때, 서울역에서 남대문까지 환영인파가 구름같이 동원된 적이 있었다. 길 한복판에서 헌병 중사가 교통정리를 하고 있었는데, 그때 이 친구가 남대문 뒤 양동 사창가에서 '숏 타임'을 즐기고 있는 군인들을 모조리 끌어내 휴가증을 빼앗고 끌고 다녔다. 그러면서 서울역 앞에서 교통정리하던 그 헌병 중사에게 큰 소리로 "야! 내가 지금 이놈들 데리고 간다. 그럼 수고해!" 하는데, 그 헌병 중사는 아무것도 모르고 답례로 손을 흔들었다.

그 친구는 그 휴가병들을 골목에 세워놓고 "이 새끼들 눈치도 더럽게 없네. 이 새끼들아, 있는 것 빨리빨리 내놓고 빨리 꺼져, 이 병신 같은 새끼들아!" 하면서, 그 알량한 휴가병들 주머니를 털어 나에게 술을 사줬다.

술집에서 이 친구가 "내가 군인들 잡아놓으면 너는 요리라도 해야지, 얼빠진 놈처럼 멀거니 쫓아다니기만 하냐?"고 하기에, "에이, 좆같은 새끼야! 알라 거시기에 붙은 밥풀을 떼어먹지! 그래, 강원도 산골에서 죽어라 좆 빠지게 뺑뺑이 돌다가, 모처럼 씹이나 한 번 하려는 놈들을 털어먹어? 이 씹도 못할 놈아! 그리고 내가 도망병 주제에 누굴 잡어, 이 새끼야!" 하면서 마주보고 웃었다.

탈영병이 공군 상사로 변장, 논산 육군훈련소 친구들 면회를 가다

여전히 탈영병으로 지내고 있는데, 소사의 많은 친구들이 논산 육군훈련소에 입소를 했다. 그래서 고생하는 친구들 면회라도 한 번 가야 의리라고 생각해 면회를 다녀와야겠다는 생각이 들었다. 그런데 주머니가 텅 비어 물에 빠지면 주머니가 먼저 뜨게 생긴 처지라 아무리 고민을 해봐야 뾰족한 수가 없었다. 결국 시골 어머니를 찾아뵙고 소사 친구들이 훈련소에서 고생을 하고 있는데, 돈이 없으니 돈이 제일 적게 드는 인절미를 한 말 해달라고 말씀을 드렸다.

여비는 내가 아끼던 한글사전을 헌책방에 팔아서 마련하고 가방에 인절미를 담아 논산훈련소로 친구들을 면회하러 갔다. 군대 카키복으로 깨끗이 갈아입고는 깡통으로 만든 공군 상사 계급장을 버젓이 가슴에 달았다. 홍종태가 가르쳐 준 공군 군번을 머릿속 깊이 저장하고 야간열차에 몸을 실어 논산역에 내렸다. 그런데 시간이 너무 일러서 역 앞 다방에 가서 시간을 보내다 아침밥을 사먹고 훈련소로 달려갔다.

면회시간이 되어 위병소에서 줄을 세우고 면회를 시키는데, 내 공군 상사 계급장을 보더니 위병들이 저희들끼리 알아서 특별면회를 시켜주었다. 훈련을 받느라고 검게 탄 얼굴을 한 소사 친구들이 나를 보고 깜짝 놀라면서 반가워했다. 눈치 빠른 놈은 내가 도망병이면서 공군 상사 행세하는 것도 알아챘으나, 모르는 척 마냥 기뻐할 따름이었다. 즐겁게 해후를 하고 가지고 온 떡을 풀어놓았다.

그런데 이놈들이 훈련 중에도 얼마나 잘 먹고 지내는지, 달려들어 먹는 놈이 별로 없었다. 어머니가 정성들여 만들어주신 떡인데 싶어 좀 섭섭한 생각이 들었으나, 한편으로는 친구들이 배도 안 고프고, 잘 지내는 것을 보니 다행이라는 생각을 했다.

친구들 이야기를 들어보니 소사 친구 놈들이 훈련소를 꽉 잡고 기관요원들도 자기들 마음대로 주무르면서 고생 안 하고 훈련을 받고 있다고 했다. 그 당시 내무부차관 장경근(張景根)의 친동생 장인근(張仁根) 육군 특무부대 경인지구대장이 나중에 부천에서 국회의원에 출마할 선거기반을 닦느라고 소사 놈들 뒤를 봐준다는 것이었다.

그래서 나는 '내가 왜 하필 해군 지원병이 되었을까? 이 친구들처럼 육군에 갔으면 도망병 생활은 안 할 텐데' 하고 후회했다. 그러면서도 '이것도 다 내 팔자지! 지나간 버스에 손드는 격이지' 하고 씁쓸한 마음이 들었다.

내가 빈털터리라 용돈도 못 주고 헤어지는 것이 미안하다는 표정을 지으니, 오히려 이놈들이 어디서 났는지 여비까지 마련해서 내 주머니에 넣어주었다. 면회를 끝내고 다시 논산역으로 돌아오는 길에 육군 공병대들이 1개 소대쯤 모여 길을 닦고 있었는데, 그 중 한 놈이 내 뒤에 대고 '야지'(조롱)를 했다.

그래서 휙 돌아서면서 "야! 지금 나한테 야지한 새끼가 어떤 새끼야? 이리 나오지 못해?" 하고 소리치자 물을 끼얹은 듯 조용해졌다. "야, 이 새끼들이! 빨리 나오지 못해? 좋아! 그럼 인솔자가 누구야? 이 새끼들 일이나 열심히 하지! 왜 쫄따구 새끼들이 지나가는 사람에게 야지하고 까불어? 그래, 내가 누군지 눈깔을 뜨고도 모르겠어? 이 해태 같은 새끼들아! 눈깔 있으면 똑똑히 봐, 이 새끼들아! 나는 너희들이 보다시피 공군 특수부대 상사인데, 나를 보고도 몰라? 이 새끼들! 나, 지금 시간이 없어 그냥 가는데, 또 다시 이런 일 있으면 인솔자에게 책임을 묻겠어!" 하고는 논산역으로 부지런히 걸어갔다.

피곤한 상태로 야간열차에 몸을 실었지만, 만원 열차라 앉을 자리가 없어 열차 통로에 신문지를 깔고 앉았다.

그런데 육군 헌병 놈이 지나가다가 나를 발로 툭 치면서 "야! 저리 비켜!" 했다. 그래서 벌떡 일어나 "야! 이 새끼야! 지금 너 뭐라고 했어? 야, 너 계급이 뭐야? 이게 보이지 않아?" 하고 내 가슴에 달려있는 공군 상사 계급장을 가리켜 보였다. 그러니까 그놈이 몰라 봤다고 정말 미안하다고, 자기는 육군 '쫄따구'가 앉아있는 줄 알았다면서 사과를 하더니, 자리에 앉아서 가던 육군 졸병 하나를 일으켜 세우고는 나한테 자리를 권했다. 못 이기는 척하고 그 자리에 앉아 영등포까지 편하게 왔다.

탈영병이 서울 국립맹아학교 보통사범과에 합격하다

신석승(辛錫承)이라고, 나중에 여주에서 서울한의원을 경영하신 나보다 한 살 더 먹은 10촌 형이 있었다. 그 형은 서울 국립맹아학교 보통사범과를 졸업한 뒤에 교사로 나가는 것을 포기하고 다시 동양한의과대학(현재 경희대학교 한의학과)을 다니고 있었다. 그 형이 나를 보고 국립맹아학교에 들어가 1년만 다니면 졸업을 할 수 있고, 졸업하면 국민학교 2급 정교사 자격을 받아 일반학교 교사로도 발령이 날 수 있으니 시험을 한 번 보라고 했다. 형이면서도 친구처럼 지내던 10촌 형한테서 그 말을 들으니 그렇지 않아도 제대해 봐야 할 것도 별로 없는 판에 마음이 솔깃해졌다.

하지만 고등학교 졸업장이 없어서 시험을 볼 수 없었다. 그래서 고민하고 있는데, 소사 친구 중에 인천고등학교 출신 김○○이라는 친구가 자기 모교인 인천고등학교 졸업증을 위조해주었다.

그래서 권희찬(權熙瓚)이란 친구와 함께 입학시험을 치르게 되었다.

40명 모집인데, 어떻게 알았는지 충남 부여군 한 군데서만 60명 정도가 입학시험을 치르러 떼거리로 몰려드는 바람에 2대 1정도의 경쟁률로 시험을 치렀다.

그때 시험문제 중에 지금도 생각나는 것이 '춘원을 말하라'는 문제였다. 왜 하필 친일파 이광수를 출제했는지? 지금 생각하면 도저히 이해되지 않는다. 그 시험문제지 하나만 봐도 우리가 일제청산이 얼마나 안되었나를 가늠하는 잣대가 된다.

하지만 그때는 이광수가 친일파인 줄도 몰랐고, 그저 우리나라 신문학 소설의 선구자쯤으로 알고 있었다. 그의 대표소설『흙』,『사랑』,『무정』등을 읽었던 것이 내가 아는 이광수의 전부였다.

나는 원래 소설책을 즐기시던 어머니가 해방 전부터 춘원 이광수의 작품이라면 가리지 않고 읽으시는 것을 옆에서 보아온 터라, 춘원이란 제목을 놓고, 그때는 이광수의 친일 경력을 잘 모르니 이광수의 장점만 거침없이 써내려갔다.

그렇게 군 탈영병의 신분으로 시험을 치르고 권희찬군과 함께 1956년 3월 2일, 서울 국립맹아학교 보통사범과에 입학을 했고, 소사에서 서울 종로 신교동 1번지 맹아학교까지 희찬이와 함께 통학을 했다. 입학생 가운데는 부여에서 응시한 30여명의 학생들이 있었다. 그래서 '앞으로 저놈들을 휘어잡아야겠다'는 생각으로 그 중 유난히 레슬링 선수처럼 체격이 우람한 허창무(許昌茂)라는 놈을 이유 없이 희찬이와 함께 교실 뒤로 끌고 가서 반협박조로 공갈을 쳤다.

"너 조용히 학교 잘 다니고 싶으면 어깨 힘 빼고 눈깔 밑으로 깔고 다녀! 알았어? 이 새끼! 눈깔 치뜨고 다니다가는 아가리에서 옥수수 튀는 줄 알아! 우리가 하는 대로 하지 않고 삐딱하게 굴면 너는 책보 싸서 고향으로 보낼 테니까 알아서 해!" 하고 겁을 먹였다.

덩치는 씨름꾼 같아도 촌놈이라 역시 순진해서 그 뒤부터 고분고분 우리를 따라다니면서 똘마니가 되었다. 그 친구가 그랬으니 부여에서 온 나머지 학생들은 말할 것도 없었다. 학교생활에서 청소당번이나 허드렛일에서 희찬이와 나는 완전히 면제되고, 수업도 다 끝나지 않았는데 다른 놈들에게 대리출석을 시키고 우리는 집으로 와버리기 일쑤였다. 그때 나는 해군 탈영병 신세라 먹고 잘 곳도 마땅찮아 희찬이네 집에서 얻어먹고 자는 날이 허다했다. 그래서 희찬이 어머니께 참 많은 신세를 졌다.

희찬이네 집에는 늙으신 할머니와 몸이 불편해 누워서 앓기만 했던 아버지가 계셨다. 게다가 그 집도 어렵게 살던 시절이었다. 그런데도 어머니는 나를 당신 자식과 구별하지 않고 가족들 몰래 재워도 주시고 밥도 참 많이 먹여주셨다.

그 후 희찬이는 월남에서 전사하고, 이 어머니는 둘째아들 따라 미국으로 이민가신 뒤 영영 고국 땅을 밟아보시지도 못하고 저세상 분이 되셨다.

그 시절에도 한문공부를 하시고 붓글씨도 어찌 그리 잘 쓰시던지 마치 신사임당 같다는 생각이 드는 분이셨다. 언젠가 소사 신앙촌 박태선 교회의 집단생활을 보고 "교회라고 하기보다는 사회주의를 보는 것 같다"고 하시는 말씀을 듣고 '연세 높으신 어머니시지만 참 아시는 게 많은 분이구나!' 하고 놀란 일도 있었다. 그 당시 '사회주의'라는 말씀을 하실 수 있는 분이라니! 참으로 놀랍다는 생각을 지울 수가 없었다. 늙으신 시어머니와 병든 남편을 봉양하며 현모양처의 길을 걷고 계셨으니 아주 모범적이다 못해 훌륭하게 사신 분이셨다.

희찬이 할머니는 내가 해군에서 만난 신덕철의 양어머니의 친언니로 조선의 마지막 황후, 순정효황후 윤씨 집안 분이셨다. 그래서 맹아학교 다닐 때 희찬이 할머니가 운현궁으로 가끔 심부름을 보내기도 하셨다. 그래서 나도 희찬이를 따라 운현궁으로 심부름을 다니면서 김동인(金東仁)의 역사소설『운현궁의 봄』을 재미있게 읽던 일을 떠올려보기도 했다.

나는 그때 하루하루 숙식이 제일 큰 문제였던 터라 학교에는 이름만 걸어놓고 아주 불성실하게 학교생활을 했다. 학교 갔다 오는 길에 배가 고파 고작 군용 건빵을 한 봉지 사서 기차 속에서 희찬이와 둘이 점심으로 때우면서 학교를 다녔다.

사창가에서 벙어리 행세를 하다

어느 날인가 맹아학교에서 수업을 마치고 친구들에게 밥이라도 한 끼 얻어먹어 민생고를 해결해야겠다는 생각으로 소사로 가기 위해 서울역으로 향하던 길이었다. 공군의학연구소에 근무하던 홍종태를 뜻밖에 우연히 만났다. 홍종태는 나를 반가워하면서 남대문시장 싸구려 대폿집으로 끌고 가서 거나하도록 막걸리를 먹였다. 그런데 이 친구 놈이 술이 얼큰해지니까 여자 생각이 나던지 "너, 오늘 오랜만에 회포 좀 풀어줄까?" 하면서 양동 사창가로 가자고 나를 끌었다.

그럴 돈이 없다고 사양하자 이놈이 "너 빈털터리 줄은 세상이 다 알아. 돈 걱정 말고 오늘은 내가 책임질 테니 따라오기만 해"라고 했다.

나야 오늘 밤 잠자리도 어차피 친구들 신세나 져야 할 형편이었던 터라 못 이기는 척 그와 함께 사창가로 찾아들었다. 지금의 남대문경찰서 뒤편은 그 당시 유명한 사창가였다. 그리로 가면서 나는 장난기가 발동해 맹아학교에서 배우는 수화를 써먹어볼 겸, 그 친구에게 "지금부터 벙어리 행세를 할 테니 너도 나를 벙어리 친구로 대하라"고 하고 사창가에 들어갔다.

하룻밤을 같이 지낼 여자에게 맹아학교 학생 신분증을 보여주고 벙어리 행세를 시작했다. 나와 상대할 여자는 농아이니 자연 귀까지 먹어 말을 못 알아듣는 것으로 알았는지 소리 내어 웃으면서 "이 짓도 오래

하다보니 밭 매다가 금가락지 주운 꼴이네?" 하며 시시덕거리며 별로 싫지 않은 태도로 나를 대했다.

그래서 속으로 '이년이 그래도 내가 싫지는 않은가 보네? 나도 오늘 괜찮은 년을 만났구나!' 하고 못 들은 것처럼 무표정한 행동을 한 뒤 종태와 서로 자기 짝을 데리고 각각 방으로 들어가 아주 오랜만에 긴 밤의 육욕을 불태웠다.

창녀들은 대개 남자들에게 시달리는 것을 싫어해서, 그것도 장사라고 그저 할 수 없이 장사의 의무로 손님을 대하는 것이 보통인데, 이 여자는 내가 불쌍하다는 생각이 들어 측은지심으로 그랬는지 밤새 자지도 않고 내 볼을 만지고 쓰다듬으며 마치 창녀의 본분을 잊기라도 한 듯이 오랜만에 만난 애인처럼, 혹은 귀여운 어린 자식 대하듯 했다.

날이 훤히 밝아 세수를 하고 학교에 갈 요량으로 일어나 앉으니 따라 일어난 여자가 왜 벌써 가느냐고 묻는 듯한 표정을 지었다. 또 내 양볼에다 자기 손을 얹어 비비면서 혼잣말을 했다. "자식, 불쌍하기도 해라! 잘생긴 놈이 어쩌다 벙어리가 되었을까?" 정말 불쌍하다는 표정이었다.

그래서 나는 장난이 너무 심했나 하는 생각이 들어 그 여자 손을 내볼에서 내리며 "내가 그렇게 불쌍하게 보이니? 나는 불쌍하다는 말을 너한테 처음 듣는다"고 했다. 그러자 이 여자가 깜짝 놀라면서 "아니 사람을 이렇게 감쪽같이 속일 수 있느냐?"면서 깔깔거리더니 "왜 벌써 가느냐? 좀 더 있으면서 이야기 좀 하자"고 했다.

그래서 "그랬으면 좋겠지만, 나는 학생이라 학교 갈 시간이 다 되었다"고 하고 일어섰다. 그러자 "시간이 나면 꼭 한 번 더 들러라. 돈이 없어도 괜찮으니 꼭 또 오라"며 매달렸다.

헤어지기 아쉬워하는 것을 매정하게 떼어놓고 돌아서 나왔다. '비록 몸은 한국전쟁의 후유증으로 망가질 대로 망가지고, 가진 밑천이라고는 몸밖에 없어 몸을 팔아 살아가는 창녀이지만, 이들도 나와 조금도 다를 것 없이 인간에 대한 측은지심을 버리지 않고 간직하고 있구나! 아직도 몸속에는 나와 같이 뜨거운 피가 흐르겠구나!' 하고 생각했다.

그 다음에도 거길 몇 번 더 찾아갔다. 보고 싶기도 하고, 여자의 욕정도 그립고, 잠자리 신세도 질 겸 해서였다. 비록 몸을 팔아 살고 있지만, 인정도 뜨거운 사랑의 피도 많은 여자 같았다. 어느 날 보고 싶은 마음에 찾아가니 그 여자가 어디론가 사라진 뒤였다. 다시는 찾을 길이 없었다.

지금은 젊은 날의 고달픔을 털고 후반생이나마 초년 고생을 보상받아 행복하게 살았으면 좋으련만! 우연이라도 한 번 만나면 좋으련만! 지금은 얼굴도 기억나지 않고 오직 따뜻했던 마음씨만 아련히 남아있다.

경찰에 체포되어 해군헌병대로 인계되다

추석을 며칠 앞두고 고향에서 추석 오락회를 하겠다고 나에게 연극 지도를 부탁했다. 추석도 어머니와 함께 편히 쉴 겸 연극에 쓸 소도구를 구입해 고향으로 가기로 마음먹고 소사 형님네나 잠깐 들를 요량으로 소사로 갔다. 그런데 소사역에서 형님 집으로 가다가 형님네 집 근처에서 형사들한테 체포를 당했다. 고모님 양아들이라는 현 형사가 형사 2명을 형님네 집 근처에 잠복시켜 놓은 것을 몰랐던 것이다.

막상 체포되니까 탈영병으로 마음 졸이고 살던 생활이 주마등처럼 스치면서 '에라! 될 대로 되어라' 하는 생각이 드니 두렵던 마음은 없어지고, 오히려 체념할 수 있어 마음이 편했다.

그런데 앞으로의 걱정보다는 주머니 속에 홍종태가 만들어준 가짜 공군 신분증과 출장증이 더 걱정이었다. 이게 발각되면 나를 도와준 홍종태가 나 때문에 골로 가게 생긴 것이다. 그래서 형사들보고 "뒤가 급하니 변소부터 좀 다녀오자"고 청했다. 하지만 형사들이 도망가려는 줄 알고 허락을 하지 않았다.

그래서 "당신들 3명이 변소 문을 지키는데 내가 홍길동이냐, 임꺽정이냐? 의심은 되게 많아가지고. 안 되면 여기다 싸란 말이야?" 하고 성질을 확 냈다. 할 수 없다는 듯이 현 형사가 눈짓을 하니 형사들이 변소에 가라고 허락해주었다. 거기서 가짜 공군 신분증을 찢어서 똥통에 넣고 나와 "자 갑시다!" 했다. 그들은 나를 부평경찰서로 데리고 가서 유치장에 임시 입감시켰다.

내가 경찰에 체포되었다는 소식을 듣고 같은 반 친구 권희찬이가 헌병대로 찾아왔기에 "야, 희찬아! 나는 이 꼴이 되었으니 네가 대신 휴학계 좀 내달라"고 부탁했다.

다음날, 부평경찰서에서 인천 해군헌병대로 인계돼 인천에서 간단한 조사를 받고, 쇠고랑(수정)을 찬 채로 인천 숭의동에서 국수공장을 하는 누나 댁에 들러 용돈을 조금 받고 헌병을 따라 열차에 올랐다.

하루를 넘기며 부산에 도착하니 궂은비가 부슬부슬 소리 없이 내리고 있었다. 구슬프게 내리는 비가 처량한 내 신세 같았다. 그날이 바로 음력 8월 15일, 추석이었다.

수정을 찬 채 부산역 광장에 나서니 사람들이 흘금흘금 바라봤다. 그래서 "이 자식아, 뭘 봐? 도망병 처음 봐? 이 새끼!" 하니 사람들이 눈길을 피했다. 부산에서 다시 진해행 기차를 타고 가서 진해 해군헌병대 유치장에 입감되었다. 거기서 15일쯤 유치당했는데 얼마나 배가 고프던지 '야, 이놈의 곳에서 징역살다가 석방되기 전에 굶어죽겠구나!' 온통 먹는 것밖에는 눈에 뵈는 게 없었다. 1970년대는 수감생활이 그렇게 배가 몹시 고프던 시절이었다.

나는 탈영기간이 1년 가깝게 길어 지방군법회의인 진해에서는 재판을 할 수 없고, 서울 군법회의에서 재판을 해야 한다며 다시 서울 헌병대로 송치되었다.

탈영병으로 체포되어 수감생활을 하다

17. 수감생활

서울 해군헌병대에서 수감생활이 시작되다

서울 헌병대는 진해에 비하면 천국이라 할 만큼 모든 게 지낼 만했다. 유치장 가까이 해군본부가 있고 고위층 감시가 있어 그랬던 모양이다. 영창에 신입으로 입감되어 들어가니 고참들이 신고를 받았다. 나는 감방을 자주 드나든 경험이 있어 능수능란(能手能爛)하게 신고에 임했다.

'감장'이라는 놈은 상석에 턱 버티고 앉아있고, 그 밑에 참모라는 놈이 "관등성명!" 하고 외쳤고, 나는 "해군 일등 수병, 신용승입니다. 여러분 고생이 많습니다. 앞으로 감방장님과 고참 선배들의 뜻에 따라 감방 규율을 잘 지키고 열심히 지내겠습니다" 하고 대답했다.

그런데 내 말은 건성으로 듣고 본격적인 신고식을 시작했다. "너 장가들었어?", "아직 안 들었습니다!", "야, 이 씹새끼야! 안 들은 거야, 못 들은 거야? 분명히 말해, 좆같은 새끼야!", "아직 못 들었습니다!", "그래? 장가를 아직 못 들었다 그 말이지? 좋다! 이놈의 새끼야, 너 계급이 뭐야?", "일등 수병입니다.", "그래? 그럼 지금부터 네 계급은 몰수한다. 알것냐? 이 안에서는 마누라도 몰수야. 알것냐? 이 가물치 좇만한 새끼 놈의 새끼야! 나이는 몇 살이야?", "네! 22살입니다.", "네 나이도 몰수다. 알것냐? 죄명은 뭐야?", "네! 탈영입니다.", "얼마나 탈영했나?", "8개월 가까이 한 것 같습니다.", "야! 이 씹새끼야! 8개월이나 도망 다니면서 무얼 핥아먹고 다녔냐?", "네! 학교에 다녔습니다.", "어쭈? 이 새끼 봐라, 군대 탈영해서 학교 다닌 놈도 있어? 그래 무슨 학교야?", "네, 서울에 있는 농아학교라는 벙어리 학교입니다.", "야, 이 씹새끼야, 네가 벙어리야? 벙어리 학교를 다니게?", "네! 내가 벙어리가 아니고 벙어리들 선생이 되는 농아사범과에 다녔습니다."

그러자 참모라고 심문하듯 하던 놈이 감방장에게 "감방장님! 죄 질이 나쁘지 않은데 약식재판으로 돌릴까요?" 하고 물었고, 감방장이 "그래! 실시해봐!" 하니까, 자기들끼리 재판장, 검사, 변호사를 정하고 재판을 하더니 나한테 "징역 8월!"을 언도했다. 그 뒤 재판에 회부된 나는 그들이 언도했던 것과 똑같이 진짜로 징역 8월을 언도받았다. 나만이 아니라 모의재판을 하는 놈들마다 어쩌면 이렇게 족집게 무당처럼 잘 맞추던지 신기해서 정말 탄복할 지경이었다.

이렇게 신입 신고식을 비교적 간편하게 끝내고, 신참으로 뼁끼통(변소) 옆에 자리 잡고 수감생활을 시작했다.

나한테 입감 신고식을 시키던 규율부장이란 놈은 얼마 후 만기로 석방돼 나가더니 한 달쯤 뒤 또 잡혀 들어왔다. 그놈은 내가 6개월 25일 감방살이를 하는 동안 감방을 세 번이나 드나들었다. 그래서 "감방에 들어오는 게 지겹지도 않으냐?"고 물어보니 그놈 하는 말이 걸작이었다. "나는 군대생활보다 감방이 체질에 맞는다"는 것이었다.

하긴 그때 나도 군대 영내 생활이 영창보다 더 지옥 같다는 생각을 간혹 했으니까 "그래, 네놈 말도 '완투스피크'다(일리가 있는 말이다)"라고 맞장구를 쳐주었다.

죄수의 몸으로 헌병대 수사과 근무를 하며 반징역을 살다

새끼 몽키(초입죄수) 생활을 하면서 2개월 가까이 시간이 흘렀다. 온 산에 단풍잎이 색색으로 물들어가는 8월 추석에 부슬비를 맞으며 입감을 했는데, 밖에는 어느새 싸락눈이 내리는 초겨울로 접어들고 있었다.

그런데 헌병대 수사과에서 나를 어떻게 봤는지, 잔심부름시킬 사람을 구한다더니 나를 덜컥 뽑아주었다. 그래서 아침에 기상하면 영창에서 나와 수사과 사무실로 가서 일과를 시작했다. 난로도 피우고, 사무실 청소도 해놓고, 식사시간이 되면 현역 헌병 식당에 가서 식사를 타 먹고, 그렇게 수사과에서 잔심부름을 했다.

죄짓고 잡혀오는 놈들 조사가 끝나고 영창에 입감시킬 때도 영창 지키는 헌병에게 내가 인계했다. 잔심부름을 하다보니 영내를 벗어나 혼자 시내까지 나가는 심부름도 다니게 되었다.

때로는 필기구를 사러 혼자 헌병대 옆에 있던 동화백화점까지 나가기도 했다. 시내에 홀로 심부름을 나갔을 때는 휴가나 외출 나온 해병이나 해군 놈들을 붙들고 휴가증이나 외출증을 보자고 헌병 행세도 하고, 휴가 중인 놈들에게 담뱃값을 뜯기도 했다. 잠자러 들어갈 때 영창으로 담배를 갖고 가면 얼마나 좋아들 하던지!

수감생활 하는 놈이 마치 헌병처럼 생활을 하다가 취침시간에만 다시 영창에 들어가 잠을 자는, 반징역생활을 했다. 그러니 자연 감방 안에서도 참모급에 들게 되었다. 서울 헌병대에서는 수형자들에게 현역병과 같이 때때로 건빵과 세숫비누, 빨래비누도 배급을 했다. 그래서 영창생활인데도 배고픈 줄 모르면서 지내게 되었다.

한번은 고향에 계신 어머니가 면회하러 오시면서 먼저 소사 형님네 집에 들르셨다. 그때 대낮부터 술에 취해 마루에 네 활개를 벌리고 형님이 낮잠을 자는 광경을 보고 화가 나신 어머니가 형님을 깨워 "용승이 면회는 가봤느냐?"고 물어보시니 형님과 형수님은 염치가 없어 대꾸도 못했다고 한다. 자식에게 별로 화를 내지 않으시던 어머니가 그때만은 "그래, 여기서 용승이가 갇혀있는 영창이 몇 백 리라도 되느냐? 형이 돼서 이제껏 면회 한 번 안 하고도 마음이 편할 수 있느냐?"고 대단히 화를 내신 모양이었다.

그래서 형님이 어머니를 따라 면회를 왔는데, 형수님은 돈이 없다는 핑계로 그때도 또 그 뒤에도 면회 온 적이 한 번도 없었다. 누가 자기보고 돈 벌지 말라고 몸부림이라도 쳤는지, 돈 없다는 얘기를 입에 달고 산 사람이었다. 내 영창생활 동안 형님이 면회 온 것도 그때 딱 한 번뿐이었다.

'징역 8월 언도받고 수형생활을 하니 얼마나 배가 고프고 힘들까?' 노심초사를 하시던 어머니는, 살도 부옇게 찌고 싱글벙글하는 나를 보더니 웬일인가 싶어 어이없어 하면서도 마음이 놓인다고 하셨다.

면회 중에 형님이 자기 혼자 담배만 뻐끔거리자, 그런 일에 별로 상관하지 않던 어머니가 "용승이도 이제 다 큰 사람인데, 이 안에서 얼마나 담배를 주리겠느냐? 이런 때라도 담배 좀 피우라고 하지 너 혼자만 피우냐?"고 역정을 내시던 모습이 아직도 눈에 선하다.

서울 해군헌병대 감방 속, 희한한 오락회 풍경

토요일 오후부터 일요일 밤까지, 간수 헌병을 제외한 나머지 헌병들은 모두 외박을 했다. 그래서 주말이 되면 바깥 헌병대는 조용해지고 영창은 오락회를 하며 활기가 돌았다.

오락회를 하면서 흥을 돋우자니 음식과 술이 있어야 하니까 헌병한테 2천원을 주고 술과 안주를 사달라고 하면 으레 1천원은 핥아먹고 1천원어치만 사서 영창으로 들여보냈다.

그러면서 "술 먹고 취하면 안 돼! 조용히 먹어야 해, 알았지?" 하면, 영창 안에서 술을 보고 좋아서 "걱정을 허덜덜 말아요. 절대 그런 일은 없을 테니까!" 하면서 오락회가 시작된다. 처음에는 술을 먹고도 노래는 독창만 부르고, 원맨쇼 잘하는 내가 주로 웃기는 장기 정도나 하면서 조용히 논다. 그러다 술이 좀 들어갔다 싶으면 누가 먼저랄 것도 없이 식기와 젓가락까지 두드리며 합창을 하게 되고, 어떤 놈들은 마룻바닥이 쿵쿵 울리게 뛰면서 춤까지 추었다.

그러면 간수 헌병 놈이 창살에 대고 사정을 한다. "야, 좀 조용히 놀아! 이렇게 떠들면 나는 어떻게 해?" 그러면 "알았어! 오늘 토요일인데 누가 있다고 그래!" 하면서 조용은커녕 외려 아수라장을 만든다.

일요일인데, 어디서 났는지 감방 간수 헌병이 권투 장갑을 가지고 와서 권투시합을 해보라고 한다. 그때 인천출신 33기생으로 '신포동 꼬마'라는 별명을 듣던 황은석(黃恩錫)이라는 친구가 한 번 해보겠다고 나왔다. 이 친구는 체격은 작으나 아주 야무진 놈이었다. 이 친구가 해군에 들어오기 전 내가 소사에 놀러온 것을 잡아 혼을 내준 일이 있었기 때문에 이후 나를 형이라고 부르던 친구였다.

나보다 먼저 해군에 입대했다가 역시 탈영죄로 잡혀온 이 친구는 건달 세계의 의리가 있어서인지 해군 기수를 무시하고 계속 나를 형이라고 부르고 있었다.

은석이와 상대할 친구를 물색하는데, 내 동기생으로 해군에서는 훈련병 때부터 명물이었던 전남 완도 태생의 황중관(黃重觀)이 나섰다. 덩치가 산같이 우람하고 의장대 출신이라며 껍죽거렸기 때문에 주위에서 "황중관 나가라!"고 아우성을 치면서 등을 떠밀었다.

황은석이가 자기 반밖에 안 되는 것 같으니 만만해 보였는지 이 친구가 해보겠다고 장갑을 끼고 맞붙었다. 그런데 막상 시합이 시작되고 보니 황중관은 한 대도 못 때리고 계속 얻어맞기만 했다. 그래서 구경하던 놈들이 때리는 황은석을 응원하는 게 아니라 죽도록 맞는 황중관이 이름을 연호하며 응원을 했다. 그러자 자기가 잘해서 그러는 줄 아는지 기권도 안 하고 정신없이 맞으면서도 손을 안 들었다.

덩치 큰 내 동기생이 일방적으로 맞은 것도 화가 나고 정말 꼴 보기 사나워서 "야! 고만해, 이 새끼들아, 이게 어디 상대가 돼야 계속 붙어 보지, 이 새끼들아! 어서 말리지 않겠어?" 하고 내가 소리를 쳤다. 그러면서 황중관한테 "쟤가 인천 신포동 꼬마야, 너는 상대가 안 돼, 이 새끼야" 하며 판을 깼다.

가슴이 짠하게 사형수가 부른 노래 '고향을 찾아와도'

어느 날 밤 1시쯤 되었을까? 모두들 깊은 꿈속을 헤매는데 별안간 유치장 밖 복도에서 큰소리로 악쓰는 소리가 들려 모두들 깨어 투덜거렸다. '어떤 놈의 새끼가 단잠을 깨우는 거야?' 복도를 내다보았더니 누군가 오랏줄에 묶여서 펄펄 뛰고 있었다.

"야! 이 새끼들아! 이 오라 좀 풀어! 손목 떨어져나가! 헌병대장 불러와!" 하면서 큰 소리로 아우성을 치고 있었다. 얼마 후에 헌병대장이 직접 달려왔다. 헌병대장 지시로 포승을 좀 느슨하게 해주고 우리 감방 문 앞, 한 사람 정도 간신히 누워 잘 수 있는 한 평도 안 되는 독방에 수감시켰다.

아침에 난로 피우고 청소하러 수사과로 가면서 보니까 어젯밤에 아우성치던 사람 독방 앞에 크게 써놓은 명패가 붙어있었다. "죄명: 간첩, 이름: 양재명(梁在明), 군번: 5102188." 내 군번이 5112188(해군 군번은 머리 숫자가 810, 811, 510, 511, 이런 식으로 돼 있다. 그 후 후배들 군번이 어떻게 변했는지는 모르겠다)인데 간첩의 군번이 5102188이라니! 머리 숫자만 **빼면** 똑같이 2188이 되니 왜 간첩의 군번이 내 군번과 같을까? 기분이 참 더럽고 찝찝했다.

수사과에서 업무를 보고 다시 취침하러 영창으로 돌아오는데 이 간첩이 인사나 하자며 자기는 이름이 양재명이라고 소개하더니 "앞으로 신세 좀 지겠으니 잘 부탁한다"고 했다. 나는 간첩이란 선입견에 허둥

지둥 대느라 뭐라고 대답했는지 잘 생각도 나지 않는다.

그 뒤 어느 일요일 밤, 오락회를 하는데 독방에 있던 사형수가 자기도 노래 한 번 불러보자고 했다. 그래서 방은 다르지만 헌병에게 허락받고 한 번 해보라고 하자, "해방정국에 월북한 시인 정지용의 시에 서울에서 KPK 악단 단장을 하다 한국전쟁 때 월북인지 납북인지 한, '목포의 눈물' 주인공 이난영(李蘭英)의 남편이자 김씨스터스의 아버지인 김해송(金海松)씨가 작곡한 곡인데, 북쪽에서도 많이 부르는 노래"라고 소개하더니 노래를 부르기 시작했다.

고향에 찾아와도 그립던 고향은 아니로외다
두견화 피는 언덕에 누워 풀피리 마주 불던 옛 동무여
흰 구름 종달새에 그려보던 청운의 꿈을
어이 새워 갔느냐 어이 지워 갔느냐

가슴이 찡하도록 감정을 잡고 노래를 아주 잘 불러서 그랬을까? 아니면 사형수가 부르는 노래라 그랬을까? 감방 안이 갑자기 조용해졌다. 그래서 그날의 오락회는 춤추고 식기 두들기며 아우성치던 여느 오락회와는 달리 흥도 없이 조용히 끝났다. 그러나 이상했다. 무엇인지 모를 뭉클한 것이 가슴을 짓누르는 것 같아 그날 밤은 오랫동안 잠이 오지 않았다.

사형수 양재명 사건의 전말

사형수 양재명은 해병대 특무대 2등 병조(중사)로 근무하면서 5월 5일 어린이날, 정기휴가를 얻어 몸에 해군 기밀문서를 감고 강을 넘어 월북하려고 임진강 강가로 접근했다고 한다.

그날 밤, 임진강에는 비바람이 몹시 사납게 몰아치고 있었다. 헤엄쳐

가려고 강물에 뛰어들었다가 물을 많이 먹고 까무러쳤다. 죽을 팔자라 그랬을까? 바람이 북쪽에서 남쪽으로 부는 바람에 임진강가 남쪽 모래사장으로 밀려오고 말았다.

아침이 되자 바람은 잦아들고 언제 비바람이 그리 불었느냐는 듯이 맑은 해가 떠올랐다. 그때 산위에서 보초를 서고 있던 해병 보초가 우연히 강가를 내려다보니 강가에서 무엇인가 햇빛에 반사돼 반짝거렸다. 이상해서 소대장에게 보고를 했고, 소대장이 부하를 대동하고 달려가 확인해보니 해병대 2등 병조 계급장을 단 군인이었는데, 허리띠에 작은 소련제 권총을 차고 까무러쳐있었던 것이다.

'도금'을 한 권총이 햇빛에 반사돼 반짝이고 있었다. 소대장은 중대장에게 보고하고 "물을 많이 먹고 정신을 잃은 것 같으니 우선 해병 야전병원에 입원시키라!"고 명령했다. 해병 야전병원으로 수송해서 환자복으로 갈아입히려는데 몸에서 기밀문서가 쏟아져 나왔다. 이에 놀란 위생병들이 헌병대에 보고했고, 헌병들이 즉시 달려와 아직 정신이 안 든 양재명 손목에 쇠고랑을 채우고 보초를 세워놓았다. 얼마 후 정신을 차린 양재명은 그제야 자기가 체포된 것을 알았다.

해병 사단헌병대에 수감되어 특무대의 조사를 받은 후 사단 해병군법회의에서 사형을 언도받고 형 집행을 기다리다가 사단헌병대 영창에서 간수 헌병 2명을 매수해서 탈옥을 시도했다.

이 사형수 양재명이 얼마나 화술이 좋은지, 간수 헌병들에게 나는 기왕에 잡혔으니 죽을 몸이지만, 불가에서 말하기를 사람이 옷깃만 스쳐도 전생의 인연이라 했고, 이 세상에 나와 너희들에게 많은 신세만 졌으니 어떻게든 신세를 갚고 저세상으로 가고 싶은데, 이렇게 잡혀 죽을 날만 기다리는 신세가 되었으니 참 안타깝다고 뇌까렸다고 한다.

그러곤 "여기서 동쪽으로 2km쯤 가면 큰 바위가 있고 그 옆에 아담한 소나무가 쌍으로 나란히 서있는데, 그 밑이 내가 북쪽과 연락을 주고받는 포스트로 그곳에 공작금(아마 지금으로 치자면 몇 천만 원쯤 되는 돈)도 묻어 놓았다. 나는 그 돈이 이제 아무 소용없게 되었다. 너희들이 찾아서 요긴하게 쓰라"며 접근했다.

그 말을 들은 헌병 놈들이 비번 날 그 돈을 찾겠다고 열심히 찾아보았는데, 그 넓은 산속에 바위가 어디 하나둘이고, 쌍 소나무는 어떻게 찾을 수 있단 말인가? 그래서 찾지 못하고 돌아왔다. 양재명은 1단계로 헌병 포섭공작이 성공하자 마음속으로 흡족하게 생각하고 다시 가난한 헌병들의 약점을 파고들었다.

"사람이란 이 세상에 한 번 왔다가는 법인데, 이렇게 어렵게 태어난 세상에서 왜 너희들은 해병 졸병 생활만 해야 하느냐? 제대하면 평생 그 힘들고 역겨운 노동밖에 더하고 살겠느냐? 한 번 세상에 나와 사람답지 못하게 사는 것은 너희들이 못 나서가 아니라 집이 가난해 공부를 못해서 그런 것이다. 나와 함께 북으로 가면 돈 없이도 얼마든지 김일성대학이나 모스크바 유학까지 할 수 있다"며 또 접근했다.

어떻게 설득을 시켰던지 사형수의 말이 이 또라이 같은 헌병들의 마음을 산산이 흔들어놓았다. 그래서 이 헌병들이 양재명의 감언에 넘어가 3인이 함께 월북하려고 서서히 준비에 착수했다.

사형수는 발목과 손목에 쇠로 만든 수정을 차고 있고, 열쇠는 당직 장교가 보관하는데, 탈옥을 시키자면 먼저 양재명의 수정을 풀어야 했다.

마침 헌병 중 한 놈의 애인이 서울 마포에서 열쇠공장 공원 생활을 하고 있었단다. 밥풀로 열쇠틀을 찍어 애인한테 갖다 줘 열쇠를 복제하게 한 뒤 사형수의 수정을 따기로 했다. 또 양재명이 수영하다 실패한 것을 거울삼아 군용 침대용 튜브를 3개 준비하고 권총과 팬티 등 월북에 필요한 모든 것을 준비했다. 월북할 날까지 정해놓고 어느 이슥한 밤에 헌병 한 놈은 양재명과 함께 임진강으로 먼저 떠나고, 또 한 놈의 헌병은 뒷수습을 하고 뒤따르기로 약속했다.

그런데 그 감방 안에는 절도죄로 6개월 징역을 살던 감방장이 있었는데, 그날따라 잠이 오지 않아 몸을 뒤척이다가 헌병들이 사형수를 끌고나가는 것을 보고 '이것들이 탈옥을 한다'는 생각이 들어 젖 먹던 힘까지 다해 "주번사관! 사형수 탈옥이오!" 하면서 소리를 쳤다. 그러자 뒷수습을 하겠다던 헌병이 '아! 이제 다 실패했구나! 잡히면 어차피 고생만 실컷 하고 죽을 테니 차라리 내 손으로 죽는 게 깨끗하겠구나!' 하고 자기 목을 향해 스스로 권총 방아쇠를 당겼다.

그런데 총알이 빗나가 그놈은 죽지도 못하고 그 자리에서 잡혔고, 도망쳤던 두 사람이 임진강가에 도착하니 보초가 2m 간격으로 강가에 쫙 깔려있었다. 두 사람은 마음속으로 서로 다른 갈등을 시작했다.

헌병은 '월북은 실패했구나! 그럼 이제 나는 어떻게 해야 하나? 자수하면 무기는 몰라도 사형은 면하겠지?' 하는 생각으로 양재명에게 자수하자고 권했다. 그러나 양재명은 '나는 어차피 사형을 기다리던 처지인데, 자수를 해봤자 사형을 면할 수 없다'고 생각하고, 헌병을 설득해 전 수사병력이 임진강가에 쏠리는 틈을 타, 거꾸로 남쪽이 구멍 뚫린 것을 이용해 서울 돈암동 양재명 애인 집으로 스며들었다. 1주일간 잠복해 있던 두 사람은 갑자기 들이닥친 헌병들에게 체포돼 내가 있는 서울 해군헌병대로 잡혀온 것이었다.

양재명 사건의 여파로 파주 해병대 영창에서 서울 해군헌병대로 이감된 사람도 몇 명 있었다. 그 중에는 해병 병조장이던 놈도 있었는데, 9·28 서울수복 당시 중앙청 국기게양대에 자기가 태극기를 제일 먼저 꽂았다고 한 놈이다. 그런데 내가 직접 들은 것만 해도, 제일 먼저 태극기를 꽂았다는 사람이 대여섯 명은 됐으니까 믿을 건 못 되는 얘기겠다.

하여간 이 병조장이 외출을 나왔다가 부대로 귀대하는 중이었다. 버스도 별로 없을 때라 외출 나왔던 해병들이 지나가는 민간인 트럭을 세워 타고가자고 덤볐다. 운전수가 "사람이 너무 많아 갈 수 없다"고 하자, 이 병조장이 "이 씹새끼야! 가자면 가지, 무슨 개소리야?" 하고 주먹을 한 번 날렸는데 살이 갔는지 운전기사가 즉사를 했다.

그 바람에 과실치사로 1년 징역을 선고받았다. 그때 양재명과 함께 월북하려고 했던 헌병들이 "병조장님도 같이 월북하자!"고 했다 한다. 그런데, 그런 말을 듣고도 신고하지 않고 "너희들 먼저 갔다 와라. 좋으면 다음에 나도 갈게!"라고 말한 것 때문에 양재명 간첩사건 조사 때 얽혀서 불고지죄와 월북방조죄로 5년형을 다시 받은 상태였다. 자기 말로는 장난으로 한 말인데 이렇게 되었다며 무척 억울하게 생각하고 있었다.

양재명 탈옥사건은 서울 해군군법회의에서 다시 재판을 받게 되어 있었기 때문에 당연히 공범으로 서울 헌병대로 이감돼 온 것이었다. 아주 재수 더럽게 없고 무식한 사나이였다. 그렇게 이감돼온 놈이 또 한 명 있었는데, 헌병이 "이 군화가 새것이니 너나 신어라. 나는 간다"며 주자 그 군화를 받은 죄로 2년 징역을 언도받은 놈이었다.

사형수 양재명이 희망의 끈을 놓지 않던 최후의 날

양재명은 탈옥죄가 하나 더 추가돼 서울 해병대 군법회의장으로 조사를 받으러 다니고, 나는 평상시와 같이 수사과에 나가 난로나 피우고 청소나 하면서 지냈다.

그런데 그날 새벽 2시는 되었을까? 모두들 깊은 잠에 빠져있을 때 양재명이 화장실로 가기 위해 우리가 있는 감방으로 들어오다가 마룻바닥에 철퍽 주저앉으면서 간수 헌병에게 소리를 질렀다. "야! 내가 아무리 사형을 받을 사형수라지만, 사지가 이렇게 멀쩡한 놈이 그래 깡통에 똥을 누란 말이냐? 야! 헌병! 너, 빨리 헌병대장 불러와! 너 같은 것들하고는 말이 안 되니 대장하고 담판 짓겠어!" 하고 소리를 고래고래 질렀다.

그러더니 똥딴지같이 "나는 죽어도 좋다. 하지만 이 나라에서 무력

무럭 자라고 있는 순진한 우리 어린것들이 미국 놈들의 노예로 영원히 살아갈 것을 생각해서 내가 죽어도 눈을 못 감겠다! 이 새끼야! 내가 왜 간첩죄를 뒤집어썼는지 너 같은 것들이 알기나 해? 이 자식!" 하면서 아우성을 쳤다. 그 바람에 감방에서 곤히 잠자던 모든 죄수가 다 일어나 그저 멍하니 아무 말도 못하고 바라보고만 있었다.

나는 그 소리를 듣고 '우리가 지금 미국이 도와서 이렇게 잘 사는데, 왜 저 사람이 저런 말을 할까? 양재명이가 죽을 때가 되니 돈 게 아닐까?' 하고 의아스러운 생각을 했다.

양재명이 계속 날뛰는 이유는 새벽에 똥을 누겠다고 변소에 보내달라는데, 꾸벅꾸벅 졸면서 보초를 서고 있던 헌병이 졸리고 귀찮으니까 "거기 오줌 누는 깡통에 누라"고 말한 것이 발단이었다.

그 전까지는 오줌은 독방에서 홀로 누고 밖으로 내놓으면 헌병들이 치우고, 똥은 우리 감방 화장실에서 처리했다. 그런데 헌병이 졸리고 귀찮으니까 깡통에 똥을 누라면서 변소에 보내주지 않았다가 그런 사건이 일어난 것이었다. 헌병이 사형수에게 "내가 졸려서 잘못했다"며 백배사죄하고 나서야 아우성은 일단락되었다.

음력 정월 초하루가 가까워오고 있었다. 섣달그믐이 되면 토정비결 보는 것이 유행했는데, 영창에 갇혀 사는 죄수들은 무료하기도 하고 자기 운명이 금년에는 좋아져서 혹시 특사라도 되지 않을까 하는 실낱같은 희망을 걸고 어디엔가 기대고 싶어 하기도 했다. 그러던 차에 내가 시내로 심부름을 나갔다가 토정비결 책을 사가지고 와서 영창에 있는 놈들에게 금년 운수를 장난삼아 봐주고 있었다.

그때 사형수도 "신 수병!" 하고 부르면서 자기도 토정비결을 한 번 봐달라고 했다. 머지않아 사형집행이 될 사람이 운수를 봐달라니 뭐라고 해야 할지 난감했다. 그래서 그저 "잘하면 감형이라도 될 것 같다. 운이 퍽 좋게 나왔다"고 대충 얼버무리고 적당히 둘러댔다. 물에 빠진 놈이 지푸라기라도 잡으려고 한다더니, 그 거짓말을 듣고 얼굴에 화색이 돌면서 아주 기뻐했다. 얼마나 지났을까? 그날도 수사과 청소를 하러 나가려는데 양재명이 아침인사를 하며 "간밤에 날개를 달고 훨훨 날아가는 꿈을 꾸었는데, 아마 무기로 감형될지 모르겠다"면서 싱글벙글했다.

그래서 내가 "아, 그래요? 좋은 소식이 있을 것 같네요" 하고 어물쩍 대답하고 나왔다. 그런데 헌병대 운동장에 앰뷸런스 1대와 헌병 10여 명이 무장을 하고 정렬해있었다. 수사과 헌병에게 물어보니 오늘 양재명이를 처형한다고 했다.

'방금 그렇게 희망적인 표정을 지었는데 처형을 하는구나!' 웬일인지 인간적으로 불쌍하다는 생각이 들었다. 그게 나와 양재명의 영원한 이별이 되었다.

서울 해군헌병 영창 탈옥미수사건

서울 해군헌병대에서는 수요일을 '환자진료의 날'로 정해서 죄수 누구나 몸에 이상이 있으면 헌병들의 인솔 하에 해군본부 의무실로 진찰을 다녀온다.

그래서 수요일이 되면 별로 아프지 않은 놈들도 꾀병을 부리기 일쑤였다. 서울시내에 나가 코에 시원한 바람 좀 쏘이려고 서로 아프다고 의무실에 가겠다고 나서는 판이었다. 게다가 진찰받으러 간다고 핑계 대고 나가서는 담배나 성냥 등도 몰래 감추어 들여오는 일도 잦았다. 그러다 보니 할 수 없이 감방장이 지정해주는 사람만 진찰을 다녀오기도 했다.

하루는 죄수들이 오전에 진찰을 다녀왔는데, 점심식사가 끝나자마자 헌병 10여명이 몰려들면서 우리 죄수들을 보고 "손을 머리에 얹고 한편으로 정렬해 앉아!" 하고 소리소리 지르더니 빠루로 마룻장 구석을 뜯어내 쇠톱 날을 한 갑이나 찾아냈다.

나중에 안 일이지만, 탈영에 강도상해죄가 더해져 5년형을 받고 들어온 해군 37기생 두 놈이 있었는데 그놈들이 쇠톱으로 탈옥을 하려다 미수에 그치고 발각된 것이었다.

그놈들은 여승들만 있는 암자를 찾아다니며 절도와 강간을 일삼다 잡혀온 파렴치범들이었다. 두 놈은 고향도 부산으로 같은 데다 37기 동기생이었기 때문에 똥배짱도 잘 맞았던 모양이다. 탈영까지도 함께 해서 의리 좋게 붙어 다니며 깊은 산속에 있는 외딴 절만 털고 다녔다고 했다.

그 두 놈은 여승들만 있는 어느 절에 삼라만상이 모두 깊이 잠든 새벽에 복면에다 회칼을 들고 들이닥쳐, 곤히 잠든 여승을 깔고 타서 옷을 벗기니 이 여승이 거절하는 것처럼 몸을 뒤틀면서도 옷 벗기는 걸 은근히 도와주더라나 무어라나 하면서 무슨 큰 벼슬이라도 한 것처럼 자랑삼아 씨불였다.

"순결한 여승이라 아다라시(일본말로 새것)라고 생각했더니 이건 영 화발통이더라"는 둥, 여승을 올라타고 한참 펌프질을 하니까 홍콩에 왔는지 어머니를 부르면서 엉엉 울더라나 어쨌다나 하면서 성행위 동작까지 하면서 낄낄댔다.

짐승만도 못한 놈들이 하는 소리가 정말인지 모르겠으나, 이놈들은 강도 강간, 그것도 수도하는 여승만을 겁탈해놓고도 파리 좆만큼의 뉘우침도 없었다. 그리고 아무리 감방이라지만 무용담이라고 그토록 자랑삼아 씨불여대니 하늘의 벌을 받아도 죄를 다 씻지 못할 놈들이었다.

이 두 놈은 머지않아 마포 민간인 형무소로 이감될 판이었는데, 마포 형무소로 넘어가면 꼼짝없이 5년을 썩어야 하니 앞길이 캄캄하다고 생각하고 탈옥을 모의했다. 먼저 출옥한 놈들에게 쇠톱을 넣어달라고 부탁했고, 부탁을 받은 놈이 의리인지 만용인지 분간도 못하는 '또라이'

처럼 진짜로 쇠톱을 한 갑이나 넣어준 것이었다.

이놈들은 오락시간에 다른 죄수들이 막 뛰고 춤추며 노는 데 정신을 팔고 있는 사이에, 고향생각을 하는 것처럼 창가에 붙어서 그 쇠톱으로 쇠창살을 썰기 시작했다.

어느덧 사람이 충분히 빠져나갈 수 있을 만큼 썰어놓고 눈을 피하기 위해 밥풀로 감쪽같이 붙여놓고는 탈옥을 위해 밤이 되기만을 기다리고 있던 순간이었다. 그런데 공범 한 놈이 감형을 노리고 의무과로 치료받겠다고 나가서 헌병들에게 밀고를 해버린 것이었다.

강도나 절도범 같은 잡범에게 무슨 의리가 있을까? 그 배반자는 감형 혜택도 못 받고 수형자들한테 "친구를 배신한 더러운 새끼!"라는 낙인까지 찍혀 천덕꾸러기로 전락해서 마포형무소로 이감될 때까지 몹시 힘든 수형생활을 했다.

해병 사단영창에서 간첩 양재명 탈옥사건을 신고하고 그 공으로 석방된 사람 이야기를 듣고 자기도 그렇게 석방될 것을 기대해 밀고를 한 모양이었으나 이 건은 그 사건과 성격이 다른 것이었다.

탈옥미수사건은 엉뚱하게도 간수 헌병들에게 불똥이 튀게 만들었다. 간수 책임자로 해병 1등 병조(중사) 헌병이 한 사람 있고, 6명의 헌병 간수들이 교대로 근무를 하고 있었다. 그런데 탈옥미수사건이 일어나자 책임헌병이 상부에 불려가서 호된 꾸중을 받고 시말서까지 제출하고 돌아왔다.

상부에 끌려가 책임 추궁까지 당한 간수장은 잔뜩 화가 나서 간수 헌병들에게 기합을 주며 닦달을 했다. 그러면서 부하들에게도 시말서를 요구했다. 그 중에 얼굴이 여자처럼 예쁜 권 상병이 있었는데, 이 친구는 전쟁 통에 부모를 잃어 떠돌아다니다 요행히 해병에 입대해 계집애처럼 예쁜 얼굴값이었는지 헌병으로 발탁돼 이곳에서 근무하고 있었다.

그런데 이놈은 한국전쟁 통에 고아원을 전전하면서 자란 처지라 한글도 모르는 문맹자였다. 이 권 상병이 다른 기합을 받는 것은 다 참을 수 있었는데 한글을 모르는 자기에게 시말서를 쓰라고 강요하는 것에는 참을 수 없이 자존심이 상했던 모양이다.

"다른 사람은 다 썼는데 너는 왜 안 써?" 하는 상사의 추궁에 자존심이 상한 그놈은 한글을 모른다는 열등의식이 이성을 잃게 하면서 권총을 빼들며 "씨발! 좆같은 새끼, 쏴버릴까 보다"라고 했는데, 책임헌병은 '설마 네가 나를 쏘랴?'는 생각이었는지 "이 좆같은 자식아! 쏠 테면 쏴봐!" 하고 한발 앞으로 다가섰다.

그러자 이미 이성을 잃은 권 상병이 방아쇠를 당겼다. 섬뜩한 총소리와 함께 책임헌병이 쓰러졌다. 그런데 다행히 허벅지에 총알을 맞아 죽지 않고 앰뷸런스에 실려 서울 해군병원으로 호송되었다. 권 상병은 수형자로 변해 계급장을 떼고 자기가 감시하던 감방으로 입감되었다.

그런데 무슨 위대한 일이나 한 것처럼 동료 수인들이 권 상병에게는 신참 신고 절차도 생략하고 일등석에 앉혀놓고 특별대우를 했다. 책임헌병을 미워하던 마음이 우리를 대신해 대리 복수한 것으로 착각한 것이 아닌가 하는 생각이 든다.

갈비뼈 뽑기가 주특기인 해병 병조장

서울 해군헌병대 감방은 작은 방과 큰 방, 2개가 있었다. 큰 방에는 해병대가 120명 정도 입감돼 있고, 작은 방에는 우리 해군이 30명 정도 수용돼 있었다.

수용자 대다수가 나처럼 탈영병들이었다. 잡범도 있긴 했지만 그 수는 별로 많지 않았다. 그래서 탈영병끼리는 서로 부를 때 이름에 계급을 붙여 김 수병, 민 이조 하면서 부르는데 잡범은 이름 대신 죄명을 불렀다. "야! 배 사기꾼!", "조 도적놈의 새끼", 강간범한테는 "야! 김 놋요

강에 물 준 놈!", "박 강도!", 이런 식이었다.

　양재명 사건 때 "너희들 먼저 갔다 와라! 좋으면 다음에 나도 간다!"고 헛소리하고 불고지죄로 걸려들어 5년형을 받은 해병 병조장 박○○은 아무 걱정도 근심도 없는 무골충처럼 무엇이 그리 좋은지 그 안에서 잘도 지냈다. 생각이 없는 건지 양쪽 감방으로 마냥 왔다 갔다 하면서 신출내기가 들어오면 앞장서서 신고를 받기도 했다. "야! 이 새끼, 몽키! 너 뭣해 처먹다가 들어왔냐? 이 좆같은 새끼, 밖에서 잘 처먹고 잘 싸서 낯짝에 기름기가 번들번들거리네? 야, 이 새끼야! 나는 여기서 벌써 3년을 썩어서 뱃속에 기름이 다 빠졌어. 그래서 너 같은 새끼 몽키가 들어오면 나는 너희 갈비뼈를 하나씩 뽑아먹어야 영양보충이 돼! 그래서 이렇게 죽지 않고 산다!"며 잔뜩 겁을 주기도 했다.

　자기 손에 채워진 특수 수정을 흔들어대며 신출내기를 마룻바닥에 누이고 얼굴에 수건을 덮어 안 보이게 하고는 다른 쪽을 향해 "어이! 이 새끼 갈비뼈 뽑게 빨리 수술통 가져와!" 하면 저쪽에서 수저통을 짤랑짤랑 흔들어 정말 수술 칼이라도 가져오는 듯한 소리를 내고 수저 끝으로 갈비뼈 있는 곳을 확 그어버리면, 신출내기는 정말 갈비뼈를 떼어내는 줄 알고 벌떡 일어나며 소리를 질렀다. "안 돼요! 내 갈비뼈 없으면 못 살아요!" 그러면 내가 옆에서 "이 분이 너를 예쁘게 생각하고 특별히 놔주는 것이니 그리 알고 앞으로는 이 분에게 각별히 잘해! 이 분이 바로 9·28 수복 당시 중앙청에 제일 먼저 태극기를 꽂은, 청사에 길이 빛날 전쟁영웅이시며 절세에 빛날 애국자시니라. 그러니 너희 조상 대하듯이 정중한 마음으로 큰절을 올리도록 해라! 알것냐?" 하고 맞장구를 쳤다.

　그러고 나면 신출내기는 얼른 일어나서 큰절을 한다. 청사에 길이 빛날 애국자는 "오냐, 오냐!" 하면서 제 손자나 되는 양 아주 인자한 모습으로 수정을 흔들며 쇳소리 나는 손으로 머리를 쓰다듬어 준다. 신출내기 입장에서는 참으로 괴롭고 자존심 상하는 짓이지만, 그 안에 살다 보면 악의(惡意)라기보다 시간을 죽이기 위한 하나의 놀이였다.

해병대에서 그를 모르면 간첩이라는 묵호 사자 입감

어느 날 수사과에 청소를 하려고 나가보니 나이가 좀 들어보이는 고참 해병 한 명이 잡혀 와서 조사를 받고 있었다. 그런데 조사관이 여느 죄수와는 좀 다르게 깍듯이 존칭어를 쓰면서 조사를 하고 있었다. '저게 대체 누구기에 저럴까?' 하는 호기심이 생겨 귀를 세우고 들어보니 '묵호 사자'라는 소리가 자주 들렸다.

그래서 감방으로 달려가 "지금 수사과에 묵호 사자라는 사람이 잡혀 와 조사를 받고 있는데 그게 누구냐? 혹시 아는 사람 없느냐?"고 물어보았다. 그런데 그때 감방 안이 잠시 조용해졌다. 원래 묵호 사자란 자는 해방 전에 사람을 셋이나 때려죽이고 서대문형무소에서 무기수로 있다가 해방 덕분에 무슨 애국지사나 되는 양 의기양양하게 풀려나 세상이 혼란한 틈을 타 신변 보호를 위해 해군 2기생으로 입대한 자였다. 보통이 넘는 무서운 꼴통으로 해병대에서는 아주 유명한 인사였다. 언젠가 묵호 사자가 김포 해병여단에 근무할 때 해병사령관이 그곳으로 시찰을 왔다. 그리고 부대시찰이 시작됐다.

사령관과 여단장이 하필 묵호 사자가 노역하고 있는 곳에 당도했다. 묵호 사자는 멀거니 쳐다보기만 했다. 그러자 사령관이 "귀관은 요망사항이 무엇인가?"라고 물었다. 보통은 벌떡 일어나 차려 자세를 하며 관등성명을 대고 큰 목소리로 "요망사항 없습니다!" 하는 게 상례인데, 묵호 사자는 일어나지도 않고 "쫄따구가 무슨 요망사항이 있겠습니까? 그저 막걸리나 실컷 먹는 게 요망사항이라면 요망사항입니다"라고 대답했다. 그러자 사령관이 여단장보고 "여단장! 이 사람 막걸리 다섯 통 보내주시오!" 했고, 그날 부대 장병들이 묵호 사자 덕분에 왕창 술을 먹었다는 이야기가 전설처럼 전해지고 있었다.

"그런 묵호 사자가 입감되면 어떻게 대처해야 할까?", "안면 몰수를 해야 하나?", "아니야! 그건 말도 안 돼!", "그래도 묵호 사자인데 그렇게 대할 수는 없지", "우리보다 해군 대선배인데 특별대우를 해야지" 등 설왕설래하는데, 묵호 사자가 감방으로 들어오면서 감방장 앞에 무릎을 꿇고 "아이고! 고생들 많이 하십니다"라고 하더니 허리춤에서 꽤 많은 돈을 꺼내놓으면서 "얼마 안 되지만 이 돈으로 회식이라도 한번 하지요"라고 했다. 역시 묵호 사자라 오히려 감방 규율과 분위기를 잘 알고 미리 알아서 처신했던 것이었다.

그러자 감방장이 "선배님! 앞으로 함께 고생 좀 하고 나가셔야겠네요. 편히 앉으세요" 하자, 그때서야 공손히 자리에 쪼그리고 앉았다. 그러는 사이 묵호 사자를 어찌하자는 처우 이야기는 쏙 들어가고 즉시 감방장이 자기 옆 참모자리로 앉히고는 "왜 잡혀오셨냐?"고 물으니 "외출 중에 술집에서 대접이 소홀해 그놈의 집구석을 왕창 빻아버리고 들어왔다"고 했다.

주둥이 하나로 미용실을 통째 말아먹은 사기꾼 황중관

세월도 말없이 지나 나도 영창에서 그럭저럭 참모급에 올라섰다. 그때 해군 39기 동기인 황중관(黃重觀)이란 자가 사기죄에 탈영까지 이중 죄를 짓고 잡혀왔다.

이놈은 전남 완도 출신인데, 처음 놈을 본 게 해군에 가입대하는 날이었다. 얼마나 잘 사는 놈인지 뻐기는 것까진 봐줄 수도 있겠는데, 도무지 군에 입대하는 놈의 차림새가 아니었다. 녀석은 그 당시 웬만한 사람은 엄두도 못 내던 '가다마이' 정장에 넥타이까지 맨 모습이었다.

전남 광주에서 해군에 입대하려고 한 무리가 몰려왔는데 그 속에서도 눈에 확 띌 수밖에 없었다. 다른 사람들은 남방셔츠 하나 변변히 못

입고 있는데 이놈은 군대 쫄따구로 오는 놈이 정장에 카메라를 메고 큰 가방까지 들고 있었다. 하여간 허우대로만 보자면 광주에서 온 패들 중 덩치도 제일 크고 그야말로 군계일학(群鷄一鶴)이었다.

가입대 한 달간 같이 고생하는데, 이놈이 조리 있고 논리적이지는 않지만 얼마나 낯짝 두껍고 뻔뻔한 놈인지 노여움도 안 타고, 한 번 이야기를 꺼내면 거짓말이 90%인데도 촌놈들 반할 만큼 수다스러운 놈이었다.

이놈 노는 짓이 영 꼴 같지 않아서 나와 시비가 붙은 적이 있었다. 덩치가 원체 크고 잘난 척을 해서 약간은 켕기기도 했다. 그런데 막상 붙어보니 덩치만 컸지 아무것도 아니었다. 그때부터 이놈이 나에게는 헛소리도 못하고, 내가 쳐다만 봐도 꼬리를 감추고 지냈다. 나중에 신병훈련소에서도 같은 중대 같은 소대에 배치를 받았는데, 이놈이 소대장이 되었다.

신병훈련이 끝나고 나는 위생병과에 남고 그놈은 체격이 좋은 덕에 의장대로 차출돼 신역(身役)깨나 고달프게 되었다.

해군본부가 서울로 옮기는 바람에 의장대도 해군본부를 따라 서울에 올라와서 근무를 했던 모양이다. 그런데 외출을 나가 영등포 문래동에서 ○○미용실을 경영하던 아가씨를 청산유수 같은 사기술로 홀려서 속된 말로 몸도 빼앗고 미장원도 들어먹었다.

이놈이 미장원 아가씨와 놀아나다가 귀대하지 않고 문래동에 방을 얻어 살림까지 하다가 덜미가 잡혀 탈영과 사기죄로 잡혀온 것이었다.

그때 서울 해군영창에는 수저가 10개쯤밖에 없어서 감방장과 참모들이 식사하고 난 뒤 다음 사람들에게 넘겨주면 다음 놈은 휴지나 신문지, 이것도 없으면 옷자락이나 아무 곳에 대충 수저를 문지른 뒤 밥을 먹곤 했다.

나도 일요일이면 수사과에 안 나가니 자연 영창 안에서 밥을 먹었다.

나는 간부급이라 감방장과 같이 먼저 깨끗한 수저로 밥을 먹었는데, 그러면 그놈이 차례를 기다리며 아니꼽다는 듯이 눈을 흘겨가며 입을 실룩거렸다.

'저놈이 나와 동기생이라 저러는 모양이구나!' 하고 식사가 끝난 뒤 조용히 화장실로 데리고 가서 "야! 중관아! 힘들어도 얼마 동안 참아라. 그럼 내가 기회를 봐서 너를 빨리 앞자리에 앉히마!" 하고 달래주었다.

그런데 영창생활이란 게 그날이 그날같이 무료한 판이라 하루 종일 심심하고 지루한 시간을 메우기 위해 아침 식사가 끝나면 감방장이 "심심한데 누구 나와서 재미있는 이야기 하나 해봐라!" 하는 게 다반사였다.

그 말이 땅에 떨어지기도 전에 황중관이가 기다렸다는 듯이 뛰어나와 미장원 주인한테 사기치고 몸 뺏은 이야기부터 탈영해서 도망 다닌 이야기를 풀어놓았다. 거짓말이 정말 수다스럽고 길었는데, 쉬지 않고 계속 이야기를 해도 지루하게 생각하는 사람이 없었다. 점심 먹느라고 쉬었다가 또 하고, 저녁 먹느라고 쉬었다가 계속하고, 취침시간이 돼도 끝나지 않았다.

다음날도 감방장이 "어이! 황중관이! 어제 다 못한 이야기, 또 계속해야지!" 하면 또 나와서 어제 한 이야기를 계속 이어갔다. 놈은 이야기를 시작했다 하면 한 3일은 연속으로 해야 끝을 냈다. 이런 놈이 잘 풀려 소설가가 되었으면 좋으련만, 제대 후 완도에서 찾아보니 알코올 중독자로 타락해있었다.

맥아더 연설문을 영어로 씨불이던 청운각 마담 아들

어느 날 밤, 제 아비도 몰라보게 될 정도로 만취한 놈이 잡혀 들어왔다. 이놈은 휴가 나왔다 귀대 차 용산에서 군용열차를 타려고 기다리는 시간에 만취가 돼 용산 광장에서 행패를 부리다 해군 헌병들에게 연행돼 한밤중에 영창에 끌려온 것이었다.

이 철딱서니 없는 놈이 세상 무서운 줄도 모르고, 아니 영창 무서운지 모르고 영창 밖에서 헌병들이 아무리 호통을 치고 사정을 해도 도무지 막무가내로 날뛰는 것이었다.

'이놈이 누구 빽을 믿고 이러나?' 했더니 당시 고관들만 드나든다는 그 유명한 요정 '청운각' 주인 마담의 외아들 놈이었다. 그 청운각 마담의 애인이 바로 해군본부 참모차장으로 해군본부에서 서열 2위라나? 그래서 그 미친놈이 제 어머니 밑구멍 빽도 빽이라고 부끄러운 줄도 모르고 "너희들 나를 잡아넣을 것이냐? 잡아넣으려면 잡아넣어봐라!"고 나대는 것이었다.

이놈은 '헌병, 네놈들쯤이야, 날 어떻게 할 수 있겠어?' 하는 심보로 술김에 얕잡아보고, 제 어머니가 맥아더 어머니라도 되는 것처럼 착각을 했는지 맥아더 어머니 기도문이라는 것을 영어로 낭독하기도 했다. 묻지도 않는데 뭐 제가 동국대학교 영문과를 다니다 해군에 왔다나 뭐라나 하면서 먹물이나 먹었다고 미친놈처럼 정신없이 날뛰었다.

헌병들이 갖은 고생을 하면서 간신히 영창으로 밀어 넣으며 우리보고 혼 좀 내라는 사인을 보냈다. 그래서 영창에 들어서는 것을 내가 "에라! 양키들 밑구멍이나 빨아 처먹을 새끼야! 이거나 처먹어라!" 하며 술이 확 깨도록 귀싸대기를 올렸다. 영어로 씨불이는 것이 하도 아니꼬워서였다.

이때 "아이고!" 하고 나가떨어지는 것을 "이 양키 좆같은 새끼야! 일어나!" 하고는 한 대 더 먹이고, 담요를 덮어 몰매도 주고, 정신이 좀 깨어나는 것 같을 때 갈비 뽑기 주특기 해병대 병조장을 불러 갈비 뽑기를 하라고 일렀다.

병조장은 심심한데 잘 되었다는 듯이 달려와 수정을 찬 자기 손을 흔들다가 가슴과 발을 타 누르고는 "어서 수술통, 이리 가져와!" 하고 외쳤다. 한쪽에서는 수저통을 흔들며 소리를 내고 수저 끝으로 갈비 밑을 긋고 혼을 확 빼놓았다. 그러고 나서 다시 신고식을 했다. 완전히 얼이 빠져 어리벙벙하면서 깜짝깜짝 놀라던 꼴이라니, 정말 목불인견(目不忍見)이 따로 없었다.

그런데 이놈 어머니 빽이 얼마나 확실하던지 불과 3일 정도 영창을 살더니 바로 석방되었다. 베개 밑 송사라던가? 참모차장이라는 멀거니 자식이 마담 애교에 넘어가 그리 되었는지는 잘 모르겠지만, 어쨌든 어머니 밑구멍 하나는 잘 둔 덕분이었다.

친구 누이동생 윤간하고 잡혀온 해병대 운전병 놈들

친한 친구 사이는 아니지만 소사에서 좀 알고 지내던 정○○라는 놈이 친구 여동생을 윤간한 죄로 붙잡혀 왔다.

그놈은 해병대 사령부 의무대에서 앰뷸런스 운전병으로 근무를 하고 있었는데, 또 한 놈을 태우고는 부대에 보고도 안 하고 앰뷸런스를 몰아 소사에 잠깐 놀러갔다 온다고 했다가 사고를 친 것이었다.

소사에서 금성여관을 운영하던 정주영(鄭柱泳)이라는 친구네 어머니가 여관 손님 하나를 집에까지 모셔다드릴 수 없겠냐고 이놈에게 부탁을 했단다. 그 손님은 소사 개인 의원에서 맹장수술을 받고 회복이 덜 돼 금성여관에서 며칠 묵다가 소래 포리의 자기 집으로 돌아가는 환자였다. 그때는 입원실도 없는 의원이 있고, 택시도 별로 없던 시절이었다. 맹장 환자한테 돈을 받을 수 있게 된 이놈은 부업으로 돈이 생기니 좋고, 수술환자는 편히 집으로 가니 좋고, 그야말로 누이 좋고 매부 좋은 격이었다.

그때 금성여관에는 약간 모자라서 칠푼이쯤 되는 주영이 누이동생이 잔심부름을 하고 있었다. 몸집은 그런대로 잘 여문 과년한 딸이었으나 행동은 국민학생 수준도 안 되는 터라 겁도 없이 자기도 차를 타고 같이 갔다 오겠다고 나선 모양이었다. 이놈들도 처음에는 아무 생각 없이 태우고 갔는데, 돌아오는 길에 함께 갔던 해병대 놈하고 엉뚱한 생각이 발동해 두 놈이 윤간을 했던 것이었다.

그런데 그 처녀 어머니가 영창으로 면회를 와서는 어르다가 안 되겠는지 "너, 내 딸과 결혼을 하겠느냐? 징역을 살겠느냐?"고 협박을 했다. 칠푼이 딸이라 멀쩡한 놈에게 시집보낼 수는 없었는데, 그런 딸을 건드린 놈들이 나타났으니 '얼씨구나, 이제는 되었구나! 마침 잘됐다! 이 덜떨어진 딸년을 떠맡길 기회로구나!' 싶었던 모양이다.

하지만 이놈이 그 처녀한테는 도저히 장가를 들 수가 없다는 생각이 들어 "나 혼자 겁탈한 게 아니니까 결혼할 수 없다"고 황소처럼 뻗댔다. 그러자 그 처녀 어머니가 마룻바닥에 까무러치고 말았다.

영창에서 밥 처먹고 그 좋은 해골을 나쁜 쪽으로만 굴리는 놈들이 무슨 변호사나 되는 양 자진 자문역을 맡고 나섰다. "야! 이 강간! 뭘 그까짓 일을 가지고 그 똥참외 같은 우거지 상판을 하고 있어? 새끼 놈의 새끼야! 그저 그런 때는 이 엉아가 시키는 대로 하면 되는 기야! 너는 무조건 그 계집애 어머니한테 그 계집애에게 장가들겠다고 하고 나가는 기야. 이 밴댕이 좆같은 강간 새끼야! 그렇게 해골도 못 굴리는 놈이 강간은 무슨 강간이냐? 좆같이! 그게 꼴리면 오형제 신세나 지지, 강간은 씨발, 무슨 강간이냐?" 하고 낄낄거렸다.

고민하느라 죽상이 된 그 강간이 "나 혼자 강간했나? 저놈도 같이 했는데? 왜 내가 결혼을 해? 저놈은 가만 놔두고?" 그러자 변호사를 자처한 고참이 설교를 시작했다.

"야! 이 좆대 벙거지 같은 새끼야! 네가 먼저 했으니 그렇지! 이 세상에는 매사 우선순위라는 것이 있는 법이야! 이 강간아! 그래도 네가 먼저 올라탔을 때는 네 기분이 저놈보다 더 따봉이었을 거 아냐? 이 강간아! 그것도 모르냐? 씹새끼야. 그리고 네 떡대가 저 강간 새끼보다 좋으니 이왕이면 다홍치마라는 것 아니냐? 그리고 네가 저 강간 새끼보다 만만해보이나 보지. 이 홍아 보지 같은 새끼야! 그러니, 이 얼럴래 같은 새끼야, 무조건 그 어미 앞에서 결혼한다고 말하고 나가! 나중에 결혼을 하지 않아도 못 잡아넣는 기야! 먹물 말로 일사부재리 원칙이라는 게 있어 다시는 못 잡아넣는 기야! 그런 것도 모르는 씹새끼가 강간은 좆 빠졌다고 하냐? 이 새끼! 좆 꼴리면 종삼에나 가서 흔들지, 병신아, 네 좆이라고 아무데나 흔들고 다니니 좆 값을 치루는 거야, 이 강간아!"

한참동안 넋을 잃고 무슨 좋은 해결책이나 들을까 고대하다 직사하게 욕만 먹은 강간이 "왜 자꾸만 강간, 강간하는 거예요?" 하고 볼멘소리를 하니까, "야! 이 강간아! 강간을 했으니 강간이라고 부르지! 그럼 강간한 놈을 보고 강간 선생이라고 부를까?" 하는 바람에 감방이 웃음바다가 되었다.

오만 잡배들이 들어오는 감방이니 탈영은 죄도 아니고, 강도는 차라리 남자같이 봐주고, 폭력범은 영웅 취급하고, 제일 더럽고 치사하게 대우하는 것이 강간, 사기범이었기 때문에 그런 놈들은 공연히 미워했고 부를 때도 이름을 제쳐놓고 "야! 강간!", "야! 사기꾼!" 하고 불렀던 것이다.

이놈이 내용보다는 '좆'과 '강간' 소리가 더 많은 설교와 자문을 듣고는 큰 득도라도 했다는 생각이 들었는지 눈을 소처럼 껌벅이면서 무언가 골똘히 생각하고 있는데, 헌병대에서 그 처녀 어머니가 또 면회를 왔다고 불러내어 헌병대로 나갔다.

그 처녀 어머니는 또 구슬리며 흥정을 했다. "내 딸을 망쳐놓았으니 내 딸에게 장가만 들면 석방시켜주겠다", "그리고 집도 장만해 살림도 차려주겠다", "그러니 아무 걱정 말고 장가만 들어라", 이런 얘기였다.

이 얘기를 들은 이놈이 감방에서 들은 얘기가 있어서였는지 "장가를 들겠다"고 약속하자, "강간죄는 친고죄"라며 그날로 풀려났다.

그 후 이놈은 그 처녀와 결혼하기 싫으니까 "제대하고 결혼하겠다"고 핑계를 대며 사위 대접만 미리 받아 잘 얻어먹으며 금성여관에 드나들었다. 하지만 제대하기 무섭게 멀리 부산으로 도망가서 원양어선에 몸을 실어 잠적, 소사에는 나타나지 않는다고 풍문으로 들었다.

무성영화로 전라도를 순회하다 잡혀온 탈영병 박재수

해군 23기생으로 박재수란 놈이 있었다. 이놈은 군을 탈영한 뒤 무성영화를 세내어 전라도 땅으로 순회하고 다니다 체포돼 징역을 살고 있었다.

순 서울 토박이로, 사람들에게 착 감기는 행동으로 호감을 사는 놈이었다. 노래도 잘 부르고 그런대로 예술적인 딴따라 끼가 있다고 할까? 서울 해군헌병대에서 함께 징역을 살면서 내가 오락시간마다 흥겹게 끌고 가는 것을 본 데다 연극배우였다는 사실까지 알게 되자, 제안을 해왔다. 나에게 아주 친절히 굴면서 석방되면 무성영화를 구해서 지방공연을 같이 다니자는 거였다. 흥행은 자기가 경험을 살려 잘하겠으니 나더러 변사를 해달라고 했다.

지나치게 친절한 놈들은 사기성을 가지고 있는 법이라는 말을 들은 적이 있는데, 이놈이 그랬다. 내가 석방되어 잠시 진해 해군 보건병원에서 근무한 적이 있는데, 이놈이 어떻게 알았는지 찾아왔다. 그리곤 애인을 만나러 마산으로 외출을 나간다면서 신이 마땅치 않으니 내 미제 해군 신사화를 하루만 빌려달라고 했다.

부탁을 잘 거절 못하고 남을 믿기 잘하는 나였지만, 이번만은 어째 영 내키지가 않았다. 그런 마음을 애써 누르며 할 수 없이 빌려주었더니 놈은 그 길로 또 탈영을 해버렸다. 그래서 나는 해군 5년을 근무하면서 그 좋은 미제 해군 신사화를 한 번도 신어보지도 못하고 제대를 했다.

그 구두는 내가 참 아끼던 신사화였다. 용돈이 궁한 놈들은 시내 구둣방으로 가서 미제 신사화를 팔고 똑같이 생긴 국산으로 바꿨다. 그러면 한 켤레를 사고도 구두 두 켤레 값을 현찰로 받을 수 있었기 때문이다.

사실 가는 곳마다 재수가 없어 창고지기와 부대 상부 놈들이 미제 군화를 다 떼먹고 국산화만 주는 바람에 군대생활 3년이 지나서야 처음이자 마지막으로 배급받은 미제 해군 신사화였다. 아끼느라고 한 번도 그 구두를 신고 외출한 적도 없었다.

그렇게 아끼던 구두를 그놈이 신고 가 탈영해버린 것이었다. 나중에 수원에서 그놈을 우연히 만난 적이 있다. 정말로 세상 참 좁다는 게 실감났다. 그때는 나도 사업을 하다가 실패하고 수원에서 정신적인 방황을 하고 있을 때였다. 그런데 막상 만나고보니 놈은 막노동을 하면서 어렵게 살고 있었다. 시간도 흘렀고 막노동하는 놈을 붙들고 옛날 구두 이야기 해봤자 그렇고 그래서, 차라리 인심이나 쓰자고 생각하며 시간 나는 대로 놀러오라며 구멍가게에 가서 소주 한잔 먹여 보냈다. 그것이 그놈과 영원한 이별이었다.

대통령 선거 때 이승만 비난하고 입감된 해병사령부 정보참모

하루는 서울 해병대사령부에서 정보참모로 근무하던 해군 중령이 잡혀 들어왔다. 1956년 정부통령 선거에서 부정선거 바람이 불자 술집에서 술을 먹으면서 이승만 독재를 비판했는데, 이것이 어떻게 상부에 알려졌는지 문제가 돼 잡혀 들어온 것이었다.

이승만 대통령을 비판했다고 잡아넣을 수는 없었던지 감찰을 동원시켜 공금을 횡령했다고 조작해 체포했다. 이때는 이승만 대통령 욕은 고사하고, 정당한 비판도 기관의 귀에 들어가기만 하면 여지없이 끌려

가서 큰 홍역을 치르기 일쑤고, 재수 없으면 고문당하고 징역사는 것이 다반사였을 때였다.

이 정보참모는 중년의 온후한 사람이었다. 고급 장교이고 잘 나가던 사령부 정보참모였기 때문에 감방에서도 특별대우를 했다. 그러면 "그러지 말고 다 같이 대우하라. 죄 짓고 들어온 놈이 영창에서 무슨 계급이냐?"고 한사코 겸양을 하시는 분이었다. 그런데 독재정권에 입 한 번 잘못 놀리고, 그야말로 하루아침에 신세 버린 불의에 분노할 줄 아는 의분의 사람이었다.

하필 그 이승만 독재정권 시대 때 독재자를 비판해서 그런지 세상이 무서워서인지 그에게는 면회를 오는 사람도 별로 없었다. 다만, 가끔 집에서 부인이 면회를 왔다. 올 때마다 맛있는 음식을 많이 들고 와서 우리에게 나눠줘 아주 맛있게 먹곤 했다.

바른말 한 번하고 재수 없이 들어왔으니 억울해서라도 분을 삭이느라 행동이 굳어질 것 같은데, 그는 전혀 그렇지가 않았다. 시간만 나면 열심히 속기사 공부를 하고, 오락시간이면 고급장교 체면이나 권위 따위는 아예 버리고 잡범 놈들 하고 함께 춤추고 노래 부르고 시간을 즐겼다. 양춤도 얼마나 잘 추던지 마치 나비가 날아가는 듯했다.

내가 "장교님! 속기사 공부는 힘들게 왜 하십니까?" 하고 물어보면 "나는 파면을 당할 텐데, 밖에 나가면 무슨 기술이라도 갖고 있어야 하지 않겠느냐? 나가서 속기라도 하면서 살 테니 석방되면 꼭 부산 광복동으로 찾아와라. 그러면 술 한잔 거하게 사겠다"고 했는데, 그 후 한 번도 찾아보지 못하고 말았다.

양동 사창가를 드나들며 헌병 행세한 징역살이

징역 사는 동안 친하게 지냈던 수사과 헌병 하사관이 있었다. 경남 통영이 고향이라던 그 친구 이름은 기억나지 않는데, 수사과에서 매일 같이 근무하다보니 어느 정도 인간적인 정이 들었다.

하루는 그 친구가 "너 집이 소사라고 했지? 소사에 가보고 싶지 않냐?"고 물었다. 가고 싶은 마음이야 굴뚝같았지만 "영창생활 하는 놈이 언감생심 집에 가겠다고 생각하면 되겠어요?" 하고 대답하니까, "그래! 알았어! 좀 기다려봐!"라고 말하더니, 일과 끝나고 저녁이 되자 헌병 복장과 파카까지 가지고 와서 갈아입으라고 했다. 그래서 파카 외투를 얼른 받아 갈아입고 헌병이라고 쓴 겨울 털모자까지 쓰니 내가 봐도 죄수가 아니라 영락없는 해군 헌병으로 변했다.

서울역에서 기차를 타고 소사역에 내려 구두닦이 꼬마들에게 "내가 휘가로 다방에서 기다린다고 소사 친구들에게 알려라" 하고 일렀다. 영창을 살고 있는 놈이 소사에 왔다니 어리벙벙해서 여러 놈들이 달려왔다. 그리곤 중국음식점으로 데리고 가 중국요리를 차려놓고, 특히 나를 인솔한 그 헌병을 푸짐히 대접했다. 오랜만에 얼굴을 마주하는 데다 소사의 물건들이었으니 음담패설을 비롯해서 오만가지 무용담이 쏟아졌다. 제 아무리 헌병이라지만 통영 촌놈 출신이니 기가 죽어버린 모습이 역력했다.

홍순모(洪淳模)라는 친구가 어디서 구해 왔는지 얼떨떨해진 헌병한테 "내 친구 좀 잘 부탁한다"며 양담배 한 보루를 파카 주머니에 넣어주었다. 그날은 맛있는 중국요리를 실컷 먹고 놀다가 다시 서울 해군헌병대로 돌아와서 시치미를 떼고 감방에서 잠을 잤다.

친구 놈들이 하는 짓을 보고 마음이 통했는지 이후 이 헌병과는 점점 편한 사이가 되었다. 인간적으로 정이 들 수밖에 없었다.

이런 날도 있었다. 느닷없이 "야! 너 떡쳐본 지도 오래되었지? 오늘 떡 한 번 치러 가자!"면서 헌병대 옆 양동 사창가로 데리고 가는 것이었다. 소사까지는 그렇다 쳐도 의아스러울 정도였다.

'이 사람이 나를 어떻게 믿고 이럴까? 한 번도 아니고, 내가 도망치면 그 책임을 어떻게 하려고 이러나? 하긴 이런 사람을 배신하면 내가 벌 받지. 얼마 더 살면 석방될 텐데, 부대에서는 영창만도 못한 생활도 했는데 나가봐야 분위기 이만한 곳이 없을 테고……, 감방에서 죄수가 오입도 하면서 징역을 사는데 이런 징역살이가 어디 있나? 한 번 말해 봐라!' 하고 정신 이상자처럼 혼자 껄껄거리기도 했다.

이렇게 편안하게 징역 같지 않은 반징역을 살다가 세월이 흘러 6개월 25일 만에 형 만기로 석방, 현역으로 복귀해 배를 타게 되었다.

18. 해군에 복귀, 월북기도사건에 연루되다

520 함정에서 일어난 하극상 사건

서울 해군헌병대에서 징역살이가 풀려 진해 해군 함대사령부 제1전대로 발령을 받고 함상근무 발령을 기다리고 있었다. 역시나 '빽'이라고는 손톱만큼도 없는 놈이라 제일 작은 소해정(掃海艇) 520정으로 발령이 났다.

함상근무를 하는 사람들 중 아무 빽도 없는 놈들만 대개 소해정으로 발령이 난다. 520정에 부임하고보니 쇠도 아닌 목선으로, 군함이라기 보다 마치 일반 통통배 같았다. 정장이라는 사람 계급도 대위였다.

제1전대는 40여척의 소해정으로 구성돼 있었다. 소해정은 상륙작전 직전에, 그러니까 전함들이 적지를 폭격하러 적전 앞바다까지 들어가기 전에 바다를 쓸고 다니며 기뢰 같은 것을 제거하는 역할을 맡고 있었다. 그래서 우리가 타고 있는 배를 가리켜 바다를 청소하는 소해정이라고 불렀다.

큰 군함을 타봐야 뱃놈 된 기분도 나는 법인데 기껏 출항이라고 해 봤자 여수 앞바다에 가서 한 1주일 정도 맹훈련이나 받는 것이 전부였다. 게다가 이놈의 배가 악천후하곤 어찌나 그리 찰떡궁합을 자랑하던지 조용하던 바다가 배들이 좀 멀리 갔다 하면 영락없이 폭풍이 불기 시작한다. 그러면 훈련은 더욱 힘들어졌다. 비위와 장이 약한 사람들은 먹은 것을 다 토하면서 훈련을 받고 돌아온다. 간혹 진해 시내에서 동기생들을 만나는 경우가 있는데, 그놈들은 같은 국내이지만 대형함정이나 큰 수송선을 타고 동해안으로 연평도로 제주도로 경비를 나갔다가 재미 실컷 보고 왔다고 자랑을 해댔다.

우리 배에는 인천에서 입대한 41기생 출신 김정권(金正權)과 이유세(李劉世)라는 친구가 함께 근무하고 있었다. 그 중 이유세는 술도 별로 못 먹는 친구인데 의리 하나는 대단해 "우리 이다음에 결혼하면 방만 따로 쓰고, 부엌은 하나만 가지고 같이 살자"고 할 정도였다. 또한 싸움 하나는 날고 기는 친구였다.

그런데 이 친구의 직별은 성질답지 않게 서무사였다. 어느 날, 근무가 끝나고 취침시간도 가까워오는 시각이었다. 26기생인 라○○이라는 갑판 2조가 군기를 잡겠다고 설쳐댔다. 40기 이하 전원을 갑판 위에 이유 없이 집합시키더니 '빠따'를 들고 올라와서 기합을 주기 시작했다. 나는 39기라 열외였다. 그런데 좀 야비하게도 다루기 껄끄러운 이유세 하나만은 41기인데도 서무사라는 핑계로 열외를 시켰다.

하지만 가만있을 이유세가 아니었다. 자기와 인천에서부터 가장 친했던 동기생 김정권이가 기합을 받는 것을 보자, 화도 나고 자신이 열외된 게 아니꼽다는 생각이 들었는지 심상치 않은 반응을 보였다. 기합받는 옆에서 허공에다 대고 발길질 시늉도 하고, 갑판 위에다 침도 탁탁 소리 나게 뱉고, 혼잣말처럼 "씨발 좆같이 기합은 맨날 무슨 기합이야?" 하고 투덜대니, 후배들을 기합 주던 터라 라○○ 병조의 비위짱을 긁은 셈이 되고 말았다.

자기 권위가 안 선다는 기분이 들었는지 라○○가 이유세에게 찍자를 붙었다. "야! 너 지금 무어라고 했어?"라 병조가 다가서는 순간, 이유세의 날랜 주먹이 별안간 날아가더니 "이 씹새끼, 너 오늘 잘 만났다. 내가 오늘 이 좆같은 악질 새끼를 죽이고 거적 값을 물어야지!" 하고 재차 주먹이 올라갔다. 라 병조는 갑판에서 아래층 식당으로 허겁지겁 달아났다.

그러니 이유세가 식당에 있던 식칼을 집어들고 죽인다고 쫓고, 라 갑판 2조는 식당에서 침실로, 갑판으로, 다시 식당으로 도망을 다녔다. 배 안에 있던 우리들은 이유세의 벌겋게 살기 낀 눈빛을 보고 죽은 듯이 숨을 죽이고 침실에 엎드려 있었다. 이유세의 눈빛이 워낙 무섭고 살벌했기 때문이었다. 얼마를 쫓아다니던 이유세가 식칼을 식당 바닥에 내던지고서야 일대 추격전은 막을 내렸다. 그리고 다음날, 장교들이 출근한 뒤 난리가 날 수밖에 없었다. 하지만 어젯밤에 있었던 사건을 헌병대에 신고하면 정장까지도 문책을 받겠으니, 사건이 외부로 새어나가지 않게 쉬쉬하고 자체에서 해결하기로 결정했다.

그래서 사건 당사자 이유세는 **빠따** 20대를 맞고, 나머지 현장에 있던 우리는 5대를 맞고 끝났다. 5대를 맞는 놈들은 엄살을 떠는데, 이유세는 20대를 다 맞는 동안 꼼짝도 하지 않았다.

그 후부터 배의 분위기가 180도로 달라졌다. 다른 배에서 악질 짓을 하다가 우리 배로 전근 온 성○○이라는 병조장이 있었다. 먼저 있던 배에서는 성 병조장을 다시는 만나지 말자고, 그놈이 배에서 내리는 뒤에다 대고 왕소금을 뿌릴 정도로 악질이었다. 그런데 이 악질이 우리 배에 와서는 얼마나 순한 양이 되었는지, 상급자이면서도 성 병조장이 우리 인천패들에게는 비열하게 애교까지 떨었다.

악질인 인간일수록 야비하고 독선적인 놈들일수록 강자에게는 똥을 된장이라고 해도 순종하면서 약자에게는 아무런 이유 없이 악질 짓을 하는 게 보편적 상식이 아닌가 하는 생각이 들었다.

얼마 후 이유세는 함대사령부 제1전대 서무과로 전근 발령을 받고 헤어졌다.

계급별로 군수품 빼먹는 장개석 군대 같은 놈들

520정에서 처음으로 소해 훈련을 나갔다. 첫 선상 출동이라 한편 마음이 들떠 조금 흥분되기도 했다. 출항 준비를 끝내고 여수 앞바다를 향해 진해항을 떠났다.

약 1주일간의 고된 훈련을 끝내고 우리 소해정들은 기름 보급을 위해 뒤따라온 유조선을 어느 산모퉁이에 정박시켰다. 그런데 어떻게 알았는지 민간인 배들이 몰려들어 군용 기름을 옮겨갔다. 전대 사령부와 정장들의 묵인 아래 고급 참모장교 놈들이 빼 처먹는 것이라는 생각이 들었다.

장교 놈들은 이렇게 기름을 몇 십 드럼씩 빼 처먹으면서, 우리 졸병들은 해상 한가운데다 정박시켜 외출도 못하게 했다. 기름 팔아서 챙긴 돈은 장교들끼리 여수 시내 고급요정에 가서 그야말로 주지육림 속에서 예쁜 기생들 끼고 놀아나는 데 썼다.

고된 훈련을 받고도 우리 졸병들은 상륙도 못한 채 망망한 바다 한가운데서 무료하게 지내야 했다. 그렇다고 휴식을 취하는 상태도 아니었다. 그러니 그저 배알 꼴리는 마음을 찍어 누르며 '우리는 언제 외출이라도 시켜주나?' 하고 기다릴 뿐이었다. 하지만 늘 아무 소용이 없는 기대였다. 기상이 나빠져야 우리 배들을 선착장으로 정박하라는 명령이 떨어진다. 그때서야 우리 졸병들도 외출을 할 수 있는데, 그때부터 졸병들의 졸병다운 도적질이 시작된다. 기관실 졸병들은 기름을 깡통에 담아 여수 어느 산 밑, 항구 동네 가난한 어부들에게 팔아 외출비를 마련하고, 취사병들은 쌀을 내다 팔아먹고, 갑판병들은 로프를 잘라 팔고, 심지어는 페인트까지 팔아 외출비로 충당하는 것이다. 나는 위생병이라 링거 2병을 약방에 갖다 판다. 이렇게 부서마다 크고 작은 도적질 경쟁을 한다. 이렇게 썩고도 공산군과 싸워 이길지 의심스러웠다.

중국에서 국공내전(國共內戰) 때 장개석 군대들이 미국에서 원조해 주는 무기를 적군인 중공군에게 팔아먹는 바람에 망하고, 그 넓은 대륙을 공산군에게 넘기고 대만으로 도망쳤다는 글을 읽은 기억이 떠올라 '이승만 군대도 장개석 군대나 마찬가지로구나!' 하는 생각을 떨칠 수가 없었다.

훈련이 끝나고 진해로 귀대하면 영외 거주 하사관들은 취사병을 위협해 쌀과 된장, 간장, 심지어 고춧가루까지 편지봉투에 담아 집으로 가져간다. 도적질 치고는 쩨쩨하기가 비교할 데 없는 놈들이다.

이유세가 제1전대 사령부 서무과로 전출되니 자연 배안 분위기가 다시 더러워지기 시작했다. 무더운 여름날이었는데, 새로 부임해 와서 배의 분위기라고는 아무것도 모르는 새까만 취사병들이 오랜만에 주는 쇠고깃국을 퍼다가 악질로 소문난 양○○라는 22기 2등 병조 놈 앞에다 갖다놓았다. 하필이면 쇠고기가 조금 적게 들어갔던 모양이다. 양○○는 다른 사람 국보다 쇠고기가 적다고 "이것도 나보고 먹으라고 가지고 왔느냐? 이 개새끼야! 이 국은 너나 처먹어라!" 하면서 국그릇을 그 식사당번 얼굴에 씌워버렸다. 여름에 국그릇을 뒤집어쓰니 얼굴에 흐르는 것이 국물인지 눈물인지, 비지땀인지 분간이 안 되었다.

이 광경을 보고도 아무도 말 한마디 못했다. 나는 분노가 치밀어 한 번 대들까 하다가 역시나 속으로 삭이고 말았다. 용기 없어 침묵하기는 남들과 다를 바가 없다고 생각하니 나 자신도 뒤로나 분노하고 앞으로는 비겁한 놈인 것 같아 부끄럽고 비참했다.

그놈이 나보다 20기나 선배라 용기를 못 냈다고 치더라도, 함께 식사를 하던 인간들 중에는 그놈보다 선배 놈들도 많았는데 어느 한 놈도 그 새끼를 나무라는 놈이 없었다. 정말 한심스러웠다.

이유세가 전근 가지 않았다면 이런 분위기는 아니었을 턴데, 하고 생각하니 이유세의 위력이 대단하다는 생각이 들었다.

520정에서 월북기도사건으로 또 체포되다

520정에는 인천에서 온 신병 41기생 김정권과 소사에서부터 친구로 지내던 박덕호(朴德浩)라는 신병 44기생이 함께 타고 있었다. 나는 신병 39기생이라 우리 인천 친구들 중에서 제일 선임병이었다. 그래서 자는 침대가 달랐다. 서열대로 내가 제일 밑에서 자고, 김정권이 2층 침대, 박덕호가 3층 침대에서 잤다.

박덕호의 생일이라고 해서 시내에 나가 회식을 시켜주기로 했다. 선배들은 빼고 우리 졸병들끼리 각자 되는대로 추렴을 했다. 물론 졸병식 도적질도 했다. 취사병에게 돈이 될 만한 미제 소시지 큰 깡통 몇 개와 쌀 등을 가게에다 팔게 한 것이다. 그렇게 술값을 마련해서 박덕호 생일 회식을 핑계대고 졸병들끼리 시내에 나가 진탕 술을 퍼먹으면서 즐겼다. 졸병들 간에 제일 큰 선물은 사창가에서 오입 한 번 시켜주는 것이니 술로 끝낼 수는 없었다. 돈은 없고 해서 내가 입고 있던 미제 특수 해군 잠바를 맡기고, 생일을 맞은 박덕호에게만 오입을 시켜주고 우리들은 배로 귀대했다.

월말에 전대 사령부에서 사령관 순시가 있다고 했다. 그런데 정장이 내가 그림 잘 그리는 것을 어떻게 알았는지, 서무사를 제쳐 놓고 위생병인 나를 시켜 배 안에 차트를 만들어 붙이라고 해 열심히 그리고 있었다.

그런데 갑판 장교가 찾아와 "너 집이 소사냐?"고 묻기에 "그렇다!"고 대답하니, 계급장도 없는 군 작업복만 입고 있는 두 사람에게 "이놈이니 데리고 가라"는 거였다. 그러곤 내게는 "너, 이 사람들 따라가 봐!" 하면서 영 마뜩잖다는 표정을 지어보였다. 그래서 영문도 모르고 그림 그리던 붓을 놓고 옷도 못 갈아입은 채 따라나섰다.

배에서 땅으로 막 한 발을 내려딛는데 뒤에서 권총을 재는 소리가 찰칵 나면서 "야! 손들어!" 했다. 서부영화에서 권총을 겨누면서 "손들어!" 하면, 상대방이 빨리 손을 들지 않고 있는 폼 없는 폼 다 잡아가며 천천히 올리는 것을 보고 '권총 앞에서 저렇게 유연할 수 있을까?' 하며 '참 멋지다!'고 늘 생각했었는데, 그것은 영화에서나 있는 일이지 실제로는 전혀 그럴 수 없다는 것을 그때 나는 톡톡히 체험했다.

그때 나는 나도 모르게 두 손을 하늘로 번쩍 치켜들었던 것이다. 그리고는 나를 잡으러 온 군용 스리쿼터에 원산폭격을 하는 엎드린 자세를 한 채 헌병대로 연행돼 갔다. 실은 내가 영문도 모른 채 끌려간 곳은 헌병대가 아니라, 해군 정보대였다. 그때서야 나도 모를 공포심이 생겼다. 자유당 정권 때 헌병대가 아니고 특무대라면, 일단 사상 관계로 고문깨나 당하고 반병신이 돼 나오는 것이 상식이던 시절이었기 때문이다.

그들은 나를 특무대 빈방으로 데리고 들어가 사과 상자 위에 무릎을 꿇리고 수갑을 채운 뒤, 점심때라고 식사를 갖다 주며 먹으라고 했다. 옆방에서는 고문 받는 신음소리가 들리는데 '나도 저렇게 고문을 당하는 게 아닐까?' 생각하니 밥알이 모래알 씹는 것 같아 도저히 먹을 수가 없었다. 그날은 조사도 받지 않았다. 저녁이 되자 특무대에는 감방이 없어 헌병대 유치장에 입감되었다. 진해 헌병대 유치장은 일곱 칸으로 나뉘어 있었는데, 내가 지정받은 방에 들어가면서 언뜻 명패를 보니 나의 죄명이 '월북기도'로 적혀 있었다.

그리고 신참으로 영창에 잡혀 들어가면, 으레 그 자존심 상하고 불쾌한 신고식이 있게 마련인데 영창에 먼저 들어온 어느 놈도 나에게 "왜 잡혀왔느냐?"고 묻는 놈이 없었다. 말을 걸어오는 놈도 한 명 없이, 한쪽에 오히려 기장 좋은 자리에 나를 앉으라고 했다. 그럴수록 왠지 특별대우가 더 불안하고 초조해졌다.

나중에야 안 일이었지만 이 사건의 주범이 서무사였는데, 이 서무사가 우리를 같은 배에 발령이 나도록 조정했다는 것이었다. 그래서 배가 출동할 때 일제히 기관실과 조타실을 위협하고 점령한 뒤, 배를 몰고 월북을 하려 했다는 것이다. 북으로 가면 북에서 열렬한 환영에 영웅대접을 받으며 소련 유학도 할 수 있다면서 월북을 모의했다는 것이다.

그 소리를 듣고 나는 깜짝 놀랐고, 그저 앞이 캄캄하고 어이가 없었다. '나는 앞으로 어떻게 해야 할까?' 온통 머릿속이 혼란스러웠다.

이 조작된 사건에서 나 혼자 힘으로는 도저히 빠져나올 수 없을 것 같아, 가슴이 답답하고 막막해 아득하기만 했다. 영창 안에는 우리 공범들을 한 칸에 한 명씩 수감했다. 이 사건의 공범으로 모두 6명이 체포되었는데, 그 중 한 명은 진해 통제부 전화교환원으로 있던, 주범격인 해군 38기 박○○의 애인이라는 여자 군무원이었다. 전화교환원은 군인도 아니고 여자였기 때문에 진해경찰서 유치장에 수감되고 나머지 우리 다섯 공범은 한 방에 한 명씩 분리시켜 수감되었다.

함정 납치 월북기도사건의 진실은 이렇다

서무사 이유세가 제1전대 사령부 서무과에서 신병 38기 서무사인 박○○라는 놈과 같이 근무하게 되었다. 이것이 우리들을 그 무서운 월북조작사건에 말려들게 한 애꿎은 운명의 시발이었다.

일과가 끝나면 이유세가 박○○과 같이 시내로 외출해 술을 먹기도 했다. 하지만 이유세는 원래 술을 잘 못 마셨고, 그저 친구를 좋아해서 외출을 따라 나가 술판 분위기나 맞추는 그런 처지였다.

그러던 어느 날 술자리에서 박○○이 이유세보고 "배를 빼앗아 가지고 북으로 가면 우리가 이런 졸병생활을 면하고 북에서 영웅대접을 받으며, 하고 싶은 공부도 마음껏 할 수 있어 김일성대학이나 소련으로 유학도 할 수 있다"고 떠벌였던 모양이다. 이 소리를 들은 이유세는 그저 장난삼아 하는 소리로 알고 "그래? 그럼 좋지!" 하면서, "사나이 자식이 한 번 해볼 만하지 않을까?" 하고 그놈 말에 맞장구를 쳤단다.

박○○는 진해 해군통제부에서 교환수로 일하는 애인이 있었는데, 애인과도 은밀한 약속이 돼 있었던 모양이다. 이런 모든 정황으로 볼 때 박○○은 월북할 의사가 있었는지도 모른다.

그러나 이유세는 젊은 나이에 철없이 까불다가 사상이나 이념도 없는 놈이, 이렇게 엄청난 사건에 말려들어 자기 신세를 그르쳐 놓았다. 이유세의 죄는 기껏해야 불고지죄밖에 안 되는데, 특무대에서 무서운 고문을 해 박○○과 함께 주범으로 조작했다고, 나는 지금도 그렇게 믿고 있다.

어쨌든 박○○과 애인의 전화 통화 내용이 특무대의 감청에 걸려들었던 모양이다. 그래서 배를 가지고 월북하려는 것이라 생각한 특무대에서 박○○를 미행하기 시작했다. 박○○이 미행당하는 것을 어렴풋이 느끼게 되자 애인에게 "모든 것이 발각됐으니 잡혀서 고생하느니 차라리 같이 죽는 게 좋겠다"고 설득시켜 둘이 죽기로 결심을 했다고 한다. 경주관광단지로 도망한 그들은 다량의 수면제를 구해 어느 한적한 여관에 투숙을 했다.

몸에 실오라기 하나 걸치지 않은 알몸으로 최후의 만찬을 즐긴 후 수면제를 먹고 저세상으로 가려고 했는데, 이미 포위망을 설치하고 감시 중이던 특무대가 여관을 덮쳐 체포한 것이었다.

그리곤 그들이 진해 해군 특무대로 압송돼 조사를 받는 가운데 이유세가 끌려가고, 이유세와 인천부터 절친한 신병 41기 동기 김정권이 딸려가고, 41기 김왕건이도 잡혀갔다. 고문이 어찌나 심한지 "너, 네 에미하고 붙어먹었지?" 하면 "네!" 한다는데, 모진 고문을 당하다보니 자연 가까운 친구들 이름을 얼떨결에 주워섬겼던 모양이다.

서울 서대문 영천에서 해군에 입대한 김왕건은 해군 신병으로 훈련소에서 알게 된 놈이었다. 이놈은 노래도 잘 부르고 '딴따라' 기질도 있어 평소에도 나를 잘 따라다녔다. 내가 이놈을 가까이 대해준 것 때문에 나까지 이 사건에 말려들게 되었던 것이다.

언젠가 520정에서 근무할 때 이놈이 느닷없이 찾아와 자기는 또 탈영을 해 악극단을 따라가겠노라고, 같이 가자고 한 적이 있었다. 그래서 내가 "이제 얼마 있으면 제대를 할 수 있는데 왜 또 탈영을 하느냐? 그러지 말라!"면서, 밥도 못 먹고 찾아온 것 같아 식당에 데리고 가 밥을 먹여 보낸 일이 있다. 그런데 이놈이 고문을 받다가 생각나는 대로 나를 찍어줘, 나도 이 월북기도사건에 말려들었다.

심문 도중 특무대에서 이유세와 박○○이를 주범으로 잡은 것만으로도 그만하면 대어를 낚았다고 생각했는지, 사실 우리는 간첩사건치고는 별로 고문도 받지 않았다. 하여간 김정권과 나는 월북을 하려던 것이 아니라, 사실을 알고 당국에 알리지 않았다고 불고지죄를 들씌워 3개월 징역을 언도하는 것으로 사건이 마무리되었다.

월북기도사건 재판, 특별고등군법회의의 진풍경

특무대에 체포돼 군 검찰에서 예심을 받고 있었다. 그때 검찰관실 앞방에 관선 군변호사가 내 심문 서류를 들여다보면서 "아니, 이게 무슨 죄가 되느냐?"고 지나가는 말로 질문을 했다. 그때 군 검찰이 내가 자신을 바라보고 있는 줄은 모르고 군변호사에게 눈을 껌벅이면서 조용히 하라는 신호를 보냈다.

그때 나는 '아! 이런 것이 조작사건이로구나!' 하는 생각이 들었고, '나는 무죄가 될 수도 있겠구나!' 하고 희망을 가져보았다. 그러나 이미 각본이 짜인 재판이라 나의 희망과는 달리 수감된 지 40여일 만에 불고지죄로 재판에 회부되었다.

우리의 재판을 진해에 있는 모든 장병들에게 본보기로 삼게 한다면서 명칭도 '해군 고등군법회의'에 "특별"자를 덧붙여, '특별고등군법회의'라는 어마어마한 이름을 붙이고 군법회의를 열었다.

진해 해군통제부 장병들 중 당직자만 남고 일과에 지장이 없거나 시간이 있는 장병들은 모두 재판을 구경하라고 독려하곤 공개재판을 열었다. 포승에 묶여 재판정에 도착하니 들어가기도 힘들 만큼 많은 장병들이 구경을 하려고 모여들었다. 법관들이 쭉 둘러앉고 우리는 검찰관의 논고를 들었다.

피고 박○○ 월북기도 미수 징역 10년, 피고 이유세 월북기도 미수 징역 10년, 피고 김왕국 월북기도 미수 징역 4년, 여자 교환원 월북기도 방조 징역 2년 6월을 구형하고, 끝으로 나와 김정권에게는 불고지죄만 인정해 징역 6월을 구형했다.

잠시 휴정을 선포해서 헌병들을 따라 휴게소로 나왔더니 박○○ 애인이 박○○을 보고 "당신은 절대 실망하지 말고 몸 건강히 살아 나오라! 내가 먼저 석방되면 밖에서 당신과 살 기반을 꼭 만들겠다"고 했다. 이런 장면은 애정소설이나 연극에서만 볼 수 있는 것인 줄 알았는데 '야, 사랑의 힘이란 것이 이렇게 위대한가? 나도 언젠가 저렇게 목숨을 건 진정한 사랑을 해볼 수 있을까?' 하면서, 이 판에도 엉뚱하게 열정적인 사랑에 탄복하며 부럽다는 생각을 했다. 그러나 나중에 들은 이야기인데, 그 여자는 박○○를 기다리기는커녕 면회 한 번 오지 않았단다.

이유세는 나를 보고 "10년이면 강산이 변한다는데 10년이라니!" 하고 한숨을 길게 내쉬었다. 처음 재판받으러 끌려나올 때는 "한 3년 살면 되겠지? 모든 것은 내가 다 했다고 진술했으니 너희들은 너무 걱정하지 말라"고 나와 김정권에게 위로의 말까지 했는데, 막상 10년 구형을 받고는 놀랍다는 듯이 얼굴이 하얗게 변하는 것이다.

재판이 재개되자 이번에는 재판장이 판결문을 읽어 내려갔다. 박○○부터 여자 피고까지는 검찰관 구형과 똑같이 선고하고, 나와 김정권은 정상을 참작한다며 징역 3월을 선고했다.

군법회의는 삼심제가 아니고 단심제였기 때문에 억울해도 항소도 못하는 판이었지만 '다른 놈들은 10년도 살아야 하는데 그까짓 3개월 해봐야 벌써 반은 살았으니 남은 반이야 거꾸로 서서도 살 수 있다. 그만하길 다행이다'라고 생각했다. 억울하게 징역을 살게 됐다는 분노보다는 그만하면 됐다고 자위하는 게 속 편한 일이었다.

'이유세는 10년을 살게 되었는데, 이유세 앞에서는 절대로 고생스럽다는 표정을 보이지 말아야지!' 하고 마음먹었다. 이렇게 재판이 끝나고 여자는 다시 진해경찰서 유치장으로, 우리는 해군헌병대 유치장으로 호송돼 오는데, 우리를 조사했던 특무대원이 이유세를 위로하며 얼마인지 용돈까지 쥐어주었다.

나와 김정권은 징역이 짧아 해군헌병대에서 남은 기간 수감생활을 하고, 박○○과 이유세, 김왕국은 마산교도소로 이감돼 떠났다.

월북기도 미수 사건은 이렇게 막을 내렸다. 이런 사건이 거의 다 그렇듯 태산명동서일필(泰山鳴動鼠一匹)이었던 것이다. 나는 형기를 마치고 다시 해상 발령을 받아 먼저 배보다 조금 큰 전함 51함에서 다시 해상근무를 시작했다.

19. 불고지죄로 징역살고 복귀하다

3개월 징역살고 51함으로 발령

51함으로 발령을 받았으니 가서 신고를 해야 하는데, 제 때에 하지 않고 2일이나 지나서야 발령신고를 했다. 51함에 들어서니 신병 39기 동기생 김○○이라고 진주 출신 놈이 서무사로 있었다. 키가 커서 그런지 원래 좀 싱거운 놈인데, 이놈이 51함에 근무하는 졸병들 앞에서 "이

제 너희들 죽었다. 이놈은 내 동기 가운데 인천 깡패로 악명을 떨쳐 헌병대 빵깐을 제집 변소 드나들 듯 하는 놈이다. 이놈이 우리 배로 발령이 났다. 나는 2등 병조인데 이 새끼는 영창에 드나드느라 아직도 상등수병이다. 사람 조지는 게 취미다" 하더니, 경상도 사투리로 "너희들 앞으로 몸조심 하레이!" 하면서 겁을 잔뜩 주었다.

나는 관례대로 선배들을 한 사람 한 사람 찾아다니며 전입신고를 하고 나서 교반장인 37기 백승일(白勝一)이라는, 두 기수 선배에게 마지막 신고를 했다.

그런데 나보다 군번이 늦은 졸병을 모두 군함 갑판에 모아놓더니 보란 듯이 나한테 5대의 빠따질을 했다. 그러더니 아무도 없는 곳으로 데리고 가서 "신 수병 이야기는 소문으로 들어서 잘 안다. 내가 교반장 체통에 2일이나 미귀한 신 수병을 가만히 두면 군기를 잡을 수 없을 것 같아 할 수 없이 때렸으니 이해해 달라"고 했다.

'어쩐지 빠따질이 좀 약하다고 생각하던 참인데 역시 그랬구나! 네 말도 옳다!'고 생각했다. 그 후로 우리는 아주 친해졌다.

그 배는 조금 큰 배라 작전분대와 갑판분대, 기관분대로 나뉘어 있었다. 나는 위생병으로 의무실 근무 발령이 났으니 자연 작전분대 소속이었다. 교반장 백성일이 내 후배 기수인 신병 40기부터 갑판 위에 정렬시켜놓고 나보고 전입신고를 받으라고 했다. 그래서 갑판 위로 올라가 보니 졸병들이 3줄로 나란히 정렬해 있었다. 한 놈이 큰소리로 구령을 붙이며 신고를 했다. 그런데 가만보니 이놈들이 모두 잔뜩 겁을 먹고 긴장을 하고 있었다. '이놈들이 왜 긴장을 할까?' 생각하는데, 동기생 김○○가 엄포를 놓던 장면이 떠올랐다. 웃음이 새나오려는 걸 애써 참아야 했다.

'나도 신병 때 저랬을까? 내가 저 애들보다 뭘 잘난 게 있다고 꼭 이런 식으로 신고를 받아야 하지?' 하는 생각이 들어 "열중 쉬어, 편히 쉬어!" 하고 긴장된 분위기를 누그러뜨린 뒤, "우리 다 같이 고생하는 졸병끼리 앞으로 잘 지내자!" 하고는 해산하라고 했다.

그런데 모두 의아한 표정으로 쭈뼛쭈뼛하고 해산을 하지 못했다. 그래서 "왜들 그래? 해산하라는 소리 못 들었어? 그럼 다시, 해산해!" 하고는 침실로 먼저 내려왔다.

며칠 후, 나의 전입 환영을 핑계 삼아 졸병들 모두가 시내로 몰려나갔다. 술집에서 술이 몇 순배 돌고 분위기가 익어 가는데, 우리 옆에서 술을 먹던 해병대 놈들이 술이 취해 이유 없이 싸움을 걸어왔다.

해병대 한 놈이 다가오며 "이 거지발싸개 같은 새끼들아! 너희가 이 술집 전세 냈냐? 이 새끼들아!" 했다. 덩치가 제법 컸고 힘깨나 쓸 것 같았다.

싸움이 무엇인지도 모르는 촌놈이 제 덩치만 믿고 방어자세도 하지 않고 가까이 오고 있기에 물 컵을 씹어 얼굴에 확 뿌렸다. 놀라 어리둥절하는 사이에 갑자기 '아구통(볼따구니)'을 날려버렸다. 이놈이 "아이쿠!" 하면서 주저앉았다.

그래서 또 다른 유리컵을 집어서 마치 어린애가 과자 먹는 것처럼 아작아작 씹으면서 "다음은 어떤 새끼냐? 이 새끼들 낯짝을 똥걸레로 만들어 줄까? 거지 훈도시(천으로 음부를 둘러싸는, 일종의 일본 남성용 속옷) 같은 새끼야!" 하고 소리쳤다.

해병대 놈들이 얼빠진 듯 우왕좌왕하기에 "이 씹새끼들아! 병신 안 되고 싶으면 어서 술값 고이 치르고 조용히 꺼져, 이 새끼들아!" 하고 몰아붙였다.

그때 우리 패 중 아주 익살스러운 놈이 툭 튀어나오면서 "야! 이 새끼들아! 이 형님이 누구인 줄 알기나 하냐? 이분이 바로 소사에서 그 유명하신 작두라는 분이시다. 요 쥐새끼 같은 놈들아! 그리고 이 형님의 형님은 도끼고, 이 형님의 동생 되시는 분은 사시미칼이다" 하면서 없는 동생까지 들먹거리며 "너희들 오늘 운 좋은 줄 알고 빨리 꺼져라! 이 파리 좆만도 못한 새끼들아!" 하고 제멋대로 거짓 허풍을 치며 나를 앞뒤도 모르는 깡패로 만들어버렸다.

그 소문이 돌아 우리 배에서는 내가 더욱 무서운 독종으로 소문이 났다. 해병대한테 기선을 잡지 않으면 우리 입장이 곤란해질까봐 그랬던 것뿐이었는데 졸지에 독사 같은 놈으로 배안에 소문이 난 것이었다. 그래서 병조장들까지도 나에게 대하는 태도가 허술해졌고, 심한 말은 별로 하지도 못했다.

해병대 구타사건 이후 배안에서 처음에는 아주 독종으로 알려졌지만, 오래 같이 근무하다보니 후배들 눈에 내가 뼈도 없이 좋은 사람이라는 인상을 주었던 모양이다. 후배들한테는 욕을 하거나 따귀 한 대 안 때렸기 때문이다. 그래서였는지 슬슬 군기(?)가 빠져나가기 시작했다.

휴식하고 있을 때 "누구 냉수 한잔 가져오겠어?" 해도 한 놈도 일어서는 놈이 없이 서로 누가 안 일어나나 눈치만 살피는 꼴이었다. 그런데 내 밑으로 45기 고참병 한 놈은 후배들에게 얼마나 악종인지, 이놈 얘기라면 서로 먼저 일어나려고 몸을 부딪치면서까지 아우성을 쳤다.

악명 높은 이 45기 놈은 후배들에게 말보다 주먹이 먼저 올라가고 아무 일도 아닌 것을 가지고도 툭하면 빠따질에 기합이었다. 그러니 졸병들은 이놈에게 걸려들까봐 이놈 말이라면 설설 기었다. 그런데 내 심부름은 서로 눈치만 보면서 늑장을 부리는 것이다.

생각해보니 부아가 치밀었다. 그래서 버릇 좀 가르치려고 "40기 이하, 전원 갑판에 집합시켜!" 하고는 빠따를 들고 슬슬 갑판 위로 올라갔다. 그런데 이놈들이 긴장이 돼 있는 꼴이라니! 하도 불쌍해 보여 기합은커녕 "열중 쉬어! 편히 쉬어!" 소리가 먼저 나왔다. 그러곤 타이르듯이 한마디 했다. "너희들 내가 좀 시원치 않다고 그럼 되겠어? 내가 성질 한 번 피워볼까? 그러지 말고 앞으로 우리 헤어질 때까지 군대 복무 같이 잘하고 지내다가 집으로 곱게 돌아가자. 너희들도 집에서는 아주 귀여운 자식들이잖아?"

그렇게 해산을 시키고 침실로 내려왔는데, 45기 그 악질 놈이 애들을 잡아놓고 빠따질을 한 뒤 해산시켰단다.

51함에서 만난 그림쟁이 친구 26기 오명화

51함 의무실에 근무하며 배를 타보니 할 일이 아무것도 없었다. 출항만 안 하면 얼마나 편하게 지내는지 오히려 무료하다는 생각이 들 정도였다.

해군병원에서 지내던 악몽과 너무나 비교가 돼서 '같은 해군에서 이렇게 편한 군대생활도 있었구나!' 하고 놀랐다. 할 일도 없고보니 이제부터는 군대생활이 아니라 제대 뒤의 일을 걱정하게 되었다. '머지않아 제대를 하면 무엇을 하고 살아야 할까? 맹아학교에 복학할 수 있을까? 맹아학교 졸업을 못하면 뭘 하지? 극단이나 다시 만들어볼까?' 그래서 의무실 문을 안에서 걸어 잠그고 연극 대본을 쓰는 것이 일과처럼 되었다.

그런데 우리 작전분대 신병 26기 장포사(대포 관리하는 직별) 오명화(吳明化)라는 친구가 의무실에 자주 놀러왔다. 서울 동대문 토박이인 이 친구는 그림도 잘 그리고, 이야기를 나누다보니 아주 이지적이고 철학적인데다가 여러 예술 방면에 소질이 다분한 친구였다. 오소화(吳素花)라는 예명을 가진 이 친구 누님은 해방 직후 '산적의 딸'이라는 영화에 주인공으로 출연하기도 했다고 한다. 그런 집안이라 그런지 내가 쓰고 있는 연극대본을 본 후로는 계급을 떠나 친구로 대하고, 매일 저녁 외출증을 만들어 와서 시내로 같이 돌아다니곤 했다. 이렇게 되니 우리는 아주 절친한 친구가 되었다. 전에는 교반장 백승일(白勝一)과 아주 친한 사이였는데, 내가 51함에 부임하고부터는 백승일과 차츰 멀어지고 나하고 가까워지는 바람에 백승일이 계집애처럼 질투까지 할 정도로,

그렇게 친한 사이가 되었다.

그 후 오명화와 나는 휴가도 함께 얻어 서울로 소사로 다니면서 우정을 돈독히 쌓아갔다. 졸병생활이니 술 먹을 돈은 없고, 의무실 위생용으로 배급받아온 에틸알코올에 소화제와 사과 같은 과일을 갈아 칵테일 해서 의무실 문을 닫아걸고 둘이서 맛있게 먹는 때가 많았다. 때때로 맘에 드는 놈들을 불러들여 같이 먹으며 제대 후의 인생설계도 함께 그리곤 했다. 마치 동성애나 하는 놈들처럼 유독 친해져 갔다.

해상근무를 하다보면, 배의 인원을 3개 팀으로 나눠 승선 인원 중 항상 3분의 1정도는 휴가를 보냈다. 함정 부장인 소령이 심지어 휴가 갈 곳이 없는 놈이나 휴가 가기 싫다고 하는 놈들까지 휴가 갔다 오라고 반강제로 압력을 준다. 갈 데가 없다고 버티는 놈이 있어서 휴가 인원이 남으면, 누구라도 대신 휴가를 가라고 졸병들을 일일이 찾아다니면서 권유한다. 나야 안 보내줘서 못 가는 놈이라 남 안 가는 휴가를 대신 가고는 했다.

소사에서는 내가 하도 자주 휴가라고 오니까 친구들까지 "이 자식이 또 탈영을 했나?" 하고 의심할 정도로 배에서 근무하기보다 소사에 와서 친구들과 놀러 다니는 날이 더 많았다.

왜 그렇게 싫다는 놈들까지 휴가를 가라고 내모느냐 하면, 전대사령부에서 정원대로 쌀과 부식비를 다 수령하고는 휴가 간 놈들 것을 착복하느라고 그러는 것이었다. 휴가 갔다 와서 또 휴가를 가니 51함에서 제일 섭섭해 하는 친구가 오명화였다. 근무만 끝나면 의무실로 달려오는 것이 오명화의 일과였는데, 그만큼 정이 많이 들은 데다, 내가 휴가만 다니니 외로웠던 모양이다.

제대하고 우연히 서울 용산구 청파동에서 만나 취하도록 술을 마신 이후로는 내가 교사생활을 하기 위해 시골로 떠나는 바람에 다시는 만나보지 못했다.

배 타던 시절만 떠올리면 생각나는 좋은 친구였는데, 지금 어디서 보금자리를 틀고 늙어 가고 있는지? 간혹 해군본부에 가서 조회하면 만날 수 있을까? 하면서도 바쁜 생활이 허락지 않아서 오늘까지 만나고 싶은 마음을 뒤로 미루어 왔다.

휴가 중 고향에서 축구 구경하다 일죽 깡패들과 충돌

내가 51함에서 대리 휴가를 얻어 어머니를 뵙기 위해 고향으로 간 날이었다. 동리 청년들이 모두 일죽중학교로 축구시합을 하러 가고 동리는 텅 빈 모습이었다. 해마다 광복절이 되면 안성군 일죽면 주최로 마을별 축구시합이 벌어졌는데 마침 그날이 광복절이었던 것이다. 홀로 집에 있기도 심심하고 해서 일죽중학교 운동장으로 고향친구들을 찾아갔다. 해군 티내기 싫어서 바지는 해군 청바지에 일반 노타이 차림으로 나섰다.

해마다 결승에서는 면소재지인 주천 친구들과 우리 고목동 친구들이 만났다. 축구 국가대표 신문선(辛汶善)을 배출한 만큼 우리 고향 친구들이 축구를 아주 잘했다.

실력은 촌놈인 우리 고목동이 더 좋은데도 면소재지 놈들의 텃세에 눌리고 면소재지 깡패들의 행패가 무서워 일부러 져주고 오는 것이 상례가 되어 있었다. 그 해에도 우리 동리 친구들은 "우리가 져주지 않으면 일죽면 장터 깡패들에게 매를 맞아 죽을 수도 있다"고 잔뜩 겁먹은 소리를 했다. 그 이야기를 듣고 나는 "어떤 촌놈의 새끼들이 촌 바닥에서 텃세를 하고 까부는 거야? 그 새끼들 내가 책임질 테니 한 번 우승해보라!"고 동리 친구들을 격려하고 결승전을 지켜보았다.

말대로 우리 동리 선수들이 생각보다 참으로 잘 찼다. 그런데 면소재지 놈들이 하는 행실이 영 도를 넘고 있다 싶었다. 우리 동네 공을 잘 차는 친구들의 기를 죽이느라 응원석에서 야유를 하는 것까지는 그러려니 할 수 있었는데, 시합에 밀리니까 볼썽사납게 거칠어지는 게 역력했다. 속에서 부글거리는 걸 애써 참고 있는데, 어느 놈 하나가 공은 안 차고 우리 마을 선수 신의승(辛義承)한테 이유 없이 쫓아와 발길질을 했다.

의승이는 나하고 동갑내기이고 촌수로도 10촌 일가였다. 키가 아주 작아 군에도 못 갔지만, 얼마나 달리기를 잘하는지 안성 관내 교사들 중 단거리 선수로 뽑히는 사람이었다. 준족에 축구도 잘하니 장터 선수들이 의승이를 견제하는 건 어찌 보면 당연한 일이었다. 그런데 공과 상관없이 발길질을 하는 것은 더 이상 두고 볼 수 없는 일이었다.

결국 내가 자리를 박차고 벌떡 일어나 운동장으로 달려 나가 의승이에게 발길질한 놈에게 "야! 이 개 같은 새끼야! 사람하고 축구공도 구별 못해? 이 좆같은 새끼! 이 새끼, 발모가지를 꺾어버릴까 보다!" 하면서 "어이! 심판! 이 새끼 내 보내!"라고 하니 그놈이 겁을 먹고는 슬금슬금 뒷걸음질을 치는 것이었다. 그만 하면 다른 놈들에게도 본보기는 됐겠다 싶어 자리로 돌아왔다.

그런데 면소재지 사는 한 놈이 변소 뒤 외진 곳에서 누가 나를 잠깐 보자고 하더라는 말을 전하는 거였다. 그래서 "이 새끼가 죽고 싶어 환장했나? 야! 골로 가기 싫으면 좆같은 심부름 하지 말고 어서 꺼져, 이 새끼야!" 하고 때리려고 하니까 두 말없이 돌아갔다.

조금 있으니 이번에는 두 놈이 또 찾아와서 변소 뒤편으로 잠깐 가자고 했다. 그래서 "나하고 붙고 싶으면 여기서 붙어보자! 야, 이 좆같은 새끼들아!" 하면서 쓰고 있던 밀짚모자를 그놈 앞에서 확 찢어버리고 "이 새끼가 나를 누구로 알고 설치나?" 하면서 때릴 것처럼 달려드니까 기겁을 하고 피해버렸다.

점심시간이 되자 모두 점심을 먹으려고 마을별로 헤어졌다. 그 당시 일죽면 우체국장이 10촌 형님이었는데, 그 형님 댁에서 우리 고목동 사람들 점심을 준비해 나도 그 형님 집으로 가서 점심을 먹고 있었다. 그런데 면소재지 깡패 수십 명이 내가 나오면 죽인다면서 우체국 관사를 둘러싸고 기다리고 있었다. 그것을 보고 우체국장 형님이 일죽 지서 경찰관들에게 경비를 요청했다.

그런데 이 시골 순사 둘이서 '앞에 총'을 하고 달려와서는 우리 마을 청년들 밥 먹는 것을 보고 "여기도 젊은 사람들이 많은데, 우체국장님은 뭘 바쁜 우리까지 부르십니까? 자기들끼리 알아서 하라고 하지 그러세요?" 하는 것이었다.

그래서 내가 밥을 먹다가 일어나 "당신 말 다했어? 그래, 그럼 내가 나가서 저 새끼들하고 한 번 떠보겠는데, 만일 저놈들이 떼로 덤비면 당신 책임져야 돼? 당신들 경찰이라면 국민들이 내는 세금으로 국가의 녹을 먹고 살면서 그걸 말 따위라고 씹어 뱉는 거야? 씨발!" 하니 경찰들이 얼결에 실수했다고 생각했는지 우물쭈물하면서 대꾸도 못했다.

그러자 우체국장이 면 유지 체통으로 경찰에게 미안하니까 "너는 가만히 좀 있어!" 하며 애매한 나만 보고 야단을 치면서 "우리 마을은 축구시합을 기권하겠다"고 하시고는 축구하던 우리 동리 청년들이 일죽면 소재지를 벗어나는 큰 다리까지 경찰들이 책임지고 안전하게 데리고 가 패싸움이 일어나지 않도록 해달라는 부탁을 했다.

나는 자존심이 상해서 경찰관 보호를 받으며 가는 게 정말로 싫었다. 그래서 경찰들에게 "우리 동리 친구들이나 데리고 가라!"고 말하고 홀로 형님의 관사를 나섰다. 그러자 10여명의 촌놈 깡패들이 둘러쌌다. 내 앞으로 가까이 나선 놈을 보니 역시 그 중 제일 당당해 보이는 놈이었다. '이놈만 기를 죽이면 되겠다'는 생각이 들어 그놈을 노려보았다.

그런데 이놈이 가슴에 서울 양정고등학교 배지를 달고 있는 게 보였다. 그래서 기선을 잡으려고 "너희들 한 번에 덤비면 내가 이 자리에서 맞을 수도 있지만 나도 고기값은 해야지? 너희들 만일 나를 몰매로 죽이면 몰라도, 목숨 줄을 끊어놓지 못하면 너희들도 이곳에서 못살아! 내가 경인선 똘마니들과 영등포 삼일당 패들까지 동원해 어디든 찾아가 끝장을 볼 테니까!" 했다.

그리곤 앞에 있는 놈에게 "야! 너 양정 다니는 놈이구나? 너 여름방학 끝나고 학교에 가면 양정 '꼴통'보고 내가 누군가 물어봐! 너희들 이 자리에서 나한테 거적을 씌워놓지 못하면 내가 양정고등학교 정문으로 찾아가서 너를 꽃가마 태워줄게! 그날이 네 제삿날이다, 이 새꺄!" 하면서 공갈을 쳤다.

그러자 이놈은 기선을 빼앗겨 덤비지 못했다. 내가 기가 죽기는커녕 자기 학교 깡패인 '꼴통'까지 팔면서 더 다부지게 나갔기 때문이었다. 사실 10여명이나 있는 데서 내가 먼저 '선빵'을 먹일 수도 없는 노릇이었다. 그러다보니 서로 기싸움이 돼가고 있었다.

그런데 우리가 싸울까봐 다리까지 우리 동네 청년들을 몰고 갔던 경찰들이 다시 '앞에 총' 자세로 달려오면서 "이놈들아! 그만 집으로 가지 못해?" 소리를 쳤다. 그러자 이놈들이 슬슬 흩어졌고 나는 혼자서 그 긴 다리를 건넜다.

나는 '면소재지 촌놈들에게 늘 당하기만 하는 것이 더럽다고 생각했었는데, 이번에 버릇 좀 가르쳤다'고 자부하고 동네 어른들한테도 칭찬을 받을 줄 알았다.

그런데 내 귀에 들리는 동리 어른들의 소리는 전혀 달랐다. "아니, 용승이 걔, 우리 신가가 아니잖아? 그놈 돌 신가 아니야? 이제 보니 아주 독종 아니야? 아니, 누구를 닮아서 우리 신가에 저런 독종이 생겼지?" 하고 오히려 내 흉을 봤다.

나는 '동네 어른이라는 분들이 이렇게 분별력도 없이 우물 안 개구리 같은 생각을 갖고 살아오셨으니까 젊은 사람들도 똑같이 우물 안 개구리가 되었구나. 그래서 동리에서는 잘못을 저질러도 다 집안 아이들이라고 혼내지 않고 너그럽게 감싸주니 반성할 줄도 모르고, 떼를 쓰면서 부끄러운 줄도 모르고, 제 잘난 줄 착각하고 정말 잘난 놈처럼 지내다가 동리만 벗어나면 잘못한 것도 없이 공연히 기가 죽어 숨도 제대로 못 쉬고 살고 있는 것이다. 그런 점을 생각하면 일가끼리 한 동리에 모여 사는 것이 좋은 일만은 아니로구나' 하고 생각했다. 그리고 동리 아이들이 경우도 모르고, 의분도 분노도 모르며 자랄 것 같다는 생각을 하게 되었다.

그 뒤로도 나는 늘 '못자리터인 집성촌에서 아이들을 키우면 아이들이 매사에 분별도 잘 못하고, 생각도 없이 이기적으로 잘못 커 가겠구나!' 하는 생각을 했다.

소사에서 특무대 장 상사와 다투고 육군헌병들과 싸우다

휴가를 나와 친구들이 잘 모이는 휘가로 다방에서 난로 앞에 앉아 홀로 담배를 피우고 있었다. 그날은 손님도 별로 없이 조용했다. 그때 내 또래로 보이는 군인이 들어왔다. 군복을 단정히 다려 입고 입었지만 계급장은 없었다. 이놈은 들어오자마자 내가 앉은 난로 앞 의자에 앉았다.

그리고 마도로스파이프에 양키 깡통 담배를 담고 나서 다방 레지를 보고 성냥을 달라고 하기에 내가 라이터를 그 앞에다 탁 켜주었다. 그런데 이놈이 담배는 빨지 않고 내 손을 탁 치면서 "너 뭐야, 이 새끼야!" 하고 욕을 했고, 그렇게 싸움이 시작됐다.

그래서 내가 "이 새끼 이거! 성냥이 없다기에 담뱃불 붙여주는 친절을 베푸는 사람보고 고맙다고 정중히 굴지 않고 이 새끼가 왜 이래? 이 새끼가 쥐약을 죽지 않을 만큼 씹어 돌린 놈 아니야?" 하니 이놈이 "야, 이 새끼야! 너 내가 누군 줄 알고나 까불어? 너 이 새끼야! 너, 한 번 골로 가볼래?" 하면서 반짝반짝 도금한 권총을 꺼내서 나한테 겨누었다. 손안에 들어갈 정도로 아주 작은 권총이었다.

그렇다고 기죽을 내가 아니었다. 그래서 말싸움이 계속됐다.
"야! 이 난쟁이 좆만한 새끼야! 네가 누군 누구야? 이 거지발싸개 같은 새끼야! 헌병 아니면 특무대원이겠지."
"그래, 내가 육군 특무대 장 상사다!"
"응, 그러셔? 야, 이 새끼야! 네가 특무대 상사면 나는 특무 상사 잡아먹고 사는 사람이야, 이 새꺄!"
한판 싸움이 벌어질 판이었다.
그때 막 오영환(吳榮煥)이라는 소사 친구가 술이 얼큰하게 취해 다방으로 들어오다 이 광경을 보더니 "야! 유지야! 이거 뭐하는 새끼냐?" 하면서 담배 재떨이로 테이블에 갖다놓은 사기 접시를 집더니 어린애가 과자 씹듯이 아작아작 씹었다. '유지'는 '아무데나 끼지 않는 곳이 없다' 해서 붙은 내 별명 중 하나였다.
그러자 장 상사란 놈이 얼결에 내 팔을 붙잡고 "이 사람, 왜 이래? 이 사람 좀 말려!" 했다. 그래서 싸워보지도 못하고 싸움은 싱겁게 끝나고 말았다. '육군 특무대' 하면 세상에 무서운 것이 없고, 계급도 상사이니 매사 안하무인이었다가, 소사가 어떤 곳인 줄도 모르고 싸움을 걸다가 놀란 것이다.
우리는 그 즉시 화해를 하고 통성명을 하면서 악수를 나눈 뒤, 대폿집에 가서 술도 마셨다. 대폿집에서 오영환이와 내가 노는 작태를 보고는 더욱 어이없어 하긴 했어도, 놈은 말이 통하는 친구였다.
또 며칠 후, 밤에 소사 친구들은 보이지 않고 홀로 휘가로 다방에서 난로를 쬐고 있는데 갑자기 다방계단을 뛰어 올라오는 여러 사람의 구두소리가 요란하게 들려왔다.
다방 문이 확 열리면서 육군 33사단 소속 헌병들 대여섯 명이 들어서더니 다방 레지한테 "야! 여기서 어제 우리 친구 애인 농락한 해군 놈의 새끼가 있었지? 그 개새끼 어디 있어?" 하면서 나와 레지를 번갈아 쳐다봤다.

한 놈은 연탄난로 쑤시는 쇠갈고리로 난로를 탕탕 치면서 "어제 그 해군 새끼 오늘 안 나타났어? 그 새끼 어디 있어? 어서 찾아내! 그 새끼 찾아내지 않으면 이놈의 다방을 쑥대밭으로 만들 거야!" 하면서 고래고래 소리를 질러댔다.

난동 부리던 놈 중 한 놈은 해군 군복을 입고 다방에 혼자 앉아있는 나를 보고 "당신은 같은 해군인데, 어제 내 친구 애인한테 시비 건 놈을 모르냐?"고 물었다.

그러잖아도 이 새끼들 노는 꼴이 아니꼽던 차에 "그것을 어떻게 아느냐? 나는 모르는 일이다" 했더니, 이놈이 레지한테 "이 사람이 어제 그놈과 친구 아니냐?"고 물었다. 레지는 대답하기 곤란했는지 대답을 망설였다.

그러는 통에도 가만히 생각해보니 해군 친구 박상은(朴相銀)이란 놈이 떠올랐다. '상은이가 말썽을 부린 모양이로구나!' 하는 생각이 들었다. 상은이는 해군 신병 29기로 군대 가기 전에 서울 선린상고에서 야구를 하던 놈이었다. 인천 주안역장 외아들로 여자들이 한 번만 보면 그냥 상사병이 걸린다고 할 정도로 아주 잘생긴 놈이었다.

그 친구가 술이 얼큰한 김에 육군 헌병이 애인을 달고 휘가로에서 밀담을 나누고 있는데 이유 없이 여자에게 봉변을 주었다는 것이었다.

그래서 속으로는 '너희들이 화가 나서 어제 해군 놈에게 복수하겠다고 떼거리로 몰려온 모양인데 그놈이 없으면 조용히 가야지, 왜 아무 상관도 없는 나에게 지랄들이냐? 이 새끼들이 종로에서 뺨 맞고 한강에서 눈 흘기는 격이 아니냐!'는 생각이 들었다. 그러면서도 한편으로 '저놈들이 오늘은 숫자가 많으니까 어제 박상은이한테 당한 분풀이를 나에게 할 것 같은데?' 하는 생각도 스쳤다.

잘못하면 이놈들 숫자에 밀려 봉변을 당할 수도 있을 것 같아 레지에게 "야! 여기, 메모지하고 볼펜 좀 갖고 와!" 하고 소리치니 레지가 즉시 가져왔다.

백지에다 내 소속과 성명을 써놓고 "너희들도 소속과 이름을 여기에 써라" 하면서 그들 앞에 내밀자 그놈들은 왜 그런지도 모르면서 자기들 소속과 이름을 다 썼다.

그래서 이렇게 말했다. "이 사건과는 아무 관계도 없는 나하고 한 번 붙자는 모양인데, 얼마든지 받아줄 테니 누구든지 한 놈씩 나와 봐! 만일 여럿이 한꺼번에 덤비면 너희 부대는 내일로 쑥대밭이 되는 줄 알아! 내가 내일 너희 헌병 대장한테 따져볼 테니까!"

그러면서 메모지를 반으로 찢어 내 이름은 그놈들에게 주고 그놈들 이름은 내 주머니에 넣었다.

역시나 순진한 놈들은 기선을 빼앗기면 기가 죽는지 한 놈이 "당신은 이 일과 아무 상관없는 것 같은데 당신에게는 미안하다"고 하더니 물 빠지듯 빠져나갔다.

지금도 아련히 떠오르는 제주 아가씨 이완숙

휴가를 끝내고 귀대해서 51함에서 근무를 하는데, 우리 배 바로 앞에 일반 고기잡이배처럼 보이는 아주 작은 배 한 척이 항상 정박해 있었다.

매일 보면서도 무심히 지냈는데, 어느 날 김용문이란 친구가 찾아오더니 자기가 그 작은 배에 근무한다면서 그 배가 해군 첩보대 공작선이라고 했다. 김용문은 동양공업고등학교 2학년 때 내가 ABC도 모르는 놈이라고 놀렸던 친구로, 나하고 같이 해군 신병 25기로 입대한 친구였다. 그때 나는 중간에 귀가를 해버렸고, 놈은 그냥 남았었다.

이놈도 위생병이었는데, 어떻게 첩보부대에서 근무하게 되었는지 알 수 없었지만, 그 배로 따라가 보니 외양대로 거의 고기잡이배 수준이었다. 인원이라야 제주도 출신 31기생과 단 둘이 근무를 하는데 하는 일도 없이 매일 밥만 축 내는 것 같았다.

그때부터 그 배에 자주 드나들면서 제주 출신 31기와도 친해지니까 이 친구가 자기 생질이 서울로 양재 공부를 하러 온다면서 나더러 "그 애가 서울을 처음 오니까 지리가 서투를 테니, 미안하지만 동대문 라사라 양재학원까지 길 좀 안내해주라"고 부탁했다. 그러면서 그 아가씨가 몇 일, 몇 시 기차로 서울역에 내릴 것이고, 어떤 복장을 입고 올 것이고, 이름은 이완숙(李浣淑)이라고까지 가르쳐주었다.

부리나케 휴가를 받아 작업복을 입고 서울역으로 마중을 나가던 참이었다. 마음은 급한데 재수 없게도 남대문 앞에서 검문하던 해군 순찰 헌병 두 놈한테 걸려들었다. 휴가증을 보여주자 "왜 휴가 중에 정복을 안 입고 작업복을 입었느냐?"며 헌병대로 가자고 했다. 그래서 "누이동생이 처음 서울로 오는데 서울역에 몇 시 차로 내린다. 동대문 라사라 양재학원까지 데려다주어야 하니 좀 봐 달라"고 부탁했다.

그런데 이 헌병 놈들이 막무가내로 안 된다면서 따라오라며 앞장을 섰다. 그러면서 "따라오라면 따라오지 왜 말이 많아?" 반말을 했다. 그래서 성질이 나면 참지 못하는 내 성미가 터져버리고 말았다. 그래서 내가 별안간 큰소리로 순찰헌병들을 향해 "차려!" 하고 버럭 소리를 질렀다. 그러면서 그놈들 계급장과 내 계급장을 대비시키면서 "누가 상급자냐? 너희들, 상급자보고 반말하는 거 어디서 배웠나?" 하면서 숨 쉴 틈도 없이 몰아붙이자 이놈들이 얼결에 차려를 했다.

하필이면 사람이 많이 다니는 남대문 앞이니 순식간에 구경꾼들이 꽉 둘러쌌다. 그래서 내가 시계를 보면서 "기차 도착 시간이니 동생을 만나고 헌병대로 가겠다. 내 휴가증을 가지고 먼저 가라!"면서 휴가증을 내밀고는 그냥 서울역으로 걸어가자 헌병 놈들이 안 된다며 뒤따라왔다.

따라오거나 말거나 "너희들 좆 꼴리는 대로 하라!"면서 서울역까지

가서 이완숙이라는 제주도 아가씨를 만났고, 그 아가씨와 같이 헌병대까지 갔다. 그랬더니 순찰헌병들이 상관에게 "이 사람이 우리에게 욕을 막 하고 때리려고 했다"고 보고를 하는 것이었다.

보고를 받은 일등 병조 헌병은 내 이야기는 듣지도 않고 사정없이 뺨을 때리더니 "너, 이 새끼야! 근무 중인 순찰헌병들에게 욕하고 때리려고 그래? 이 새끼 간이 배 밖으로 나온 놈 아니야? 자식이 헌병들을 어떻게 생각하는 거야?" 하고 일방적으로 나만을 나무랐다.

공매를 한 차례 맞고 나서, 그런 것이 아니고 사실은 이렇고 저렇다며 거짓도 섞어가며 변명을 했다. 그러자 선임헌병이 "그럼 여기다 소지품과 휴가증을 맡기고 동대문까지 빨리 다녀오라"고 했다. 그 처녀를 동대문 라사라 양재학원까지 데려다주고 헌병대로 돌아왔다.

그러자 헌병 놈은 복장위반과 공갈협박, 공무집행방해로 영창에 보낸다고 엄포를 놓으면서 내가 피우던 양담배를 빼앗아 자기 주머니에 넣더니 "내가 너의 사나이 배짱에 반해서 한 번 봐주는 것이니 앞으로는 다시 헌병대에 오지 말라!"고 선심 쓰는 것처럼 내보내주었다.

그런데 이 처녀가 얼마나 예쁘던지 지금까지 영영 잊지 못하고 있다. 사실 내가 헌병대에서도 기 안 죽고 날뛴 것도 그 예쁜 이완숙 앞에서 멋진 사나이로 보이려고 그런 것이었다. 그런데 여자는 그렇게 무섭고 용감한 남자보다는 착하고 온순해 보이는 남자를 좋아한다는 것을 그때는 몰랐고, 다음에 여자들 마음을 알아가면서 깨닫게 되었다. '너무 사나이답게 보이려고 날뛰다가 한 번 보고 반했던 이완숙을 영원히 놓치고 말았구나!' 하는 생각에 쓴웃음이 난다.

해군 첩보대 명물, 용감하고 순진하고 착한 25기 김용문

내가 51함에 승선하는 것을 본 김용문(金龍文)이가 우리 배에 함께 타겠다면서 해군 첩보부대에 상신해, 허가를 받고 우리 배로 전입해왔다.

이놈이 인천 해군 첩보부대에 있을 때 하인천 부둣가 ○○다방에 매일 드나들었는데, 해군 PF 61함정에 근무하던 해군들이 인천에 상륙해 술을 마시고는 20여 명이 그 다방으로 몰려들어 술김에 난장판을 만들었던 모양이다.

그때 용문이는 작업복 차림으로 다방 한쪽 구석에 앉아 그 광경을 보고 있다가, 사람들이 말만 들어도 무서워하던 첩보대원이랍시고 "야, 이 새끼들아! 좀 조용히 못해? 너희들이 이 다방 전세 냈냐?"고 소리를 쳤다.

술도 먹었겠다, 하늘도 돈짝만 해지는 판에 별 거지발싸개 같은 새끼가 소리치니 단체로 외출 나온 해군들도 가만있을 리 없었다. 군중심리가 발동한 해군들이 용문이에게 우르르 달려들어 몰매질을 했다. 어디 독불장군 있나? 신분 밝힐 사이도 없이 얼마나 흠씬 두들겨 맞았는지 '눈텡이가 밤텡이'가 되어 얼굴조차 알아볼 수 없을 지경이었다. 그렇게 심하게 맞으면서도 조금도 기가 죽지 않고 바락바락 악을 쓰면서 대항하는 것을 본 다방 마담이 아마 그 남자다운 행동에 홀딱 반했던 모양이었다. 더운 물을 떠다 얼굴을 말끔히 씻기고 정성껏 치료를 해주었다. 차돌끼리 부딪치면 불이 나는 법이니, 그렇게 간호해주다가 정분이 나 두 사람은 하인천역 앞에 방을 하나 얻어 살림까지 차렸다.

이 친구는 첩보부대로 가기 전, 위생병으로 파주 해병대 파견 근무를 했는데 그때 해병부대 옆에 미 해병부대도 나란히 자리 잡고 있었다. 이놈이 옛날 고등학교 때 내가 붙여준 별명 '날강도'답게 깊은 밤 보초만 남고 미 해병이 모두 깊은 잠에 빠진 시간, 혼자서 겁도 없이 미군 해병 막사로 스며들어 미군 물건을 슬쩍 실례하려 했다고 한다.

그런데 막상 들어가긴 했으나 어떤 것이 값나가는지 몰라 이것저것 뒤지다 대단히 비싼 외제 제니스 전축 같은 것을 발견하고 '이것이 괜찮겠다' 싶어 뚜껑을 들어 올리자, 갑자기 천막이 떠나갈 듯 큰 음악소리가 났다. 뚜껑을 열면 소리가 나고 덮으면 소리가 꺼지는 전축이었던 것이다.

이놈이 놀라고 당황해서 끄기는커녕 큰소리가 나는 전축을 그대로 들고 그냥 정문을 향해 마구 달려 나왔다. 하긴 어떻게 해야 끌 수 있는지도 모르는 상태였다.

뒤에서는 놀라 깬 미 해병들이 쫓고 정문에서는 보초들이 가로막으니 결국 붙잡혀 우리 해군헌병대로 인계됐고, 결국 1개월 영창살이를 했다. 그 바람에 이놈은 해병 여단에서 아주 유명인사가 됐다.

그래서였는지 위생병이지만 배짱 좋은 놈이라고 첩보부대에 차출돼 인천 첩보부대에 근무하게 된 것이었다. 해군 의무계에서는 고집불통이고 명물에다 사고뭉치라고 소문났던 놈인데, 이상하게도 학생 때부터 내 말은 잘 듣고 따르는 놈이었다.

이런 김용문이가 51함으로 전속을 와서 나와 같이 의무실에서 근무하게 되었다. 그때부터 상급자들도 우리를 함부로 대하지 못했다. 이놈은 어느 면으로 보나 사나이답고, 고집 세고 겁도 별로 없는 놈이었다.

그 후 제대하고 서로 가정을 갖고 살면서 우연히 평택에서 만났다. 나를 보고 반가워하면서 자기 집이 미군부대가 많은 안정리라면서 꼭 한 번 놀러오라고 했다.

그래서 이놈이 미군부대 옆에서 무얼 해 먹고사는지 궁금해 처와 함께 찾아가보았다. 그런데 이놈이 나를 술집이 아니라 자기 집으로 데려갔다. 놈을 따라갔더니 어떻게 된 것인지 도저히 이해가 되지 않는 짓을 했다. 우리 앞에 내놓은 술상도 어쩐지 그렇고, 나하고 술을 먹으면서도 자기 마누라 눈치를 보느라 정신이 없었다. '군대에서는 김용문 하면 배짱 좋은 싸움꾼으로 한 몫 하던 놈인데, 이놈이 어떻게 이렇게 변했을까? 사람이 장가를 들면 이렇게도 변하는 것인가?' 하고 야릇한 생각이 들었다.

옛날 즐겁던 추억이나 친구 얘기, 세상 얘기는 하지 않고, 묻지도 않는 제 마누라 자랑과 자식 자랑에 입에서 침이 마르지 않았다. 자기 처한테 "여보, 그 영식이 그림 좀 이리 가져와!" 하는데, 마누라가 응대를 안 하니 제가 벌떡 일어나서 책상 서랍을 열고 그림 한 장을 가지고 와서는 자랑을 늘어놓았다.

"야, 용승아! 우리 영식이 그림 잘 그리지? 제 어머니를 닮아서 그림은 기똥차게 그리거든. 이다음에 피카소같이 될 놈이지?" 고등학교 때까지 ABC도 모르던 놈이 얻어들은 풍월이라더니 피카소는 어떻게 알아가지고. 내가 보기에 어린이가 그린 그림이 아니라, 어린이 손에 크레파스를 쥐어주고 손등에 자기 손을 얹어서 애비가 그린 그림이라는 생각이 들었다.

나중에 알았지만 이놈은 하는 일 없이 무위도식하면서 마누라 잔심부름이나 하고, 가정은 처가 양색시 장사를 하면서 PX에서 나오는 미제 물품 장사로 살고 있었던 것이었다.

'젊어서 그렇게 사나이답던 놈도 돈을 못 버니 마누라 앞에서 저렇게 무능해지는구나.' 왠지 그놈이 준 술맛이 영 아니라는 생각이 들어 뒷맛이 씁쓸했다.

지우고 싶도록 후회스러운 후배 폭행사건

출동도 없이 무료하게 지내던 중 드디어 우리 배가 백령도로 출항하게 되었다. 그래서 51함 각 분대에서 사역병 10명을 차출해 진해 해군 보급창으로 갔다. 백령도 해병부대로 보낼 의약품을 인수하기 위해서였다.

그런데 사역이 다 끝나고 사역병들이 제 위치로 돌아간 뒤 확인해보니 한 상자가 모자랐다. 분명히 10명이 한 상자씩 어깨에 메게 했는데 아홉 상자밖에 안 되는 것이었다. 세어보고, 또다시 세어봐도 분명히 아홉 상자였다. '이거 큰일 났네?' 하고 사역병 10명을 의무실로 다시 집합시켰다.

그런데 한 명이 안 왔다. 그래서 "어떤 놈이 안 왔냐?"고 물어보니, 기관부 기관병 한 놈이 바빠서 안 왔다고 했다. 그래서 "이 새끼들아! 빨리 가서 그 새끼 데려와!" 하고 처음으로 후배들에게 험상궂은 얼굴로 소리치니 여럿이 우르르 몰려가 근무하고 있던 그놈을 잡아왔다.

'나는 약상자가 없어진 게 걱정이 돼 화가 나 죽겠는데, 이런 쫄따구 새끼들이 내가 인간적으로 대해주니 나를 무시하나?' 하는 생각에 더욱 화가 치밀었다. '이번 기회에 버릇 좀 고쳐놔야겠다'고 생각하면서 "야, 이 새꺄! 오라면 빨리 오지, 왜 이제야 오는 거야? 너, 내가 시시하다 그거지?" 하고 급한 성질대로 힘껏 주먹을 날렸다.

그러자 이놈이 "아이쿠!" 하면서 주저앉았다. 나는 "야! 이 새끼야! 그걸 맞고 왜 엄살이야? 빨리 일어나지 못해?" 하고 소리쳤다. 이놈이 엉거주춤 일어나는데 순식간에 얼굴이 말이 아니게 부어올랐고 입에서는 피가 철철 흘렀다. 이가 부러진 것이었다. 얼굴을 씻기고 간단한 응급치료를 하고는 그놈이 근무하는 기관실로 돌려보냈다.

마음을 가라앉히기 위해 담배를 한 모금 깊이 들이마시고 나서 다시 의약상자를 침착하게 세어보니, 아니 이게 웬일? 몇 번을 세어봐도 아홉 상자였는데 이번엔 열 상자가 틀림없었다. 다시 세어보고 또 세어봐도 틀림없이 열 상자였다.

마음속으로 쑥스럽기도 하고 내 경솔한 행동이 밉기도 했다. 해군 입대 4년이 지나는 동안 오늘까지 후배를 때리기는커녕 욕도 모질게 안 했는데 기관병을 그렇게 때린 것이 정말 미안했다.

내가 조금만 침착했더라면 해군생활 5년 동안 그야말로 아름다운 기록을 장식했을 텐데, 생각하면 무척이나 후회스럽고 아쉽다.

한참 후에 어느 기관병이 달려오더니 "위생장님! 기관장님이 빨리 오시래요" 했다. "알았어. 금방 간다고 전해!" 하면서도 '올 것이 왔구나!' 하는 생각이 들었다.

그래서 씁쓸한 마음으로 기관장 앞에 가서 "부르셨습니까?" 하고 복명을 하니, 기관장이 "야, 너 무엇으로 사람을 팼기에 얘 이가 부러졌냐?" 하면서 추궁했다. 그래서 이러저러해서 꼭 한 대 주먹으로 때렸다고 말하니, "그런데 이가 부러져?" 하면서 "네가 위생병이니 네가 알아서 병원에 데리고 가 이빨 책임지고 고쳐줘!" 하는 것이다.

마침 진해 해군병원 치과에 동기가 있어 그 기관병을 인계해주고 진정으로 미안하다고 사과를 했다. 그런데 그놈이 내 사과를 받으면서 억울하다고 항변을 하면 좀 마음이 편할 것 같은데, 아무 대꾸도 않고 그저 아주 서럽게 흐느끼기만 했다. 그 울음은 내 생애 내내 씻지 못할 빚이 되었다.

전라도 신병들을 이유 없이 차별 학대했던 군인들

51함에서 평생 후회할 사건을 저지르고 반성하는 마음으로 근무하고 있을 때, 신병 7명 정도가 우리 배에 배치돼 왔다. 그 중 전라도 신병이 2명 있었다. 다른 신병들 같으면 사실 고참들에게 전입신고를 하고 나면 그걸로 끝이었다. 그런데 유독 전라도 신병들은 야비한 희롱에 치도곤을 당하기 일쑤였다. 전라도 사람을 하와이니, 리꾸삭꾸(배낭, 즉 rucksack의 일본식 발음)니, 남행열차(슬그머니 빠진다 해서)니 하면서 낄낄거리질 않나, "너, 군에 오기 전에 뭐 해 처먹다 왔냐?"고 묻고는 "학교 다니다 왔다"고 대답하면, "이 새끼야! 학교나 계속 다니지 좆 빨라고 해군에 왔냐?"고 공연히 말도 안 되는 소리를 지껄이며 다른 지방 신병들과 차별을 하면서 미워했다.

그래서 고참 놈들한테 "너희들 왜 전라도 애들한테만 그러느냐?"고 하니, 서슴없이 "전라도 놈들은 얌생이질도 잘하고, 탈영도 잘하고, 처음에는 간도 빼줄 것 같이 착착 감기다가 헤어질 때는 무슨 손해든 꼭 손해를 끼친다"는 것이다.

그래서 내가 "네가 전라도 아이들한테 당해 보았느냐?"고 물으면, 한 놈도 "그렇다!"고 시원하게 대답은 못하면서, "남들이 다 그런다"고만 했다. 그래서 내가 "당해 보지도 않고 남의 말만 듣고 그렇게 전라도 사람 미워하는 것은 일제 때 일본 놈들이 우리나라 사람들을 조센징이라고 깔보던 것과 같지 않느냐? 그리고, 내 앞에서는 전라도 아이들 데리고 이유 없이 못살게 굴지 마라! 나도 외가가 전라도니까 내 앞에서 전라도라고 깔보고 천대하면 가만히 안 있겠다"고 거짓으로 외갓집까지 팔아가며 위협도 해보고 알아듣게 설명을 해도, 이놈들은 무식한 꼴통이나 진배없이 고집불통이라 끝내 고칠 생각을 하지 않고 여전히 재미삼아 그러고 지냈다. 정말로 고치기 어려운 고질병이라는 생각이 들었다.

눈여겨보면 사병들 중에도 좀 수준이 있고 인간성 있는 사람들은 전라도 시비를 안 하는데, 오히려 무식한 놈들, 해군에도 꼭 빽으로 합격했을 것 같은 놈들이 더욱 전라도 사람들을 차별하는 것이었다.

나는 그 후에도 우리 정치판이 앞장서서 전라도 차별하고 괄시하는 것을 보면서 "그럼 안 된다!"고 이야기해주다가 나도 전라도 출신이라는 오해를 많이 받았다.

고백하건대 나는 전라도와 아무 상관도 없는 사람이다. 내 처도 경상남도 하동 광평 사람이다. 전라도를 차별하는 것은 힘 센 놈이 자기보다 힘없는 사람을 구박하고 설움을 주는 것처럼 불합리한 것이다. 그래서 나도 모르게 약자를 보호하겠다는 보호본능이 일어나고 분노가 치밀어서 그러는 것뿐이다.

민주정치는 다수의 정치인데 전라도 인구가 경상도 인구보다 많아도 지금같이 전라도를 소외시킬 수 있을까? 나는 아니라고 자신 있게 말할 수 있다.

군대생활에서 추억으로 남을 백령도 빈대떡과 동동주

후배에게 주먹을 날린 게 후회돼 마음이 무거운 상태로 지내는데, 51함이 서해안 경비 임무를 띠고 백령도 근해로 출항해야 했다. 울적하기도 했지만, 망망한 서해바다를 누비면서 경비하는 기분도 사나이로서는 한 번 겪어볼 만한 추억이었다. 그리고 경비를 끝내고 백령도에 상륙해 백령도의 별미, 동동주에 빈대떡 안주를 먹는 맛은 평생 잊지 못할 추억이다.

그때 51함에는 소사에서 해군에 입대한 61기 김창준(金昌俊)이라는 후배가 기관병으로 함께 근무하고 있었다. 녀석은 같은 소사 출신이라고 나를 형님이라 부르며 따랐다.

나는 백령도에 상륙해서 의무실 약품 몇 가지를 약국에 팔아 돈을 만든 뒤, 창준이를 데리고 백령도 어느 허름한 술집으로 데려갔다. 인정 많아 보이는 그 술집 아주머니가 만들어 파는 밀주와 빈대떡은 그야말로 별미였다. 둘이 동동주 몇 주전자를 먹어 치웠는지 모른다. 거의 만취가 돼서야 배를 타려고 부둣가로 돌아왔다.

우리 배 병조장 3명도 부두 앞 가게에서 술이 취해 배를 기다리고 있었다. 그때 창준이가 고참 선배들이 모여 있는 것을 보고 그냥 지나치기가 뭣해 자기 딴에는 잘 보이려고 그랬는지 정종을 한 병 들고 그들에게 술대접을 하려고 했다.

그런데 병조장 한 놈이 창준이의 뺨을 때리면서 "우리가 거지야? 이 새끼야! 우리가 너한테 이런 것이나 얻어먹을 줄 알아?" 했다. 그것을 보니 내 눈에서 불이 튀었다. 그래서 그 병조장 놈 멱살을 틀어잡고 한마디 했다. "씨발놈들! 병조장이면 고참답게 좀 점잖게 놀지, 술 먹기 싫으면 그만이지 왜 술 주겠다는 사람을 때리고 그래? 씨발! 너희들, 사람 잘 때리면 어디 나를 때려봐! 난 진해에 가면 제대명령이 기다리고 있을 수도 있어, 씨발놈들! 성질나면 너 같은 것들 확 조지고 빵깐

한 번 더 가면 되는 거야!"라고 욕을 했다. 그러자 창준이가 형님 참으라고 뜯어말리고, 다른 병조장들도 말려서 그냥 배로 올라왔다.

술도 어느 정도 깨고 식당에서 저녁을 먹는데, 아까 부둣가에 나에게 멱살 잡혔던 그 병조장이 나를 보고 식사 끝나고 자기들 식당으로 잠깐 다녀가라고 했다. 조금 큰 배는 장교식당, 병조장식당, 사병식당으로 나뉘어 있었다. 그래서 '네놈들이 그냥 넘어갈 수가 있겠느냐? 지저분한 새끼들!' 하고 마음속으로 욕을 해대며 저녁도 먹는 둥 마는 둥 하고 그 병조장들 식당에 들어가니, 의외로 "의자에 앉으라!"고 했다.

그래서 '오냐! 이 새끼가 웃으면서 사람 잡는 놈이구나!' 하고 마음을 굳게 먹고 그냥 서있으니 재차 앉으라고 하더니, 자기와 의형제를 맺자고 했다.

나는 여자들처럼 의형제를 맺는 것처럼 싱거운 사내놈이 없다고 평생 생각해왔기 때문에 쑥스러운 분위기가 되었다. 어쨌든 이후부터 그 병조장 놈은 내게 각별하게 굴었다.

지금은 어떤지 모르지만, 내가 해군생활을 할 때는 강제로 신병을 입대시킨 적이 꼭 한 번밖에 없었다. 애초부터 강제로 모병하거나 징집하는 법이 없었다. 오히려 해군에 입대하기 위해서는 지원을 해 몇 십 대 1의 치열한 경쟁을 뚫고 입대를 하는 것이 상례였다.

그런데 한국전쟁이 발발해 우리 국군이 인민군에게 낙동강까지 밀릴 때, 해군을 보충하려고 해도 지원 입대자가 없어 할 수 없이 경상도 산골에서 한글도 모르는 무식한 청년들을 마구 잡아들여 입대시킬 때가 있었는데, 그 기수가 18기생이다.

그래서 18기를 '띠따(바보) 18기'라고 불러 뒤에서는 후배들도 무시할 정도였다. 하지만 군대는 시간만 가면 계급이 자연 올라가니까 내가 군대에 입대했을 때는 이 치들이 하사관이 돼 있었다.

이놈들에 관한 일화는 말할 수도 없이 많다. 우선 배에서 보초를 서던 놈 얘기다. 옆 배의 보초가 호루라기를 불며 "식사 15분 전!" 하고 소리치니 자기도 따라서 호루라기를 불긴 하는데, "식사 15분 전!"이라는 말조차 따라하지 못하고 "우리 배도!"라고 했다는 놈이 없나, 장교들이 호출을 했는데 노크도 하지 않고 문을 불쑥 열고 들어가 장교들이 "야! 이 자식아! 나가서 노크하고 다시 들어와!" 하니까, 다시 나가더니 문밖에서 입으로 "노꼬 노꼬, 들어가도 됩니까?" 했다는 놈이 없나, 이런 이야기를 전설처럼 남긴 것이 18기였다.

이렇게 무식한 것들이 '짬밥'이 쌓여 고급하사관이 돼 졸병들을 들들 볶아대는데, 이게 아주 죽을 노릇이었다. 우리 51함에도 18기 놈이 있었는데, 1·4 후퇴 때 원산에서 후퇴하면서 인민군 여자를 잡았다는 그놈은 "살려달라는 년을 단검으로 유방을 도리고 죽여버렸다"며, 그것도 무슨 전공(戰功)이라고 자랑스럽게 늘어놓기도 했다.

그 소리를 들으며 '저 새끼도 사람인가? 아이쿠! 무공훈장 두었다 어디다 쓰나? 저런 새끼 가슴에다 무공훈장이나 몇 개 달아주지' 하고 치를 떨었다.

해군을 신사라고 늘 자랑하지만, 세상에서 제일 무서운 놈이 무식한 놈이라더니, 어물전 망신은 꼴뚜기가 시키고 새 망신은 굴뚝새가 시킨다고 빽으로 뒷구멍으로 부정 입대한 놈들과 무식한 18기가 해군 망신을 다 시켰다는 생각이 든다.

해군을 제대하고

20. 해군을 제대하고 허허벌판에 서다

이유세와 함께 세월의 뒤안길로 사라진 해군생활

 지루하면서도 파란만장한 5년의 해군생활을 끝내고 진해를 출발하려니 '이제 이 진해를 떠나면 다시 경상도 땅에 올 일이 있겠는가?' 하는 생각이 들었다.

 10년이란 아득한 세월을 교도소에서 썩을 이유세를 면회하고 가는 게 친구의 도리겠다 싶어 어렵사리 마산형무소로 가서 면회를 신청했더니 얼마 전 진주형무소로 이감되었다고 했다. 다음날 진주형무소로 찾아가 이유세를 면회했다.

 나는 이렇게 고향집으로 가는데 이유세는 10년 징역이라니! 그 기나긴 세월을 저 벽돌담 안에서 어떻게 보낼까? 하는 생각에 눈물이 자꾸 쏟아져 애를 먹는데, 유세는 의연한 자세로 "인천에 가서 친구들을 만나면 나는 잘 있다고 소식이나 전해 달라"고 했다. 그래서 "이제 다 끝난 일이니 나에게나 바른대로 말하라"고 하면서 "네가 정말 월북하려고 했냐? 솔직히 말을 해보라!"고 청했다.

그러자 유세는 그저 무표정한 얼굴로 빙그레 웃으면서 "내가 무슨 월북을 하겠느냐? 나는 그저 그놈이 술 먹고 장난하는 줄 알고, 장난삼아 응대해준 것뿐이야. 내가 이렇게 될 줄 몰랐어" 하는 거였다. "내가 하필 박가 놈하고 같이 근무하게 된 것이 팔자소관이지 누구를 탓하겠느냐?"고 자조 섞인 말을 하면서 "너까지 나를 못 믿겠느냐? 나 때문에 너도 고생 많이 한 것을 생각하면 미안한 마음뿐이다"라며 오히려 나를 위로했다.

나오면서 돈이라도 좀 영치시켜주고 싶었지만 결국 한 푼도 주지 못했다. 제대비라고 받은 것이 서울 갈 여비도 안 됐기 때문이다. 돌아서려는데 눈물이 자꾸 쏟아져 이유세에게 눈물을 안 보이려고 무던히도 애를 썼다.

이렇게 철없던 내 인생의 초반은 먼 뒤안길로 사라지고, 제2의 인생 살이가 시작되었다.

간신히 맹아학교를 졸업하다

안성으로 어머니를 찾아뵈었다. 어머니는 할아버지를 모시고 조그맣게 밭농사를 지으면서 토마토, 가지, 수박 같은 것들을 길러 죽산과 주래, 백암 등 5일장에 나가 난전으로 팔고 계셨다. 봄이면 꼭 새끼돼지 한 마리를 사오셔서 동네 뜨물 찌꺼기를 모아다 겨 한줌씩 섞어 자식 기르듯 정성껏 기르셨고, 가을이면 그 돼지를 팔아 보리쌀과 밀을 사서 시아버지와 당신의 겨울 식량을 비축하는 알뜰한 생활을 하고 사셨다.

장성한 자식들이 생활비도 보태주지 않아 어려운 생활 속에서도 끼니마다 시아버지 반찬을 달리해 올리는 분이셨다. 게다가 술과 눈깔사탕까지 단 한순간도 떨어뜨리지 않고 그렇게 시아버지를 봉양했다. 그래서 종친회에서는 어머니께 대종회 효부상을 내리기도 했다.

나는 밭일도 도와가며 얼마동안 어머니와 같이 지냈다. 내 생애 가장 행복한 생활이었다. 어머니와 함께 저녁을 먹고 두 모자가 밤이 이슥할 때까지 이야기꽃을 피웠다. 그러다보면 배가 출출해 어머니가 부엌에 가서 밥을 비벼 오셨고, 아주 맛있게 그걸 먹고 또 이야기를 했다. 그렇게 지낸 세월이 지금도 진정 그립다.

그렇게 여름이 지나고 소사로 올라가서 친구인 홍순모와 같이 야매(부정) 휘발유 장사를 하다 그것도 잘 안 돼 홍종태의 비밀 댄스 교습소에서 신세를 지면서 다시 허송세월을 하다가, 그 해 9월 서울 국립맹아학교 2학기에 복학을 했다.

하지만 차비도 없고 밥 먹을 곳도 마땅치 않으니 또 이 친구 저 친구 신세를 질 수밖에 없었다. 특히 홍종태가 하는 비밀 댄스홀이 내 숙소나 다름없다 할 만큼 그에게 얹혀살았다.

그리고 억지춘향 격으로 학교를 졸업했다. 성적이 아주 불량해서 전라북도로 발령이 나는 걸 그대로 받아들일 수밖에 없었다. 하지만 그걸로 끝이었다. 아무리 기다려도 학교 발령은 나지를 않았다.

혹시나 하고 전주에 있는 전라북도교육위원회에까지 몇 번을 찾아가봤지만, "좀 더 기다리라"는 말만 듣고 다시 집으로 돌아오곤 했다.

'왜 이렇게 발령이 나지 않을까? 학교성적이 아주 나빠서 그럴까?' 고민하는데, 어느 친구가 말하기를 "인마! 너희 형이 민주당 당원이기 때문이야!" 했다. 그 말을 들으니 "그럴 수도 있겠구나. 더럽고 야비한 새끼들 같으니라고!" 하고 속으로 자유당 놈들 욕을 했다.

혼란스러운 장면정권 때 소사 비밀 댄스홀 진풍경

홍종태가 공군을 제대하고 소사에 돌아와 연 댄스 교습소는 무허가였다. 따라서 비밀 교습소였다. 그때는 자유당 독재정권이 부정부패로 무너지고 허정 과도내각이 성립돼 사회가 아주 혼란스러운 때였다.

그 바람에 전국적으로 기강이 해이해지고, 풍기마저 문란해져 양춤바람이 거세게 일었다. 하여간 전국적으로 춤바람이 온통 화젯거리가 되던 시절이었다.

서울 맹아학교에 복학은 했지만 먹고 잘 곳이 없어서 홍종태의 비밀 교습소에서 밥도 얻어먹고, 끝나면 술도 얻어먹곤 했다. 사실 종태가 공군의학연구소에 근무할 때도 나는 탈영병이자 학생 신분이었다. 그때도 나를 자주 먹여주고 재워주었는데 제대한 뒤에도 마찬가지인 셈이었다. 하여간 녀석 덕분에 어렵게라도 학교를 다녔다.

식사 때가 되면 민생고를 해결하기 위해 휘가로 다방과 비밀 댄스홀로 전전했다. 매끼 식사와 술은 인정 많은 홍종태가 책임지고, 춤 선생을 하는 친구들은 무료로 춤도 가르쳐줬다. 트로트는 홍종태가 맡고, 블루스는 오영환이 맡고, 탱고는 또 누가 맡고……, 이런 식으로 교습비도 안 받고 가르쳤다.

"네가 춤을 배워야 같이 카바레로 춤추러 다니게 되니 어서 아무 생각 말고 춤을 배우라!"고 재촉했지만, 나는 왠지 자꾸 부도덕하다는 생각을 떨칠 수가 없었다. 한편으로는 조석거리 걱정하는 놈이 춤을 배우는 것은 사치스럽다는 생각도 들었다. 그래서 영 마음이 내키지 않아 결국 지금까지 배우지 못했다. 그때 그런 춤이 진정한 의미의 '사교춤'이라고 생각했다면 나도 배웠을지 모른다.

그래도 종태네 비밀 춤 교습소에는 거의 매일 놀러갔다. 그런데 하루는 어떤 꼭지가 덜 떨어진 육군 상사 한 놈이 아직 국민학교도 안 다닐 정도로 어린것 둘을 양 손에 잡고 와서는 춤바람 난 제 마누라를 찾아 달라며 "앞으로 자기 마누라를 받아주지 말아 달라"고 울상이 되어 통사정을 했다.

나는 그 꼴을 보고 '사나이 자식이 저럴 수가 있나?' 비위가 확 상했다. 그래서 "야! 네 계집을 네가 다리를 확 분질러 집에다 앉혀놓고 먹이든지 죽이든지 너 꼴리는 대로 할 것이지, 사나이 망신은 너 같은 놈이 시키는 거잖아! 야, 이 새끼야! 어린자식들 보는데 창피하지도 않아? 썩 꺼지지 못해? 왜 여기 와서 울상이야?" 하며 그 불쌍한 놈을 꾸짖었다. 지금 생각하면 불쌍한 놈을 너무 모질게 나무란 것 같다.

하여간 그 당시 춤 교습소에 가보면 양공주들은 물론, 가정집 부인들, 처녀들까지 모여들어 양춤을 배우려고 그야말로 문전성시를 이루는 판이었다.

가정집 부인들이 시장 보러 간다고 남편을 속이고 나와서는 카바레나 교습소에 들어가 싸가지고 온 옷으로 갈아입고 춤을 춘 뒤, 집에 가서 남편에게는 시장 갔다 온 것처럼 속이는 일이 비일비재했다. 그런 꼴을 보면서 나는 더욱 양춤에 정이 떨어졌다.

그때 소사 친구들은 거의 다 춤에 미쳐 돌아가는 판이었는데도 나와 홍순모라는 친구 둘은 영영 춤을 배우지 못했다. 그래서 춤 방에서 한참 춤판이 돌아가는 것을 넋이 빠져 보고 있는 홍순모에게 "야! 짱구(홍순모의 별명)야! 나가자! 춤도 못 출 춤치가 왜 넋을 빼고 앉아있냐? 정신차리고 나가서 술이나 먹자!"고 불러내 둘이 술판이나 벌이곤 했다.

어떤 때는 비밀 댄스홀에 가면, 종태는 양색시를 데리고 춤을 가르치면서 "용승아! 잠시만 기다려! 교습 끝나면 나가서 저녁이나 같이 먹자!" 하고 붙든다. 그래서 기다리면 춤 배우던 양색시를 데리고 나온다.

그리고는 여자에게 묻지도 않고 비싼 중국요리를 시켜 먹고는 양색시의 핸드백도 제 지갑인 양 마음대로 열어 식사비까지 치른다. 나중에 그래도 되느냐고 물었더니, "저런 것들을 누가 잡아주느냐? 내가 교습소를 운영하느라 억지로 잡아주지!" 하면서 조금도 미안한 생각을 하지 않았다.

사기 접시를 잘 씹어 먹는 오영환이도 밥만 먹으면 교습소에 와서 살았다. 이놈은 사기 접시를 과자 먹듯이 씹고, 자살하겠다고 약방에 가서 쥐약을 사 먹고도 죽지 않은 희한한 놈이다.

이놈의 밑천은 정말 컸다. 보지 않은 사람은 거짓말이라 할 정도로 흑인 미군의 그것만큼이나 컸다. 그런데 이놈이 춤을 춘다며 여자를 안고 돌면서 성난 그 큰 밑천으로 여자의 배를 마구 비벼댔다. 그러면 여자들이 질색을 해서 교습소 주인인 홍종태에게 항의를 한다. 종태가 "야! 이 새끼야! 너, 우리 홀에서 춤추고 싶으면 그 말 좆같은 좆 좀 넥타이로 매고 와서 추어라, 이 새끼야! 너 때문에 우리 홀 소문 더럽게 나서 손님 다 떨어지겠다"고 했다. 그럼 이놈이 진짜 흑인들처럼 넥타이로 그걸 넓적다리에 묶고 춤을 추었다. 나중에 교사생활을 할 때 소사에 가보니 영환이는 종태와 강원도 춘천에서 교습소를 차려 동업을 한다고 했다.

춤 교습소나 카바레에 가보면 늘 남자 수가 적고 여자가 훨씬 많았다. 남자들 시세가 항상 높았으니, 좀 나이든 여자나 양색시는 잘 안 잡아주고 예쁘고 젊은 여자들만 잡아줬다. 그러니 좀 나이든 여자들은 교습소에 앉아 '혹시나 누가 잡아줄까?' 하고 눈치보고 기다리다가 춤 한 번 못 추고 허탕치고 돌아가는 일이 비일비재했다.

하지만 양색시들은 돈이 있으니 금전 공세로 남자들을 매수한다. 그래서 박○○라는 놈은 거꾸로 젊은 여자는 절대 잡지 않고 좀 늙은 듯한 양색시만을 성의껏 잡아줬다. 그러면 돈이 좀 있는 양색시는 고맙다는 생각에 자기 애인이나 된 듯이 양복도 맞추어 입혔다. 그러고 나면 그날이 바로 이별의 날이다. 재밌는 것은 양색시가 편안하게 떨어져나가면 다행인데, 그렇지 않고 양복 맞춰 입힌 공치사나 부리고 안 떨어지려고 하면, 속된 말로 그날은 눈텡이가 밤텡이 되는 날이다.

이렇게 문란했던 춤바람은 중동 붐이 일어나면서 더 활개를 치게 된다. 남편은 열사의 땅에서 피땀 흘려 번 돈을 송금하고, 마누라는 그 돈으로 춤바람이 나서 소위 제비들에게 몽땅 털리고, 끝내 가정이 파괴되고 마는 사회문제가 기승을 부렸던 것이다.

3·15 부정선거와 4·19 학생혁명

1960년 2월 맹아학교를 졸업하고 교사가 되겠다는 꿈에 부풀었을 때 나라 안은 그야말로 난장판이었다. 그 해 3월 15일에 제4대 대통령 선거와 제5대 부통령 선거가 있었는데, 자유당에서는 대통령 후보에 이승만(李承晩), 부통령 후보에 이기붕(李起鵬)을 내세우고, 민주당에서는 대통령 후보로 조병옥(趙炳玉), 부통령 후보는 장면(張勉)을 추대하고 선거전이 치열하게 벌어졌다. 그때 이승만의 나이가 85세로, 만일 이승만이 유고되는 날이면 대통령직을 부통령이 승계하게 되므로, 절대로 민주당에 부통령을 내주어서는 안 된다는 절박감 때문에 자유당에서는 역사상 유례없는 부정선거를 획책했다.

선거 도중 민주당 후보 조병옥 박사가 병이 들어 미국으로 신병치료차 떠나면서 병을 고치고 돌아올 때까지 선거를 연기해 달라고 이승만에게 요청했으나, 이승만은 일언지하에 거절을 했고, 조병옥 박사는 미 육군병원에서 서거해 자유당 이승만의 대통령 당선은 무난해졌다.

그러나 부통령 선거는 민주당에 승리할 자신이 없으니 부정선거를 치르게 사전에 각본을 짰다. 그래서 최인규(崔仁奎) 내무장관의 총지휘 하에 4할 사전투표, 3인조나 9인조 공개투표 등 온갖 희한한 방법으로 부정선거를 치렀다.

4할 사전투표란 투표도 시작하기 전에 투표장에서 공무원, 경찰, 자유당원 등이 합세해 미리 무더기로 사전에 투표하는 식이고, 9인조 공개투표는 자유당원, 경찰관, 공무원 또는 그 가족, 그리고 매수자를 반장으로 해 9인이 함께 투표장에 가서 반장에게 기표한 것을 보여주고 투표용지를 투표함에 집어넣는 방법이었다.

그것도 모자라 공포분위기를 조성하기 위해 깡패들이 자유당원 완장을 차고 투표장 주위를 맴돌고, 반공청년단이라는 깡패들이 설치고, 야당 유세장은 물리적으로 봉쇄하고, 학생들이 민주당 유세장에 가지 못하게 일요일에도 학교에 불러내 수업을 시키고, 이렇게 되니 자연 국민의 저항을 받을 수밖에 없었다.

그래서 선거를 다시 하자고 고등학생들이 선두에서 들고 일어나고, 고려대 학생들이 종로3가에서 국회의사당까지 부정선거 다시 하자고 외치고, 귀교하는 대열을 유지광(柳志光)이 이끈 깡패들이 습격해 국민을 더 분노케 했다.

다음날엔 대학교수들까지 학생들이 흘린 피에 보답하자고 플래카드를 들고 데모에 참가하니 자유당 정권은 계엄을 선포하고 서울시내로 군을 진주시켰으나, 군이 중립을 지켜주었다. 이 데모로 수많은 사람이 목숨을 잃고 난 후, 1960년 4월 26일 "국민의 뜻이라면 내가 하야하겠다"는 이승만의 어눌한 혀 꼬부라진 하야성명 발표로 3·15 부정선거의 막은 내렸다.

이승만은 일부 정신없는 국민들의 눈물의 환송을 받으며 경교장으로 돌아갔다가 며칠 뒤 조용히 하와이로 망명길에 올랐다. 이렇게 3·15 부정선거가 한창일 때 나는 고향 안성에서 어머니와 함께 살고 있었다. 우리 고향도 여느 곳과 다를 바 없이 5일 장터에서 한창 유세바람이 불었는데, 면민들을 강제로 면사무소 앞마당에 모아놓고 연설을 하는 꼴이 영 잊히지 않는다.

그때 대통령 선거는 자유당과 민주당 싸움이었다. 그런데 안성군에서 좀 높은 자리에 있다는 자가 연단에 올라 민주당 욕을 한참 퍼붓다가 진보당으로 화살을 돌렸다.

"진보당이 뭡니까? 일본말로 진보가 자지 아닙니까? 진보, 진보, 자지, 자지! ……" 하면서 시정잡배가 씨불일 욕을 해댔다.

"그래도 우리 자유당이 뭐니 뭐니 해도 자유 아닙니까? 자유보다 더 좋은 것이 또 어디 있습니까?"

자유당 독재시절 자유당은 선거 연설을 이 정도로 했다.

3국 군대를 모두 거쳐본 쌀장수

교사 발령은 나지 않고 고향에서 어머니와 함께 살다가 친구들이 보고 싶어 소사로 올라갔다. 마침 소사 친구 집에 초상이 나서 친구들이 모두 초상집으로 몰려갔다. 자연히 밤샘을 하게 되고, 밤샘을 하자니 자연 노름판이 벌어졌다.

나도 노름판에 끼어들었는데, 쌀장사하는 사람도 같이 우리 노름판에 끼어 있었다. 얘기를 들어보니 그 사람도 참 희한한 삶을 살았다. 일정 때 평양에서 태어난 그는 해방 전에 일본군으로 끌려갔다. 고향으로 돌아온 뒤 한국전쟁이 일어나자 이번에는 평양에서 인민군이 되어 한국전쟁에 참가했다.

전쟁 중에 포로가 되어 반공포로로 석방된 뒤, 타향에서 혈혈단신으로 먹고 살 길이 없어 이번에는 국군으로 입대하여 군대생활을 하다가 제대했다. 이 사람은 이렇게 해서 일본군, 인민군, 한국군 등 3개 군대를 다 거친 것이었다.

그리고 바람 따라 구름 따라 발길 닿는 대로 소사까지 굴러들어와 소사시장에서 쌀장사를 하고 있었다. 체격은 씨름꾼 못지않았는데 성질은 얼마나 고약한지, 쌀장사를 하면서 개를 좋아해 꼭 자기같이 생긴, 당시에는 꽤나 값이 비싸고 귀했던 도사견을 한 마리 길렀다.

이 사람은 자기 개보다 체구가 작은 개를 가진 사람과 개싸움을 시키자고 합의가 돼 싸움을 붙였다. 그런데 싸움이 시작되자, 사람들의 상상을 뒤엎고 덩치가 더 큰 도사견이 꼬리를 내렸다. 그러자 이 쌀장수는 자기 개의 목덜미를 들어 경인선 아스팔트 바닥에 사정없이 몇 차례 내동댕이쳐 죽여버렸다. 그리고는 개장수한테 "갯값도 필요 없으니 그냥 가져가라!"고 했다. 그렇게 무지막지한 사람이었다.

이 사람이 만약 우리 소사 주먹들과 1대 1로 싸우면 우리가 당할 수가 없을 정도인데, 평양 출신이 전쟁 통에 홀로 소사에 와서 쌀장수로 사니까 우리 패들에게는 매사 고분고분하게 굴었다.

나보다 나이는 7살 정도 많은 사람이었는데, 이 사람이 그날 초상집에서 '짓고 땡'이란 노름을 같이 하고 있었다. 그때 내가 왜 그랬는지 그 쌀장수에게 "형씨는 세 나라 군대를 다 거쳐봤다면서? 그래, 어느 나라 군대가 제일 좋아요?" 하고 물어보았다. 그런데 그 사람은 어느 군대가 좋다는 대답은 하지 않고, 한다는 소리가 "씨발! 제일 좆같은 군대가 대한민국 국군이지!" 하기에 "왜 그러냐?"고 또 물어보았다.

내 말이 떨어지기 무섭게 "말도 마라! 욕질 제일 잘하고, 씨발! 좆도 아닌 것 갖고 죽도록 사람을 삼복더위에 개 패듯 패는 놈들이 국군 놈들이지! 나는 국군이 제일 좆같아!" 술을 먹은 판이라 그런지 국군에 대한 욕을 사정없이 쏟아냈다.

그래서 "사람 잘 때리는 것은 일본군대에서 배운 버릇 아니냐?"고 하니, "아니야, 일본 놈들은 저희 왜놈들끼리는 안 그래! 우리한테만 조센징이라고 그랬지!" 하는 것이다.

'그렇구나! 이것도 바로 우리가 해방정국에서 역사를 바로 세우지 못하고 각처에서 친일파를 척결하지 못해서 이렇게 되었구나!' 하는 생각을 했다.

김구(金九) 선생님이나 여운형(呂運亨) 선생님보다 국민의 지지도나 정치기반이 취약한 이승만이가 정읍에서 "헤어지면 죽고, 뭉치면 산다"고 발언한 뒤, 통일정부를 안 세우고 남쪽만의 단독정부를 세운 채, 친일파를 척결하기는커녕 무수한 독립 운동가들을 체포해 고문하고 죽인 악질 경찰 노덕술(盧德述) 같은 자한테 "자네가 우리나라에서 가장 훌륭한 애국자!"라고 오히려 격려까지 한 죄업이라는 생각을 했다.

정국 혼란을 틈타 5·16 군사쿠데타가 일어나다

3·15 부정선거가 학생들의 힘에 의해 종막을 고하자, 국회고 정부고

모두 해산하고 정국 혼란을 수습하기 위해 허정 과도내각이 들어섰다. 악랄한 자유당 정권에서 모든 인권과 자유를 빼앗기고 억압 속에서 시달리던 국민들이 이승만 독재정부가 무너지니 억눌렸던 감정이 마치 활화산이 폭발한 것처럼 터져 나와 무질서하기가 꼭 해방정국의 상태를 연상시켰다. 아무 놈이나 술만 취했다 하면, 집으로 가는 것이 아니라, 술주정은 으레 파출소에 가서 하고, 너나없이 질서도 안 지키고, 이 놈의 세상이 전부 잘난 놈들뿐인 것 같았다.

이런 와중에도 허정(許政) 과도정부가 들어서서 총선을 치르면서 국회를 양원제로 구성하고, 민주당이 구파와 신파로 나뉘어 정쟁을 일삼으면서도 차차 정세와 질서가 잡혀가는 것 같았다.

선거를 통해서는 민주당의 신·구파 어느 한쪽으로 기울지 않게 아주 공평하게 의석이 나누어졌다. 내각책임제 정부의 총리로 신파의 리더, 장면이 선출되고, 대통령은 구파에서 윤보선이 선출되면서 내각도 구성되고 하자, 국민들은 이제 민주주의 좀 하려는가 하는 기대를 걸었다.

그런데 민주당의 뿌리가 무엇이던가? 민주당 구파란 것은 이승만에 빌붙어 일제 때 무슨 애국이나 한 것처럼 권력을 누리며, 호남 지주들이 뭉쳐서 결성한 한국민주당의 후예들이지 않은가? 그들은 좌익을 빨갱이라고 매도하며 정권을 잡은 자들이다. 나중에 이승만이 한국민주당이 크면 자기 권력에 위협이 되겠다 싶어 자기 말만 잘 들을 수 있는 무리를 모아 만든 게 자유당이고, 그렇게 해서 이승만이 한국민주당을 버리니 끈 떨어진 친일파 원류 김성수 쪽으로 모인 친일 지주계급들이 바로 민주당 구파다. 민주당 신파란 일제 때 친일한 관료 친일파들이 장면을 필두로 모여 친일 경력을 민족 앞에 반성하지도 않고 뻔뻔하게도 정권을 잡으려 한 측으로 봐야 하는 것이다.

4·19 혁명으로 이승만 자유당 정권이 무너지니 이런 친일파들끼리 신·구파로 갈라져서 서로 권력을 잡겠다고 아우성치니까 자연 정국이

더욱 혼란스러워졌던 것이다.

오죽하면 국민학생들까지 데모를 하는 판이었다. 이렇게 혼란한 틈을 타서 정치군인 박정희(朴正熙) 소장을 필두로 일부 정치군인들이 나라를 지키라는 본분을 저버리고 1961년 5월 16일 새벽, 탱크를 앞세워 한강을 넘어 서울로 진입, 중앙청, 국방부, 방송국 등 주요 기관을 접수해 계엄을 선포하고 합법 정부를 무너뜨리는 쿠데타를 일으켰다.

대통령 윤보선(尹潽善)은 내각책임제에서 국무총리를 신파 민주당인 장면에게 빼앗긴 분통으로, 쿠데타로 합법정부가 무너지는데도 "올 것이 왔다"며 군인들의 쿠데타를 동조하는 듯한 무책임한 발언을 하고 반란군인들 편을 들어주었다.

국무총리 장면(張勉)은 정국 수습할 생각은 하지도 않고, 1주일간이나 수도원에 숨어서 나라의 운명이 걸린 판에도 오로지 자기 일신만 지키려고 했다.

이렇게 기회주의적인 민주당 정권이 무너진 것은 어찌 보면, 윤보선 대통령 말마따나 '올 것이 온 것'인지도 모르겠다. 우리나라가 일제에 패망했을 때, 애국지사들은 자기 일신은 물론 가족까지 희생하며 조국의 독립을 위해 싸우다 가셨는데, 나라야 망하든지 말든지 나와 내 가족의 행복만 좇아 일본 놈들의 앞잡이 노릇이나 하던 무리들은 잠자리 눈곱만큼의 양심도 없이 정권을 잡겠다고 파벌싸움만 했다.

그런 무리들에게 정권을 맡겼던 우리 국민만 불쌍했다. 그런데 요사이 민주당 인사들이 전라도가 마치 자기들 인질이라도 되는 양 쉽게 생각하고, 툭하면 민주당의 60년 전통이 어떻다고 말하는 것을 보면, 정말로 속이 들여다보여 어떻게 저렇게 뻔뻔할 수 있을까? 하는 생각이 든다.

'사람들이란 어디까지 염치가 있는 것일까? 멀쩡한 사람들도 정치를 하면 그렇게 되는 것이로구나! 하고 생각했다.

5·16 군사쿠데타 뒤 공수부대에게 보복당한 소사 깡패들

5·16 쿠데타가 일어나기 전, 나는 소사에서 교사 발령을 기다리며 친구들과 어울리는 나날을 보내고 있었다. 사실 할 일 없이 허송세월만 하는 셈이었다.

어느 날 소사 당구장에서 영업 번창을 위해 당구 시합이 열렸다. 그 때 부천 오정 오세리라는 곳에 주둔하고 있던 공수부대 대위 몇 명이 당구시합에 참가했다. 대위 한 명이 당구를 참 잘 쳤다. 훗날 쿠데타가 일어나고 안 일이지만, 이 친구가 박정희 정권에서 대통령 경호실장을 하면서 무소불위의 권력을 누리다 박 대통령을 따라 저세상으로 간 차지철(車智澈)이었다.

공수부대 하면 그 행패가 무서워서 벌벌 떨던 시절이었다. 그런데 우리 소사 친구들이 1등을 하기 위해 몇 명 안 되는 공수부대원들 앞에서 당구장을 공포 분위기로 만들었다.

별명이 '오류광산 두꺼비'였던 김희중이가 당구 큐대를 거꾸로 들고 당구장 안을 돌아다니며 마치 야구하는 시늉을 하고 인상도 막 썼다. 그러니 공포분위기에 떨었는지, 아니면 더럽다고 생각했는지 중간에 공수부대원들이 기권을 하고 돌아갔다.

그리고 다음날, 많은 공수부대원들이 '쓰리 코타' 2대에 나눠 타고 소사로 깡패를 소탕하겠다고 몰려왔다. 그런데 소사 깡패들은 지리에 밝고 경인선에서 한주먹 한다는 소리를 듣던 친구들이었다. 기선을 빼앗길 리 없었다. 게다가 소사의 우리 후배들, 심지어는 구두닦이들까지 "형들이 공수부대와 붙었다!"면서 합세하니 공수부대원들이 밀려 되돌아갔다.

그때부터 공수부대 군인들은 소사 깡패들에게 복수하려고 이를 갈며 벼르고 있었다. 그러다 5·16 쿠데타가 일어나자 공수부대들이 깡패를 소탕한다는 명목으로 영등포 앞 삼일당 깡패부터 제압하고 소사로 몰려왔다. 무장한 공수부대원들이 다방에 들어오더니 손님들에게 모두 손들라고 하고는 여자들만 내보내고 남자들은 깡패와 일반인을 구분하기 시작했다.

손을 펴보라고 해서 손바닥에 못이 박혀 노동하는 것처럼 보이는 사람들은 먼저 내보내고, 나머지는 모두 손을 머리에 얹게 하고 차에다 태우려고 했다. 한 사람이 "나는 깡패가 아니고, 신문기자"라고 항의하니, "신문기자 새끼들은 깡패보다 더 더러운 놈들이야! 잔소리 말고 차에 타!" 하면서 총 개머리판으로 가슴을 쿡쿡 찔러대면서 차에 태웠다. 그리고 비밀 댄스홀을 습격해 춤추는 사람들도 몽땅 실어갔다.

덕수궁으로 끌고 가서는 복날 개 패듯 몽둥이찜질을 해댔다. 그러더니 나중에는 커다랗게 "나는 깡패다"라고 쓴 표찰을 가슴에 달고는, 정치깡패 이정재(李丁載)를 앞세우고 그 뒤를 따르게 하면서 서울시내로 조리돌림을 시켰다. 급기야 국토건설단으로 강원도 건설현장에 가서 욕을 봐야 했다.

소사의 깡패들을 소탕하겠다고 찾아온 공수부대들이 '오류광산 두꺼비'를 꼭 잡겠다고 설쳤다. 그런데 놈은 용케 피하고, 오히려 다른 친구들이 많이 잡혀갔다.

성하천(成河千)이라는 친구는 집에서 잠을 자고 있었는데, 대문을 발길질하며 소리치는 소리에 깨어나 대문을 열면서 세상 바뀐 줄도 모르고 공수부대원들에게 "이 새끼들이 왜 밤에 남의 집에 와서 지랄들이냐?"고 했다가 그 자리에서 흠씬 두들겨 맞고 덕수궁으로 끌려갔다.

이 친구 아버지가 뒷돈을 써서 국토건설단으로 끌려가지는 않고 다행히 풀려나 집에 있다는 소식을 듣고는 위로 차 녀석의 집으로 찾아가보니, 내가 왔는데도 엎드려서 돌아눕지도 일어나지도 못하고 있었다.

방송에서는 연일 계속해서 "혁명정부" 운운하면서 "국민은 아무 걱정 말고 생업에 종사하라!"고 떠드는데, 나는 아무리 생각해도 좀 이상하다는 생각뿐이었다. "잠시 피하는 것이 좋겠다"고 하면, "우리가 무슨 죄가 있다고 피하느냐?"면서 소사에 남아있다가 덕수궁에 끌려가서 골병이 들도록 실컷 매를 맞은 친구가 한둘이 아니었다.

군사정권 때 고향에서 1년간 이장을 하다

소사에서는 친구들이 깡패라고 그렇게 수난을 당하고 있는데, 웬일인지 나는 꼭 무슨 일이 일어날 것 같은 예감이 들어 홀로 경기도 연천군 청산면 학담리에서 구멍가게 하시는 누나 댁으로 잠시 피신을 했다.

덕분에 나는 잡혀가지 않고 용케 고향으로 어머니를 찾아가서 시국이 안정될 때까지 농사를 돕거나 산에 가서 땔감도 하면서 살았다.

어머니는 할아버지를 모시고 살면서 토마토, 가지, 오이 등을 손수 농사지어 5일장에 내다파셨다. 하지만 그런 일이 내가 도와드려야 할 만큼 일손이 많이 필요한 것도 아닌 터라, 어머니가 주는 공밥만 얻어 먹고 살 수는 없다는 생각에 나도 자전거에 만년필이나 라이터 같은 물건을 싣고 5일장을 따라다니며 장사도 해보았다.

그때 시골 장에서 힘깨나 쓴다고, 아주 막가는 고추장수 놈이 어머니한테 토마토를 외상으로 사 먹고는 도무지 돈 줄 생각은 안 하고 늙은 여자라고 무시한다는 소릴 들었다.

그래서 어머니께 "그놈을 불러 외상값을 달라고 해보시라!"고 하고, '저놈이 어떻게 하나?' 가만히 보고 있었다. 그런데 아니나 다를까, 이 놈이 "누가 떼어 먹는대나? 그까짓 돈 천원 가지고, 씨발! 마수걸이도 못했는데 아침부터 재수 없게 지랄이야. 지랄이!" 하는 것이다.

그래서 내가 "야! 외상 처먹었으면 빨리 돈 드려, 이 개 같은 새끼야!" 하니까, 갑자기 기습을 당해 한참 어리벙벙하더니 "네가 뭔데 남의 일에 참견이야?" 하는 것이다.

그래서 "남의 일에 참견한다고? 이 좆같은 새끼야! 이웃집에 불이

나면 물동이라도 들고 나와야 하지 않아?" 하면서, 그놈의 어깨를 틀어잡고 머리로 한 방 받았다.

그러니 이 자식이 촌놈 티를 내느라고 나를 붙잡고 덤비려고 했다. 그래서 내가 다시 몸을 날려 발길질로 그놈의 배를 사정없이 걷어차 버렸다. 그러자 이놈이 안 되겠는지 싸울 생각은 하지 않고 천원을 어머니께 드리는 것이었다. 그 사이에 장꾼들이 몰려들어 구경을 하고, 어머니는 나보고 때리지 말라고 하셨다. 그래서 "이 새끼야! 우리 어머니가 계셔서 이것으로 끝내는데, 너, 오늘 재수 좋은 줄 알아! 이 거지발싸개 같은 새끼야! 어서 저리 꺼져!" 하고 쫓아버렸다.

이 일이 있고부터는 내가 장에 좀 늦게 도착해도 여기저기서 자리를 마련해주었다. 인심이 조석변이라더니 처음에는 옆에 자리 좀 잡자고 하면, 텃세깨나 부리던 장사꾼들이 이제는 나와 친하고 싶어 환심을 사려고 애쓰는 판국이었다. 하지만 나는 장사에 재미를 못 붙이고 할 수 없이 따라다니기만 하다가, 결국 손해만 보고 집어치웠다.

그 뒤 동리 어른들이 이장을 해보라고 해 군사정권에서 이장 노릇을 한 1년 해보다가 '정말 이 짓도 못 할 것이구나!' 하고 1년 만에 팽개치고 말았다. 그 당시는 이장 몇 년 하면 땅 몇 마지기 안 팔아먹은 이장이 없던, 그런 시절이었다. 장날이면 으레 장에 가서 면사무소 직원들하고 방석집 술을 먹고, 면서기들이 동리로 출장을 나오면 밀주에다 닭 잡고 푸짐하게 칙사처럼 대접하던 시절이었다.

수당이라고는 한 푼도 없고, 1년에 동리에서 쌀 한 말씩 걷어주는 것이 전부였다. 그런데도 동리 일 한답시고 자기 집 농사일마저 내팽개쳐야 했다. 면으로 부지런히 따라다니며 면서기 대접하다 보면, 가랑비에 옷 젖는다고 땅 한자리 파는 건 예삿일이었던 것이다.

나는 우리 동리에 면직원이 출장을 와도 그렇게 안 하니, 이놈들도 점심시간이 되면 잘 먹여주는 다른 동리 이장 집에 들러 점심을 먹고 갔다.

이장을 할 당시, 해마다 농촌에서 퇴비증산 전국대회가 열렸다. 퇴비증산 정책의 일환이었다. 우리 동리는 그 전 해에 전국에서 1등을 해 농림부장관상을 탈 정도로 퇴비 잘하기로 이름난 동리였다.

날이 밝기도 전에 새벽부터 이장이 독려하면, 온 동리 사람들이 산에 가서 풀 한 짐씩을 하고 나서야 조반 먹고 농사일을 시작했다. 면 직원들이 퇴비 독려 차 매일 동리로 몰려오고, 이장이 퇴비 독려를 하지 않으면 성적이 나빠져서 올해는 우리 일죽면에서 상을 못 탄다고 나에게 성화를 부렸다.

어느 날 어머니와 밭에서 고구마를 캐고 있는데 면직원이 오더니 "퇴비는 독려하지 않고 고구마나 캐고 있냐?"고 까탈을 부렸다. 나는 화가 치밀어서 "자기 집 퇴비를 자기들이 알아서 할 일이지, 나는 내 일도 못하고 퇴비 독려만 해야 하느냐? 당신들은 나라에서 월급 받고 하는 짓이니 당신들 집안 일 안 하고도 월급으로 살겠지만, 당신들이 내 월급 주느냐?"고 성질대로 화를 내니까 머쓱해져서 돌아갔다.

이러니 면에서도 다루기 힘든 이장으로 찍혔고, 그래서 결국 이 짓도 1년 만에 그만두고 만 것이었다. 이장 생활이랍시고 해보니 면서기들이 동리 이장들을 마치 자기 부하나 되는 것처럼 대하고 권위를 부리는데, 아니꼬워서 도저히 그 꼴을 그냥 두고 볼 수가 없었다.

그 당시 시골 분위기란 게 으레 대통령에겐 각하라는 존칭을 붙였고, 지서장만 돼도 시골 사람들이 나리니 영감이니 하던 시절이었다. 관료권위주의가 그렇게 판을 쳤는데도 입으로는 민주주의 운운하면서, 그게 부끄러운지도 모르고 살았다.

그러니 면서기만 돼도 자기들이 면민의 공복이란 생각을 갖기보다는 관료입네 권위를 부리는 것을 어렵지 않게 볼 수 있었다. 그런 면서기들 권위주의 행동에 신물이 나서 이장도 치워버리고 어머니 밭농사를 거들면서 교사 발령만 기다린 것이다.

탈영을 자수한 사람을 금전 갈취하려고 협박한 헌병들

우리 동네에 신백선(辛伯善)이라는 사람이 살고 있었다. 나보다 2살 어렸지만 친척 아저씨뻘 되는 사람이었는데, 그 사람은 육군으로 복무하다 탈영하고는 집에 와서 농사를 짓고 있었다.

또 우리 동리 옆 오방리에는 김주봉(金周奉)이라는 사람이 있었다. 오방리에서 죽산 가는 쪽에 있는 함배미라는 곳에 살던 서재갑(徐在甲)이란 사람과 김주봉은 죽산국민학교 동창이었다.

김주봉이는 헌병 사병으로 복무하다 제대한 뒤, 교도소에 부식을 납품하면서 병무청 병역 브로커로 어영부영 지내고 있었고, 서재갑은 직업군인으로 지원해 헌병 중사로 서울 육군헌병대에 근무하고 있었다.

그런데 김주봉이 헌병으로 근무하면서 어느 교도소장 아들의 병역을 부정으로 면제시켜주었다고 자랑한 적이 있었다. 그 대가로 교도소 부식 납품을 하도록 교도소장이 김주봉에게 편의를 봐주고 있었던 것이다.

어떻게 납품하나 알아보니 정말로 하늘이 무서운 짓들을 하고 있었다. 배추나 무를 구입해서 부식을 만드는 것이 아니라, 밭에서 버린 시래기, 아주 먹을 수 없는 무장아찌 등 버리게 된 것을 가지고 부식을 만들어 제값에 납품을 하고 있었던 것이다. 그리고 교도소 용도과장 같은 사람들에게 뇌물까지 주고 있었다.

그 즈음 쿠데타로 정권을 잡은 국가재건최고의회 의장 박정희 소장이 자수자들은 일체 죄를 묻지 않겠으니 탈영병은 전원 자수하라는 발표를 했다.

그래서 신백선도 안성경찰서에 찾아가 자수해 자수증까지 받고는 군에서 지시가 내릴 때까지 기다리라는 말을 듣고 집에서 농사를 짓고 있었다. 그런데 이 김주봉이란 놈이 자기 동창 친구인 서재갑에게 신백선이 군 탈영병이라는 정보를 주었다. 정보를 얻은 서재갑이 어느 날

헌병 한 사람을 대동하고 마을로 와서는 신백선을 덮쳤다.

　신백선은 시골에서 농사나 짓다 군에 끌려간 어수룩한 사람이었다. "자수했는데 나를 왜 잡아가느냐?"고 항변을 하면 될 일을 갖고 자기가 무슨 큰 죄를 지어서 그런 줄 알고, 잡혀가지 않으려고 헌병들에게 뇌물을 주겠다고 뒷 동리로 쌀값을 내러 갔다.

　그 당시는 '사바사바'라고 뇌물이나 뒷거래 없이는 되는 일이 없는, 그렇게 부패한 시절이었다. 그래서 세상 물정 모르는 시골 사람도 뇌물을 줘야 한다는 것쯤은 알고 있었던 것이다. 그래서 헌병들에게 "도망가지 않을 테니 수갑 좀 풀어 달라!"고 사정을 했고, 눈치 빤한 헌병들은 그의 수갑을 풀어주었다. 신백선은 쌀 10가마 값을 마련하려고 뒷마을로 쌀장사를 찾아가고, 헌병들은 안방을 차지하고 앉아 술상까지 받아놓고 돈 가져오기만을 기다리고 있었다.

　그때 나는 막 아침상을 물렸던 참이었다. 신백선에게는 당숙, 내게는 할아버지뻘 되는 신재성이란 분이 찾아와서 "지금 헌병들이 백선이를 잡아가려고 들이닥쳤다. 백선이는 요전에 안성경찰서에 가서 자수를 했는데 잡아간다고 하니 어떻게 된 건지 모르겠다. 이장이 가서 해결해주었으면 좋겠다"고 했다.

　"백선 아제가 자수한 것이 확실하냐?"고 할아버지에게 재차 물으니 틀림없다는 것이었다.

　그래서 "알겠다. 내가 알아서 처리하겠으니 그리 알고 기다리시라!"고 말씀드리고 백선 아제의 집으로 가보았다. 아침이었는데도 방에는 헌병 둘이서 술상까지 받아놓고 신백선이 돈을 구해올 때만 기다리고 있었다. 내가 방문을 열고 들어가면서 "공무를 보느라 수고들 많이 하신다. 나는 이 동리 이장 신용승이라는 사람이다"라고 소개를 하고는 "식사들이나 하셨는지 모르겠다"며 헌병들을 안심시켰다.

　그러곤 가족들한테 "참, 철도 없는 사람이지! 군을 잘 치르고 오지 탈영을 왜 해? 아니, 그런데, 이 사람이 자수를 한 걸로 아는데……, 자수를 했으면 자수증을 보여드리지 그래?" 했더니, 헌병이 "자수는 경찰서에 했다. 군에서 탈영한 사람은 우리 헌병대에 자수해야 하는데, 경찰서에 자수했으니 그 자수는 무효"라고 했다. 그래서 "그래요? 그럼 그 경찰서 자수증 좀 보면 좋겠네요. 도대체 뭘 자수증이라 하는지" 하면서 아무것도 모르는 시골 이장 행세를 하니 나를 별 것도 아니라고 우습게 생각했는지 아무렇지 않게 자수증을 보여주었다.

나는 자수증을 받아 주머니에 넣었다. 그러자 헌병이 놀라는 표정으로 "아니, 자수증을 왜 당신 주머니에 넣느냐?"면서 달려들려고 했다. 그래서 "너희들 헌병 맞어? 도망병을 체포하려고 왔으면 속히 잡아갈 일이지 채웠던 수갑은 왜 풀어놓고, 또 무얼 기다리는 거냐? 당신들 그렇게 탈영병을 풀어줘도 되는 거냐?"고 몰아붙였다.

그리곤 동리 조카뻘 되는 사람들이 몰려와 재미있다는 듯이 구경하고 있기에 그 사람들한테 "빨리 동네 경비전화로 전화 좀 걸어! 이장이 하는 전화라고 하고, 여기 자칭 헌병이라고 하는 이상한 사람들이 와서 안성경찰서에 자수한 탈영병을 잡아간다고 설쳐대는데, 이것들 탈영병 잡으러 온 게 아니고 불쌍한 사람들 등쳐먹으러 온 가짜들 같으니 경찰들 좀 빨리 오라고 해!" 했다. 그러자 이놈들이 기가 푹 죽은 기색으로 얼떨떨해 했다. 그래서 그놈들에게 "너희들 떳떳하면 같이 지서로 가자!"고 했다.

그때 동리 어른들이 몰려와서 나를 말리면서 그 헌병들 보고 "어서 돌아가라!"고 하니, 이놈들이 영계 고아놓고 먹지도 못하고 폭삭 엎질러 무엇 덴 놈같이 씁쓸한 표정으로 돌아가는데, 등 뒤에 대고 내가 소리를 질렀다. "야! 저 오방에 헌병 출신 김주봉이가 있으니 찾아가서 고목동 신용승이가 누구냐고 물어봐!"

그때 헌병과 혹시 싸우게 될지도 몰라, 구경나온 동리 아이에게 우리 집에 가서 운동화를 가지고 오라고 해 흰 고무신을 그 집에 벗어놓고 운동화로 갈아 신었는데, 북새통이 끝나고 고무신을 찾으니 귀신이 곡할 노릇이라고, 흰 고무신이 감쪽같이 없어졌다.

쥐약을 먹고도 죽지 않고 살아났으나 끝내 자살한 오영환

5·16 쿠데타가 일어난 뒤, 혼돈스러운 정국을 안정시킨다는 명분으로 깡패라고 지목되는 사람들을 잡아다 재판도 없이 개 패듯이 패서 반주검을 만들어놓는 게 다반사였다. 또 국토건설단을 만들어 그 사람들을 제주도와 강원도 산골로 강제로 끌어다 장비도 별로 없이 삽과 곡괭이만으로 그 엄청난 도로공사를 시키고는 길 이름도 5·16도로라고 붙였다.

그렇게 사람 힘만으로 자동차 길을 뚫고 닦아놓던 시절이니 자기 지방에서 웬만큼 건달 소리 듣던 사람들은 다 안전한 곳을 찾아 피해버렸다. 그래서 나는 고향으로 가고, 오영환과 홍종태는 몸도 피할 겸 춘천 방첩대에 상사로 근무하는 오영환의 작은형님이 계시는 춘천으로 도망가서, 배운 게 도적질이라고 비밀 댄스홀을 차렸다.

두 놈은 원체 술을 좋아하는 놈들이었다. 언젠가 소사에서 해가 질 무렵, 두 놈이 구멍가게에서 점심도 못 먹은 빈 속에 대낮부터 멸치를 안주삼아 대병(2리터짜리) 소주를 한 병씩 먹었다.

그렇게 먹고는 대로에서 같이 술 먹은 친구 놈들끼리 인사불성(人事不省)이 되어 싸움이 벌어졌다. 이 두 놈이 싸우면서 몸속에서 불이나 옷을 벗어던지는데, 나중에는 팬티까지 홀랑 벗어던지고는 그야말로 거시기를 몽땅 내놓고 싸웠다.

그 꼴을 보고 "이 새끼들아! 옷이나 입고 싸워!" 하면서 눈에서 별이 번쩍 튀게 귀싸대기를 갈겼다. 그랬더니 오영환이란 놈이 자기와 방금 싸운 놈을 옆에다 두고는 나한테 "내가 지금 누구와 싸웠냐?"고 물었다. 그런데 더 가관인 게 같이 싸운 홍종태를 보고도 "야! 내가 어떤 놈과 싸웠는지 넌 아냐?"고 물으면서 "이 새끼, 내가 오늘, 죽인다"고 헛소리를 하는 것이었다.

하도 어이가 없어서 친구들과 함께 이놈들을 여인숙에다 강제로 재웠다. 이놈들은 48시간이 넘어서야 죽지 않고 깨어나 집으로 돌아갔다. 두 놈이 이렇게 술 '또라이'들인데, 어느 면에서는 서로 마음이 잘 맞아 몸도 피할 겸 둘이서 춘천으로 도망쳐서 비밀 댄스홀을 차린 것이었다.

그런데 오영환이가 전날 술을 많이 먹고 공연히 성질난다고 사기접시를 과자 먹듯 씹어 먹고 다음날 변소에 가서 뒤를 보다가 "똥구멍이 아프다!"고 소리소리 치면서 종태를 부른 일이 있다고 한다. 쫓아가봤더니 종태 앞으로 엉덩이를 들이대면서 "야! 내 똥구멍이 왜 이렇게 아프냐? 잘 봐봐!" 했다는 것이다.

그래서 종태가 들여다보니 냄새나는 그곳에서 피가 철철 흐르고 있더란다. 씹어 먹은 유리 조각들이 요행히 내장은 아무 탈 없이 잘 통과하고서는 마지막으로 '홍문'에 와서 사정없이 그곳을 찢어놓고 있었던 것이다.

그래도 이놈은 그때뿐! 술 먹다가 화나면 또 유리컵을 씹었다. 정신병자인지? 배냇병신인지? 기인인지? 내 상식으로는 도무지 구별할 수 없는 놈이었다.

오영환이 이놈은 형제 중 셋째로 태어났다. 큰형님은 소사에서 철도청 공무원으로 근무하고, 둘째 형님은 방첩대(HID) 상사로 춘천 시내 관공서에서는 이름깨나 있는 사람이었다.

그런데 영환이는 일정한 직업도 없으니 친척 계모임에 빠지고, 두 형님만 친척계를 묶어 한 달에 한 번씩 소사 큰형님 집으로 곗돈을 보내고 있었다.

그런데 작은형님이 바쁘다보니 이젠 춘천 놈이 된 영환이한테 곗돈

부치는 심부름을 시키곤 했다. 그날도 곗돈을 부치려고 춘천 우체국 앞에 도착했을 때였다.

많은 사람이 모여 있더란다. 가까이 다가가보니 어느 아주머니가 목을 놓고 울고 있었다. 그 아주머니는 묵호에서 생선 한 광주리를 이고 와서 다 팔고 집으로 가려는데, '꽃잽이(소매치기)'들이 그날 생선 판 돈을 몽땅 털어버린 것이었다.

돈 잃어버린 것을 뒤늦게 안 이 아주머니가 "집에 갈 여비까지 다 털렸다"며 목 놓아 울고 있었다. 사람들은 "안 됐다"고 입만 끌끌 차면서 구경을 했다. 이때 영환이도 그냥 우체국으로 직행해 곗돈을 부쳤으면 아무 일도 없었을 것을, 이놈이 그 엉뚱한 기질이 발동해서 우체국 문 손잡이를 놓고 돌아서서는 망설이지도 않고 "이 돈으로 차비나 하라!"면서 그 돈을 다 줘버렸다. 그 묵호 아주머니가 주저하다가 돈을 받으면서 "누구신가? 이름과 주소라도 알려 달라!"고 했지만, 대답도 하지 않고 휙 바람처럼 사라져버렸다.

그 후 며칠이 지나서 소사 큰형님 댁에서 "곗돈을 왜 안 보내느냐?"고 작은형님에게 독촉을 하는 바람에 들통이 나고 말았다. 작은형님이 "왜 곗돈을 안 부쳤느냐?"고 추궁하니까, 2살밖에 더 먹지 않은 작은형님 앞에 머리를 푹 숙이면서 무릎을 꿇고 앉더니, 아주 착한 어린이가 부모 앞에서 하는 행동처럼 "잘못했다!"면서 그간의 사정을 말했다.

작은형님이 "네가 한 일이 잘못이 아니라, 네 주제도 모르고 하는 짓이 한심스럽다!"면서 모욕적인 말로 야단을 치는데도, 조금도 저항 없이 그저 잘못했다고 죽은 듯이 있었다.

맨 정신일 때에는 이처럼 순한 양이 되어 아무 말도 안 하던 놈인데, 술만 먹었다 하면 작은형님에게 찾아가서 "야! 내가 네 곗돈, 더럽고 치사해서라도 떼먹지 않는다. 꼭 갚을 테니, 그 돈으로 잘 먹고 잘 살아라! 네가 형이면 형이지, 세상을 그렇게 사는 거 아니다. 인마! 부모는 부모다워야 부모라고 할 수 있고 형은 형다워야 형인 것이다. 네가 나한테 하는 짓이 형으로 할 수 있는 일이냐?"면서, 도리어 제가 잘한 것처럼 주정을 하면 작은형님은 다 큰 놈을 때릴 수도 없고 해서 자리를 피해버리곤 했다.

영환이 놈이 어느 날 밤 종태를 찾아와서는 잠바에서 미제 손도끼를 꺼내 놓으며 긴 한숨을 쉬었다. 그러면서 "야! 종태야! 택시 강도질도 아무나 하는 게 아닌가 봐. 나는 도저히 못하겠더라!"고 하더란다.

놀란 종태가 "그게 무슨 말이냐?"고 물으니, "작은형님한테 혼난 게 더러워서라도, 내가 택시 강도라도 해서 곗돈을 갚아야겠다 싶었어. 춘천시내에서 택시를 타고 '소양강으로 갑시다!' 하고 소양강으로 달리는 동안 강도질할 기회를 노렸는데, 기회를 못 잡겠더라. 소양강가에 도착해 안 되겠기에 다시 '춘천시내로 갑시다' 하고 춘천으로 왔다가 다시 또 '소양강으로 갑시다!', '시내로 갑시다', 그랬더니 택시기사가 잔뜩 겁에 질려 택시를 세워놓고 달아나버리고 말더라. 그 바람에 택시 강도질을 못하고 왔다. 더러워서도 곗돈은 갚아야겠는데 어떻게 하면 좋을까?" 하는 것이었다.

그러던 영환이는 그 후 춘천에서 종태와 함께 비밀 댄스홀도 걷어치웠다. 그래서 종태는 소사로 가고, 영환이는 춤판에서 만난 5살 연상의 과부하고 경기도 문산으로 가서 토끼를 치며 살겠다고 해서 헤어졌다.

그런데 그 후, 술만 먹으면 쥐약 먹기 내기를 하자던 영환이가, 기어이 파란 많은 짧은 생을 자살로 마쳤다는 소식을 들었다. 약지 못하고, 야비하지 않고, 어느 모로는 순수하고 인간 냄새를 풍겨주던 놈인데, 야박한 이 세상, 세상과 동화하지 못하고 끝내는 자살로 생을 마감하다니! 그 소식을 듣던 나는 가슴 한 구석이 텅 빈 듯 허전함을 느꼈다.

손자를 군대에 보내지 않으려 호적 나이를 줄인 할아버지

군사정권이 들어선 뒤 박정희 국가재건최고회의 의장은 탈영 전과가 있는 사람들을 다 사면시키라는 명을 내렸다. '교사 자격증을 가지고도 탈영 전과 때문에 발령이 나지 않으면 앞으로 무엇을 해먹고 살까?' 은근히 걱정했는데, 그런 사면령이 내렸다는 신문 기사를 보고 즉시 해군본부 법무감실로 찾아갔다.

해군 법무 중위한테 이야기하니 즉석에서 탈영 전과를 삭제해주었다. 그래서 "불고지죄가 또 있다"고 하니까, 불고지죄 항목을 자세히 읽어보던 해군 군무관이 혼잣말처럼 "아니, 이게 무슨 죄야?" 하면서 '전과 사면 지시서'라는 것을 써서 관인까지 찍어주면서 "본적지에 가서 제출하면 된다"고 했다. 고맙다는 인사말을 전하고 즉시 일죽면사무소 호적계에 가서 전과를 말소시켰다.

전라북도 교육위원회에 제반 서류를 제출하려다가 원래 생년월일이 1933년 5월 17일인데, 호적등본에만 1937년 10월 9일로 돼 있는 것을 알게 되었다. '아니, 이게 웬일인가?' 싶어 알아보니 우리 안성군 일죽면이 전쟁 통에 폭격을 당해 호적이 불타버리는 바람에 호적을 다시 만들었다는 것이었다. 그때 나보다 나이가 좀 많고 뱃심 좋은 분들은 군대를 면하려고 나이를 한 10여살씩 끌어올리고, 내 또래들은 나이를 줄이는 판이었다.

면사무소에서 담당 직원들이 나와서 이장을 앞세우고 집집마다 돌아다니면서 가족 상황을 적고 생년월일을 물어서 호적을 작성했다. 할아버지는 작은형님이 국민방위군으로 끌려가서 돌아오지 못한 것 때문에 나를 군대에 보내지 않을 생각으로, 내가 벌써 해군에 자원입대한 것을 모르시고 내 나이를 4년 6개월이나 줄여서 면서기에게 신고해버린 것이었다.

그 바람에 교사 발령에 필요한 서류의 나이가 달라서 서류를 접수할 수가 없었다. 의사의 진단서를 첨부하라고 해 의사들에게 사정도 해보고 부탁도 했지만, 어느 누구도 호적은 고칠 수 없다고 했다. 고지식하게도 바보처럼 꼭 호적을 고쳐보려고 갖은 고생을 다해도 안 돼 고민 중인데, 어느 친구가 아주 간단한 것을 가르쳐주었다.

"야, 그거 왜 호적을 꼭 고치려고 그러냐? 호적을 갖고 가서 제출하고 다른 서류를 호적대로 고치면 될 게 아니냐? 호적은 법정 서류라 마음대로 고칠 수 없지만, 다른 서류들은 호적만 내보이면 고칠 수가 있는 거야!" 하는 것이다. 듣고보니 그렇게 간단한 것을 갖고 그토록 속앓이를 했던 셈이다.

그래서 호적을 몇 통 떼어가지고 서울 맹아학교에 가서 졸업대장과 학적부를 고치고, 또 문교부에 가서 교사 자격증도 고치고, 또 해군본부에 가서 병적도 고치고, 이렇게 해 전북도 교육위원회에 서류를 제출했다. 그래서 나는 1933년생이 아니고, 이때부터 법적으로는 1937년생으로 살아가게 되었다.

그래서 친구 놈들에게 농담 자리에서 "어린놈이 어른 앞에서 까불지 말라!"고 놀림은 받았지만, 그것이 나에게 재복(財福)이 돼 돌아올 줄은 미처 몰랐다. 실제 나이로 65세까지 교사생활을 하고, 1997년에 명예퇴직을 했는데, 다른 퇴직자들보다 60개월치 6천여만원을 더 받은 셈이었다. 부모님한테서 송곳 하나 꽂을 유산도 못 받았지만, 할아버지가 손자를 군대에 안 보내려고 호적 나이를 줄여주신 덕분에 번 돈 6천만원을 유산이라고 생각하고 할아버지께 감사하는 마음을 가졌다.

이렇게 우여곡절을 겪고, 교사가 되기 위해 전북도 교육위원회에 서류를 제출했건만, 아무리 기다려도 발령은 나지 않았다.

첫 번째 아내 이종원과 중매결혼을 하다

서울 국립맹아학교에 재등록해 2학기를 마치고 졸업해 국민학교 2급

정교사 자격증을 취득했으나, 학업성적이 부진해 남들이 발령받아 교사로 나가는 것을 그저 지켜보기만 해야 했다. 성적이 우수한 동기생은 본교인 맹아학교에 발령이 나고, 다른 동기들은 대개가 경기도 교육위원회에 배치를 받아 주로 경기도 내 각 시·군의 국민학교로 부임해갔다.

홀로 전북 교육위원회에 배치를 받고 학교 발령을 기다리고 있었으나, 해가 몇 번씩 바뀌어도 발령이 나지를 않았다. 남들 말로는 형이 골수 야당인 민주당 경기도당 선전부장으로 경찰의 요시찰 대상이라 그 때문에 교사 발령이 나지 않는다고, 그렇게 말하는 사람이 많았다.

그때 부평에 있는 국립경찰학교에서 순경을 모집한다는 광고가 붙어있는 것을 보고 '에라! 우선 경찰이라도 들어갔다가 교사 발령이 나면 경찰을 사직하고 학교로 가면 될 것 아니냐?'는 생각으로 경찰 지원서를 가지고 고향으로 가서 어머니에게 우선 경찰시험을 보겠다고 말씀드렸다.

어머니는 해방정국에서 큰형님이 몇 달 경찰생활을 하면서 창피를 톡톡히 당한 생각을 하셨는지 한사코 반대를 하셨다. "아무려면 학교 발령이 나겠지. 좀 더 참고 기다리지 경찰은 무슨 경찰이냐? 교사 발령이 날 때까지는 에미가 먹여 살릴 것이니 걱정하지 말고 진득하게 더 기다려라!" 하시는 바람에 원서를 찢어버리고는 경찰관 시험을 포기해버리고 말았다.

그래서 할 일 없이 지내는 동안 어느새 29세가 돼, 그 당시로는 결혼 적령기를 놓친 노총각이 돼가고 있었다. 그때는 보통 남자들의 결혼 적령기가 24세 정도였다. 그래도 원래 가진 게 없으니 결혼할 생각은 하지도 않고, 그저 빨리 교사가 되어 그 이후에나 결혼을 하려고 마음먹고 있었다.

그러나 어머니는 나이가 많아지는 막내자식이 장가도 못 들고 겉늙어가는 것이 늘 걱정이 되어 부천에 살고 있는 큰형님에게 찾아가 "용승이

장가가 늦어서 걱정"이라고 이것저것 의논을 했으나, 큰형님이 "장가는 무슨 장가예요? 내가 장가를 일찍 들어 이렇게 신세를 망친 놈인데 장가가 그리 급합니까? 직업도 없는 주제에?" 하는 바람에 그 후부터 어머니는 형님과는 내 결혼 문제에 대해 일절 의논조차 하지 않으셨다.

용인군 모현면 왕산리에 사시는 당고모 되시는 분이 친정인 우리 동리에 오셨다가, 앞으로 국민학교 선생으로 나갈 조카가 결혼도 못하고 노총각으로 지낸다는 소리를 들으시고는 우리 어머니께 자기 동리에 좋은 신붓감이 있으니 중매를 서겠다고 하셨다.

어머니가 반가워하며 "그래, 어디 좋은 색싯감이 있으면 소개를 해 보라"고 부탁을 드려 당고모가 왕산리와 우리 집 사이를 오가며 중매를 하게 되었다. 그래서 처가 될 집으로 선을 보러 갔다.

선을 보면서 그 집 생활환경을 들어보니 장모 될 분이 두 분이었다. 큰 장모님은 나이가 어머니와 동갑이었는데, 자식을 낳는 족족 잃었다가 40이 훨씬 넘어서야 딸 하나를 어렵사리 얻어 키우면서도 대를 이을 아들을 낳아주지 못한다고 남편한테 늘 죄스러운 마음을 품고 사신 양반이었다.

결국 남편한테 "저는 아이를 더 낳을 수 없으니 작은 여자를 얻어 이 집 대를 이으시라"고 하며, 아주 착하기만 한 젊은 여자를 당신 스스로 얻어서 남편 새장가를 들여 3남매를 낳았다. 그 중 두 번째가 다행히 사내아이라 소원대로 대를 이을 자식을 얻게 되었다. 그러나 장인은 자식이 장성하는 걸 보지도 못한 채 저세상 사람이 되었고, 두 여자 분이 남자도 없는 집에서 어려운 생활을 꾸려갔다.

내 처가 될 사람은, 위로 많은 핏덩이 자식들을 먼저 보내고 오로지 이 사람 하나 건진 늦둥이였던지라, 두 어머니들이 집안에서 얼마나 애지중지했는지 인간성은 괜찮은 편이나 남에게 지는 것을 못 참는 아주 자존심 강한 여자였다. 성질이 기고만장한데다 남에게 지기 싫어하는 성격이 나와 똑같아서 신혼 초부터 충돌이 잦았다.

처가는 논 몇 마지기와 밭 한 뙈기를 농사지으며 그저 간신히 먹고사는 정도로, 배 다른 동생들은 중학교도 못 가르치는 형편이었다.

그런데 내가 처가에서 선을 보고 나오는데 당고모가 "이 집 처녀가 마음에 없으면 이 동네 다른 처녀 집에서도 선을 보자고 한다"면서 "그 집은 생활도 여유 있고, 처녀도 고등교육을 받았으니 조카가 잘 생각해서 결정하라"고 했다.

그때만 해도 결혼 문화가 지금 같지 않아 '사내놈이 선을 보고 그 동리 다른 집에 장가를 들면 그 처녀의 혼삿길을 막는 꼴'이 되던 시절이었다. 그래서 곰곰이 생각해보니 부잣집 딸보다는 이렇게 어려운 집 여자가 나같이 가난한 사람에게는 더 적합하다는 생각이 들었다. 그리고 '당시 한창 인기가 좋은 교사가 될 사람이라고 남의 혼사를 가로채서라도 자기 딸과 혼인시키려는 사람이라면, 인간성은 더 두고 볼 것도 못 된다'는 생각이 들어 조카를 위하는 당고모님 말씀을 뿌리치고 이종원(李鍾元)과 결혼을 하기로 했다. 그래서 1960년 가을 어느 날, 구식으로 결혼식을 올리고 백년가약을 맺었다.

신앙심이 깊었던 매형과 꽈배기를 만들어 팔던 누님

매형님 되시는 분은 대단히 착한 분이며, 원리원칙주의자로 지나치게 고지식한 분이었다. 매형님은 1·4 후퇴 당시 고향 황해도 옹진에 처자식을 남겨두고 홀로 인천으로 피난오신 분으로, 이북 고향에서부터 예수교를 착실히 믿는 가정에서 성장하신 분이었다.

처음에는 국군 노무대원으로 차출돼 총탄이 비 오듯 쏟아지는 일선에서 군인들의 식량이나 포탄 같은 군수품을 날라주는 근로보국대 생활을 하셨다. 휴전이 되면서는 소사 미군부대에 다니며 홀로 살던 중, 가깝게 지내시던 이웃 할머니 중신으로 남편과 사별하고 혼자 살던 누님과 재혼을 하셨다.

두 사람이 결혼하기로 하고, 손위 처남 될 사람이라고 큰형님에게 인사를 하러 온 자리에서 큰형님은 맞절을 하지 않고 한 살밖에 차이 나지 않는 매제 될 사람에게 서슴없이 절을 받았다. 어이가 없었다. 그래서 나중에 매형님이 된 뒤에 "다시는 형님에게 큰절 같은 것은 하지 말라"고 충고의 말씀을 드렸다.

그때 매형님 말씀은 "우리 고향 황해도에서는 처남도 손윗사람이면 깍듯이 형님으로 모시는 풍습이 있다"고 하셨다. 지금 같은 세상에서는 그 말씀이 옳다고 볼 수 있겠지만, 그 당시는 아직도 남존여비 풍습이 있던 시절이라 나는 왠지 어색하고 이상하다고 느꼈다.

매형님 류인순(柳仁順)씨는 남쪽에 일가친척이 거의 없으셨기에 우리 가족을 자기 가족처럼 대단히 좋아했고, 장모 되는 우리 어머니에게는 정말 자식보다 훨씬 더 자식같이, 장모가 아닌 친어머니같이 생각하면서 사셨다.

평생 주색잡기라고는 모르고 양반을 만나, 누님 내외분은 알뜰히 살면서 돈을 버는 대로 차곡차곡 모았다. 인천 숭의동 사거리에서 자식들도 낳고, 아주 보잘 것 없지만 조그만 가내 국수공장도 해서 열심히 노력하며 사셨다.

그러다 이제 좀 고생을 면할 정도로 돈도 벌었다고 할 때쯤이었다. 매형님이 신앙촌이라는 박태선 장로 교회에 빠지고 말았다. 결국 모든 재산을 갖다 바치고, 내외가 함께 신앙촌에 들어가 따로 합숙생활을 하며 무임금 노동을 하면서 지냈다. 보다 못한 어머니가 아직 학교도 들어가지 않은 어린 외손녀딸 류금숙(柳錦淑)을 죽산으로 데리고 오셔야만 했다.

내가 매형 내외를 만날 때마다 "이러지 말고 신앙촌에서 나오라!"고 하면, 매형은 "7년만 있으면 이 세상은 멸망하고 신앙촌을 믿는 교인들만 유리같이 환히 비치는 천당에서 살게 된다"며 고집을 피우며, 오히려 그런 충고를 하는 나를 싫어하셨다.

그러더니 신앙촌에서 꿈을 깬 사람들이 하나둘 신앙촌을 떠나는 것을 보며 뒤늦게나마 깊은 허상에 사로잡힌 꿈에서 깨어나, 누님 내외가 알몸으로, 시골 계시는 어머니를 찾아오셨다. 알거지가 돼 찾아온 내외분에게 어머니가 쌀 2가마 값을 마련해주셨고, 두 분은 그 돈으로 동두천 기지촌에 가게 한 칸을 얻어 꽈배기를 만들어 팔기 시작했다.

집에서 꽈배기를 만들면, 누나는 돌이 갓 지난 어린자식 류재상(柳在相)이를 등에 업은 채 머리에는 꽈배기를 이고 동두천 일대 구멍가게를 찾아다니며 도매로 팔았다. 원래 매형은 담배나 술을 전혀 모르고, 내외가 오직 일만 하시는 분들이라 이렇게 몇 년 열심히 사시더니 약간의 돈을 모을 수 있었다.

이후 38선 근처인 연천군 초성면 청산리 학담이란 작은 시골 마을 군부대 앞으로 이사해서 가게를 차렸다. 그렇게 모은 돈으로 약 3천여 평의 땅도 사서 배 농사를 지으며 5남매를 무탈하게 잘 기르고 사셨다.

사실 어려운 형편에서도 늘 나를 배려하시던 분들이었다. 국수공장을 하며 어린 자식을 다섯씩이나 키우고 사시면서도 내가 영창 생활을 할 때는 매주 토요일이면 어김없이 면회를 오셨다. 그 없는 살림에 행여나 내가 영창에서 배나 곯지 않을까 염려하며 음식을 잔뜩 싸들고 찾아오시곤 했다.

누님은 큰형님한테도 아주 잘했다. 큰형님이 굶기를 밥 먹듯 하다 허약해져서 아주 오랫동안 병석에 드러눕자, 커다란 똥개를 한 마리 사서 "오빠! 이거 잡숫고 어서 건강을 되찾으시라"면서 푹 과서 몽땅 형님에게 갖다드렸다. 큰형님은 진짜 그 똥개 한 마리를 혼자 다 먹고 건강을 회복했다.

누님은 내가 매우 힘들게 살았던 젊은 시절 나를 위해 온갖 희생을 마다하지 않은 분인데, 말년에 식물인간이 되어 인천 참사랑병원에서 병마와 싸우다 최근에 영면하셨다.

서울역에서 만난 제주출신 노숙자 해군동기 정대집

장가들어 가장이 되었는데도 교사 발령은 나지 않아 어머니 뵙기가 미안하고 죄송스러웠다. 그래서 조바심치다가 왜 발령이 나지 않는지 궁금해 직접 전북도 교육위원회에 찾아가서 알아보기 위해 기차를 타러 서울역으로 갔다.

그런데 해군 동기생인 제주도 출신 정대집(鄭大集)이란 놈이 거지꼴이 돼 내 앞을 그냥 지나쳐갔다. 나는 순간 '저 친구가 제주도 친구인데 왜 거지꼴이 돼 서울역에서 배회할까? 저 친구가 나를 보고 창피를 느껴 고의적으로 나를 피해가는 게 아닐까?' 하는 생각과 '아니지! 아무리 저 친구가 부끄러워서 피한다고 해도 그냥 모르는 척 지나가버리면 이게 동기생으로서 도리가 아니지' 하는 생각이 교차했다. 그래서 뒤도 안 보고 가는 그 친구를 쫓아가 "야! 너 정대집이지?" 하고 불러 세우고는 "야! 너, 이게 어떻게 된 거냐? 너, 제주도 놈이 왜 이래 가지고 서울역에서 헤매고 다니냐? 고생이 되면 제주도로 가지 그러느냐?"면서, '이놈 꼴이 이러니 얼마나 배를 굶주렸을까?' 하는 생각이 들어 식당으로 가자고 잡아끌었다.

서울역 앞 지하도를 지나 어느 깨끗한 불고기집으로 들어가려는데, 그놈이 식당 앞에서 내 옷을 잡고 매달리며 "여기서 한 끼 먹을 돈이면 나는 1주일은 살 수 있다"며 다른 싼 곳으로 가자고 했다.

그래서 "쓸데없는 소리 하지 말고 어서 들어오라!"고 해 불고기집 한 구석에 자리 잡고 앉아 사정 얘기를 들어보았다. 제대하고 서울에서 이것저것 안 해본 것 없이 다 해보았으나, 모두 실패해 이 꼴을 해가지고 고향으로 돌아갈 수는 없고, 할 수 없이 노숙자 신세로 전락했다고 했다.

아침은 줄을 서서 서울 시청에서 배급하는 무료 죽을 얻어먹고, 저녁은 돈이 있으면 시립급식소에서 파는 1백원짜리 식사를 사먹고, 잠은 노숙자 합숙소 비슷한 곳에서 1백원씩 내고 자는데, 이불도 없고 좁아서 서로 머리를 엇갈리게 하고 잔다고 했다.

그래서 "야! 너와 같은 제주도 출신 이전행(李全浐)이가 해군본부 인사과에 있는데, 찾아가서 좀 도와달라고 하지 그러느냐?"고 하니, 창피해서 못 간다고 했다. '다리 밑 도승지가 동네 거지 걱정한다'고, 아직 나도 자리를 못 잡은 처지에 "내가 어떻게 도와주면 이 형편에서 벗어날 수 있겠느냐?"고 물어보았다.

그랬더니 그 친구 대답이 "만원만 있으면 좋겠다. 실끈을 잡아당기면 기어가는, 다람쥐 장난감이라도 사다 팔면 밥은 굶지 않겠다"고 해 "그 돈은 어떻게든 내가 마련해보겠다"고 언약을 했다.

"오늘은 밤차로 전주 도교육위원회에 가야 하는데, 간신히 전주 다녀올 여비밖에 없으니, 지금은 주머니가 가벼워 도와주고 싶어도 도와줄 수가 없다. 다음 일요일에 이 식당 옆 다방에서 만나자!"고 약속했다. 그리곤 내 주머니 형편을 머릿속으로 계산해보니 당시 지폐로는 제일 큰돈인 빨간 5천원짜리 한 장은 그놈에게 주어도 전주까지는 가까스로 다녀올 수 있을 것 같아 그놈에게 5천원짜리 한 장을 손에 쥐어주고 돌아섰다.

일요일이 되어 약속장소로 가보았으나 그놈은 나타나지 않았다. 그래서 서울에 온 김에 해군본부로 이전행을 찾아갔다. 그리고 정대집이 이야기를 꺼냈더니, "밑 빠진 독에 물 붓기지! 나도 하는 데까지 다 해봤다"면서 "알지도 못하고 그런다"며 오히려 내게 섭섭하다는 표정까지 지어보였다.

그 뒤 정대집이를 까맣게 잊고 살다가 우연히 해군 동기생들 모임에서 소식을 들었다. 하나같이 정대집이 흉을 보면서 "그놈, 그래도 이제는 살게 되었다"고 했다. 무슨 이야기냐고 물어보니 그놈이 노숙자로 떠돌다 어느 파출소 방범대원으로 근무하게 되었는데, 관할구역에서 강도사건이 일어났고, 강도 놈이 원래 독종이라 순경들도 몸을 사리는 판에 이놈이 결사적으로 달려들어 그 강도를 잡았다는 것이었다. 시경국장이 용감한 시민 표창을 하면서 "자네 학교는 어디까지 나왔는가?" 하고 물으니 이놈이 "고등학교를 졸업했다"고 대답했다고 한다.

그러자 시경국장이 "자네, 내가 무엇을 해주면 좋겠느냐?"고 하니 "경찰관이 되면 열심히 해보겠다!"고 해 그 자리에서 시경국장이 특채를 지시했다. 그 길로 경찰이 돼 마포경찰서에서 근무한다는 것이었다.

그런데 순경이 된 뒤, 그놈의 비인간적 본색이 드러났다. 자기 관내에서 큰 곳은 감히 얼씬도 못하고, 아주 영세한 대폿집이나 여인숙 등 아주 불쌍하고 힘겹게 살아가는, 배우지 못하고 그래서 등쳐먹기 만만한 여자들만 괴롭히며 먹고산다는 것이었다. 관내에서 아주 소문이 나쁘게 났다고 이구동성으로 욕하는 말뿐이었다.

동기생들에게서 들은 소리도 있고 해서 여름방학 때 '이놈이 정말 그렇게 나쁜 놈인가? 어떻게 살기에 하나같이 동기생들이 비난을 하는가?' 하고 조금은 궁금한 생각도 들어 마포경찰서 관내 파출소로 그놈을 찾아가 만나보니 남들이 말하는 게 거짓은 아니었다.

그런데 이 녀석이 묻지도 않았는데 이상휴(李相烋)라는 친구의 흉을 보았다. 이상휴는 해군 동기생 중 경찰 초급간부가 돼 시경 소년과에서 경위로 근무하는 대구 출신 친구였다. 경찰이 진정한 민중의 지팡이라면, 이 친구야말로 경찰관이 제격일 정도로 성품이 천성적으로 착하고 인간됨이 훌륭한 친구였다.

이 친구 아들이 전두환 정권 때, 대학생 신분으로 서울 미문화원 점거농성사건에 가담, 2년 정도의 실형을 선고받고 복역해 경찰관 아버지를 난처하게 했다. 당시 사건에서 대학생들은 광주민중항쟁의 무력

진압을 용인한 미국을 규탄, 공개사과와 함께 군사독재 지원을 즉각 중단할 것을 요구했다.

그래서 술자리에서 이상휴에게 "네 아들이 극렬한 운동권으로 미문화원 사건을 일으키고 실형을 살았는데도 경찰복을 벗지 않은 것은 대구경북 인맥 덕을 본 게 아니냐?"고 물어보니, 빙그레 웃으면서 "그래서 진급도 못하고 경위로 끝났지!" 하는 것이었다.

그런데 정대집이가 이런 이상휴를 두고 "나는 순경이지만 실속 있는 부서로만 다니는데, 이상휴는 경위면 뭘 하냐? 능력이 없어서 그 자식은 소년계 같은 한직으로만 밀려다닌다"면서 동기생끼리 정겹고 쓸 만한 이야기는 한마디도 없이 흉으로만 일관하는 것이다.

그래서 이놈에게 내 참지 못하는 더러운 성질이 폭발하고 말았다. "이 좆같은 새끼가 듣자듣자 하니, 영 못 들어 주겠네! 야! 이 거지발싸개 같은 새끼야! 그렇게 살지 말고 좀 똑바로 살아!" 하고 자리를 털고 일어나려니까, 이놈이 하는 말이 가관이었다.

"야, 용승아! 나는 근무 중인데도 네가 찾아왔으니까 나왔지, 다른 놈들이 찾아오면 만나주지도 않는다"고 생색을 내는 것이었다. 동기생이라고 이런 놈을 찾아와 말을 섞다니, 내 자신이 참 거지같다는 생각이 들어 같이 먹던 소주병을 집어던지면서 "더러워서 네 술 안 먹는다!"고 소리를 지르고는 바로 술값을 치르고 나와버렸다.

'개꼬리 3년을 땅속에 묻어놔도 황모 안 된다'는 말처럼 이놈은 원래 싹수가 잘못된 놈이었다. 해군 신병훈련 당시, 이놈은 우리보다 후배들인 40기와 41기생들에게 아주 비인간적인 짓을 했다. 그래서 당시는 내가 별로 가까이 하지도 않던 놈이었다. 그러다 우연히 서울역에서 만나, 하도 불쌍해 보이기에 인간적으로 대해 보려고 했던 것인데, 이놈은 원래 질이 그런 놈이었다.

그 후 서울 사는 친구들끼리 우리 39기 해군 동기회를 만들었다. 그런데 그놈은 단 한 번도 얼굴조차 내보이지 않았다. 그런 부류의 동기 놈이 몇 명 있어서 "내가 만일 장관이나 국회의원이라도 하면 그런 놈들은 죽기 살기로, 아마 휠체어를 타게 돼도 기 쓰고 나올 놈들인데, 우리 동기생 중에 별로 출세한 놈이 없으니 동기회에 안 나오는 것"이라고 하면, 몇몇 친구들은 동의하면서도 "그냥 다 그런 거지, 뭐!" 하면서 "그런 놈들 생각 말고 우리끼리 잘 지내자!"고 한다. 허허!

이런 말을 들으면 나는 참 경솔하고, 저놈들은 수양이 더 잘 되었나? 하는 생각이 든다. 그놈들 말이 옳은 것 같으면서도 좀 깊이 생각하면 헷갈려버리니, 그 진정한 뜻이 아리송할 뿐이다.

이런 때면 '슬픔도 노여움도 없이 살아가는 자는 조국을 사랑하고 있지 않다'라는 러시아의 시인, 네크라소프의 시구가 생각난다.

잘하는 사람을 보아도 그저 흥, 못하는 놈을 보아도 흥, 하면서 사는 친구들이 정말 좋은 친구일까? 이런 친구들도 친구를 진정으로 사랑할 수 있을까?

이놈이 그렇게 힘겹게 천운으로 들어간 경찰 생활을 정직하고 깨끗하게 봉사정신을 갖고 살았다면, 마치 진흙에서 아름답게 연꽃이 피어나듯이 빛나는 인생으로 바꿀 수 있는, 정말 하늘이 준 기회로 삼을 수 있었을 것이다.

그러나 쩨쩨하고 부족한 이놈이 개구리 올챙이 적 생각은 까맣게 잊고, 아주 힘들게 살아가는 소외된 사람들 등이나 쳐서 해먹다가 파면당했다는 소리를 누군가에게 들은 적이 있다.

"이 나쁜 놈아, 너와 같은 것을 보고 인과응보(因果應報)라고 먹물들이 말하지 않았더냐? 그리고 네가 뿌린 씨는 네가 거두리라."

(❷권으로 이어집니다.)